Positive Education In Action
Featured Course Plans Grade 1-3

清华积极教育课程汇编

1-3年级

彭凯平　主编

清华大学出版社
北京

内 容 简 介

这套课程由清华大学积极心理学研究中心研发，包含两个分册，分别适用于小学的中低年级（1—3年级）和小学的中高年级（4—6年级）。课程分为6个主题模块，分别对应6个学期，依次为：积极关系、积极情绪、积极自我、积极投入、成就和意义。每个主题模块包含相关理论和9节课，每节课之间，既具有相对独立性，又包含由浅入深、由感受到行动的递进关系。同样，在每个学期的模块之间，也既保持相对独立性，又根据孩子们的身心发展水平，从环境适应、情绪感受，渐渐向品格意志、目标成就等方向不断提升。

本书适用于全国小学、教育培训机构开设积极教育课程，同时对孩子积极性格养成感兴趣的家长们也将从中受益良多。

版权所有，侵权必究。举报：010-62782989，beiqinquan@tup.tsinghua.edu.cn。

图书在版编目（CIP）数据

清华积极教育课程汇编 / 彭凯平主编. —北京：清华大学出版社，2019（2024.5重印）
ISBN 978-7-302-53197-5

Ⅰ.①清…　Ⅱ.①彭…　Ⅲ.①主观能动性－高等学校－教学参考资料　Ⅳ.①B022.2

中国版本图书馆 CIP 数据核字（2019）第 123999 号

责任编辑：纪海虹
装帧设计：文　静
责任校对：王凤芝
责任印制：杨　艳

出版发行：清华大学出版社
网　　址：https://www.tup.com.cn, https://www.wqxuetang.com
地　　址：北京清华大学学研大厦 A 座　　　　邮　　编：100084
社 总 机：010-83470000　　　　　　　　　　邮　　购：010-62786544
投稿与读者服务：010-62776969, c-service@tup.tsinghua.edu.cn
质 量 反 馈：010-62772015, zhiliang@tup.tsinghua.edu.cn

印 装 者：三河市龙大印装有限公司
经　　销：全国新华书店
开　　本：188mm×260mm　　印　张：31　　字　数：500千字
版　　次：2019年7月第1版　　印　次：2024年5月第5次印刷
定　　价：160.00元（全两册）

产品编号：084034-01

编委会（小学组）

主编
彭凯平

副主编
倪子君　曾光　赵昱鲲

执行主编
张巧玲　吴继康　张红莉

编委成员（按姓氏笔画排序）
朱利文　吕金云　余珍　余慧慧　汪薇　曾路　湛诚情

编委会（初中组）

主编
彭凯平

副主编
倪子君　曾光　赵昱鲲

执行主编
张巧玲　吴继康　张红莉

编委成员（按姓氏笔画排序）
于立文　刘家杰　余珍　汪薇　林培剑　湛诚情

课程体系框架

	积极情绪	积极自我	投入	成就	意义
认识关系	认识情绪	认识&接纳自我	寻找&探索意义（人生的投入感）	认识与探索：成就的多元化	生命意义
同理心	培养积极情绪	品格优势	人生意义与现实目标的连接	小项目实践：达成集体成就	健康意义
					情感意义
改善和提升关系之路	管理消极情绪	自尊&自信	创造福流（学习的投入感）	小项目实践：达成个人成就	学习意义

目录

第一篇 积极关系

理论部分

    一、认识关系 / 3

    二、同理心 / 6

    三、倾听 / 9

    四、主动的建设性回应（ACR） / 10

    五、善意与助人 / 12

教学设计

    起始课 沉静训练 / 13

    第1课 我爱我家 / 17

    第2课 珍贵的友谊之花 / 19

    第3课 倾听让我成为小外交家 / 21

    第4课 倾听的窍门 / 23

    第5课 你的感受我知道 / 25

    第6课 有效的表达（上） / 28

    第7课 有效的表达（下） / 30

    第8课 做个快乐的助人者 / 33

    第9课 规则与合作 / 36

第二篇　积极情绪

理论部分

一、认识情绪 / 41
二、提升积极情绪 / 43
三、管理消极情绪 / 48

教学设计

第1课　认识情绪 / 52
第2课　觉察自己和他人的情绪 / 55
第3课　表达情绪 / 57
第4课　发现美好的事 / 60
第5课　感恩 / 62
第6课　平静 / 65
第7课　走进坏心情 / 67
第8课　管理愤怒 / 70
第9课　管理害怕 / 73

第三篇　积极自我

理论部分

一、认识自我 / 77
二、发挥优势 / 83
附录1：VIA品格优势词条解释 / 89

教学设计

第1课　发现我的优势 / 93
第2课　让爱的种子生根发芽 / 96
第3课　听听我的心声 / 101
第4课　家庭小主人 / 104
第5课　我和老师 / 107
第6课　好朋友的小烦恼 / 111
第7课　我学会了…… / 115
第8课　友好智慧的小公民 / 118
第9课　总结课：小树为我代言 / 121

第四篇　积极投入

理论部分

一、意义 / 125

二、投入 / 130

教学设计

第1课　遇到"梦想精灵" / 139

第2课　我有一颗梦想果子 / 143

第3课　我的梦想卡片 / 145

第4课　梦想互动 / 148

第5课　什么是专注？ / 150

第6课　我怎样才能更专注？ / 153

第7课　我会自己管自己 / 155

第8课　我会自己做计划！ / 157

第9课　"福流"手牵手 / 160

第五篇　成就

理论部分

一、成就、幸福与目标 / 165

二、刻意练习 / 168

三、成长型思维 / 169

四、心理韧性 / 173

五、习得性无助、解释风格与习得性乐观 / 176

六、意志力 / 177

七、养成好习惯 / 178

积极成就模块参考学习书单 / 181

教学设计

第1课　我的第一个项目 / 182

第2课　我的项目计划 / 186

第3课　小象汤姆　/　189

第4课　两个选择　/　192

第5课　小习惯，大能量　/　195

第6课　努力让我更聪明　/　198

第7课　失败中的价值　/　201

第8课　项目展示日　/　204

第9课　项目总结　/　206

第六篇　意义

理论部分

一、积极教育视角下的意义　/　211

二、意义从何而来　/　212

三、追寻有意义的人生　/　214

四、课程理念　/　217

教学设计

第1课　神奇的诞生　/　219

第2课　你好，蛋宝宝　/　223

第3课　假如，失去了……　/　225

第4课　汤姆生病了　/　227

第5课　爱的大连线　/　228

第6课　我们在一起　/　230

第7课　学习让生活更美好　/　232

第8课　才艺大展示　/　234

第9课　生活大超市　/　236

第一篇 积极关系

理论部分

一、认 识 关 系

（一）人际关系：人的基础需要

勒内·A.斯皮茨是奥地利的著名精神分析学家。斯皮茨最广为人知的理论贡献在于他对母育剥夺的研究。斯皮茨通过对当时孤儿院这类机构的长期观察，探讨了婴幼儿由于缺乏与抚养者社交互动所造成的后果。他认为，大脑的后续发育主要取决于神经系统的成熟过程，这个过程不仅仅需要吃饱、穿暖，更受到人际之间互动体验的影响。

斯皮茨研究了一出生就遭到抛弃的婴儿，在育婴堂，这些婴幼儿的生理需求都能得到满足，他们能吃饱穿暖，但任何可持续的、养育性的互动都没有，比如，正常家庭里抚养者和婴幼儿之间常见的拥抱、抚摸、说话交流等。这些婴幼儿无一例外全都开始变得孤僻、无精打采、体弱多病。研究显示，如果情绪上的饥饿超过3个月，他们的眼睛协同能力就会衰退，眼珠转得特别慢。这些弃婴每天只会安静地躺在婴儿床上，在两岁之前，三分之一的弃婴会死亡。那些幸存到4岁左右的，仍还不会站立、行走、说话。

斯皮茨用大量的证据和深刻的分析使人们相信，从人一出生开始，人际间的互动交流，尤其是抚养者和孩子之间的交流是必须且至关重要的。这种需求如果被剥夺，往往会导致婴儿的发展迟缓，婴儿可能遭受认知、情感和健康上的极大损伤。

（二）人际关系与幸福感

幸福从何而来？金钱、名望或是成就感？76年前，哈佛开展了史上历时最长的成人发展研究：跟踪268位男性，从少年到老年，探寻影响人生幸福的关键。

1938年，时任哈佛大学卫生系主任的阿列·博克教授觉得，整个研究界都在关心"人为什么会生病/失败/潦倒"，怎么没有人研究"人怎样才能健康/成功/幸福"呢？

博克提出了一项雄心勃勃的研究计划，打算追踪一批人从青少年到人生终结，关注他们的高低转折，记录他们的状态境遇，点滴不漏，即时记录，最终将他们的一生转化为一个答案——什么样的人最可能成为人生赢家。

　　人生赢家的标准十分苛刻。主持这项研究整整32年的心理学者乔治·瓦利恩特说，赢家必须"十项全能"：十项标准里有两条跟收入有关，四条跟身心健康有关，四条跟亲密关系和社会支持有关。譬如说，必须80岁后仍身体健康、心智清明（没活到80岁的自然不算赢家）；60～75岁间与孩子关系紧密；65～75岁间除了妻子儿女外仍有其他社会支持（亲友熟人）等；60～85岁间拥有良好的婚姻关系；收入水平居于前25%。这就是著名的"格兰特研究（The Grant Study）"。研究名字缘于最初的赞助者——慈善家威廉·格兰特（William T.Grant）。如今，这项研究已经持续了整整76年，花费超过2 000万美元。

　　每隔两年，这批人会接到调查问卷，他们需要回答自己身体是否健康、精神是否正常、婚姻质量如何、事业成功还是失败、退休后是否幸福。研究者根据他们交还的问卷给他们分级，E是情形最糟，A是情形最好。每隔5年，会有专业的医师去评估他们的身心健康指标。每隔5～10年，研究者还会亲自前去拜访这批人，通过面谈采访，更深入地了解他们目前的亲密关系、事业收入、人生满意度，以及他们在人生的每个阶段是否适应、良好。

　　最终得出了怎样的结论呢？

　　与母亲关系亲密者，一年平均多挣8.7万美元。跟兄弟姐妹相亲相爱者，一年平均多挣5.1万美元。

　　在"亲密关系"这项上得分最高的58个人，平均年薪是24.3万美元；得分最低的31人，则平均年薪没有超过10.2万美元。

　　一个拥有"温暖人际关系"的人，在人生的收入顶峰（一般是55～60岁期间）比平均水平的人每年多赚14万美元。

　　智商超过110后就不再影响收入水平，家庭的经济社会地位高低也影响不大，外向、内向无所谓，也不是非得有特别高超的社交能力，家族里有酗酒史和抑郁史也不是问题。

　　真正能影响"十项全能"，帮你迈向繁盛人生的是如下因素：自己不酗酒、不吸烟、锻炼充足，保持健康体重，以及童年被爱，共情能力高，青年时能建立亲密关系。

　　瓦利恩特说，爱、温暖和亲密关系，会直接影响一个人的"应对机制"。他认为，每个人都会不断遇到意外和挫折，不同的是每个人采取的应对方式，"近乎疯狂类"的猜疑、恐惧是最差的；稍好一点的是

"不够成熟类",如消极、易怒;然后是"神经质类",如压抑、情感抽离;最后是"成熟健康类",如无私、幽默和升华。

一个活在爱里的人,在面对挫折时,他可能会选择拿自己开个玩笑,和朋友一起运动流汗宣泄,接受家人的抚慰和鼓励……这些"应对方式"能帮一个人迅速进入健康振奋的良性循环。反之,一个"缺爱"的人,在遇到挫折时往往得不到援手,需要独自疗伤,而酗酒、吸烟等常见的"自我疗伤方式"则是早死的主要诱因。

(三) 人际关系与大脑

随着社会神经学的发展,人们对于人际关系对大脑的影响有了越来越多的发现。

纺锤型细胞是一种新近被发现的神经细胞,它的反应速度极快,可以帮助人们在社交场合迅速作出决定。而且科学家们已经证实这类细胞在人类大脑中的数量要远远超过其他物种大脑中该类细胞的数量。

镜像神经元是脑细胞的一种,它可以使人们察觉他人将要做的动作,并迅速做好模仿的准备。

当一位迷人的女士盯着一位男士看的时候,这位男士的大脑就会分泌一种可以使人产生快乐情绪的化学物质——多巴胺;而在这位女士把目光移开后,男士的多巴胺也随之消失了。

社会神经学家发现,不良的人际关系会导致压力荷尔蒙的急剧增加,从而损害抗病毒细胞的某些基因。这中间就是神经系统的工作机制。

上述每一个发现都反映了"社交脑"——指挥人们人际交流的工作。"社交脑"指的是影响人际交流活动和人们对待周围人以及人际关系态度的神经系统。"社交脑"与其他所有生理机制最大的不同就是它不仅可以影响我们,还会反过来受到我们社交对象心理活动的影响。

通过"神经可塑性",人际交流甚至可以在某种程度上重塑人们的大脑。也就是说,人们的经历可以影响神经细胞的形状、大小、数量以及它们之间的连接点。如果一个特定情景被不断重复,其中的人际关系就可能会逐渐重塑某些神经细胞。事实上,不管和我们长年累月生活在一起的人们是不断地伤害我们,还是给我们带来愉悦的情绪,我们大脑的某些特征都会因之而改变。

这些发现告诉我们,短时间来看,人际关系对我们的影响非常微小，但是假以时日，影响就会越来越强烈、持久。

（四）人际关系的起源

20世纪60年代，英国心理学家鲍尔比发现，婴儿对抚养者（主要是父母）的依赖会以不同的模式表现出来，"害怕与父母分离，害怕被父母抛弃"是进化造成的人类天性。1978年，鲍尔比的学生安斯沃斯根据进一步的研究，将婴儿与父母之间的互动模式分为三种，并用了一个名词来命名——依恋（attachment）。

当婴儿需要照顾时，父母总是在身边、有回应、给孩子注意力，婴儿就会感受到安全、爱和自信，这种婴儿会比较不拘谨、爱笑、容易和其他人交往，会形成"**安全型依恋**"。

如果父母对孩子的照顾时有时无、无法预测，婴儿就会开始用各种行为试图找回自己的父母。由于不确定照料者什么时候会回应，婴儿会表现出紧张和过分依赖，会形成"**焦虑—矛盾型依恋**"。

当婴儿需要照顾时，如果父母总是不出现，态度冷漠或拒绝，婴儿就会认为他人是无法信赖的，从而对他人充满怀疑，甚至陷入抑郁和绝望，会形成"**回避型依恋**"。

这三种依恋类型形成之后，婴儿在以后对人际关系的处理、对新环境的反应上都会出现差异。后续的研究者发现，成年人在处理关系时也会表现出类似的反应方式，并和童年时受到的父母对待方式和依恋模式一脉相承。

但事实上，依恋是个终生建构的过程，这一关系建立以后并不是一成不变的，儿童会在其后的生活和学习中，通过与父母以及其他身边重要的他人不断地互动和交流，使原有的依恋关系呈现微妙的动态变化。即使成年之后，一个人的依恋模式也可能会因自我成长、良好的婚姻关系、朋友关系而发生改变。

二、同 理 心

（一）关键概念

同理心：站在对方的立场，去了解对方的感受和内在世界；把这种了解表达出来，让对方知道你对他的感觉、想法及对他的行为有所了解。就好像穿着别人的鞋子站一会儿，去体会他人的立场和感觉。

"同理心"的两个必要条件：（1）倾听他人；（2）有所反应。

"同理心"的过程：（1）收听自己的感觉；（2）表达自己的感觉；（3）倾听他人的感觉；（4）回应他人的感觉。

"同理心"的开始，是先收听自己的感觉，如果你无法触及自己的感觉而想要体会别人的感觉那就太难了。所以，同理心的开始，是勇敢、诚实地探索并表达自己的情绪和感受。这一部分的能力培养，在积极情绪的章节中贯彻始终。

（二）进一步理解同理心

你总是没有耐心坐着听。

你总是只顾着解决问题。

你就是不明白你说那话的时候有多伤人。

你就是不了解。

这类话语，以及其他在人际关系中无数次说出或想到的批判，往往指向一个常见的问题：对方缺乏同理心。

"同理心"是正常运作的人际关系的先决条件。不管是私人场合，如婚姻、爱情、友情、亲子关系，还是专业场合，如经理与职员、专业人员与客户、师生、同行之间的关系，在这些关系中对别人的处境产生同理心会促进彼此之间的信任，以至沟通公开、真诚，从而促进人际冲突的解决以及建设性的变化。

"同理心"并不是一个外来的词汇或者专属于心理学的词汇，我们常用的说法，比如，"将心比心""人同此心、心同此理"等，它可以初步理解为"换位思考"，不过仅仅是思考还不够，还需要"换位感受""换位行动"。

同理心发达的人，能够知道对方想什么，要什么，并作出相应的反应，他肯定也是一个情商高的人，同时是一个让人喜欢、愿意与之相处的人。我们可以从三个层次来理解同理心。

1. 理解对方表达的语言、行为和肢体语言

这是最简单的层次，当然也是很困难的层次，这是区分一个人有无同理心的基本点。

孩子在商场，告诉妈妈："妈妈，我想要玩具车……"

立刻，这位妈妈给了孩子一巴掌："车车车，一天到晚就知道车，走，回家！"

这是非常典型的同理心匮乏,她听到了孩子的言语,可能也看到了孩子充满渴望的眼神,但她并不能承接孩子的感受,可能还混杂着自己的情绪反弹回去,例如,愤怒、压抑、焦虑等。有同理心的妈妈也许会这样表达:"宝贝,我听到了你说想要玩具车,妈妈知道了……"简单重复对方的言语,即表明你关注到了,你理解了。当然,你不理解的话,可以附加一句"这是什么意思呢?"

除了语言,我们还可以更多地关注对方的肢体语言和表情,这方面的理解能力几乎是人的天赋能力,无须刻意地学习。当然,有一些复杂的情况,比如,一个人笑着说"我离婚了",这里面表达的意思可能就复杂多了。同理心缺乏的人往往会回应:"你怎么离婚了呢?"或者"我就说早该离婚了。"而具备基本同理心的人更可能会说:"你笑着说这件事,发生了什么?"

2. 理解对方未表达的情绪、情感、动机和思维

经常地,当一个人想着某件事情,却说着无关紧要的另一件事,把重要的信息放在后面说或者不说。

丈夫刚进家门。

妻子说:"老公,你总算回来了。你都不知道今天家里有多脏!"

丈夫答:"是吗?我看看。"

妻子不悦:"今天孩子一点不省心,老是哭。"

丈夫答:"真的啊!我去哄哄他。"

妻子怒:"奶粉快没了。"

丈夫穿鞋:"我这就去买。"

这位妻子所说的真的是内心所需吗?接连三句,丈夫试图一一满足,但却没意识到表面言语之下的内心需求。妻子看上去是在连续抱怨一些家务,但抱怨之下却有未说出口的其他情绪,这可能是由家务之外的事情引起的。如果丈夫能觉察到,去与妻子表层之下的情绪沟通,比如问问:"亲爱的,你今天看上去心情很烦躁,遇到什么事了吗?"这种同理心更有助于加强彼此间的联结。

3. 同理心的最高境界,不仅在于你说了什么或做了什么,更在于对方的内心需求得到了满足

这是一种默契,正如一首歌里唱的:"我还没说可惜,你已经在叹息。"比如,一个痛哭的人,也许他那时最需要的不是建议,也不是不停地安慰,而仅仅是安全的可以哭诉的环境、陪伴和纸巾。

最重要的是，同理心可以视作一个道德上的美德。在品格优势与美德的理论中已论述过，美德是可以通过实践来培养的，同理心也如此，正确地理解它，经常地练习它，可以帮助我们将这种美德不断加强。

三、倾　　听

在现实生活的交流中，我们所说的话必须和交流对象的感受、话语及行为有关系，否则，我们的话语就会像射出的子弹一样，不顾对方状态的变化自顾自地往前冲。

当一个人垄断某个对话时，他是在实现自己说话的欲望，而没有考虑对方的需求。真正的倾听需要考虑另一方的感受，给对方发言权，由两人共同决定谈话的进程。交流双方只有做到彼此认真倾听，才能根据对方的反应和感受来调节自己的话语，从而实现互惠。

令人惊奇的是，许多杰出的销售员和客户经理在谈话中计划性都不是很强。对这些领域的佼佼者进行研究发现，他们接待顾客或者客户的时候并不是打定主意要把东西卖出去，而是把自己定位为咨询师。所以他们的任务首先是倾听，了解客户的需要，然后再根据客户的需要向其推荐合适的产品。如果他们没有特别合适的产品，他们也会据实以告。

研究还发现，杰出的管理人员、教师和领导者都具备认真倾听的能力。对于医生或者社会工作者这类服务性行业从业者来说，他们不仅要花时间仔细倾听以适应他人的情感，还会提出问题来了解别人的背景情况。他们会寻根探源，而不只是解决表面问题。

现代生活中，人们通常会同时面对多重任务，因此很难做到专心致志、全神贯注。此外，自我陶醉占据了我们的注意力，因此我们很少能注意到他人的感受和需要，更不要说产生同理心了。我们对他人情感适应能力的减弱，扼杀了和谐的人际关系。交谈需要平衡讲述和倾听，而我们渐渐失掉了这种平衡。

"其实做到专心并不难，一次5分钟的对话也可能成为完美的交流过程。但是，前提是你必须停止手头的工作，放下你正在看的备忘录，离开你的电脑，停止你的白日梦，心无旁骛地关注你的交流对象。"（《哈佛商业评论》）

这种由认真倾听带来的情感适应有利于产生和谐的人际关系。关注他人会使双方达到最大程度的心理一致，这样情感才会协调。在交流中,一个人如果全神贯注,他的交流对象肯定能感觉到他的真诚。

四、主动的建设性回应(ACR)

传统上我们有一种观点,当他人处于压力和不幸之中,给他/她提供支持可以帮助其更好地应对压力;在各种不同的支持中,情感支持对压力调节格外重要;而且在亲密关系里,一方给另一方提供好的支持可以带来更好的关系。然而,许多研究表明这样的支持并没有给接受者带来更好的调节作用,甚至与接受者的幸福感呈负相关。一种可能的解释是这种支持表达了一个信号,即他/她没有能力来应对压力源,从而对接受者的自我价值感和自尊造成了打击。

Shelly L.Gable对此提出了新的假设:尽管前人的研究表明,令人满意的关系的特征之一是,当发生不好的事情时伙伴会在身边给予支持,但还没有人研究过当发生好事时伙伴给予的回应会对关系产生怎样的影响。而且谈论积极事件,可以降低打击当事人自尊的风险。研究中,Shelly将人们对他人发生好事时的回应分成四种。这四种不同的回应分别是什么样的呢?

	主动的	被动的
建设性的	热情地支持 眼神接触 真诚的态度 "太棒了!我就知道你行,给我讲讲你怎么做到的?"	没什么精神 反应延迟 不上心地鼓励一下 "哦……挺好的。"
破坏性的	表示质疑 拒绝接受 贬低事情的价值 "我觉得这不值得你高兴,以后说不定压力更大。"	转移话题 忽略这件事 忽略说话的人 "哦。对了,我下载了一个新的游戏特别好玩。"

什么是主动的建设性回应(Active Constructive Responding)?我们可以把它和其他几种回应方式放在一块儿来比较。

小明今天在班上竞选班干部成功了,他非常高兴,回家的第一件事就是把这个好消息告诉妈妈，妈妈可能有以下四种不同的反应。

（1）"噢是吗，挺好的啊。"然后继续做晚饭。

（2）"你确定这是好事？那你以后要花很多时间在班上做杂七杂八的琐事，你还有时间学习吗？你能两边兼顾吗？"

（3）"噢，我跟你说，我今天在路上遇到你奶奶了，她又在那店里瞎花钱买保健品，每次说她都不听……"

（4）"哇，儿子你真是太棒了！跟我说说竞选的细节，你怎么做到的？"

或者再来一个工作场合的例子：

小丽是一家法律机构的员工，今天她下班回家后兴奋地告诉她的丈夫，她的上司让她参加了一个会议，并指派她担任一个重要项目的主管律师。丈夫可能给出四种不同的反应。

（1）"嗯，干得不错。"

（2）"我觉得这个项目会非常复杂。你确定你能应付它？听上去会有非常多的工作，说不定除了你没人想带这个项目。这个月你很可能得经常加班了。"

（3）"哦。今天晚餐你打算做什么吃的？"

（4）"哇，这真是一个好消息！你的能力和努力得到了回报。你成为公司合伙人的目标肯定会成功的。这个项目是关于什么的？"

很显然，在两个例子中，最后一种反应才是"主动的建设性回应"（ACR）。在最后一种回应里，你能感觉到妈妈在关注小明，真心为他感到高兴，而且有进一步的询问和交流；你也能感觉到丈夫在关注小丽，为小丽的事业进步感到高兴，想了解更多的细节。主动的建设性回应是一种主动的、有积极情绪反应的、有进一步交流的回应方式，在这个过程中你真诚地为对方感到高兴，并且把你的这种高兴展现出来。

而最差的反应则是第三种，即被动的破坏性回应。在第三种回应里，妈妈完全忽视了小明，直接把注意力转移到其他事情上去；丈夫也完全忽视了小丽的话，转移了话题。这种忽视带来的负面影响比直接打击更严重，因为打击和挑毛病至少表示对方还在给予关注，而忽视则完全削弱了当事人的存在感。

前人的研究已经发现，只有主动的建设性回应可以提高人的幸福感，发展出更高品质的关系，而其他三种回应方式都与消极结果有关。

主动的建设性回应向人传递两种信息：第一，我认可你这件事的重要

性，认可你与这件事的关系，认可你在其中的付出；第二，我看到了这件事对你个人的意义，对此我做出一些回馈和反应，从而展现出我与你的积极关系。而一个被动的或破坏性的回应则可能传递这样的信息：第一，你那件事是没有什么意义的，无论是现在还是将来；第二，我不知道哪些东西对你而言是重要的；第三，我并不关心你的情绪、想法和生活（Shelly L.Gable，2006）。

一个人在主观上能否感受到那些亲近的人是否欣赏自己、关心自己，在关系的许多方面都发挥着核心影响，例如，影响这个人在社交互动中的社会期待、自我认同、依恋和安全感以及社会关系等。当谈论发生在自己身上的好事时，能否感受到对方的理解、认同和关心，与这段关系是否幸福有强烈而持续的相关。当人们与同伴分享积极事件时，其实是在分享自己的优势，这时如果能得到同伴的肯定，可以大大提升自我价值感。Shelly的研究表明，比起在压力中获得的支持回应，好事发生时能否获得支持回应在关系中扮演着更重要的角色。

五、善意与助人

善意与助人行为是构建积极关系、提升积极情绪的又一重要途径。其实在日常生活中，善意助人的行为屡见不鲜，我们也常在明知没有回报的时候贡献自己的时间、精力、金钱，如捐款、献血、做志愿者、为陌生人指路，等等。对此，"社会交换理论"提供了一个解释：助人其实也能带来报偿。报偿分两类，即外部报偿与内部报偿。助人者能获得众人称许，能提高社会声望，如果你帮的是血缘亲戚，还能增加自己基因的流传概率……这都是"外部报偿"。"内部报偿"也同样重要。我们做完好事后，往往觉得自己更有价值。当我们带给别人好心情，自己的情绪也随之提升。有研究表明，那些乐于助人的青少年未来会更成功、家庭关系也更加和谐、生活习惯更好、也具有更强的社会竞争力。

值得注意的是，我们在此阐述的善意与助人行为，并非都是惊天动地的大事，或舍己为人的壮举。积极教育中的善意，更强调生活中发生的日常小事，甚至是举手之劳。这种善意发自行为者的内心，内心没有回报的预设。且善意与助人行为的培养不可采用强制的方法。一个小小的善举可影响到三方角色：善举的实施者、善举的接受者、旁观者。因而出现了善意与助人行为的"涟漪效应"。

认识关系 { 第1课　我爱我家
　　　　　　第2课　珍贵的友谊之花

维护与提升关系 { 第3课　倾听让我成为小外交家
　　　　　　　　第4课　倾听的窍门
　　　　　　　　第5课　你的感受我知道
　　　　　　　　第6课　有效的表达（上）
　　　　　　　　第7课　有效的表达（下）
　　　　　　　　第8课　做个快乐的助人者

总结课　●　第9课　规则与合作

教 学 设 计

起始课　沉静训练

课程目标

让学生初步认识和体验冥想，使学生通过体验认识到冥想的益处。

教给学生正确的冥想方法。

一般说明

时间：40分钟

教学用具：沉静训练音频

教学实施

授课环节1	初步体验与认识冥想	
目标	初步体验冥想过程，学习腹式呼吸法	
时间	10分钟	
教学用具	无	
教学内容	1.1　引入主题 **指导语**：今天，我们来学一种神奇的超能力，你能在任何时候、任何地点使用它。这种超能力能让你在学校上课、踢足球、弹琴、玩游戏等各方面都做得更好。它还可以在你感到生气、悲伤、害怕的时候，让你冷静地放松下来。这种超能力的名字叫作"冥想"，也叫"沉静训练"。	备注区域

教学内容	1.2 小提问	备注区域
	问题：我们每时每刻都在做的事情是什么？（呼吸）	
	如果孩子们回答不上来，老师可以做一个呼吸的姿势让学生们猜。	
	1.3 示范与练习	
	指导语：咱们今天要学习的这个神奇的超能力跟呼吸有很大关系。同学们跟我一起做：吸气（1、2、3）——呼气（1、2、3）——吸气（1、2、3）——呼气（1、2、3）……	
	注意：缓慢地吸气和呼吸各3秒钟左右，呼气和吸气各进行5次，即5次完整的呼吸。	
	1.4 分组比拼，加强练习	
	指导语：刚才同学们都做得非常好，那么接下来我们要增加难度了，不知道同学们还能不能学会。我们先分组，看看哪一组这一次做得最好。4~6人一组。增加的难度有两个：（1）这一次我们闭上眼睛；（2）这一次我们身体坐直，双手放在大腿上。	
	学生们都调整好坐姿后，老师还是跟上面一样数数：吸气（1、2、3）——呼气（1、2、3）——吸气（1、2、3）——呼气（1、2、3）……	
	用手机或是秒表计时，整个时间持续30秒即可。	

授课环节2	正式体验与练习冥想	
目标	通过正式的冥想音频让学生体验与认识冥想的过程	
时间	20分钟	
教学用具	沉静训练音频	
教学内容	2.1 正式练习冥想	备注区域
	指导语：刚才同学们都做得非常棒，一分半钟都坚持下来了，特别棒！但是我们仍然还没有获得超能力，我们还需要继续增加难度来练习。下面我要请出一位培养超能力的专家老师来教咱们，他就在我待会儿要播放的音乐里。同学们只要按着这位老师说的去做，很快就能够获得超能力。	
	2.2 播放音频	
	2.3 提问与分享	
	问题1：刚才冥想时你的坐姿是怎样的？应该怎么坐？	

教学内容	有的同学可能会手背在身后，半躺在椅子上，或是趴在桌子上，这不利于冥想的进行。 问题2：刚才冥想时你是怎么呼吸的？应该怎么呼吸？ 有些同学可能比较紧张，拳头紧握，眉头紧锁，呼吸短促，应该是放松地均匀、缓慢地呼吸。 问题3：你是跟着指导语做的吗？是不是把手放到腹部跟着节奏做的？ 有的同学可能不跟着音频里的指导语做，做的时候睁着眼，东张西望。把手放在腹部，可以进行腹式呼吸，这种呼吸有利于冥想。 问题4：在刚才的冥想过程中，你的注意力是否是跟着老师放在呼吸上了？走神时你在想些什么。 做冥想的过程中，走神时注意力转移到别的地方或是事情上是非常正常的，只需要在意识到的时候把注意力转移到呼吸上就可以了。	备注区域

授课环节3	**调整后的冥想练习**	
目标	经过前两个环节，学生们对正式冥想有了初步的认识和体验，此环节主要是最后再进行一次冥想，强调冥想时的几个关键点	
时间	10分钟	
教学用具	沉静训练音频	
教学内容	3.1 调整后的冥想练习 我们再进行一次练习，也是最后一次练习了，这一次我们要努力做到三点，做好这三点就能够获得"超能力"啦。（1）身体坐直，呼吸要慢；（2）呼吸时手放在腹部，感受吸气时腹部隆起，呼气时腹部平瘪下去；（3）冥想时，如果你注意力转移到了别的事情上，走神了，没关系，慢慢把注意力再拉回到呼吸上。	备注区域
教学内容	3.2 提问与分享 问题：（1）你感觉我们这一次练习过了多长时间？ （2）这一次练习之后，你的感觉怎么样？有何感受？ 老师从同学们的分享当中提炼出放松、平静、轻松等关键词即可，这就是冥想带来的益处。 3.3 老师总结 指导语：以后我们积极心理课的每节课开始都会进行5分钟的呼吸练习，每天都要锻炼这种超能力。它可以让我们平静地放松下来，感觉到轻松愉快，特别是在你感到生气、悲伤、害怕的时候。要记得练习获得这种超能力重要的三点：（1）身体坐直慢呼吸；（2）手放腹部感受隆起与下瘪；（3）走神不要紧，回到呼吸上就可以。	备注区域

沉静训练

此后每节课的前5分钟，均为沉静训练环节（如下表），40分钟的教学设计里不再重复显示该环节。

授课环节	沉静训练	
目标	提升专注力，增加平静感	
时间	5分钟	
教学用具	沉静训练音频	
教学内容	根据音频指导语练习。	备注区域

第1课　我爱我家

课程目标

认识家庭中的不同角色。

体验自己作为家庭的一分子，能为家庭出自己的一份力。

一般说明

时间：40分钟（含5分钟"沉静训练"）

教学用具：无

教学实施

授课环节1	课堂活动：我爱我家	
目标	通过家庭扮演活动，增加学生对家庭不同角色的体验，调动学生回答问题的兴趣	
时间	20分钟	
教学用具	无	
教学内容	1.1　事先准备几个示范情境，例如： （1）今天是妹妹的生日，爸爸、妈妈买了一个草莓蛋糕给她，她高兴得拍手大笑。 （2）哥哥和弟弟吵架，哥哥揍了弟弟一拳，弟弟哭了起来，踢了哥哥一脚。 （3）爸爸和妈妈带着姐姐去买衣服，碰到爷爷、奶奶在散步。 （4）爸爸开车带我们全家去郊游，我们都很快乐。 …… 1.2　表演 老师随机拿起一张纸，念其中一个情境："今天是妹妹的生日，爸爸、妈妈买了一个草莓蛋糕给她，她高兴得拍手大笑"，老师念完后，请几位同学扮演爸爸、妈妈、妹妹，去表演区把这个场景表演出来。最后一个场景，以引发积极情绪为主。	备注区域

授课环节2	课堂讨论	
目标	体验幸福家庭带来的感受，提炼关键行为	
时间	10分钟	
教学用具	无	
教学内容	（1）在表演完了刚才一系列家庭场景后，大家有什么感想？ （开心、愉快、辛苦、劳累、兴奋、生气等，让学生随意说一说） （2）每个家庭都有不同的家庭成员，表演时，只有每个成员都努力才能表演好，每个家庭成员都有自己的责任。大家想一想现实中自己的家庭，为了创造出快乐家庭，我们能做些什么？	备注区域

授课环节3	本课总结	
目标	树立家庭的主人翁意识，总结课程	
时间	5分钟	
教学用具	无	
教学内容	3.1　总结 每个人的家庭可能会有所不同，每个人家中都会上演喜怒哀乐，这是很正常的。我们每个人都希望拥有快乐的家，我们自己是家庭的一员，是家庭的小主人，所以，创造快乐家庭也有我们的一份责任，我们对家庭的事情要关心，要参与。	备注区域

第2课 珍贵的友谊之花

课程目标

学习并理解保持良好友谊的6个秘诀;练习"真诚"的行为态度。

体验友谊带来的快乐;激发学生培养良好友谊的主动性。

一般说明

时间:40分钟(含5分钟"沉静训练")

教学用具:(1)动画视频《小熊维尼·气球》

　　　　　(2)6张写着编号和秘诀的卡片

教学实施

授课环节1	课堂活动:让"友谊之花"盛开	
目标	学习友谊的关键因素	
时间	15分钟	
教学用具	动画视频《小熊维尼·气球》、6张写着编号和秘诀的卡片	
教学内容	1.1　准备 准备好6张卡片,上面分别写好了编号和"交友秘诀",参考如下。 ①有礼貌:黄色;②给信任:大红;③会合作:绿色; ④敢认错:蓝色;⑤守信用:白色;⑥心宽容:粉红。 　　①有礼貌:黄色　　②给信任:大红 　　③会合作:绿色　　④敢认错:蓝色 　　⑤守信用:白色　　⑥心宽容:粉红 使用方法:打印本页,沿虚线剪开,成为六张 1.2　提问 看完第一遍视频,先问问大家:"通过刚才的动画,大家猜一猜,建立友谊的6个秘诀可能包括什么?" (1)如果有学生说对其中的秘诀,要进一步让学生说明动画中哪个场景体现了这个秘诀。 (2)如果学生都猜不出来,老师可随机抽一个纸条。比如,抽到③号,展示给大家"会合作"这个秘诀,发动同学回忆动画里哪个场景体现了"会合作"。	备注区域

教学内容	1.3 总结 "秘诀——场景"对应：（仅作参考，学生说得有道理即可。） （1）有礼貌；（2）给信任；（3）会合作； （4）敢认错；（5）守信用；（6）心宽容。	备注区域

授课环节2	课堂活动：边说边练	
目标	学习真诚沟通的行为方法	
时间	15分钟	
教学用具	无	
教学内容	2.1 介绍 在动画片段里，不仅体现了勇于认错，更体现了一种真诚的态度。有时我们虽然嘴上道着歉，但其实态度和身体都没有表现出"真诚"。 老师根据动画里的剧情，总结一下真诚的交流细节。 （1）眼神：道歉时，眼睛认真、专心看着对方； （2）表情：很认真、很严肃，不嬉皮笑脸； （3）身体：要站直，不东倒西歪； （4）声音：语气温和，音调中等，吐字清晰，让对方能听清。 2.2 练习 老师创设一些小场景，让学生当场演练何为"真诚"地交流。	备注区域

授课环节3	本课总结	
目标	总结友谊的6个秘诀，并练习沟通的行为表达	
时间	5分钟	
教学用具	无	
教学内容	3.1 要点总结 （1）为了交到更多朋友，同时也为了让友谊能更长久，要记住友谊的6个秘诀。 （2）维护友谊的关键是"真诚"，它既是一种态度，也是一种行为，大家可以从眼神、表情、身体、声音4个方面来练习。	备注区域

第3课　倾听让我成为小外交家

课程目标

认识倾听的重要性。

体验倾听，增强情感联结。

一般说明

时间：40分钟（含5分钟"沉静训练"）

教学用具：绘本PPT《大熊有个小麻烦》

教学实施

授课环节1	课堂活动：鸭子飞	
目标	引入主题，认真听、听清楚并加以体会，这样才有可能正确行动	
时间	15分钟	
教学用具	无	
教学内容	1.1　小游戏：鸭子飞 （1）选取一名同学站在讲台处作为"领队"，让他（她）站在全班同学面前喊"鸭子飞！海鸥飞！瓢虫飞！奶牛飞！"等。领队可以说出他想到的任何一种动物。 （2）全班同学起立，只要领队喊出一种会飞的动物时，所有人都要扇动自己的胳膊作飞行状。当领队说出一种不会飞的动物时，所有人都要停止"飞翔"，把胳膊放下。 （3）做错的同学就被淘汰，坐下。直到剩下最后一个人时，这一轮游戏结束。 （4）这个剩下的同学在下一轮游戏中扮演"领队"。 1.2　引入 大家都了解到认真倾听在这个游戏中的重要性，下面通过一个故事，大家想一想，在日常生活中，认真倾听有什么作用？	备注区域

授课环节2	绘本故事：大熊有一个小麻烦	
目标	体会倾听对于理解别人的重要性	
时间	15分钟	
教学用具	绘本故事：《大熊有个小麻烦》	
教学内容	2.1　在投影或PPT上展示绘本图画，并给学生讲绘本上的故事。	备注区域

教学内容	2.2　提问	备注区域
	（1）大熊有一个小麻烦，想找人帮忙，他一路上都遇到了谁？ （2）一路上，大熊都得到了哪些东西？ （3）最后，大熊的麻烦解决了吗？是如何解决的？ （4）为什么大熊在前面遇到那么多人，得到那么多东西，都没有解决麻烦呢？	

授课环节3	本课总结	
目标	总结倾听对正确行动和理解别人的重要性	
时间	5分钟	
教学用具	无	
教学内容	3.1　总结	备注区域
	（1）从游戏中，我们发现要想把一个游戏玩好，一定要集中注意力、认真倾听领队说的话。 （2）从绘本故事中我们发现，如果想交到真正的朋友，必须耐心听对方把话说完，只有认真倾听才能明白对方的需求。 （3）如果不倾听对方说话，即使你给了对方很多东西，但可能都不是他想要的，也无法真正帮助到朋友。	

第4课　倾听的窍门

课程目标

学会三句倾听口诀。

学会倾听，提升人际交往的自信。

一般说明

时间：40分钟（含5分钟"沉静训练"）

教学用具：（1）按小组的数量，每组一张小动物涂色纸

　　　　　（2）每组一套彩色笔

教学实施

授课环节1	课堂活动：听故事涂色	
目标	练习倾听和理解指令，并按照指令行动	
时间	20分钟	
教学用具	按小组数量准备的涂色卡、观察单	
教学内容	1.1　分组 将学生分成6人一组，每组推选一人当"观察员"。给每一组分发一张小动物涂色纸。老师念一段文字，文字里包含若干动物和颜色，听完后要大家完成给动物涂色的任务。 1.2　宣布游戏规则 老师讲完话确认大家是不是听明白了。观察员在讨论过程中不说话不出声，观察大家是否遵守了规则，记录出现的"犯规"行为。 从前有一只红色的小猪， 吃饭就是它生活的全部。 它的山羊好朋友， 绿色的毛发盖满全身。 还有一只活泼的小狗， 慢跑起来就浑身变紫。 当然不能忘了小黄猫， 它真是个有趣的小家伙。 蓝色的小马走向海边， 将膝盖浸入蓝蓝的海水中。 最后是我们嗜睡的猫头鹰， 它的毛是棕色的，总是掉色。	备注区域

授课环节2	讨论和练习	
目标	理解倾听的关键要素；体验认真倾听带给双方的良好感受	
时间	15分钟	
教学用具	无	
教学内容	2.1　游戏结束后，大家分享 （1）观察员们汇报出现过哪些"犯规"现象，不要说同学的名字，只说行为，重复的不用再说。 （2）看看哪组涂得又快又好，如何做到的？ （3）看看哪组"犯规"现象最少？ 2.2　小结 老师归纳各种"犯规"现象（如经常打断别人、不按次序乱插嘴、不同意对方就立刻争吵、别人说话时东张西望），并要求学生努力记住听到的信息，不清楚的等对方说完后再问，等等。 2.3　同桌练习 （1）相互练习：说一件近期最开心的事，倾听者关注倾听技巧并及时反馈。 （2）说说你的感受：认真倾听后的感受如何？被认真倾听后的感受如何？ 2.4　总结 掌握倾听窍门，认真倾听会让我们更好地传递信息、完成任务，更能够促进我们彼此间关系的融洽。	备注区域

第5课　你的感受我知道

课程目标

了解同理心，学习表达同理心的方法。

体会同理心对关系的促进。

一般说明

时间：40分钟（含5分钟"沉静训练"）

教学用具：绘本《我会关心别人》

教学实施

授课环节1	课堂活动：展示"人"字形	
目标	体验从不同的视角看事情	
时间	5分钟	
教学用具	无	
教学内容	1.1　展示 老师站在讲台上，面朝学生，要求全班学生用双手给老师展示一个"人"字形状。起初，大多数人可能展示的是"入"字，老师可以先点出展示正确的学生，然后提示大家自己要的是"人"字而非"入"字。之后老师继续观察并请正确的人放下手臂，直到所有人都意识到并展示正确。 1.2　提问 这个活动的目的是什么？（学生自由回答） 1.3　小结 虽然我们同在一个教室里，听到老师说的话也是一样的，但由于所站的角度不同，对同一件事的想法和观点就会有所不同。不同的观点并不意味着谁对谁错，但如果能学会从对方的角度考虑，就表明我们正在渐渐长大、变得更加成熟了。	备注区域

授课环节2	绘本故事：我会关心别人	
目标	观察故事中，当伙伴有不同需求时小熊提供的不同帮助	
时间	15分钟	
教学用具	绘本《我会帮助别人》	
教学内容	2.1 看故事 2.2 提问 （1）当有人受伤、生病的时候，小熊做了什么？ （2）当有人难过的时候，小熊做了什么？ （3）当兔子被别人嘲笑的时候，小熊心里在想什么？ （4）小熊为什么要帮熊妹妹把飞走的气球抓回来？ （5）小熊是怎么表达自己对对方的理解（同理心）的？ （听：耐心倾听他人的感觉；想：假如是我遇到这样的情；说：把自己的体会告诉对方；做：尽自己的力量去帮助他人。） （6）你喜欢这只小熊吗？为什么？ 2.3 小结 小熊在伙伴有不同的需求时提供了不同的帮助，伙伴们会觉得小熊看到了自己的需要，感觉很温暖。	备注区域

授课环节3	课堂练习：你的感受我知道	
目标	在生活场景中练习体会和使用同理心表达	
时间	10分钟	
教学用具	无	
教学内容	请同学根据下面的场景，想想自己会怎么说，可以两两练习，老师可以叫一些同学上台演示 （1）天色很晚了，外面还刮着寒风，妈妈下班后提了一大包菜刚回到家。 我会对妈妈说：…… （2）同学在操场跑步的时候摔倒了，疼得直掉眼泪。 我会对同学说：…… （3）朋友家的小狗走丢了，找了一天也没找到，朋友很着急。 我会对朋友说：……	备注区域

授课环节4	课程总结	
目标	回顾和总结同理心的表达方法	
时间	5分钟	
教学用具	无	
教学内容	**4.1 提问** 这节课我们学了什么重要的内容? 同理心包括4个方面: 听:耐心倾听他人的感受。 想:假如是我遇到这样的情形。 说:把自己的体会告诉对方。 做:尽自己的力量去帮助他人。 **4.2 总结** 学会理解别人的感受、培养自己的同理心,表示我们在长大、在变成熟,而且会让自己的人际关系变得更好,朋友变得更多。	备注区域

第6课　有效的表达（上）

课程目标

学习有效表达的两种方法——清晰的表达和真诚的赞美。

增强人际沟通的自信。

一般说明

时间：40分钟（含5分钟"沉静训练"）

教学用具：（1）动画相声《逗你玩》

（2）看图说话用的图片

教学实施

授课环节1	动画引导	
目标	体验表达不准确的危害	
时间	15分钟	
教学用具	动画相声《逗你玩》	
教学内容	1.1　看完动画视频后提问： （1）相声中，小虎家的衣服为什么会被偷走？ （2）结尾，小虎妈妈为什么生气？小虎当时是什么心情？ （3）你是否发生过表达不清楚而让别人误会的事情？ 1.2　小结 在人际交往中表达要清晰，因为：（1）表达不清会造成损失；（2）表达不清会破坏彼此间的关系。 1.3　练一练 （1）找若干图片，请学生根据每幅图片构思一个小故事，然后请几名同学看图讲出故事。 （2）要求做到：语句通顺，意思明白，故事完整。 （3）学生每讲完一个故事，老师就问问其他同学是不是听明白了，以及有没有需要补充的地方。	备注区域

授课环节2	课堂活动：真诚地赞美	
目标	练习表达真诚的赞美	
时间	20分钟	
教学用具	无	
教学内容	2.1 过渡 （1）连接上一个活动，由老师提示，给予刚才所有讲故事的人赞美； （2）讲得好的赞美内容，讲得一般的赞美勇气； （3）老师给予赞美示范。 引入良好的关系建立，离不开真诚的赞美。 2.2 练习 请学生回答在以下场景中应该怎么说。 （1）妈妈做了一大桌特别好吃的菜，你很喜欢吃。你对妈妈说_____。（今天的菜真丰盛，特别好吃，妈妈辛苦了！） （2）隔壁奶奶种的花开了，特别美。你对奶奶说_____。（奶奶养的花真美！） （3）同桌考试得了100分。你对他说_____。（你得了100分，真棒啊！） （4）朋友小叶钢琴弹得很好听。你对她说_____。（你弹的曲子真好听！你练习了很久吧？） （5）爸爸画了一幅很美的画。你对他说_____。（爸爸画得真美，颜色好漂亮！） 2.3 总结 本节课学会两点： （1）表达时要把话说清楚，因为表达不清楚容易造成误会，表达不清楚还容易影响人际关系。 （2）沟通时要学会多多赞美对方。	备注区域

第7课　有效的表达（下）

课程目标
学会在人际交流中合理地拒绝。
增强人际沟通的自信。

一般说明
时间：40分钟（含5分钟"沉静训练"）
教学用具：无

教学实施

授课环节1	课堂故事：《佳佳的烦恼》	
目标	体会主人公在和同伴交往中的感受，学习处理矛盾的方法	
时间	20分钟	
教学用具	无	
教学内容	1.1　听故事 　　　　　　　　佳佳的烦恼 　　佳佳是二年级（1）班的学生，她最近遇到了一些烦恼。 　　早上朋友小娜和她一起上学，路上小娜忽然想起自己没有带铅笔盒，于是向佳佳借铅笔和橡皮。佳佳有好几支铅笔，而橡皮只有一块。可是佳佳上午正好有数学测验，一定会用到橡皮，但又不好意思拒绝小娜。想到小娜是自己最好的朋友，她还是把笔和橡皮借给了她。没想到，数学测验真的遇到了麻烦。原来，今天是考速算，时间很紧张，佳佳每次写错了都要和其他同学借橡皮改正，不仅影响了其他同学答题，也耽误了自己的速度，结果好几道题没有时间答了，而这几道题明明是自己都会做的，因此佳佳的心里很难受。下午放学后，佳佳去找小娜要回橡皮时埋怨小娜没带铅笔盒，结果自己测验都没有答好题。小娜被佳佳一说也觉得自己委屈，两个人默默走回家，路上也没怎么说话。 　　第二天中午吃饭时，佳佳带了妈妈做得既漂亮又好吃的卡通盒饭。佳佳让几个一起吃饭的同学尝一尝，大家都很爱吃。没想到饭盒再回到佳佳这里时，原来的满满一盒只剩下一点儿了，佳佳只吃了个半饱，下午还没放学，自己的肚子已经咕咕叫了。	备注区域

教学内容	下午课后活动时，佳佳和小峰在学校体育室借到了非常抢手的羽毛球拍。正在高兴之际，另外两名没有借到的同学来找佳佳，对她说："能让我们打一会儿吗，我们昨天就没有借到。"佳佳想都没想就把球和拍子给了同学，同学对他俩说了句"谢谢你们"，就拿走了。佳佳这才想起了搭档小峰，看得出，小峰满眼都是失望，佳佳只好说："我们去看看还有没有乒乓球……"没想到，小峰生气地说："我不想打乒乓球，我要回家了！" 　　佳佳觉得很失落，妈妈和老师都说过要帮助同学，可是为什么自己的好心帮助却让自己很难过，朋友好像也不理解呢？ **1.2　提问** （1）你觉得是什么原因让佳佳不开心？ （2）在每个场景中，佳佳怎么做可能会让自己感觉舒服一些，同时又不伤害对方？ （3）你遇到过这样的情况吗？你是怎么做的？	备注区域

授课环节2	课堂练习：勇于说"不"	
目标	辨别拒绝的场景和表达方法	
时间	10分钟	
教学用具	无	
教学内容	**2.1　让学生两两一组轮流练习说出下面的句子** 甲：我现在想去你家找你玩。乙：今天时间太晚了，我要睡觉了，周末来吧。 甲：能教教我这道题怎么做吗？　乙：我也还没写完作业，等我写完了啊。 甲：能把你的球给我玩玩吗？　乙：加入我们，咱们一起玩儿吧。 甲：今天能帮我做值日吗？　乙：今天不行，我们说好了要去看奶奶。 甲：我喜欢你带的饺子，可以吃吗？　乙：你吃两个没问题，剩下的是我的午饭啦。 （老师可根据具体情况修改内容） **2.2　小结** 即使是好朋友的愿望，我们也不是每个都能满足，所以，在需要的时候要大胆、清楚地拒绝别人。这个时候，应该说明自己拒绝对方的原因，也可以想一想还有没有其他的方法，可以帮他出主意。	备注区域

授课环节3	课程总结	
目标	总结课程重点	
时间	5分钟	
教学用具	无	
教学内容	总结 （1）在日常交往中，乐于帮助别人是好事，但要量力而行，帮助别人的同时也要照顾好自己，在某些情况下勇于说"不"。 （2）拒绝的时候，态度要礼貌，原因要说清楚，尽可能再帮对方想想其他办法。	备注区域

第8课　做个快乐的助人者

课程目标

了解助人给自己带来的积极内心体验以及助人的其他益处。

激发学生助人的主动性。

一般说明

时间：40分钟（含5分钟"沉静训练"）

教学用具：无

教学实施

授课环节1	课堂故事：《小蚂蚁和大鸟》	
目标	体会互助的力量	
时间	10分钟	
教学用具	无	
教学内容	1.1　听故事 　　　　　　　　小蚂蚁和大鸟 　　一只小蚂蚁在河边喝水，不小心掉进了河里。它用尽全身的力气想靠近岸边，但游了一会儿就没有力气了，只能在原地打转不动，小蚂蚁近乎绝望地挣扎着。这时正在河边觅食的一只大鸟看见了这一幕，它同情地看着这只小蚂蚁，就衔起一根小树枝扔到它旁边，小蚂蚁挣扎着爬上了树枝，终于脱险回到了岸上。 　　当小蚂蚁在河边草地上晒身上的水时，它听到了一个人的脚步声。原来是一个猎人轻轻地走了过来，手里端着猎枪，准备射杀那只大鸟。小蚂蚁迅速地爬上了猎人的脚趾，并且钻进了他的裤筒，就在猎人扣动扳机的瞬间，小蚂蚁拼命地咬了他一口。猎人被咬后一分神，子弹就打偏了。枪声把大鸟惊起，振翅高飞逃走了。尽管小蚂蚁是比大鸟弱小许多的小动物，但它却用自己的力量帮助大鸟躲过了一次杀身之祸。 1.2　提问与分享 （1）如果你是小蚂蚁，被大鸟救了以后，你会对大鸟说什么（目标：引出"助人者"）？（引导学生关注小蚂蚁在水里时的无助，需要有人伸出援手。） （2）故事到了后面，你发现了没有，角色有转变（目标：引出助人的常见性）？	备注区域

教学内容	（3）现在，我们再来讨论一下大鸟和小蚂蚁救人的行为。大鸟救小蚂蚁用了一个什么动作（衔了根树枝）？小蚂蚁救大鸟用的是什么动作（咬了一口）？（目标：引出助人的行为是从小事做起） **1.3 小结** 大鸟并没有冲到水里去救蚂蚁，蚂蚁也没有用自己单薄的身躯与猎人搏斗，它们的助人行为并没有牺牲自己，都是尽自己的所能。因此，助人行为是从身边的小事做起的。

授课环节2	讨论与分享
目标	了解和体验助人后的心态与心情
时间	15分钟
教学用具	无
教学内容	**2.1 提问与分享** （1）同学们平时有没有帮助别人或受到别人帮助的经历，分享一下（老师也可先举几个班上观察到的例子）。 （2）帮助别人时，你有哪些感受？

授课环节3	课堂练习：助人行动单
目标	学习应用，思考力所能及的行动计划
时间	10分钟
教学用具	无
教学内容	**3.1 课堂练习：助人行动单** （1）每人思考1分钟，现场写下（或简单画出来）自己在一周内想做的1~3个助人行动（对家人、对同学、对朋友、对老师等），然后签上自己的名字。下节课老师来抽几位同学分享。 （2）如果时间有富余，让同学们当场念出来，加深承诺。 **3.2 总结** （1）帮助别人，不等于损己利人，我们可以做到既帮助别人又不伤害自己。

备注区域

教学内容	（2）不是只有惊天动地的大事才值得帮助。生活里，我们总会遇到别人或自己需要帮助的时刻，也许只是推一下门、捡起地上的东西、递一杯水等，可以随手做一些帮助他人的小事。 （3）经常帮助别人，心情会更好、身体会更健康、朋友会更多、生活会更快乐。 3.3　课后作业 在一周内完成课上承诺的助人行为，每做完一件就在"助人行动单"上打钩。	备注区域

第9课　规则与合作

课程目标

认识到规则在合作中的重要性。

感受交往能力的提升，在积极关系中体会乐趣。

一般说明

时间：40分钟（含5分钟"沉静训练"）

教学用具：视频《乐比悠悠·投壶》

教学实施

授课环节1	课堂活动：投壶	
目标	在活动中体会遵守规则	
时间	30分钟	
教学用具	投壶用具、投壶游戏视频	
教学内容	1.1　介绍投壶游戏的古代背景，看一个短视频，介绍游戏规则 1.2　活动体验 （1）摆好道具后，老师先找几个同学示范，调整出合适的远近距离。 （2）按班上人数情况，将同学们分成4～6个大组，每组派一个计分员（自愿），稍后在其他组活动时帮助计分。 （3）给全班同学5分钟思考的时间，为了玩得开心、投出好成绩，在做游戏时应该遵守规则。老师可以将同学们共同商定的规则写在黑板上（如一人投时，其他人不要干扰他；要排好队依次投、给同学多多加油、认真观察其他人的经验等）。 （4）分组投壶，其他组派代表计分。	备注区域

授课环节2	课程总结	
目标	总结本节课的要点	
时间	5分钟	
教学用具	无	
教学内容	**2.1　总结** （1）为了活动更好地进行、玩得更开心，需要制定并遵守规则。 （2）为了获得他人的理解，或达成一项约定，需要有效地表达和沟通。 （3）为了团体能取得更好的成绩，需要相互合作和帮助，不能只顾自己。	**备注区域**

第二篇 积极情绪

理论部分

一、认识情绪

（一）情绪的定义

"情绪"是人对客观外界事物的态度的体验，是人脑对客观外界事物与主体需要之间关系的反映。

"情绪"是个体的一种主观感受，或者说是一种内心体验。

情绪会引起一定的生理上的变化，例如，心律、血压、呼吸和血管容积上的变化。愉快时，面部的微血管舒张了，脸变红了；害怕时，面部的微血管收缩，血压升高，心跳加快，呼吸减慢，脸变白了。这些变化是通过内分泌腺的作用实现的。

情绪的外部表现是情绪表达和识别的重要基础，在人际交往中具有特殊的意义。情绪表现最主要的形式有三种：面部表情、肢体表情和言语表情。

（二）情绪的功能

1. 情绪是适应生存的心理工具

情绪是有机体生存、发展和适应环境的重要手段。有机体通过情绪和情感所引起的生理反应，能够发动其身体的能量，使有机体处于适宜的活动状态，便于适应环境的变化。同时，情绪还可以通过表情表现出来，以便得到别人的同情和帮助。例如，在危险的情况下，人的情绪反应使有机体处于高度紧张的状态，身体能量的调动可以让人进行搏斗，也可以呼救。情绪的适应功能，从根本上来说，就是服务于改善人的生存条件和生活条件。比如，一个年幼的孩子在陌生的环境，离开抚养者后会着急地大声啼哭，直到抚养者再次出现，并让孩子意识到安全；又如，不会游泳的人不慎落水时，会急切地挣扎、呼救。

2. 情绪是唤起心理活动和行为的动机

情绪可以驱动有机体从事活动，提高人的活动效率。一般来说，内驱力是激活有机体行动的动力，但是，情绪和情感可以对内驱力提供的信号产生放大和增强的作用，从而更有力地激发有机体的行动。例如，缺水使血液变浓，引起了有机体对水的生理需要。但是，这种生理需要还不足以驱动人的行为、活动，如果意识到缺水会给身体带来危害，因而产生紧迫感和心理上的恐惧时，情绪就放大和增强了内驱力提供的信号，从而驱动了人的取水行为，成为人的行为、活动的动机。又如，被灼烧时剧烈疼痛的感觉让人产生巨大的焦虑，继而迅速逃离危险源，保护了生命的安全。而对于极少数没有痛感的人来说，受到伤害却不能及时躲避，是十分危险的生理缺陷。

3. 情绪是心理活动的组织者

情绪对其他心理活动具有组织功能，其主要表现在：积极的情绪和情感对活动起着协调和促进的作用；消极的情绪和情感对活动起着瓦解和破坏的作用。比如，学生在考试前常会出现紧张情绪。适度的紧张感让他们的学习效率得到提高，然而，过度的紧张和焦虑确可能导致身体出现不适症状，影响学习效率。

情绪对行为的影响表现在：当人处于积极的情绪状态时，他容易注意事物美好的一面，态度变得和善，也乐于助人，勇于承担责任；在消极情绪状态下，人看问题容易悲观，懒于追求，更容易产生攻击性行为。

4. 情绪具有信号功能

情绪具有传递信息、沟通思想的功能。情绪有其外部表现，即"表情"。情绪的信号功能是通过表情实现的。如微笑表示友好，点头表示同意。表情还和身体的健康状况有关，中医的望、闻、问、切中的"望"，即包括对表情的观察。此外，表情既是思想的信号，又是言语交流的重要补充手段，在信息交流中起着重要的作用。从发生上来说，表情的交流比言语的交流出现得要早。

（三）人类的基本情绪

情绪分类取向源于达尔文的"进化论"思想，该理论认为"情绪"是由几种相对独立的"基本情绪"以及在此基础上形成的多种"复合情绪"构成的。"基本情绪"是人和动物所共有的、先天的、不学而能的，在发生上有共同的原型或模式，它们在个体发展的早期就已出现，每一种基本情绪都有独特的生理机制和外部表现。

"非基本情绪"或"复合情绪"，则是多种基本情绪混合的产物，或是基本情绪与认知评价等相互作用的结果。情绪研究历史中，曾有众多研究者投身到以进化论思想为基础的情绪分类研究中，其中尤以艾克曼（Ekman）的"基本情绪分类说"最为突出，他认为，人存在快乐、悲伤、愤怒、恐惧、厌恶和惊讶6种基本情绪。

但新的研究认为，人可能只有4种基本情绪。Jack等人（2014）通过研究脸部肌肉在做不同表情时如何运动，得出了这一结论。他们发现恐惧和惊讶拥有共同的表情特征——瞪圆眼睛，这意味着它们只是同一基本情绪的不同成分，而不是两种基本情绪。同样，他们还发现愤怒和厌恶表情都以皱鼻子的动作为开始。所以，愤怒和厌恶可能仅仅是一种基本情绪的不同成分而已。

愤怒和厌恶显然是两种不同的情绪。这一最新理论没有否认这一点。相反，研究者想表明的是，愤怒和厌恶的区分仅仅在面部表情得到进一步发展以后才变得明显，即使这种发展通常只需一瞬间就能完成。研究者们认为，面部表情和基本情绪的关联具有进化基础。

提出该观点的Rachael Jack博士说："第一，最先表现出危险信号（皱鼻子）为物种发展提供了最大的益处，因为这能够让同伴尽快逃跑。第二，这些动作对表情者的生理意义——皱鼻子可以避免激怒潜在的敌人，而睁大眼睛就能吸收更多的视觉信息，这对逃跑是有帮助的——也会因为尽可能快地做出它们而增加。"

这一理论认为，人类有4种基本的生理性情绪——喜、怒、哀、惧——并以此为基础，在几千年的进化过程中衍生出了复杂得多的各种情绪。

这并不代表我们的情绪系统比之前认为的要简单，只不过是构成它的基础由6种变成了4种而已。

二、提升积极情绪

（一）积极情绪的分类

当提到满意、开心、自豪、快乐等词的时候，我们能识别出这些词表示的是积极情绪。那到底积极情绪包括多少种，又分别是哪些呢？研究者们对积极情绪的定义不同，导致他们对积极情绪的分类也不相同。在积极心理学研究领域，研究积极情绪的一位代表人物是芭芭拉·弗雷德里克森（Barbara Fredrickson），她把积极情绪分为10种，分别是：喜悦、感激、宁静、兴趣、希望、自豪、逗趣、激励、敬佩和爱。

（1）**喜悦（Joy）**：当我们获得奖励或是奖赏时，当我们被别人夸赞时，当我们考试取得好成绩时，当我们和好朋友愉快地玩耍或聊天时……当你的周围环境对你来说是安全又熟悉的时候，一切都按照你的预期发展——甚至比你预期的还要好，不需要你付出太多的努力，这些都是获得喜悦体验的条件。这种喜悦的积极体验会让你心情愉快，脚步轻盈，觉得整个世界是如此美好。你会面带微笑，投入到各种各样的活动中去。

（2）**感激（Gratitude）**：当别人对你做了好事的时候，你就会产生感激之情。同时，你给予他人帮助时，他们也会对你产生感激之情。值得我们感激的不仅仅是身边的人，也可以是身边的事物。值得我们感激的可以是早起清新的空气、干净明亮的天空，可以是我们拥有健康的身体，也可以是一直陪伴自己的宠物猫……无论何时，当我们把那些平凡的人事物看作是珍贵的礼物时，感激就出现了。

（3）**宁静（Serenity）**：你静静地倚靠在沙发上，身旁的小猫依偎在你的腿边，你手捧着一本喜爱的书，慢慢地沉浸在字里行间，这就是宁静的感觉。宁静和喜悦一样，产生的条件是你周围的环境是安全又熟悉的，而且自身不需要付出太多努力。宁静是一种聚精会神的状态，它让你沉浸在当下，品味当下的感觉。弗雷德里克森称"宁静"为夕阳余晖式的情绪，因为它经常伴随在其他积极情绪之后而来。比如，参加比赛获奖之后会产生自豪的积极情绪，你抱着奖杯回到自己的房间，静静地坐在床上，对自己说：这一切太美好了。

（4）**兴趣（Interest）**：孩子们对周围的一切都很好奇，当他们蠢蠢欲动，想要去探索的时候，就是兴趣在驱动了。环境中会有一些新奇的事物引发你的兴趣，调动你的探索欲。它们会吸引你的大部分注意力，以一种神秘的力量促使你去行动，需要你投入足够的努力和关注。它们牵引着你去投入到当下的探索中，当你发现一本充满新奇观点的书，当你观看海底动物世界时，当你发现一条从未走过的幽静小路时……你都能体会到兴趣。兴趣让人们感觉充满了生机，让人们心胸开阔，让人们具有更宽广的视野。

（5）**希望（Hope）**：多数积极情绪都是在你感觉到安全和满足时出现，但有一种积极情绪例外，它就是"希望"。当事情的发展对你不利时，但你觉得事情还有转变的可能，这个时候希望就出现了，"希望"往往就是在你快要绝望的时候产生的，因为你相信事情将会通过自己的努力带来转机。伏尔泰曾说："上帝为了补偿人间诸般烦恼事，给了我们希望和睡眠。"在"野火烧不尽，春风吹又生""山重水复疑无路，柳暗花明又一村"等诗句里，中国古代诗人都表达了希望给人带来的力量。深入希望的核心，你会发现，它也是一种相信事情能够向着好的方向发展的信念。

（6）**自豪（Pride）**：当我们要为一些坏事情负责的时候，我们就会产生内疚、羞耻等消极情绪。自豪则刚刚相反，它是在我们要为一些好事情负责的时候出现的，这些好事是由我们直接或间接带来的。好事情往往是你取得的成就，你投入了自己的时间和精力，并获得了成功。成功可以是你修好了一个小凳子，可以是你顺利地完成了老师布置的作业，可以是你湿透了汗衫在操场上跑满了5公里，可以是你帮助了需要帮助的人之后收获了感激……自豪能够点燃你的成就动机，当体验到自豪的积极情绪时，更有可能完成艰巨的任务，并获得成功。

（7）**逗趣（Amusement）**：当一些意想不到的事情引起你发笑，这个时候你体验到的积极情绪就是"逗趣"，如小孩在打翻了吃饭的碗后朝你做了个鬼脸、一位好友跟你分享他最喜欢的笑话。你并不是预先就打算从这些事情中得到乐趣，这种乐趣是在你意料之外的。引发逗趣需要两点：一是引发的逗趣是社会性的。虽然有时候我们也独自一个人发笑，但这种笑不是社会性的；二是逗趣的发生需要在安全的情况下。如果你的孩子打破碗割破了手，你就不会体会到逗趣了。逗趣是带有娱乐性质的，抑制不住的笑声让你想要与他人分享你的快乐，从而产生与他人的社会性联结。

（8）**激励（Inspiration）**："激励"是一种能够把我们从自我专注的封闭空间中拉出来的积极情绪，让我们能够与那些比我们自身更加宏大的事物（something bigger than yourself）产生联结。世界上有很多真正让你觉得很振奋、能够激励你的事情。比如，你看到街上乞讨的流浪汉在汶川大地震发生时也会跑到公共募捐的地方给灾区捐款、阅读一本能够打动人心灵的图书、看了一场顶级足球赛事、听了一场洗礼灵魂的音乐会、看了一场激奋励志的电影……激励能够让你的注意力更加集中，吸引你进入要将事情做到最好的状态中，促使你达到更高的境界。

（9）**敬佩（Awe）**：敬佩与激励的关系很紧密，当你被伟大彻底征服了的时候，敬佩的积极情绪就会产生，它是一种超越自我的积极情绪。面对大自然，我们不禁赞叹它的伟大和神奇。当你面对辽阔无垠的大海时，当你在山脚下仰望高耸入云的青山时，当你看到陡峭险峻的岩壁间生长有顽强不息的劲松时……你都会产生由衷的敬佩之情。"敬佩"虽然是一种积极情绪，但是它离人类的心理安全边界过于接近，以至于在体验敬佩之时，还会伴有消极情绪的出现。举个例子，当你目睹海啸发生时，那种宏大的场面，携带巨大能量的海啸带来的那种震撼会让你同时产生敬佩与恐惧感。

（10）爱（Love）："爱"不是一种单一的积极情绪，而是上述所有积极情绪的复合。我们上面说到的喜悦，感激，兴趣，激励，敬佩，自豪，逗趣，希望和宁静，将这9种积极情绪转变为爱的是它们的情境。当这些良好的感觉与一种安全的、并且往往是亲密关系相联系时，我们称之为"爱"。在亲密关系的早期阶段，双方对彼此的一言一行都充满兴趣和关注，一起分享逗趣，一起体验喜悦。随着关系的深入，你们更加了解了彼此，一起分享对未来的希望。你感激对方为你做的一切，你会为他的成就感到自豪，被他的良好品格所激励。你有时候也会在想，是什么神奇的力量让你们走到了一起？这个时候就产生了敬佩之情。上面描述的每一个时刻都可以被称作"爱的瞬间"。

（二）积极情绪的益处

1. 积极情绪使人更健康、更长寿

- ◆ 可提高人体内的多巴胺水平，增强人体免疫力；
- ◆ 可降低人体对压力的炎症反应；
- ◆ 可降低血压、减少疼痛、带来更好的睡眠；
- ◆ 患病的风险更低，更少得高血压、糖尿病或中风。

修女实验

1932年，178位修女完成受训，她们的年龄大约22岁。这些即将开始传教的修女，受到方方面面的测试，其中一个就是她们要写自己的短小传记。这些资料被当时的心理学家收集起来了，几十年后，一些心理学家打开这些资料，对它们进行研究，想弄明白有几个修女活到今天，活了多久？他们想找长寿的预测因素，所以他们看修女的传记写得有多深奥，也就是说考察她们的智力水平，结果跟长寿一点关系都没有。再看看居住环境的污染程度，会不会影响她们的寿命，也没有关系。住加州的和住波士顿的也没分别。他们还研究修女的虔诚程度、信仰程度，发现对长寿也没什么影响。只有一样东西跟她们的寿命有关系，那就是

"积极情绪"。

研究人员所做的是，63年后，即修女们85岁时，看她们写的传记，他们不认识这些女人，所以这是个完全匿名的研究，是个双重匿名的研究。他们把传记分成4类：最积极的、最不积极的，中间还有两类。然后他们比较最积极的那类和最不积极的那类，再看她们的存活率。他们得出如下结果：最积极的那类有90%还活着，而最不积极的那类只有34%活着，两组数据相差很大。这并不说明消极者就不会活到120岁，也不说明积极者就不会30岁死于心脏病。但平均来说，在这个长寿研究中，最能解释两组相差如此大的数据的因素，就是积极情绪。总体的积极性显示：再过9年，她们94岁的时候，最积极类中有34%还活着，而最不积极的那类只有11%活着，差别很显著。

2. 积极情绪使人更乐观、更有韧性

通过运用人体生物反馈仪，科学家发现：积极情绪可以平息或还原消极情绪的心血管后遗症。通常人在面对压力和消极情绪时，无法阻止心脏跳得更快速、更剧烈。但是，带着积极情绪，人可以约束这些反应并很快恢复心脏的平静。也就是说，积极情绪可以"还原"消极情绪造成的躯体生物水平偏差，使人在身体和情绪上都恢复原状。

复原力实验

心理学研究者米歇尔·图盖德邀请具有坚韧性格的人到实验室，对他们进行逐一测试。通过要求被试者当众演讲，让其产生焦虑并达到一定程度，接着，又突然让他们摆脱困境。然后，计算每个参与者需要用多少秒才能恢复到原初水平的心律、血压等。

实验结果表明：心血管复原最快的人是在韧性测量中得分最高的那些人，也是带着更多积极情绪走入实验室的人。他们告诉研究者，虽然演讲任务使他们焦虑，但他们也发现这在某种程度上是一个有趣的挑战，他们乐于接受。在这里，积极情绪再一次成为关键。具有坚韧性格的人快速复原的原因在于，他们会体验到高于平均水平的积极情绪。积极情绪成了他们体内机能的重置按钮。

心理学研究者克里斯琴通过神经成像研究追踪大脑中血流的状况发现：面临威胁时，具有坚韧性格的人担心更少、复原更快。心理学家在对"9·11"的研究中，那些有坚韧性格的人呈现了最多的积极情绪。

3. 积极情绪使人更有创造性

外科医生解题实验

康奈尔大学的科学家向外科医生们提出一个与肝脏有关的很难的问题，那是一个病人的病症。医生们被随机分成三组：第一组是对照组，他们"必须解决这个问题"；第二组听一段有关医学文明观的说明，讲为什么做医生如此重要；第三组得到一小袋糖果，让他们获得愉快放松的好心情。事实上，第三组明显比另两组有更好的表现，他们更善于整合案例信息，并且很少会固守他们最初的想法而在诊断中得出不成熟的结论。

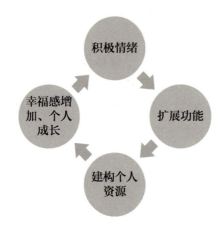

三、管理消极情绪

（一）常见的消极情绪

消极情绪的主要形式（Daniel Goleman，2010）分为以下几种。

（1）**愤怒：**愤怒的类型多种多样。愤怒常在个体受到冒犯或权益受到威胁时发生。具体表现为狂怒、暴怒、怨恨、激怒、恼怒、义愤、气愤、刻薄、生气、敌意等，最极端的表现为仇恨和暴力。

（2）**悲伤：**悲伤常出现在我们生活中出现重大损失的时候。通常是人们想尽力摆脱的一种情绪。具体表现为忧伤、歉疚、沉闷、阴郁、忧愁、自怜、寂寞、沮丧、绝望。

（3）**恐惧：**焦虑、忧虑、焦躁、担忧、惊恐、疑虑、警惕、疑惧、急躁、畏惧、惊骇、恐怖等。

（4）**厌恶：**轻蔑、鄙视、蔑视、憎恶、嫌恶、讨厌、反感。

（5）**羞耻：**内疚、尴尬、懊恼、悔恨、羞辱、后悔、屈辱等。

（二）消极情绪的作用和价值

（1）**愤怒**：在远古时意味着人的领地被侵犯，生存受到威胁。今天，当人们感到利益受到冒犯，或者尊严受到挑战时，常常会产生愤怒情绪。愤怒情绪的产生一方面提示个体准备应对不利的局面，同时，愤怒的外在表现也对对方起到了告诫、警示作用。

（2）**悲伤**：由损失所导致的悲伤具有一定的价值，即"悲伤"会使我们把注意力集中于损失，并削弱开始新尝试的能量；"悲伤"让我们暂时停止追求，哀悼损失，认真思考其中的意义，最后进行生理调节，并展开新的计划，让生活继续下去。

（3）**恐惧**：恐惧使人将注意力高度集中于当下的处境，谨慎行动，避免受到伤害。

（4）**焦虑**：焦虑经常发生在以下场景中：在大庭广众之下发言、登台演出，或者要参加重要考试却心里没底的时候。这些情况下，当事人因为害怕表现不好而感到焦虑。

焦虑会使人感到静不下心来，烦躁甚至呼吸困难；焦虑可能引起出汗、脸红、发抖或胃里不舒服，也可能让你做噩梦或难以入睡。

焦虑是人自我激励的一种方式，如果焦虑水平适度，它能帮助人重视准备，以更好地完成任务。

总之，消极情绪帮助人类适应生存环境，从远古生存并进化到了今天。同样，消极情绪在现代生活中仍有存在的价值。因此，要完全消除消极情绪是既不合理，也不现实的。

（三）是否可以消除消极情绪

如果人们失去了对自己情绪的控制，社会关系将无法维系，无论是在社区中、家庭里，还是亲密关系之间。然而，正如大多数心理学家所认为的，干预和调整人之自然本性的行动一样，压抑自己的情绪也会有副作用。虽然当我们与别人相处时隐藏某些情绪是必要的，但我们独处时依然彻底排斥自身情绪便是有害的（泰勒·本-沙哈尔，2011）。

学术界里论证"压抑自身情绪有害身心健康"的文献非常多，如理查德·温斯拉夫（Richard Wenzlaff）和丹尼尔·威格纳（Daniel Wegner）的研究证明了"逃避回想创伤性和焦虑性的事件往往会促进这些事件在我们的头脑中不断重现，从而引发一个恶性循环，使焦虑性障碍持久而难以摆脱"。在其他的研究中发现，那些自述对抑郁的念头压抑水平越高的人，抑郁的症状越严重。

当人拒绝自己的情绪时，无论拒绝表达情绪，还是不允许自己体验情绪，这些情绪都只会加剧，与他们的愿望正好相反。你可以试试看下面的心理实验，是由丹尼尔·威格纳提出的：在接下来的10秒里，不断告诉自己不要想象一只白熊的样子，无论怎样都好，就是别去想象白熊的样子……

极有可能的结果是，你无法在这10秒里停止想一只白熊的样子。如果你真的想不要想一只白熊，还不如就允许自己想象它，然后过一会儿，这个念头就会自然消失，就和每个想法最终都会离去一样。试图主动压抑一个想法，抵抗、阻止它只会令它更鲜活和强烈。同样，当人们试图压抑消极情绪，试图阻止类似的情绪自然流露时，它们只会更加剧烈，这被称为"意识流的反弹"。

所以，消极情绪需要被管理而无法被完全消除。

（四）管理消极情绪的四步法

第一步：觉察。

采用自言自语的对话系统。

A.我怎么了？稍等！我出现什么情绪了？（觉察情绪）

B.是因为什么事情引起的？发生了什么事情让我这样？我怎么想的？（觉察事件）

这一步的作用是让刚才剧烈的情绪冲动得到缓冲。例如：学生小明学习很努力，但期末考试数学不及格，小明感到非常沮丧。

这时小明可以自言自语：

A.我出现了什么情绪？

我感到很沮丧。

B.什么事情让我沮丧？

数学考试没通过。

第二步：接纳。

我可以沮丧吗？

当然可以，我是人。（是人就会有各种情绪反应）

当人拒绝自己的情绪时，无论拒绝表达情绪，还是不允许自己体验情绪，这些情绪都只会加剧，从而与他们的愿望背道而驰。

小明适当的做法是先觉察自己的情绪，然后问自己："我可以沮丧吗？""当然可以，因为我是人。"当小明心里接纳了这样的想法之后，他强烈的负面情绪才会逐渐缓和，并且不再对他造成困扰。

第三步：跳出思维陷阱。

情绪"ABC理论"认为，引起人们情绪困扰的并不是外界发生的事件，而是人们对事件的态度、看法、评价等认知内容。因此，要改变情绪困扰不是致力于改变外界事件，而是应该改变认知，通过改变认知，进而改变情绪。

A为发生的事件；B为信念，即当事人对这一事件的看法；C为根据自己的看法而产生的个体情绪和行为反应，因此称为"ABC理论"。个体产生消极情绪或者消极行为往往是由于B，即他对事件不合理的想法所导致。所以我们可以通过改变B来调整当事人的情绪和行为。不合理信念的主要特征包括：绝对化要求、过分概括化、糟糕至极等。

绝对化要求：是指个体以自己的意愿为出发点，认为某一事物必定发生或不会发生的信念。因此，当某些事物的发生与其对事物的绝对化要求相悖时，个体就会感到难以接受和适应，从而极易陷入情绪困扰中。它通常与"必须""应该"这类字眼连在一起，如"我必须考上那所中学""别人必须很好地对待我""同学们必须听我的"，等等。

过分概括化：是一种以偏概全的不合理的思维方式，就好像以一本书的封面来判定它的好坏一样。它是个体对自己或别人不合理的评价，其典型特征是以某一件或几件事来评价自身或他人的整体价值。

糟糕至极：是一种把事物的可能后果想象、推论到非常可怕、非常糟糕，甚至是灾难性结果的非理性信念。当人们坚持这样的信念，遇到了他认为糟糕透顶的事情发生时，就会陷入极度的负面情绪体验中。如一次重要的考试失败后就断言："自己的人生已经失去了意义。"

在小明的例子中——

想法："数学很难，我学不好，我很笨。"（过分概括化）

反驳：可能的答案是："数学没学好，但我语文不错，我可能擅长文科""我数学学习没有好的方法，我需要多请教。"

想法转变后沮丧就可以转变为平静，然后暗暗下决心采取行动。

第四步：选择有益的行为（积极行动）。

在情绪平复之后，选择，决定，开始新的行动。

认识与表达情绪
- 第1课　认识情绪
- 第2课　觉察自己和他人的情绪
- 第3课　表达情绪

培养积极情绪
- 第4课　发现美好的事
- 第5课　感恩
- 第6课　平静

管理消极情况
- 第7课　走进坏心情
- 第8课　管理愤怒
- 第9课　管理害怕

教 学 设 计

第1课　认 识 情 绪

课程目标

认识情绪的种类和情绪的强度。

通过对情绪的认识，增进对自己和别人的了解。

一般说明

时间：40分钟（含5分钟"沉静训练"）

教学用具：（1）动画片段《头脑特工队》

（2）情绪图片组（用于放入信封的图片）

教学实施

授课环节1	导入小游戏：抽签	
目标	通过小游戏，激发学生不同的情绪体验	
时间	10分钟	
教学用具	若干木棍签、一个不透明笔筒、糖果若干、一个不透明塑料箱（置物箱）	
教学内容	1.1　课前准备 三种颜色的木棍签若干，上半截都保持一致，下半截涂上不同的颜色，然后放入笔筒，用作抽签。 （1）红色：可以得到一颗糖果；	备注区域

教学内容	（2）黑色：要完成一个"黑箱小惩罚"，被蒙住眼睛，将手伸进箱子里触摸未知物体；	备注区域
	（3）无色：既没有奖励也没有惩罚。	
	1.2 游戏规则介绍	
	（1）老师展示游戏道具，向大家说明三种颜色签代表的结果；	
	（2）老师注意引导其他同学观察台上学生的心情：如面部表情、肢体动作等；	
	（3）抽到黑签的同学，先在一旁等待片刻，将在小游戏的最后接受"黑箱惩罚"。	
	老师总结并引入：刚才大家谈到的种种心情和感觉，我们可以用一个词来概括——"情绪"。	

授课环节2	认识基本情绪	
目标	认识五种基本情绪	
时间	10分钟	
教学用具	动画片段《头脑特工队》	
教学内容	2.1 观看：动画片段《头脑特工队》	备注区域
	（1）动画里的几位人物，大家都认识了吗？他们分别是谁？（乐乐、忧忧、怕怕、怒怒、厌厌）	
	（2）你们在生活中有没有遇到过带有这种情绪的事？	
	2.2 组内分享	
	引导语：大家刚才认识了这么多情绪，现在每位同学从中选一种情绪。	
	在小组内分享：什么时候、发生了什么事情，让我产生了这种情绪。	

授课环节3	认识情绪的强度	
目标	认识每种基本情绪都有强度变化	
时间	15分钟	
教学用具	情绪信封（内含图片）	
教学内容	3.1 游戏流程	备注区域
	惊慌 jīng huāng　　不安 bù ān	
	恐惧 kǒng jù　　害怕 hài pà	

教学内容	（1）每个小组的桌上都有一个信封，信封里有一些情绪图片，它们都是同一类情绪。大家打开信封看一看，猜猜本组对应的是喜、怒、哀、惧中的哪个分类？ （2）每个信封里有四张图片，图片的反面是相应的情绪词语。小组成员每人选择一个图片，在小组里试着表演出图上的情绪。 （3）老师请几组上台来，依次表演自己选择的情绪，只用表情和身体，不能说话。其他同学来猜猜看是什么情绪。 **3.2 观察与思考** 每组表演之后，立即给予反馈和提问： （1）大家猜猜看，这是什么情绪？ （2）他们都表演的是同一类情绪，但又有些区别，是什么样的区别呢？ **3.3 总结** （1）情绪有不同的种类：喜、怒、哀、惧。 （2）同一类情绪，又可以有不同的强度。 （3）遇到不同的事情，我们会产生不一样的情绪，这是很自然、很正常的过程。	备注区域

第2课　觉察自己和他人的情绪

课程目标

学习觉察自己和他人情绪的方法。

增进自我认识和促进积极关系的发展。

一般说明

时间：40分钟（含5分钟"沉静训练"）

教学用具：（1）情绪图片猜一猜

　　　　　（2）情绪觉察卡

教学实施

授课环节1	你来比画我来猜	
目标	觉察他人的情绪	
时间	10分钟	
教学用具	情绪卡片包	
教学内容	1.1　你来比画我来猜 找4组同学，两人一组，按照PPT上给出的情绪词汇，一个人比画情绪，另一个人猜。每组在两分钟的时间里，猜对词汇最多的有奖品，最少的有惩罚。（用情绪卡片包中的20个情绪） 1.2　发现他人情绪的采访 （1）采访猜词语的同学，是通过哪些方法来发现了别人比画的情绪的？ （2）在我们平时的生活中，准确地识别他人的情绪重要吗？为什么？	备注区域

授课环节2	觉察自己的情绪	
目标	掌握觉察自己情绪的方法	
时间	25分钟	
教学用具	情绪觉察卡	
教学内容	2.1　发现自己的情绪 提问：我们刚才讨论了发现别人情绪的方法，大家想一想我们平时是怎么发现自己的情绪的？	备注区域

| 教学内容 | 2.2　情绪作业卡
（1）全班同学分成4组，分别发喜、怒、哀、惧的情绪卡片，然后开始填写。（老师先用一张卡片带着全班做一个示范）
（2）每个小组请两个同学来分享。（分享前，老师可做一个示范）

2.3　总结
觉察自己与他人情绪的方法有面部表情、肢体语言、语气、语调、语速、说话内容、行为、眼神，还有自己头脑里的想法，以及别人对我的反应等。 | 备注区域 |

第3课　表 达 情 绪

课程目标

学会用画、说、写的方式来表达自己的情绪。

通过合理表达自己的情绪，促进自我觉察和自我接纳。

一般说明

时间：40分钟（含5分钟"沉静训练"）

教学用具：（1）情绪画卡

（2）情绪日志卡

教学实施

授课环节1	热身：看图识情绪	
目标	通过表情图片复习情绪的识别	
时间	5分钟	
教学用具	无	
教学内容	1.1　导入 老师根据本班/本校最近发生的事情，通过场景提问，让孩子们说说某些场景下的心情。适当回顾上节课的内容：面部表情、肢体、语调、行为等能体现出不同的情绪。 1.2　看图猜情绪 （1）在PPT上展示情绪图片（不带情绪名称），让所有同学在座位上快速说出是什么情绪。 （2）教师提问：当大家在生活中出现这些情绪时，大家会做些什么？	备注区域

授课环节2	画出自我情绪	
目标	通过绘画的方式来表达自己的情绪	
时间	10分钟	
教学用具	情绪画卡	
教学内容	2.1　画一画 （1）分发给每个同学一张"情绪图卡"（男生、女生两种），让大家通过在情绪绘制卡上涂颜色、画五官的形式画出自己出现喜、怒、哀、惧4种情绪时的样子。	备注区域

教学内容	（2）如有必要，老师先带大家做一个示范，画一种情绪。同时在PPT上给出喜、怒、哀、惧的四种情绪图片供学生们参考。 画一画 我的喜、怒、哀、惧  **2.2 分享** 找4位同学上台分享自己的卡片。每个人介绍自己的4个（喜、怒、哀、惧各选一个）情绪，如当我有某个情绪时，用什么颜色来代表；我的身体、想法等会是什么样子。老师可先做一个分享示范。	备注区域

授课环节3	说出自我情绪	
目标	学会通过语言来表达自己的情绪	
时间	10分钟	
教学用具	无	
教学内容	3.1 说一说 分别展示一下4个场景下的情绪（图文并茂，场景供参考）： 场景1：心爱的小鱼死了。 场景2：参加运动会获奖了。 提问： （1）遇到了场景中的事，你会怎么表达自己的心情和感受？ （2）除了4个场景，请同学们再说说自己最近真实的事件和心情。 	发生了什么？	我的心情如何？	我想做什么？
今天爸爸出差去了，要去一周……	我感到很难过……	我想每天晚上跟爸爸视频通话。		备注区域

授课环节4	写出自我情绪	
目标	学会通过文字来表达自己的情绪	
时间	10分钟	
教学用具	情绪日志卡	
教学内容	4.1 写一写 **引导语**：除了用表情和肢体、画画、找别人用语言倾诉，还有一个方法可以表达情绪，就是写日记。 在PPT上展示情绪日志的样式，简单介绍如何使用。	备注区域
教学内容	今天是　　年　月　日　　天气 我的心情填色—— 你好😊我是你忠实的情绪小听众。今天过的怎么样，是不是有很多开心的事情？或许也有一些小烦恼…… 来跟我说一说吧，也可以画一画。 期待你的情绪日志喔~😊 4.2 总结 （1）提问同学们，本节课有什么启发和收获。 （2）当我们心情不好的时候，除了躲起来、吵架、打架这些，其实可以用更恰当的方式来表达。 （3）本节课了解到，表达情绪有许多方式：用色彩和图画、用语言倾诉、用情绪日志，等等。	备注区域

第4课　发现美好的事

课程目标
让学生体验把注意力分配给生活的不同方面，会带来不同的心情。

学会使用"三件好事"的方法提升积极情绪。

一般说明
时间：40分钟（含5分钟沉静训练）

教学用具：（1）绘本PPT《巴比提的坏心情》

（2）每人一张记录好事的彩色卡纸

（3）每个小组一份彩笔

（4）音乐伴奏《幸福拍手歌》

教学实施

授课环节1	《巴比提的坏心情》	
目标	通过绘本故事引入主题，把注意力分配在不同事情上会引发不同的心情	
时间	15分钟	
教学用具	绘本PPT	
教学内容	1.1　讲读绘本《巴比提的坏心情》 1.2　提问 （1）巴比提在故事的一开始心情如何？ （2）巴比提发生了哪些让他觉得不开心的事？ （3）巴比提的朋友们都为他做了哪些事？ （4）巴比提的心情是从什么时候开始变好的？	备注区域

授课环节2	三件好事	
目标	学会使用"三件好事"的方法提升积极情绪	
时间	15分钟	
教学用具	每人一张彩纸；彩笔	
教学内容	2.1　举例引导 老师先举一个自己的例子："老师在昨天就遇到了几件好事……"	备注区域

教学内容	（1）这些好事不一定很大，也许只是过十字路口刚好遇到绿灯、门卫大叔主动打招呼、通过一扇门有人帮忙推开、空气清新没有雾霾，等等。 （2）老师举的例子，范围要广（生活的、工作的、自然环境的、社会环境的，等等），低年级学生会无意识模仿老师举的例子类型。 （3）提醒学生说的好事必须是真实发生过的，不要编造。 **2.2 记录"三件好事"** 准备一个记录本，从今天起，每天记录三件好事（年龄更小的学生可以画画表示，频率也可以降低为每周记录三件）。同时，鼓励家长也在记录本上分享自己的三件好事，和孩子形成互动。	备注区域

授课环节3	《幸福拍手歌》	
目标	用身体动作和音乐强化本节课的主题	
时间	5分钟	
教学用具	音乐伴奏	
教学内容	**3.1 学唱改编新歌：《幸福拍手歌》** 为了让大家更加善于发现生活中美好的小事，老师将这首歌的歌词重新编写了，现在想让大家听着旋律，跟老师学新的歌词，并做出相应的动作，通过歌曲，把生活中常见的好事表达出来。 示例第一段：如果天气晴朗你就拍拍手，如果天气晴朗你就拍拍手，如果天气晴朗就快快拍拍手哟，看那大家都一起拍拍手。 **3.2 总结** 在日复一日的生活中，可能大部分时间不会发生什么惊天动地的大好事，也不是每天都会发生特别糟糕的事，更多时候是平平常常的一天，于是很多同学觉得无聊、心情低落、打不起精神。 但其实如果我们集中注意力，关注那些被忽略的美好，比如，好天气、朋友间友好的问候、吃到喜欢的东西等，都能给我们带来更多的好心情。 这样做能让自己和朋友都变得更加开心。如果我们想让自己和身边的人更开心、更幸福，就要多发现生活中美好的事情。	备注区域

第5课　感　恩

课程目标

激发学生的感恩情绪体验。

让学生学会如何表达感恩。

一般说明

时间：40分钟（含5分钟"沉静训练"）

教学用具：（1）视频片段《来之不易的蔬菜》

（2）绘本PPT《阿比忘了什么》

教学实施

授课环节1	激发感恩	
目标	培养新视角，引导学生从习以为常的生活中发现值得感恩的人和事物	
时间	20分钟	
教学用具	视频片段《来之不易的蔬菜》	
教学内容	1.1　看完视频后提问 （1）从一颗种子到最后变成一盘能吃到嘴里的蔬菜，中间经过了多少程序？ （2）为了能够方便地买到这些菜吃到这些菜，大家觉得有哪些人、哪些事物值得感谢？ 1.2　联系生活实际 通过视频我们看到，即使是吃到一盘蔬菜，背后也有这么多值得我们感谢的人。同学们再想一想，自己的生活里，有哪些值得感谢的人或事情？为什么？	备注区域

授课环节2	表达感恩	
目标	激发感恩情绪之后，练习表达出感恩这种情绪	
时间	15分钟	
教学用具	绘本PPT	
教学内容	2.1　绘本《阿比忘了什么》 指导语：现在，我们发现每个人的身边其实都有值得感谢的人、值得感谢的事，那么我们要如何把内心的感谢表达出来，让对方也知道呢？	备注区域

| 教学内容 | 很多同学都知道可以说"谢谢",除此之外,还有哪些方法呢?让我们先来看一个故事,《阿比忘了什么》。

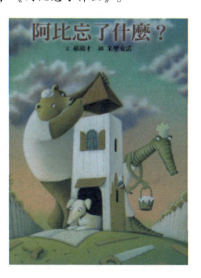

2.2　集思广益
(1)故事中的阿比为什么晚上睡不着?
(2)他究竟忘了什么?
(3)最后阿比做了什么?
有时候,我们因为某些原因,比如生病了说不出话,比如不好意思、害羞等,暂时无法用语言来表达感谢,那么,大家还能想到哪些表达感谢的方法?

2.3　练习
让同学们练习表达感谢的3种方法,老师可以先让几个同学来讲台前示范,然后大家与前后左右的同学练习(也可以自由发挥其他方式)。

(1)看着对方的眼睛,真诚地说一声"谢谢你!"
(2)给对方一个友好的拥抱。
(3)用手语向对方表示谢谢。 | 备注区域 |

授课环节3	课后拓展	
目标	将感恩情绪带入真实生活	
时间	课后3天之内	
教学用具	不限	
教学内容	**3.1 制作感恩卡** 大家在课后根据自己的喜好来制作3张感恩卡，然后把这3张卡片送给自己想感谢的任何3个人。 **3.2 学会把感恩说出来** 学习用以下句式来向他人表达感恩：**感谢谁+为什么感谢**。 　例如，对门卫叔叔说："谢谢您！因为您帮我们守门，让坏人无法进到学校里来。" 用这种方式，对送了感恩卡的3个人说出自己的感谢。	备注区域

第6课　平　静

课程目标

根据身体和心理状态理解什么是平静。

学习一种呼吸法来获得平静。

一般说明

时间：40分钟（含5分钟"沉静训练"）

教学用具：（1）小动画《平静》

（2）每人一张彩色"五指山"呼吸引导卡片

（3）"五指山"呼吸法视频（教师在课前观看）

教学实施

授课环节1	认识"平静"	
目标	从身体状态、心理感受上认识什么是"平静"	
时间	10分钟	
教学用具	小动画《平静》	
教学内容	1.1　回顾和引入 （1）在前面的课程中，我们认识了哪些基本的情绪？ （2）这些情绪可以分成哪两类？ （3）大家能说出哪些积极情绪？ （4）有一种积极情绪大家可能容易忽略，它既特别又重要，被叫作"平静"。 1.2　认识"平静" （1）平静是什么颜色的、是怎样的温度感受？ （2）观看一段视频动画，再回忆一下我们自己的经历，想想平静的人，面部表情、身体有哪些特征？老师在图上相应的部位标出来。 参考：眉头舒展、脸部放松、呼吸平稳、心跳不紧不慢、手指松开、四肢放松……	备注区域

授课环节2	"五指山"呼吸法	
目标	学习一种呼吸法，体验平静	
时间	10分钟	
教学用具	"五指山"呼吸引导卡片、呼吸法视频（老师课前看）	
教学内容	2.1　情境激发 （1）大热天教室风扇坏了，但还要继续学习——什么情绪？ （2）磨磨蹭蹭练琴/练书法很久了，可是还没练完今天的量——什么情绪？ （3）一个捣蛋鬼乱跑，把你撞疼了，还不道歉——什么情绪？ （4）考试时遇到难题，抓耳挠腮没办法，做不出来——什么情绪？ 2.2　"五指山"呼吸法 给每位同学分发一张事先准备好的彩色手印道具卡，开始教授同学们学习这种呼吸法。	备注区域

授课环节3	场景运用	
目标	将呼吸法运用于实际场景，用平静克服内心的紧张、羞涩，更好地在大众面前展示自己	
时间	15分钟	
教学用具	无	
教学内容	3.1　课堂小挑战 （1）老师当场布置一个小任务，鼓励平常害羞/内向/紧张的同学，上台来尝试完成这个小挑战。 （2）第一遍让学生在真实场景下自发表现。然后让学生尝试通过呼吸法放松平静下来，尝试第二遍、第三遍。 3.2　总结 "平静"可以帮助我们把消极情绪安抚下来，让我们重新回到良好状态，从而把事情做得更好。	备注区域

第7课　走进坏心情

课程目标

让学生从面部和身体线索熟悉、命名常见的消极情绪。

将常见的消极情绪正常化,增强学生对消极情绪的掌控感。

一般说明

时间:40分钟(含5分钟"沉静训练")

教学用具:"情绪小精灵"卡片,上面不出现情绪的名字,卡片背面从1~16编好号。

教学实施

授课环节1	"小精灵"or"小怪物"	
目标	引发学生兴趣,从面部和身体特征辨认更多的情绪	
时间	10分钟	
教学用具	带编号的"情绪小精灵"卡片	
教学内容	1.1　分组热身 (1)将准备好的"情绪小精灵"卡片打乱(共16张),先请8位同学上台,随机抽取8张卡片,向全班展示抽到了哪8张卡片。抽了卡片的同学,自己观察+同学提示,猜一猜抽到的是什么情绪。 (2)先让学生自己分类,认为自己抽到的是积极情绪的站左边,消极情绪的站右边。 1.2　引入主题 (1)老师宣布答案,并对站队进行调整。 (2)抽到了积极情绪的,老师告诉他们很幸运,可以直接把它们带回家,它们是驯服的"情绪小精灵",然后让他们回到座位上。	备注区域

教学内容	（3）抽到了消极情绪的，老师告诉他们挑战来了，必须想办法驯服它们，它们是"情绪小怪物"，和它们成为朋友要经过一些挑战。 （4）老师可提示学生驯服"情绪小精灵"，和它们变成朋友的方法是：①能模仿它们的样子；②能熟练叫出它们的名字。	备注区域

授课环节2	驯服"情绪小精灵"	
目标	让学生能熟悉、命名常见的消极情绪，为下一步管理消极情绪打下基础	
时间	25分钟	
教学用具	带编号的"情绪小精灵"卡片	
教学内容	2.1　模仿 （1）根据"情绪小精灵"卡片背后的编号顺序，依次让抽到的同学及其队友来模仿他们各自抽到的"情绪小精灵"。 （2）一边模仿，老师一边提醒大家模仿可以注意的细节、线索：眉毛、眼睛、鼻子、嘴巴、脸部、四肢、身体各个部位有哪些不同。 （3）在此过程中，让大家熟悉不同消极情绪的身体线索。 2.2　命名与联系 老师记住"情绪小精灵"的编号范围1~10，随机报两个号，持有这两张卡片的同学及其队友站起来，在5秒钟之内快速表演。其他同学如果能根据他们的表演，在5秒钟之内喊出这种情绪的名字，表示驯服成功。 让同学们自由谈一谈，在遇到哪些事情时，这种"情绪小精灵"会跑出来。 2.3　分享 （1）在表演和命名的过程中，会有反应快、表现好的同学；也会有反应慢、表现较滞后的同学。	备注区域

教学内容	（2）老师可以观察、询问做得好的同学，总结他们的经验分享给全班。 （3）如时间允许，让表现较弱的同学或小组，在老师的总结和帮助之下，再多试几次。 **2.4 总结** "情绪小精灵"是很常见的，每个人都会在遇到某些事的时候招来某些小精灵。如果我们能认识这些"情绪小精灵"，知道它们有哪些特点，而且能叫出它们的名字，我们就不会害怕它们，并能把它们驯服，让它们成为我们的朋友。	备注区域

第8课　管　理　愤　怒

课程目标
根据身体和心理状态识别什么是愤怒。
学会使用"三步法"管理愤怒。

一般说明
时间：40分钟（含5分钟"沉静训练"）
教学用具：（1）愤怒和生气的场景照片（老师课前准备）
　　　　　（2）每人一面小镜子
　　　　　（3）裁剪好的"灭火器"形状的大海报纸
　　　　　（4）交通灯卡片

教学实施

授课环节1	认识愤怒	
目标	从身体状态、心理感受上认识什么是愤怒	
时间	15分钟	
教学用具	照片、小镜子	
教学内容	1.1　看一看 （1）提前收集班上/年级/校园里一些关于"愤怒"的照片，比如，同学吵架的抓拍照片，等等。 （2）让学生看一看这些照片，回顾这些愤怒时刻都发生了什么，观察照片上的人物在表情、肢体、动作上都有哪些表现，进而引出本节课的主题。 1.2　学一学 （1）请几位同学上台，模仿一个自己身边的人（同学老师、亲朋好友等）生气和愤怒时是怎么表现的。 （2）请几位同学上台，表演自己在生气和愤怒时是怎么表现的。 （3）全班同学拿出小镜子，对着镜子做出愤怒的表情，并进行自我观察。 1.3　总结和梳理 （1）老师根据前两个环节，总结"愤怒"是怎样的一种情绪体验。眼睛、眉毛、脸、嘴巴、手、脚、全身，分别有什么变化和感受。 （2）在图上相应的部位标出示意。	备注区域

授课环节2	管理愤怒	
目标	学会管理愤怒的方法	
时间	20分钟	
教学用具	裁剪好的"灭火器"形状的大海报、交通灯卡片	
教学内容	2.1 "失控的愤怒" （1）老师提前准备几个班上/年级/校园里同学因为失控的愤怒导致不良后果的负面例子。 （2）例子的落脚点：每个人都有生气和愤怒的时候，这很正常，它是一种常见的情绪，但我们不能让"愤怒"变成失控的怪物，否则它会伤害自己，也会伤害他人。 2.2 用语言表达愤怒 姓名：_____ 日期：_____ 我在……的时候感到生气 学会用语言表达："当我……我觉得很生气！但我能够用大脑管理它。" 记住一个原则："我不应该伤害自己，也不应该伤害别人。" 2.3 制作"灭火器" （1）拿出灭火器形状的海报纸或大卡片，展示在黑板上。 （2）同学们集思广益，除了伤害和破坏的行为，在愤怒和生气时还有哪些方法可以帮助熄灭愤怒的火焰。把大家的方法都写在"灭火器"里，课后张贴在墙上。	备注区域

教学内容	2.4 管理愤怒的"交通灯"	备注区域
	老师拿出交通灯卡片道具：红灯、黄灯、绿灯 "红灯停"——生气时，先停下来深呼吸，从1数到10，单数时吸气，双数时吐气。 "黄灯想"——因为……我感到很生气，但我不能伤害自己、不能伤害他人，我可以这么做…… "绿灯行"——去做新的、合理的行为。参考"灭火器"。  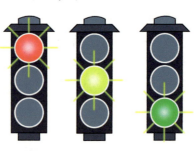	

第9课 管理害怕

课程目标

根据身体和心理状态识别什么是害怕。

学会面对和处理害怕的小方法。

一般说明

时间：40分钟（含5分钟"沉静训练"）

教学用具：（1）绘本PPT《我好害怕》

（2）根据绘本内容，事先准备提示纸条

（3）每人一张彩色活页纸，每人一个小夹子

教学实施

授课环节1	认识害怕	
目标	根据身体和心理状态识别什么是害怕	
时间	20分钟	
教学用具	绘本PPT	
教学内容	1.1 绘本引入主题 推荐绘本：《我好害怕》或者《我不会害怕》 （二选一） 1.2 害怕的感觉 和学生共同讨论害怕时表情和身体有哪些变化，内心有哪些感受，标注在图画相应的位置。 1.3 看图说话 （1）展示绘本中的几个截图： （2）列出绘本中主人公害怕的场景和事件。 （3）随机问几位同学，除了绘本中描述的，还有其他哪些害怕的事。	备注区域

教学内容	1.4 写一写 给每位同学发一张彩色活页纸，让同学们在正面写1~3个自己害怕的场景，稍后使用。	备注区域

授课环节2	管理害怕	
目标	学会面对和处理害怕的方法	
时间	15分钟	
教学用具	绘本内容提示纸条	
教学内容	2.1 安抚我们的"害怕" 提问： （1）在刚才的绘本里，主人公用了哪些方法来应对害怕？ （2）同学们有没有在现实生活里用过其中的某些方法？ （3）是在面对哪种害怕场景时用的？ （4）对你管用吗？如果不管用，你有什么独特的方法？ 老师看一看，黑板上还有哪几个害怕情境没有被讨论到。 （1）同学们集思广益，再出一出招。 （2）老师讲一讲自己的经验和方法。 （3）课后回家，问一问父母、家人、朋友。 2.2 找到适合的方法 在教室的一角准备一个悬挂处，让同学们在经过刚才的讨论之后，在自己活页纸的背面简单写上1~3个对自己管用的方法（年龄更小的学生也可以画画）。写好之后，用小夹子夹在悬挂处。课后可以自由翻阅、添加。 2.3 总结 害怕的时候我们会心跳加快"咚咚咚"，身体微微发抖，手脚冰凉，肚子痛，头痛，想躲起来或逃跑，哭泣……每个人或多或少都会遇到害怕的事情，感受到害怕的情绪是很正常的，害怕是有作用的——提示我们远离危险、保护自己、做好应对准备。我们可以找到适合自己的应对害怕的小方法。	备注区域

第三篇　积极自我

理 论 部 分

一、认 识 自 我

(一) 历史背景

对于自我的探讨,从远古时期哲学家们就已经开始。

19世纪90年代,美国心理学之父詹姆斯(William James)开始从心理学的角度研究自我。从那时起到如今,心理学中的众多分支,诸如人格心理学、社会心理学、临床与咨询心理学,都有关于对自我的研究,甚至形成了自我心理学这个分支。

心理学不同的分支领域对自我有不同的解释和研究侧重。例如,"人格心理学"关注自我的客观体验,即人们实际上是什么样的;"社会心理学"关注自我的内容和结构以何种方式影响社会判断和行为;"临床与咨询心理学"将自我看作是衡量一个人心理发展水平的重要维度之一;"自我心理学"则更关注自我的主观体验,即人们是如何看待自己的。

自我的本质,是一种掌控、整合、理解生命体验的努力。随着自我发展水平的提高,个体认知框架随之变得复杂。

此处,我们从詹姆斯《心理学原理》中的自我理论对自我的概念进行了解。

(二) 关键概念

1. 自我

威廉·詹姆斯把自我分为"主我"和"宾我",哲学家们更多地在探讨"主我",心理学家们更多地在研究"宾我"。詹姆斯把"宾我"分为3个部分。

(1) **物质的我**:指个人的身体及其属性。比如,我身高165公分;我6岁了;等等。

(2) **社会的我**:指个体对自己在一定的社会关系和人际关系中的角色、地位、名望等方面的认识。比如,我是班长;我是数学课代表;我是初一学生;等等。

(3) **精神的我**:指个体所觉知的内部心理特征。如,我很敏感;我很自觉;我有点忧郁;等等。

2. 自我发展水平

指的是一个人对自身及世界体验的复杂程度。自我发展水平越高，越能整合并接纳人生当中许多看似复杂、矛盾的事物或体验，领悟更复杂的人生智慧，也越能明白许多重大的生命问题往往有多种合理的答案。

（三）人们为何要认识自我

（1）**自我提升需要**。通过认识自我，我们得以逐渐形成一种稳定的自尊，从而在未来不断提升自己，以便维持对自我的良好感觉，保持自尊水平。

（2）**准确性需要**。可以减少对自我的不确定感。知道我们真实的样子可以帮助我们实现其他目标，比如生存；准确地认识自我有助于最大限度地体验到自尊感。

（3）**一致性需要**。心理是一个完整的、有组织的思想系统，所有属于该系统的思想都必须相互一致，而自我是心理系统的核心，如果出现了内在冲突的想法会让人感到不舒服。不断对自我进行验证，可以避免某些心理功能的紊乱。

（四）与自我有关的知识

1. 自我复杂性

先看小丽的自我概念：我是用功学习的好学生——我是班长——我是校学生会副主席——我是校游泳队的主力。再看小云的自我概念：我是我妈的女儿——我是二（3）班的学生——我是音乐爱好者——我是环保公益组织的成员。试想她俩都发现自己在一个重要的考试中失败时，谁会更烦恼？

人们在自我复杂性上有所不同。小丽的自我复杂性较低，自我概念只包括少量高度联系的方面，而小云的自我复杂性较高，自我概念包含许多不同的方面。

当高自我复杂性的个体面对应激事件时，与低自我复杂性的个体相比，会体验到更少的心理困难和身体症状。高自我复杂性对应激事件的消极影响具有缓冲作用。因为这些个体有许多不同的自我方面，当一个消极事件引发了消极感受，这种感受可以仅限于有关领域，他们还可以利用未受影响的领域去提升自我价值感和身心健康状况。

这也是我们需要从多方面、多维度认识自我的重要意义之一。

2. 自我验证

我们的自我观念决定着我们对自己和社会世界的理解，对自我观念的任何挑战都构成对我们整个世界观的普遍威胁。为了保持对自我和周围世界的感受稳定和一致，我们希望证实和验证我们的自我观念，即使它们是消极的。

此外，如果其他人对我们的能力有不切实际的期望，可能会把我们引向一种注定会失败的情境。但如果他人能看到我们的不足，就会降低对我们这方面的期待，甚至帮助我们渡过那些令我们感到困难的情境，帮助我们避免尴尬。

这种自我验证的过程可帮助我们理解，为何有时贸然否认一个人的缺点和不足，强行给对方添加"证据不足"的优点，反而会引起对方的反感和不适。

3. 乌比冈湖效应

社会心理学借用这一词，指人的一种总觉得什么都高出平均水平的心理倾向，即给自己的许多方面打分高过实际水平。当人们被问及作为学生、老师、爱人，尤其是作为一名司机做得有多好时，人们会大幅度地认为自己比平均值做得要好。每个开车的人都认为自己是一个出色的司机（哪怕这个司机可能仅仅是平行泊车比较拿手，或者比较细心，或者敢冒别人不敢冒的险）。

耶鲁大学心理学教授问大家，你这学期心理学基础课上得怎么样啊？请给出你在这个班级里的排名或者百分比。如果大家的估计都很准确或者没有大的偏差，我们应该得到这样一个结论：一半的人做得比平均水平要好，另一半人做得低于平均水平。实际的调查结果表明，绝大多数人都认为自己的水平高出了平均水平。

生活中涉及乌比冈湖效应的有以下几方面。

（1）伦理道德。大多数人认为自己比一般人更道德。一个全国性调查有这样一道题目："在一个百分制的量表上，你会给自己的道德和价值打多少分？"50%的人给自己打分在90分或90分以上，只有11%的人给自己打分在74分或74分以下。

（2）工作能力。90%的商务经理对自己的成就评价超过对其普通同事的评价。在澳大利亚，86%的人对自己工作业绩的评价高于平均水平，只有1%的人评价自己低于平均水平。大多数外科医生认为自己患者的死亡率要低于平均水平。

（3）付出。大部分同宿舍高中生或大学生都认为自己比其他室友为大家做了更多的事情。

（4）驾驶技术。多数司机——甚至大部分曾因车祸而住院的司机——都认为自己比一般司机驾车更安全，且更熟练。

（5）摆脱偏见。人们往往认为，他们比其他人更不容易受偏见的影响。他们甚至认为自己比多数人更不容易产生自我服务偏见。

（6）聚光灯效应。在一个心理学实验中，心理学家跑到实验者面前说，希望你们明天都穿T恤来这里，并且所穿的T恤要带图案。第二天参加实验的人都穿了带图案的T恤。有人觉得自己所穿的T恤的图案是令人尴尬的。心理学家问他们什么样的图案会让自己觉得尴尬，排名第一的是希特勒，而被公认为最好的图案是马丁·路德·金。

一天后，心理学家问实验者："有多少人注意到你的T恤了？"

于是，实验者走出去问人们："你们注意到我的T恤了吗？"

结果显示，他们高估了人们的关注度，这个差距接近两倍。也就是说他们认为有100个人看到了，但实际上最多只有50个人看到。

我们通常认为，人们在时刻关注我们，但实际上并没有，他们都在忙着关注自己。很多时候我们总是不经意地把自己的问题放到无限大。当我们出丑时，总以为别人会注意到自己，其实并不是这样的。人家或许当时会注意到，可是事后马上就忘了，或许根本就无暇注意到你。别人不会像你自己那样关注你的。

（7）透明效应。社会心理学发现，人们往往认为自己比实际中更容易被看透。我们的秘密别人很难猜出，但我们通常会觉得自己的秘密要泄露出来，觉得别人都发现了自己的秘密。

"谁会认为自己是一个糟糕的骗子？"在现场征集了一名自认为特别不会骗人的志愿者。教授给出了三个问题，参加现场实验的志愿者需要回答这三个问题，但是要求这三个问题的答案中有一个问题的答案是假的。其他在场的学生猜测，哪个问题的答案是假的。实验开始前教授预先告诉参与回答问题的志愿者对哪个问题的答案撒谎。

第一个问题与回答："你去过伦敦吗？""不，没去过。"

第二个问题与回答："你有兄弟姐妹吗？""是的，有一个。"

第三个问题与回答："你喜欢寿司吗？""不喜欢。"

大家猜测的结果表明，认为第一题和第二题回答问题的志愿者撒了谎的人数远远多于认为第三题撒谎的人数。而教授预先告诉志愿者,在第三个问题回答的时候撒谎。

心理学发现,人们往往认为自己比实际中更容易被看透。其实我们的秘密别人很难猜出,但我们通常会觉得我们的秘密要泄露出来。人们常觉得别人都发现了自己的秘密。人们往往担心、害怕自己的秘密被别人发现,实际上自己不希望别人知道的关于自己的秘密别人很难猜出,所以不必过于担心,应该放下思想包袱。

(8)巴纳姆效应。是1948年由心理学家伯特伦·福勒通过试验证明的一种心理学现象,它主要表现为:每个人都会很容易相信一个笼统的、一般性的人格描述特别适合他。这个效应是以一位广受欢迎的著名魔术师肖曼·巴纳姆来命名的。这位著名魔术师在评价自己的表演时说,他之所以很受欢迎是因为节目中包含了每个人都喜欢的成分,所以他使得"每一分钟都有人上当受骗"。巴纳姆曾经说过一句名言:"任何一流的马戏团应该有能力让每个人看到自己喜欢的节目。"

法国的研究人员曾做过一项测试,他们将臭名昭著的杀人狂魔马塞尔·贝迪德的出生日期等资料寄给了一家自称能借助高科技软件得出精准星座报告的公司,并支付了一笔不菲的报告费用。

三天后,该公司将一份详细的星座报告发送给了研究人员,大致的分析结果如下:他适应能力很好,可塑性很强,当这些能力得到训练就能发挥出来;他在生活中充满了活力,在社交圈举止得当。他富有智慧,是个具有创造性的人;他非常有道德感,未来生活会富足,是思想健全的中产阶级。

此外,这份星座报告还根据贝迪德的年龄作出了推断,预测他在1970年至1972年间会考虑到感情生活并作出承诺。可事实上是,"颇有道德观"的贝迪德犯下了19条命案,于1946年被处以死刑。

"巴纳姆效应"指的就是这样一种心理倾向,即人很容易受到来自外界信息的暗示,从而出现自我知觉的偏差,认为一种笼统的、一般性的人格描述十分准确地揭示了自己的特点。现在很多人迷信于算卦、神通、星座等,其中的原理都来自于这神奇的"巴纳姆效应"。

"巴纳姆效应"带给我们的启示:不能仅靠外界的一点消息或信息就对事情作出判断。这样会导致片面性和易犯错误。要全面、正确收集信息,才能对人或事作出正确判断。

(9)伤痕效应。美国科研人员进行过一项有趣的心理学实验,名日

"伤痕实验"。他们向参与其中的志愿者宣称，该实验旨在观察人们对身体有缺陷的陌生人作何反应，尤其是面部有伤痕的人。

每位志愿者都被安排在没有镜子的小房间里，由好莱坞的专业化妆师在其左脸做出一道血肉模糊、触目惊心的伤痕。志愿者被允许用一面小镜子照照化妆的效果后，镜子就被拿走了。

关键的是最后一步，化妆师表示需要在伤痕表面再涂一层粉末，以防止它被不小心擦掉。实际上，化妆师用纸巾偷偷抹掉了化妆的痕迹。

对此毫不知情的志愿者，被派往各医院的候诊室，他们的任务就是观察人们对其面部伤痕的反应。规定的时间到了，返回的志愿者竟无一例外地叙述了相同的感受——人们对他们比以往粗鲁无理、不友好，而且总是盯着他们的脸看！可实际上，他们的脸上与往常并无二致，没有什么不同。他们之所以得出那样的结论，看来是错误的自我认知影响了他们的判断。

这是一个发人深省的实验。

原来，一个人内心怎样看待自己，在外界就能感受到怎样的眼光。同时，这个实验也从一个侧面验证了一句西方格言："别人是以你看待自己的方式看待你。"难道不是吗？

一个从容的人，感受到的多是平和的眼光；

一个自卑的人，感受到的多是歧视的眼光；

一个和善的人，感受到的多是友好的眼光；

一个叛逆的人，感受到的多是挑剔的眼光……

可以说，有什么样的内心世界，就有什么样的外界眼光。如此看来，一个人若是长期抱怨自己的处境冷漠、不公、缺少阳光，那就说明，真正出问题的正是他自己的内心世界，是他对自我的认知出了偏差。这个时候，需要改变的正是自己的内心；而内心的世界一旦改善，身外的处境必然随之好转。毕竟，在这个世界上，只有你自己才能决定别人看你的眼光。

我们往往花大力气去了解别人、认识别人，却很少花精力去了解自己、认识自己。我们一般是不能直接看到自己模样的，只能通过镜子、照片。同理，我们一般也是透过别人的眼光来认识自己，每一个人眼里的你都是不一样的，100个人眼里就有100个你，1 000个人眼里就有1 000个你，在不同的人眼里你是不同的——善良的、聪明的、可恶的、愚蠢的、忠诚的、虚伪的、背叛的，不胜枚举。那么，真实的你究竟是什么样的呢？真正的你又在哪里呢？"伤痕实验"明确地告诉了我们答案——内心，一个内心烦躁的人纵然身处幽静也是狂躁不安的；一个内心清净的人虽然深处闹市，他的世界还是清净的。无论是追求幸福、宁静、安全……都到你内心去寻找吧，那里有无穷无尽的资源和能量。

二、发挥优势

（一）历史背景

在20世纪的大部分时间里，对人类弱点的研究远远多于对人类优点的研究。研究结果最集中地体现在美国精神医学学会出版的《精神疾病诊断与统计手册（以下简称DSM）。这个手册分类较为精确、详细，目前已经出到第五版，是最常用的精神疾病诊断手册。根据这本书的指导，从业人员可以较为准确地为患者作出诊断。

但是，毕竟只有少数人患有需要DSM进行诊断的精神疾病。大部分人都有这样或那样的弱点，比如，"懒散""虚荣"，或者一些轻微的心理问题，比如，"容易紧张""负面思维"，但还用不着精神医生用DSM来进行分析。相反，每个人都有优点——大多数普通人都有很多优点，那些有严重心理问题乃至精神疾病的少数人，其实也都有闪光点，但心理学界缺乏对人类优点的系统研究。

这就造成了一个非常负面的局面：心理学家对于你可能有什么精神疾病和心理问题能够流利地侃侃而谈，相对准确地判断，并且给出或多或少有效的治疗方案和建议，但对于你可能有什么优点和品格，却无法形成科学、系统、有效的意见。

正是由于品格优势和美德如此重要，塞利格曼（Martin E.P. Seligman）在发起"现代积极心理学"运动之后，争取到迈耶森（Mayerson）基金会的支持，开展了一项研究，对人类的品格优势和美德进行了分类。他借鉴了DSM成功的先例，即精确的定义是解决问题的第一步。如果一个病人来到一个精神医师的诊所，而医师却无法确定他患的是什么病，那治疗就会很困难。同样的，如果我们想挖掘出一个人的潜力，就必须先找到他的优势是什么，只有这样，才能帮助他更好地发挥。

奇妙的是，这个逻辑反过来也成立，即标签能影响问题。医生把一个健康的人诊断为胃病后，他就会常常觉得胃部隐隐作痛，但后来医生告诉他,"对不起,我上次误诊你了,其实你的胃很健康",那么他的胃痛立刻就消失了。同样的,如果我们把人"诊断"为某一种美德,比如说,我们发现某人有"善良"的美德,并且明确地告诉了他,那么他在现实生活中就会倾向于变得更加乐于助人。这就是标签的力量,心理暗示会对现实造成影响。

DSM能够帮助医师诊断,塞利格曼希望"积极心理学"也能有自己的DSM,把人类的品格优势和美德进行分类,使"积极心理学"的从业者也可以在面对每一个人时,准确而迅速地找出他们的优势,促进他们的发挥。

(二)关键概念

性格:是个体思想、情绪、价值观、信念、感知、行为与态度的总称,它确定了我们如何审视自己以及周围的环境。"性格"是受遗传生物学影响,但在后天社会生活环境中逐渐形成的。随着年龄的增长,性格的改变可能会越来越困难,但总体上性格是可以不断进化和改变的。"性格"有好坏之分,有社会道德含义。既有我们普遍都不喜欢的性格,如自私、虚伪、懦弱等,也有我们普遍都赞赏的性格,如善良、勇敢、真诚等。

能力:是完成一项目标或者任务所体现出来的素质,"能力"不能离开实践活动来谈。"能力"是一个综合的概念,既包含天赋智力等,也包含后天培养的各种技能。每个人的能力在类型和水平上有所不同,能力的发挥会受到性格影响,使用能力造成的结果有好有坏,但能力本身没有道德含义。

优点:指人的长处、好的方面,既包含天赋能力,也包含某些道德品格,还包含其他一些中性的事物,是更综合、更生活化的一个概念。"优点"这个说法更具情境性、在比较中产生。如一个人很"沉默",这是中性的描述,在需要他仗义执言的时刻他保持沉默可能会变成他的缺点,但如果换到一个需要少说话多做事的场景中,沉默又会变成一种优点。

品格优势:单说"品格"时,意思与"性格""品性"基本重叠,但会带有更强烈的道德判断意味。当"积极心理学"中提到"品格优势"时,是指人类品格或性格中可培育的,在适度发挥时会给自己和他人带来满足和幸福感的那些部分,是道德中赞扬的、提倡的部分。"品格优势"包含在一个人的性格之中。性格受先天影响，又靠后天培养形成，品格优势也如此。

美德：东西方都强调，"美德"是一种需要通过勤勉学习和亲身实践而逐渐培育的高尚道德品质。在"积极心理学"中，"美德"是品格优势的上位概念。心理研究者结合全球各类文化和时间维度，对在绝大多数的历史阶段中以及绝大多数文化中普遍存在的人性积极特质进行了甄选和鉴别，总结出了24种具有跨文化一致性的品格优势，它们可以汇聚到6种不同的美德之中。

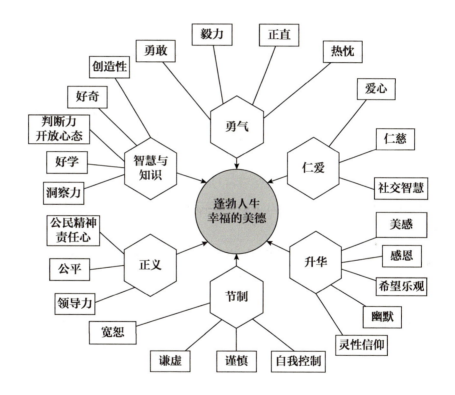

1. 对品格优势的进一步理解

"品格优势"是一种心理特质，应该持续稳定地存在于一个人的身上。比如，偶尔有一次没有说谎，并不能代表这个人就正直；偶尔有一次原谅了别人，并不代表这个人就有宽恕的美德。

我们每个人身上都存在多种品格优势，但有些是我们的"显著优势"（signature strengths），有些是我们的"场景优势"（situational strengths）。

"**显著优势**"是指那些在各种场合都不由自主地表现出来，不需要我们太费力就能强烈展现的品格优势，而且我们自己也真心喜欢、珍惜、认同这种优势。"显著优势"的形成受先天影响，更受后天环境的培养。它像性格一样相对稳定，但也并非不能改变。当我们主动使用自己的"显著优势"时，会感觉充满力量和积极情绪。当我们的"显著优势"因各种原因无法发挥或受到压制时，会变得低沉沮丧和空虚。

一个人的"场景优势"不会经常被表现出来，只在遇到某些特定场合才会展现。比如，某些人的"勇敢"在野外遇险时会展现，但在销售工作中表现不出来；再比如，某些人的"幽默"会对陌生人体现，回到熟悉的人群反而不展现了。"场景优势"通过进一步培养和练习，可以变为"显著优势"。

2. 什么是优势教育

美国学者安德森（E. C. Anderson）将"优势教育"定义为一种新型的教育理念，它"需要教师在工作中有意识地、系统地发现自己的天赋，发展和应用自己的优势，以持续学习、提升教学方式、设计和实施教案、创建活动，来帮助学生在学习过程中发现自己的天赋，发展和应用自己的优势，以更学习知识、获得学习技巧、发展思考和问题解决技能，并在教育环境中达到优秀。"

澳大利亚维多利亚省教育局在他们的《优势教育》手册中厘清了"优势教育"到底是什么，以及一些常见的误解：

优势教育是：	优势教育不是：
对所有人一视同仁，关注孩子能做什么，而非不能做什么	只关注"正面"
如实描述学习和进展	逃避现实
在孩子的最佳发展区和潜力发展区构建能力	纵容坏行为
理解当人遇到困难和挑战时，需要关注和支持	不管不问
当学习和发展顺利时，找出关键因素，以在未来复制、进一步发展和加强	给人贴标签的工具

所以，"优势教育"并不意味着对学生的弱点置之不理。"优势教育"的目的是为了纠正以往教育界过于看重弱点的倾向，但并不是要彻底用优势关注取代弱点关注。如果学生有重大的弱点，比如，说谎成

性、吸毒、欺凌同学，那教师必须加以重视并及时纠正。当然，即使是在纠正学生问题的过程中，依然可以想办法让学生发挥自己的优势去纠正它，而非靠一味地强迫。

（三）建立稳定的自尊自信

1. 关键概念

（1）**自尊**：我们看待自己的方式，我们对自己的想法，以及我们赋予自己的价值。"自尊"是我们关于自己的核心信念。

（2）**自信**：是较为生活化的一个概念，心理学中与自信心最接近的概念是"自我效能感"，即个体对自身成功应对特定情境的能力的评估。它受到4个主要因素的影响：行为成就、替代经验、言语劝说、情感唤起。

2. 进一步理解自尊

心理学界目前对"自尊"尚没有普遍认同的唯一定义。但总体来看，研究者们通常会从3个角度理解自尊：有时自尊指一种整体的情绪感觉（**整体自尊**）；有时"自尊"指人们在具体各个方面评价自己的方式（**特质自尊**）；有时"自尊"指人们对瞬间的自我价值感（**状态自尊**）。人格和社会心理学家们倾向从后两种定义出发，因为它们更容易进行测量和研究，更符合当前的认知思维潮流。临床和咨询领域更认可第一种定义，咨询的实践工作被认为从第一种定义出发更有效。

整体自尊，是从情感的角度来理解自尊。它假设自尊在生命早期形成，主要是亲子关系相互作用的结果，认为早期经验是自尊形成的基础，后来的成长经历依然会影响自尊，但可能不会像亲子关系那样影响重大。该定义认为"自尊"以两种情感感受为特征：**归属感和掌控感**。

"归属感"是指无条件地被喜欢或者受尊重的感觉，它不需要任何特定的品质和原因，而仅取决于这个人是谁。"归属感"给人的生活提供了安全的基石。它给人这样一种感觉，即无论发生了什么事情，他们都会受到尊重。

"掌控感"是对世界能够施加影响的感觉——并不一定要在大范围的意义上，而是在日常生活层面。掌控感的获得并不需要想到我们是著名人物或者学校的头等生；相反，它是我们专心做一件事或努力去克服困难的过程中获得的感觉。

"高自尊"和"低自尊"之间最核心的差异在于面对失败的反应

和感受。低自尊者的自我价值感是有条件的，如果成功了便认为自己很棒，感觉很光荣；如果失败了便认为自己很差，感觉很羞耻。但高自尊的人在面对成功和失败时，内心对自己价值的判断不会大起大落，总是较为稳定地认为自己很好，不会否认自己本身的价值。

3. 自尊与自信的区别

"自尊"从母婴关系时期就开始逐渐形成，较为稳定，是一种持续的、整体的对自己的感觉；"自信"是自尊的某种具体表现，是一个更生活化、更针对具体情境的概念。

自尊水平不易变化，改变难度大；自信心通常会随着面对不同情境而变化。一个从未踢过足球的人在第一次踢足球时难免没有自信，通过坚持和努力，过了一段时间，他对踢足球的自信会增长。但他的自尊水平在这个过程中可能没什么变化。

高自尊的人通常更容易培养自信、展现自信，但看上去自信的人不一定代表高自尊。

培养自信是帮助人们认识到："我可以做到。"

培养自尊是帮助人们认识到："我做不好也没关系，那并不意味着我很差。"

反复成功的经历和体验可以增加一个人的自信；但自尊的提升需要安全的人际关系和真诚的关爱，以便一个人可以在其中内化吸收归属感和掌控感。

4. 自信与自恋的区别

"自恋"是一种高度自我关注的状态，高自恋的人注意力大部分在自我欣赏、自我迷恋身上，而忽略了外在环境和现实的变化，也经常根本不在意其他人的感受，认为他人都是用来抬高自己的工具。

自恋的核心是一种自卑感。自恋者其实非常脆弱和自卑，他们没有安全感，总是会害怕自己一无是处、支离破碎，自恋者需要不断地获得别人的赞扬，因为他们要通过外部的肯定来体验自己内在的价值感，从而维护自尊。当遭遇现实挫折，或者一些事情打破了自恋者的自我陶醉时，比如，遇到负面评价，其结果往往令自恋者十分痛苦。他们的自尊水平不够稳定，经常无法起到自我调节的作用。

而真正自信的人，自我调节能力往往很强。自信的人通常是现实目标导向（task-focused），而非自我陶醉、自我沉浸。自信的人会设立现实的目标，心怀能实现目标的信念（高自我效能感），通过各种努力去逐步追求目标，并在这个过程中进行自我激励，同时也会关注到他人的感受。自信的人看重的是逐步完善自己，而不是完美无缺，自信的人接纳自己的缺点，也愿意改善自己。自信者在追求目标的过程中积累各种现实经验，他们对自己的看法建立在现实的反馈和努力的基础上。

自恋的人有时也会表现出自信的状态，但经不起失败和挫折的考验。

自恋≠自恋型人格障碍，每个正常人都有某些表现出自恋的时刻，是正常的。只有当一个人持久稳固地使用自恋的方式组织他的世界和内心，才是问题所在。

附录1：VIA品格优势词条解释

这里包括24种品格优势，归纳在6种核心美德下。以下给出每一种品格优势的简介。

1. 智慧与知识优势（Strengths of wisdom and knowledge）

它包括获取和使用信息为美好生活服务的积极特质。在心理学语言中，这些属于认知优势。许多这个分类下的优势包括认知方面，例如，社会智力、公平、希望和幽默，这也是为什么许多哲学家将与智慧和理性有关的美德视为使其他成为可能的首要美德。但是，在以下5种性格优势中，认知性特别明显。

（1）**创造力**：想出新颖和多产的方式来做事；包括但不限于艺术成就。

（2）**好奇心**：对于全部经验保持兴趣；探索和发现。

（3）**热爱学习**：掌握新的技术、主题和知识，不管是自学还是正式学习；很明显与好奇心有关，但除此之外还描述了一种系统扩充自己知识的倾向。

（4）**开放头脑**：彻底地考虑事物，从各角度来检验它；不急于下结论；面对证据能够改变观点；公平地对待全部证据。

（5）**洞察力**：能够为他人提供有智慧的忠告；具有对于自己和他人都有意义地看待世界的方式。

2. 勇气优势（Strengths of courage）

它包括面对内外阻力努力达成目标的意志。一些哲学家将美德视为矫正性的，因为它们抵消了人类处境中所固有的一些困难、一些需要抵制的诱惑、一些需要被检查或者是改变的动机。是否全部的性格优势都是矫正性的可能存在争议，但是下列4种明显属于这个范畴。

（1）**真实性：**说出事实，以诚恳的方式呈现自己；不加矫饰地生存；对自己的感觉和行为负责。

（2）**勇敢：**不在威胁、挑战、困难或痛苦面前退缩；为正确的事物辩护，即使存在反对意见；依信念行动，即使不被大多数人支持；包括生理上的勇敢，但不限于此。

（3）**毅力：**有始有终，不顾险阻坚持行动；在完成任务中获得愉悦。

（4）**热忱：**饱含激情和能量地面对生活，不三心二意或半途而废；将生活视为一场冒险，感到有活泼、有生气。

3. 仁爱优势（Strength of humanity）

它包括涉及关心与他人关系的那些积极特质，这些特质被泰勒等人描述为照料和待人如友的特征。这一类的美德与那些被标称为争议优势的美德有些类似，不过人道优势主要用来处理一对一的关系，而正义优势主要与一对多的关系有关。前一种优势是人际间的，而后一种则具有广泛的社会性。这一分类下的三种优势代表了积极的人际间特质。

（1）**友善：**为别人帮忙、做好事；帮助他人、关心他人。

（2）**爱：**珍视与他人的亲密关系，特别是那些分享和关心都是相互的对象；与他人亲密。

（3）**社会智力：**能够意识到自己和他人的动机和感受；知道如何做才能适应不同的社会环境。

4. 正义优势（Strength of justice）

它具有广泛的社会性，与个人和群体或社区之间的最优互动有关。随着团体的规模逐渐缩小，变得更加个人化，正义优势便汇聚成了人道优势。我们依然保持对于这两者的区分，因为正义优势是那些涉及"在其间"的优势，而人道优势则是那些涉及"之间"的优势；不过这种区别更多是程度上的而非类别上的。不管怎样，以下3种积极特质非常符合正义这一类美德。

（1）**公平：**基于正义和公平的观念，对别人一视同仁；不让个人感受干扰影响到他的决策；给每个人一个公平的机会。

（2）**领导力：**鼓励所处的群体，使其达成目标，并在这一过程中培养出良好的组内关系；组织群体活动并保证它们的实现。

（3）**团队合作：**作为群体或团队中的一员工作良好；忠于群体；完成自己分内的工作。

5. 节制优势（Strengths of temperance）

指的是那些保护我们免于过度的积极特质。哪些种类的过度是我们所关注的？仇恨——宽容和怜悯可以保护我们；自大——谦卑和自谦可以保护我们；带来长期后果的短期愉悦——审慎可以保护我们；各种使人动摇的极端情绪——自我调适可以保护我们。

值得强调的是，"节制优势"使我们的行动减缓，但并不会使它们完全停止。我们可能是非常宽容的，但是在受到打击的时候仍然会自我防卫。谦虚并不需要说谎——只需要自觉地认可我们是谁以及我们的行为。

（1）**宽容/怜悯：**宽容那些犯错误的人；给他人第二次机会；报复心不重。

（2）**谦虚/谦卑：**让成就自己说话；不寻求成为他人关注的焦点；不认为自己比实际上的更特殊。

（3）**审慎：**小心地作出选择；不承担不必要的风险；不做可能后悔的事，不说可能后悔的话。

（4）**自我调适：**调适一个人的感受和行动；有纪律；控制一个人的欲望和情绪。

"节制优势"与"勇气优势"的区别在于："勇气"使我们以积极的方式行动，不管反面的诱惑如何；而"节制"的关键特点在于直接对抗诱惑。节制优势在一定程度上是通过一个人对于行为的抑制而定义的，对于观察者来说，缺乏节制可能要比存在节制更容易被观察到。

6. 超越（升华）优势（Strengths of transcendence）

第一眼看上去可能比较庞杂，但共通的主题是允许一个人与更庞大的宇宙形成联系，从而为他们的生活提供意义。这个分类中几乎全部的积极特质都是涉及个人之外的，涉及更庞大的宇宙的一部分或者整体。这一优势分类的原型是灵性，尽管定义各不相同，但都指向了对生命的超越性（非物质性）方面的信仰和承诺，不管它们是否成为普适的、理想的、神圣的或是圣洁的。

分类中的其他优势与这种原型有什么关系？对于美的欣赏将一个人与优秀直接相连；感激将一个人与善良直接相连；希望将一个人与梦想中的希望直接相连；幽默将一个人与麻烦和矛盾直接相连，但带来的结果不是恐惧或愤怒，而是愉悦。

（1）**对于美和优秀的欣赏：**注意并欣赏生活中各个领域的美、优秀以及有技巧的表现，从自然到艺术、数学、科学，再到日常经验。

（2）**感激：**意识到美好的事物并心怀感谢；花时间表达自己的感谢。

（3）**希望：**期望未来最好的结果，并努力去达成；相信美好的未来可以实现。

（4）**幽默：**喜欢笑与戏弄；为他人带来微笑；看到光明面；能够开玩笑（不一定讲出来）。

（5）**宗教性/灵性：**对于宇宙的更高目的和意义有一致的信念；知道一个人在全景中的位置；具有关于生活意义的信念，这种信念能够塑造一个人的行为，并提供慰藉。

认识优势 •	第1课	发现我的优势
我爱我家 {	第2课	让爱的种子生根发芽
	第3课	听听我的心声
	第4课	家庭小主人
我爱学校 {	第5课	我和老师
	第6课	好朋友的小烦恼
	第7课	我学会了……
做优秀小公民 {	第8课	友好智慧的小公民
	第9课	总结课：小树为我代言

教 学 设 计

第1课　发现我的优势

课程目标

了解身体优势和品格优势，理解品格优势是可以改变和培养的。

帮助学生发现自己的品格优势，树立自信。

一般说明

时间：40分钟（含5分钟"沉静训练"）

教学用具：（1）便利贴纸条，每人2~3条

（2）每人一个信封，内含两套动物卡片，共12张

（3）胶带，每组一个

教学实施

授课环节1	绘本故事导入	
目标	通过绘本故事认识身体优势和品格优势	
时间	10分钟	
教学用具	便利贴纸条，每人2~3条	
	1.1　讲绘本故事 1.2　提问与分享 （1）故事中的那些小动物为什么能吃到苹果？它们身上有什么优点？	

教学内容	（2）比起其他动物，鼠小弟和海狮吃到苹果的办法有什么不同？ （3）用一个词夸夸鼠小弟。 （4）仔细观察大家提到的这些词语，谁能把它们分分类？ **教师总结**：每个小动物身上都有自己的优势，而且，除了天生的、身体上的优势，还有品格上的优势。	备注区域

授课环节2	**动物优势连线**	
目标	通过动物优势活动加深学生对品格优势的理解	
时间	10分钟	
教学用具	无	
教学内容	通过寻找各种动物身上的优势，理解不同个体具有不同的优势。	备注区域
教学内容	2.1　看图连线 根据自己的理解，把左边的小动物和右边的品质用线连起来。 2.2　提问 这些动物有哪些品格优势？说说你的理由。 动物　　　　　夸一夸　连一连 得体的 勇敢的 乐观的 活力的 善良的 负责的 宽容的 好学的 坚韧的 公正的	备注区域

授课环节3	互动游戏：我是哪种小动物	
目标	通过自己和他人的视角发现自己的品格优势	
时间	15分钟	
教学用具	每人一个信封（内含12张动物卡片）；每组一卷胶带	
教学内容	3.1 介绍游戏规则 （1）每个人的桌上有一个信封，里面装着多种小动物的卡片。请你选择一种小动物代表自己，把这张卡片放在桌斗里，别让别人看见。 （2）再从信封的动物卡片中选择两张卡片，在小组里，一张代表你顺时针方向的同学，另一张代表你逆时针方向的同学，安静地把动物卡片贴在他们的后背上，不要让组内的其他同学看到，全程要安静。 3.2 提问与分享 （1）看到同学给你贴的卡片，说说你的感受。 （2）引导给别人贴卡片的同学，发现了同学的什么优势？举出事例。 （3）你给自己选择的是什么动物卡片？为什么？结合事例说一下。 优势四格窗 | 我眼中 自己的优势 | 同学眼中 我的优势 | | 老师眼中 我的优势 | 家长眼中 我的优势 | 课后作业 采访更多的同学、老师和家长，看看他们眼中的你有哪些优势。并且写在这份优势四格窗中。	备注区域

第2课　让爱的种子生根发芽

课程目标

　　了解爱是维系家庭成员之间的重要纽带，学习关爱家人的行动。

　　体会家人对自己的关爱，推己及人，表达自己对家人的爱。

一般说明

　　时间：40分钟（含5分钟"沉静训练"）

　　教学用具：足量的优势贴纸

教学实施

授课环节1	生病时的温暖	
目标	引发学生回忆家人对自己的关爱和付出；让学生思考在家庭当中如何承担积极主动的自我角色	
时间	20分钟	
教学用具	无	
	准备：爱心连线（老师可在黑板上提前画出宁宁、家人以及双方的连线） **方法**：在每个故事讲完后的问答中，引导学生回忆故事情节。先回忆每位家人为宁宁做的事，每件事用一颗红色心表示，从右向左画在箭头线上；再回忆宁宁为家人做的事，每件事用一颗橙色的心表示，从左向右画在箭头线上。 　　宁宁 ←♥♥――――― 妈妈 　　宁宁 ―――――♥→ 爸爸 　　宁宁 ←♥♥――――― 奶奶 **1.1　故事1：宁宁发烧了** 　　最近天气转凉，宁宁有些感冒。这天半夜，他在睡梦中一阵咳嗽，醒来觉得口干、浑身发冷、头昏昏沉沉的好难受。他想起来喝点水，下了床觉得没什么力气。宁宁走到客厅去接水，又是一阵咳嗽。这时，妈妈从隔壁房间走出来问他怎么了。宁宁说："我觉得难受，可能是发烧了。"妈妈过来摸了摸他的头，说："真是发烧了，温度不低呢！快试试体温。快回房间躺进被窝里，别再着凉了。"宁宁按照妈妈的话回到了温暖的被窝里，妈妈披上衣服拿来体温表给他放在腋窝下面，5分钟后体温表显示38.5℃。	

教学内容	妈妈让宁宁吃了药，听到宁宁说冷，于是又拿了一床被子给他盖上，让他再继续睡觉，说一会儿再给宁宁试试表，如果温度再上升就带他去医院了。听了妈妈的话，宁宁答应了一声就昏昏沉沉地睡着了。	备注区域

宁宁再醒来时天已经亮了，睁开迷糊的眼睛发现妈妈靠在床边的椅子上打盹，原来妈妈一直没回房间睡觉。宁宁想坐起来，响动中妈妈也醒来了。妈妈赶忙问宁宁觉得怎么样，还让他再试试体温。

"妈妈，您夜里一直在这儿陪着我？"宁宁问。

"嗯，你发烧温度高，我不放心，隔一会儿给你试试体温。"妈妈揉了揉疲倦的双眼回答道。

体温表拿出来，显示38℃。

妈妈说："温度在下降，不过还没有退烧。今天别上学了，在家休息一天吧，我也请一天假在家陪你"。

宁宁点点头，还是觉得身体没什么劲儿。

早饭是宁宁爱吃的鸡蛋面片汤，暖暖地吃饱，妈妈又让宁宁回到床上休息。

一天中宁宁基本上都躺在床上睡觉，迷迷糊糊中妈妈每隔一会儿就会过来给他试试体温，让他喝点水。

傍晚时宁宁终于退烧了，人也有了精神。爸爸下班回到家，还没放下包就到宁宁房间里看他，听说温度降下来了爸爸露出了笑容，在宁宁脸上亲了亲。

爸爸妈妈在厨房里一起忙碌起来。当香喷喷的饭菜上桌时，宁宁才感觉到自己真是饿了。

1.2 教师提问

（1）同学们，你们觉得故事里的宁宁生病时得到妈妈的细心照顾，他会有什么感受呢？

（2）每位同学还记得自己生病时家人是怎么照顾你的吗？

1.3 故事2：奶奶受伤了

下周一就要放寒假了，按照以往的习惯宁宁又要到奶奶家过寒假了。

然而，周五却传来了奶奶受伤的消息。原来，奶奶在买菜回来的路上被路上结的冰滑倒，左手撑地的时候手腕骨折了。听爸爸说，爷爷陪奶奶去医院用夹板做了固定，医生说需要三四个月时间恢复。

教学内容	爸爸妈妈准备周六去奶奶家探望她，并和宁宁商量，这个寒假就别去奶奶家住了，以前大多是奶奶做家务照顾宁宁，现在奶奶受了伤，怕爷爷照顾不过来。 　　得知奶奶受伤，宁宁心里很难过。他想，上周奶奶还说盼着我去住，这下她受伤了，也许更希望我去陪她呢。于是，他对爸爸妈妈说："我能照顾自己，明天到了奶奶家你们就知道了。" 　　第二天，宁宁见到了奶奶，她的手臂缠着绷带吊着夹板。 　　"您的胳膊很疼吧？"宁宁问奶奶。 　　"有些疼，不过好多了。"奶奶回答。 　　"您需要什么就告诉我，我帮您拿。"说着，宁宁帮奶奶倒了杯水。 　　"好孩子，奶奶可以自己倒水啊。"奶奶笑了。 　　"奶奶，我寒假住在这儿可以帮您和爷爷做很多事，我也能照顾自己，"这时，宁宁看到奶奶养的小猫大白走了过来，"我还可以给大白喂食和换猫砂。"说着，宁宁走到大白的猫砂前，学着奶奶以前的样子整理猫砂。 　　"宁宁懂事了，好啊，那这个寒假就由你在这儿帮我照顾大白吧。"奶奶笑着摸了摸宁宁的头。 　　宁宁看了看爷爷和爸爸、妈妈，好像在说："你们放心吧。"他看到他们也在微笑，这笑容里有欣慰和赞许。	备注区域
教学内容	**1.4　提问** （1）奶奶受伤后宁宁做了什么？ （2）你的家人生病时你有没有安慰他/她，并且提供力所能及的帮助呢？ **1.5　介绍并发放优势贴纸** 同学们，上节课我们学习了10种优势，你还记得自己的优势是什么吗？这节课，我们把每种优势分别用一种水果或蔬菜来作代表（展示PPT）。每位同学在课程中都有机会赢得优势贴纸。如果你回答了自己会提供的帮助，这分别体现了你的什么优势呢？（回顾并发放优势贴纸） 　　（图例）	备注区域

授课环节2	体谅心连心	
目标	引导学生体会遇到难处时被家人体谅和支持的感受；启发学生思考，如何体谅和支持家人	
时间	15分钟	
教学用具	无	
教学内容	2.1 故事：跑调与合唱 　　这个周末宁宁和爸爸、妈妈一起到爸爸的同事王叔叔家做客。王叔叔有个女儿悦悦，比宁宁小一岁，两个人玩得很开心。 　　吃过晚饭，王叔叔说悦悦参加了少年宫的合唱团，提议悦悦给大家唱首歌。她答应了，开心地唱起来，歌名是《采蘑菇的小姑娘》。悦悦唱得真好听，宁宁一边听一边摇头晃脑地帮她打拍子。唱完这首歌，应大家的要求，悦悦又唱了一首《鲁冰花》，唱完后宁宁和大家一起热烈鼓掌。 　　这时，悦悦提出想听宁宁也唱一首。 　　"这个……"宁宁想起自己唱歌总跑调，特别没信心，"我不会唱。"他用手挠挠头，脸红了。 　　"你还记得那首《小小粉刷匠》吧，我们一起来唱好吗？"爸爸向宁宁笑着，那笑容好像在说："来吧，没问题的。" 　　于是，爸爸和宁宁一起唱起来："我是小小粉刷匠，粉刷本领强，我要把那新房子，刷得很漂亮……"在爸爸的陪伴下，宁宁也挺胸抬头唱了起来。 　　这首歌是爸爸教给宁宁的，宁宁很喜欢，虽然宁宁一直不在调上，但父子俩唱得可高兴了。后来，大家都加入了他们。 　　后来，长辈们还提议一起唱了很多他们童年爱唱的歌，有些宁宁和乐乐也会唱，大家就一起唱。一边唱，长辈还一边回忆自己童年的故事，这个下午过得特别开心！ 2.2 提问 （1）一开始，当宁宁被悦悦邀请唱歌时，他有什么感受？ （2）后来，宁宁为什么又敢开口唱了？ （3）你有遇到过什么为难的事情吗？得到过怎样的支持和体谅？感觉如何？ 2.3 故事： 　　这周爸爸出差了，妈妈答应周三晚上带宁宁去练习滑冰。据说常常一起滑冰的晨晨和浩浩也要去，那天3个小伙伴约好了在冰场见面，宁宁满心盼望快点到周三。	备注区域

教学内容	周三下午，宁宁在学校就完成了作业，等妈妈来接自己回家。没想到班主任刘老师告诉宁宁，妈妈临时开个会，要结束后才能过来接他，让他在兴趣班教室等一会儿。	备注区域

兴趣班结束了，同学们陆续离开了，宁宁才接到妈妈的电话，告诉他在楼下等他。

在校门口见到妈妈，妈妈显得有些疲劳，她手里提着电脑，宁宁知道妈妈晚上又要加班了。

"宁宁，妈妈想和你商量一下，咱们今天在冰场只滑半个小时行吗，我明天早上有会，今天需要准备好材料，估计回来要熬夜做。"

宁宁觉得心里有点失落，没有马上回答妈妈，低头想了想。

"妈妈，今天您别陪我去滑冰了，咱们周末去吧。"宁宁对妈妈说，似乎做了决定。

"那你不是和浩浩、晨晨约好了吗？"

"没关系，他们上次说这周末也会去，我一会儿打电话告诉他们我周末再去。"

"好，谢谢宁宁。咱们周末一定去！"

"嗯嗯，妈妈借给我用一下手机，我现在就给他们打电话。"

妈妈搂了搂宁宁，欣慰地笑了。

2.4 提问

（1）宁宁为什么主动提出取消了滑冰计划？

（2）当妈妈听到宁宁愿意改天再去滑冰的时候，心里会有什么感受？

（3）想一想，你们可以怎样表达对父母的体谅和支持呢？

2.5 总结

家人间的关爱会让我们的生活成为一片美丽的森林，为我们遮风挡雨。我们体会到家人的爱，也要学会用行动表达对家人的爱。我们的行动就像给爱的种子浇水、施肥，让每个种子生根发芽，健康成长。而我们自己，也将成为一个更有担当、更有责任感的家庭小主人。

课后作业

在接下来的一周，至少做3件关爱、体谅或支持家人的事。

第3课　听听我的心声

课程目标

学习如何恰当地表达自己真实的需要，如何恰当地表达自己的拒绝。

觉察自己的真实需要，学会尊重自己的感受。

一般说明

时间：40分钟（含5分钟"沉静训练"）

教学用具：足量优势贴纸

教学实施

授课环节1	宁宁有个小烦恼	
目标	学习如何向父母合理地表达自己的选择	
时间	20分钟	
教学用具	无	
教学内容	1.1　故事：宁宁有个小烦恼 　　宁宁最近有个小烦恼。 　　上周六，妈妈带他去商场买新衣服，逛啊逛啊，终于在一家店看中了三件比较合适的，价格也差不多。宁宁指着左边那件浅黄色的衣服说："我要这件！"结果妈妈说："这件颜色不禁脏，你平时外面活动多，给你买右边那件深蓝色的。"说完，妈妈就让售货员把蓝色的衣服包起来走向收银台了。宁宁想跟妈妈多说几句，看到周围人来人往，就没好意思开口…… 　　上上周五，爸爸在家上网逛在线书店，打算给宁宁买一些少儿读物，问宁宁想买什么。宁宁指着网页右边的几本绘本说："这个好看，给我买！"结果爸爸说："家里绘本很多了，买左边那几本儿童名著，可以帮助你学好语文。"说完，爸爸就把订单下完，然后去忙工作的一些事了。宁宁想跟爸爸多说几句，又没好意思打扰爸爸…… 　　上上上周四，家里人给宁宁报课外兴趣班，问宁宁喜欢什么，宁宁说："我想学跆拳道！"结果妈妈说："这么小学跆拳道容易受伤，等你以后长大些再说。给你报个音乐课吧，可以缓解大脑的学习疲劳。而且记得上次你和悦悦在一起的时候，因为不会唱歌为难了好一阵子。"最后给宁宁报了个音乐课。可其实，宁宁并不在意上次的事，而且最后宁宁和爸爸玩得很开心。可是宁宁一时不知该怎么解释……	备注区域

教学内容	于是，宁宁最近总觉得心里有点烦："他们经常问我让我选，最后又不听我的，这到底是怎么回事呢？我该怎么办？" 　　他把烦恼给同桌东东说了，东东说："这还不简单！每次只要我假装大声哭，再抓住他们的衣服不放，很快他们就听我的了。还有一次，爸爸、妈妈不听我的，我去找爷爷、奶奶说，爷爷、奶奶就给我买了我喜欢的东西，还训了爸爸、妈妈几句呢，哈哈哈哈。" 　　宁宁听了东东的话，总觉得东东的方法哪里怪怪的，也让他不太舒服。 　　哎，该怎么办呢…… 1.2　提问 （1）宁宁最近的小烦恼是什么？ （2）你遇到过像宁宁一样的烦恼吗？说一说是什么。 （3）东东也遇到过类似的烦恼，他给宁宁出了什么主意？ 1.3　表演 （1）邀请几位同学来表演东东的反应。宁宁喜欢东东的主意吗？大家喜欢东东的反应吗？ （2）你帮宁宁想想别的办法。找2位同学当爸爸、妈妈，其他想到办法的同学当宁宁，上台演一演。 1.4　小结：学会认真礼貌地表达选择 　　"认真"：就是既不撒泼耍赖，也不畏畏缩缩；说话声音要清晰，态度要坚定。 　　"礼貌"：就是尊重他人、尊重环境影响，尽量不给周围人带来困扰。 　　在遇到选择时，我们既要听取父母的建议，但也可以认真、礼貌地表达自己的想法。这样可以让父母越来越了解我们，又不会因为耍赖让父母烦心，未来遇到矛盾的情况反而会越来越少。	备注区域

授课环节2	其实我不想
目标	学会恰当地表达自己的拒绝
时间	15分钟
教学用具	无
教学内容	2.1　故事：其实我不想…… 　　这天下午，宁宁的姑姑、姑父带着表妹来家里拜访。爸爸、妈妈和姑姑、姑父坐在客厅聊天，宁宁和表妹在一旁玩耍。

| 教学内容 | 　　大人们聊天聊得很愉快，不知不觉聊到了宁宁和表妹。
　　姑姑对表妹招招手："来，你最近学的孔雀舞，老师夸你跳得好的那一段给大家表演一个怎么样？"
　　表妹是个十分活泼的女孩子，她开心地跑过去，立刻给大家跳了一段孔雀舞。大家都给她鼓掌。
　　宁宁的妈妈看着表妹可爱，捏捏表妹的脸，亲了一口，表妹咯咯直笑。
　　妈妈又接着对宁宁说："你前段时间学的音乐，来给大家唱一首新学的歌曲吧！"
　　宁宁看了看活泼的表妹，心里有些不自在。虽然前段时间参加音乐课学会了不少歌曲，但他不喜欢当众表演，更不喜欢被爸爸、妈妈以外的人亲亲、捏捏。
　　可是宁宁又担心，表妹都跳舞了，自己不唱歌会显得没礼貌、不懂事。
　　宁宁内心好纠结……

2.2　提问
（1）当大人提出让表妹和宁宁当众表演的时候，表妹是什么心情？宁宁是什么心情？
（2）想一想，宁宁为什么不敢把真实的想法说出来？
（3）你有什么好办法，能帮一帮宁宁吗？

2.3　总结
当你不想按照别人说的去做时，可以考虑一些替代的行动方案，礼貌地表达。比如，微笑、倒一杯茶、轻轻地拥抱、送一个小礼物等。
参考句式："爸爸、妈妈，我不想当众唱歌，但我可以给姑姑和姑父倒一杯茶。"<br>"姑姑，我不想被捏脸，这让我很难为情，但我可以抱抱你。"
称呼+认真礼貌的拒绝+感受
称呼+认真礼貌的拒绝+替代行动 | **备注区域** |

第4课　家庭小主人

课程目标

理解家庭责任的含义，学会如何主动承担力所能及的家庭责任。

通过承担一定的家庭责任，培养对父母的情感、对家族的情感，增强家庭小主人的意识。

一般说明

时间：40分钟（含5分钟"沉静训练"）

教学用具：（1）家庭小主人卡片

（2）足量优势贴纸

教学实施

授课环节1	寻找力所能及的家务	
目标	学会如何主动承担力所能及的家庭责任	
时间	15分钟	
教学用具	无	
	1.1　故事：宁宁是小主人 　　最近两周妈妈出差不在家，就只有宁宁和爸爸在家里。宁宁发现爸爸一个人上完班回来后，似乎比以前忙多了。要做饭、洗衣服、打扫卫生，还要照顾花草和宠物。 　　今天放学回家后，宁宁看着爸爸又忙得团团转，于是对爸爸说："爸爸，最近妈妈不在家，我来帮你做些家务吧？" 　　爸爸拍拍宁宁的脑袋："好儿子，那你觉得可以做点什么呢？" 　　宁宁胸有成竹地说："爸爸，我可以给花草浇水、喂小狗、打扫卧室的卫生，这些我经常看妈妈做。" 　　爸爸显得十分高兴："喔？看来宁宁长大了。那从今天起，就由你来完成这些家务，爸爸相信你一定能做得很好。" 　　宁宁看上去跃跃欲试，拍着自己胸脯保证。然后立刻拿着浇花的水壶开始给家里的绿植浇水。 　　两周后，妈妈出差回来了，分别给了宁宁和爸爸一个大大的拥抱。"宁宁懂事啦，上周爸爸打电话给我了，夸你知道体谅大人的辛苦，都主动分担家务了！"妈妈笑着环顾干净整齐的家、枝繁叶茂的绿植和精神的小狗。 　　宁宁看到爸爸、妈妈都这么开心，自豪地说："没错！我是小主人，我也能帮忙把家照顾好。"	

教学内容	1.2 提问与分享 （1）你喜欢故事中的宁宁吗？ （2）爸爸、妈妈看到宁宁做的家务后是什么心情？ （3）作为家里的小主人，你愿不愿意像宁宁一样在家里分担一些家庭任务呢？你可以分担的家庭任务有哪些呢？ （拓展：家庭任务不仅包括煮饭、铺桌、洗碗筷、洗衣服、晾衣服、折衣服、清扫房间、养宠物、买菜，还包括理解和陪伴，以及任何孝敬父母、爷爷、奶奶、伯伯、姑姑，与兄弟姐妹相互关爱等加深亲人间情感的事情）	备注区域

授课环节2	家庭责任的含义	
目标	理解家庭责任具有长期、重复、枯燥的一面，学习解决不想完成家庭任务时的心理冲突	
时间	10分钟	
教学用具	无	
	2.1 故事：犯懒的宁宁 　　在宁宁跟爸爸、妈妈约定好要分担家庭任务后，热情高涨地连续做了一个月的家务：照顾绿植、喂小狗、收拾房间、打扫自己卧室的卫生。 　　这天，宁宁放学回家后，想起同桌东东给他推荐的动画片《小猪佩奇》，心里很是痒痒。可是看看时间，如果既要写作业又要做完自己答应的家务，今晚就没有时间看《小猪佩奇》了。 　　宁宁开始磨磨蹭蹭：不想浇花了。还对小狗使眼色、做手势，让它去找爸爸。 　　宁宁偷偷摸摸把平板电脑翻出来，想搜索《小猪佩奇》。 　　小狗记得最近每天晚上宁宁都会跟它玩耍一阵，今天却不理它，生气地用尾巴扫过一个盆栽。 　　"砰——"盆栽从台子上摔了下来。 　　声音把爸爸、妈妈吸引过来了。 　　宁宁也吓了一跳，连忙放下电脑，不知如何是好…… 2.2 提问 （1）你猜猜看，宁宁此时的心情可能是怎样的？ （2）你猜猜看，爸爸妈妈这时走过来，可能会说什么？ （3）想一想，为什么宁宁在连续做了一个月家务之后，会无法坚持呢？	

教学内容	2.3　互动 后来，宁宁有3个小伙伴提出了自己的想法： 伙伴A：别管那么多了，让大人去处理吧，先看《小猪佩奇》。 伙伴B：不能看《小猪佩奇》，必须把作业写完，把答应的家务做完。 伙伴C：跟妈妈商量一下，可不可以把周末玩耍的时间分一点给今天看动画片，周末多做点家务来弥补。 讨论一下这几个小伙伴的主意，大家还能想到其他的办法吗？	备注区域

授课环节3	小主人：我来试一试	
目标	盘点自己正在做和打算要做的家庭任务	
时间	10分钟	
教学用具	家庭小主人卡片	
教学内容	3.1　填写卡片 作为家里的小主人，请你在自己已经在做的家庭任务的后面打钩，在自己打算要做的家庭任务后画一个圆圈。 拿回家之后，给爸爸、妈妈看，然后跟爸爸妈妈一块商量确认自己的家庭任务。确认好了之后，自己签字，父母签字，留一份在家里，复印一份回来交给老师。	备注区域

第5课 我和老师

课程目标

教学生了解学生和老师之间有误解和冲突是很正常的,主动沟通是解决问题的方法。
通过故事体会误解和矛盾发生时的感受,讨论解决问题的方法。

一般说明

时间:40分钟(含5分钟"沉静训练")
教学用具:(1)投射图片
(2)足量优势贴纸

教学实施

授课环节1	看图片,讲故事	
目标	让学生们观察到不同的人对同一件事,想法可能会有很大差别	
时间	10分钟	
教学用具	投射图片	
教学内容	1.1 看图片讲故事 依次呈现3幅图片,每幅图片中的人物分别发生了不同的故事,每个人看图思考一分钟,然后说说你觉得发生了什么故事? (图例)	备注区域

授课环节2	让人烦恼的误解	
目标	让学生认识到，如果不了解详细情况，人们很容易对别人的行为产生误解	
时间	15分钟	
教学用具	无	
教学内容	2.1　故事：想发言的宁宁 　　今天的语文课讲唐诗。宁宁喜欢唐诗，之前跟妈妈学过这首诗，印象很深刻。今天周老师上课提了好几个问题，宁宁都特别想回答。可是举了几次手，老师都好像没有看见他，叫了其他的同学。宁宁觉得有些沮丧，觉得周老师是不是把自己给忘了。心里又想，不等老师叫就大声地说出答案，可是又觉得这样扰乱了周老师讲课，她会生气的。于是，他有点没精打采地趴在了桌子上，有些听不进去了。 　　这时，周老师向他走来，拍了拍他的肩膀，让他站起来解释古诗全文的意思。宁宁好像被打开了开关，腾地站起来，流利地解释起这首诗的意思来。周老师一边听，一边点头赞许。宁宁回答问题看着周老师，老师过来对他说："知道你爱读古诗，所以把最难回答的问题留给你，你解释得很清楚。可是下次还是要坐起身来专心听讲啊！"一边说，一边拍拍宁宁的肩膀，让他坐下。 　　听了老师的话，宁宁的心情有点复杂，一方面，为自己得到老师的赞扬而自豪；另一方面，也有点惭愧，是自己误会老师了。于是，他使劲冲着周老师点了点头，仿佛在向老师作一个郑重的承诺。 2.2　提问 （1）你有没有过很想发言，但一节课都没有机会的经历呢？那时候你有什么感受？ （2）一直没机会回答问题，你会怎么做呢？ 2.3　故事：小纸条 　　星期三的英语课上，宁宁正在听课，突然有个小纸团飞到了他的桌子上。宁宁向纸团飞来的方向看去，没有找到扔纸团的人。宁宁打开纸团，看到上面画着一个小胖子，下面的小字写着东东。宁宁看着觉得画得滑稽，也没多想就把纸团塞给了东东。东东看到后涨红了脸，以为是宁宁画的，也忘了在上课，直接冲他喊"你真讨厌，我也要画一张你的漫画"。这时，老师听到了东东的声音，走过来打开纸条，责问是谁画的。 　　东东指着宁宁："他画的。"	备注区域

教学内容	宁宁辩解说："不是我画的！" "那是谁？" "不知道，反正不是我！" "就是你画的！" "别吵了，现在在上课呢！"老师示意两人都站到讲台前听课。 宁宁委屈极了。 下课，老师让宁宁和东东到办公室。 …… **2.4　提问** （1）如果你是宁宁，你会怎么办呢？ （2）你有过被别人误解的时候吗？被误解的时候，你会怎么办呢？	备注区域

授课环节3	想问问题的宁宁	
目标	学习向老师寻求帮助的方法	
时间	10分钟	
教学用具	无	
教学内容	**3.1　故事：没听懂的数学题** 　　星期五的数学课上，李老师在讲乘法应用题。宁宁发现老师讲的一道题自己没听懂，举手想问老师，老师却没有看见，继续往下讲了。宁宁的头脑里一直想着刚才的题，接下来的题好像也听得迷迷糊糊的。 　　他心里想：糟糕了，两道题都没听明白，下课问问老师吧。可转念一想，老师会不会批评自己没认真听讲，或者觉得自己有点笨？ 　　下课铃响了，宁宁还在犹豫要不要去问老师问题。正当他鼓起勇气拿书往讲台走的时候，只见李老师已经收拾好东西快步走出了教室。 　　宁宁想：李老师后面还要给隔壁班级上课，他一定很忙，别打扰老师了。 　　可是，想想那个不懂的例题还在头脑里。想到今天还有类似的课后作业，宁宁心里觉得很懊恼。他在心里埋怨自己没及时问老师，可是又不知道该怎么办才好。 **3.2　提问** （1）如果你是宁宁，你会怎么办呢？ （2）你有过不敢问问题的时候吗？你是怎么解决困难的呢？	备注区域

教学内容	3.3 教师总结	备注区域
	（1）在这个故事中，宁宁没有问老师问题有两个原因。一个是他开始有点担心提问会被老师批评，另一个原因是看到老师忙着去其他班上课，怕占用老师的时间。 （2）学生把上课的知识弄懂是学生的职责，而老师教会学生也是老师的职责。如果学生今天没弄懂一个知识，常常在今后要花更多的时间去补救。所以，每天弄懂当天的知识，不懂就及时问，对我们学生自己的学习很重要，也是帮助老师更好地完成他的工作。 （3）无论是学生还是老师都不是完美的，难免都会犯错。在合适的时间真实诚恳、落落大方地和老师沟通，就会帮助双方建立信任、配合的良好关系。	

第6课　好朋友的小烦恼

课程目标

帮助学生调整自我退缩或自我中心的倾向，在同伴关系中促进自我健康稳定的发展。

主动合理表达自己的感受与想法，尊重他人的感受与想法。

一般说明

时间：40分钟（含5分钟"沉静训练"）

教学用具：足量优势贴纸

教学实施

授课环节1	热身小活动——对视高手	
目标	调动积极情绪，通过活动从他人眼中初步体验自我	
时间	10分钟	
教学用具	无	
教学内容	1.1　介绍活动规则 （1）全班同学两两一组，面对面相向而立，相距半米； （2）面对面的两人互相直视对方的眼睛，坚持3分钟； （3）对视过程中，如果有人发出声音、闭眼、目光躲避或做无关动作，必须跑到讲台再回来，再回到原位置继续对视。 1.2　提问与分享 （1）老师找几组同学分享。 （2）当看到对方看着自己时，你是怎么想的？当你快忍受不了对方的目光时，是什么力量让你坚持到底的？你在这个挑战活动中收获了什么？	备注区域

授课环节2	被乱画的书	
目标	了解和学习如何调整自我退缩的倾向，主动合理表达自己的感受与想法；学会求助	
时间	15分钟	
教学用具	无	
教学内容	2.1　故事：被乱画的书 **场景一** 　　宁宁的前排有两个同学，左边的是佳佳，右边的是强强。强强特别淘气，喜欢在书上乱写乱画。	备注区域

| 教学内容 | 强强不仅在自己的书上乱画，还经常在佳佳的书上乱涂乱画。
　　这天课间，佳佳从洗手间回到座位上，发现强强又在自己的书上乱画，语文书和英语书都被画了好多，五颜六色的，特别难看。强强看佳佳回来了就停下笔来，若无其事的样子。
　　佳佳呆呆地坐在座位上看着自己被画乱的书，眼圈红红的，但一声不吭。这不是强强第一次在佳佳的书上乱涂乱画了……
提问
如果你是佳佳，你是什么感受？你会怎么做？

场景2
　　宁宁坐在佳佳和强强的后面，发生的这一切宁宁都看在眼里。宁宁觉得应该做点什么。
　　放学后，宁宁正好和佳佳一起回家。路上宁宁问："佳佳，强强在你的书上乱画你不生气吗？"佳佳眼圈有点泛红，说："说实话，我挺生气的，凭什么在我的书上乱画，但我又不敢跟他说，怕……"
　　宁宁说："之前强强也在我的书上乱画过，当时我就很大声、很认真地跟强强说不要再这么做了，后来他就没再画过我的书了。"
　　佳佳吞吞吐吐地说："这样行吗？"
　　宁宁说："你试试，明明就是他不对，别怕他！"
　　第二天课间，强强又故意在佳佳的书上乱画，坐在后面的宁宁正想要替佳佳跟强强理论，没想到佳佳噌地一下站起来，涨红了脸，有点结巴却很认真地对强强说："强强，你在我的书上乱涂乱画，把我的书弄得乱七八糟，我很生气。我希望你以后不要再乱画了，如果你再画的话我就去告诉老师。"
　　强强愣了愣，哼了一声，转头离开了。
　　放学后一起回家的路上，宁宁对佳佳说："佳佳，你今天很棒啊！你是怎么做到的？"
　　佳佳说："昨天回家后，我问妈妈，妈妈教我这么说，叫我先试试自己解决，不行再求助大人。刚才还有点不敢，后来还是鼓起勇气说了出来。"
　　宁宁点点头，表示支持佳佳。
提问
（1）面对强强，第二天的佳佳是怎么做的？妈妈是怎么说的？
（2）如果之后强强依然没改，还在佳佳书上乱画，可以怎么办？ | **备注区域** |

教学内容	2.2 说一说，练一练 练习下面的句子，启发学生用这样的句式在其他这类场景中表达。 "强强，你在我的书上乱涂乱画，把我的书都弄花、弄脏了，我很生气。我希望你以后不要再乱画我的书了。如果你再这么做我就去告诉老师。" 句式：事件+感受+预告后果 2.3 总结 我们在遇到故事里佳佳这种情况时，会感到难过和生气。我们可以用上面的句式先试试自己去解决问题，如果不行我们还可以求助大人，比如，爸爸、妈妈或是老师。这样，我们就会成长得越来越快。	备注区域

授课环节3	困惑的威威	
目标	了解和学习如何调整自我中心的倾向，理解和尊重他人	
时间	10分钟	
教学用具	无	
教学内容	3.1 故事：困惑的威威 　　宁宁和其他一些小伙伴经常下了课后在操场上做游戏。其中有一个同学叫威威，他经常不遵守游戏规则，别的同学劝他，他还不听，坚持自己是对的，甚至有时还推搡其他同学。 　　有一天大伙正要开始玩一个游戏，威威走了过来也要加入。其他同学都小声说："我们不带他玩，他输了就会耍赖。"宁宁说："还是带他一个吧，他可能没懂游戏怎么玩。" 　　威威加入后，大家又说了一遍规则，就开始了。没想到玩着玩着，威威又不遵守游戏规则。宁宁上前解释游戏怎么玩，却被威威一把推开，还说自己没错。不仅如此，威威经常打断别的同学说话，抢着说自己的。 　　渐渐地，大家都不喜欢威威了，无论是玩游戏还是课堂任务，也都不愿意跟威威分一组了。 　　威威很困惑，他觉得自己很热情地想参加各种活动，说话声音也很洪亮，可怎么大家都躲着他呢…… 3.2 提问 （1）其他同学为什么都不喜欢跟威威一起玩？	备注区域

教学内容	（2）威威很困惑，如果你是他的好朋友，会对他说什么？ （3）想一想，威威如何改变才能重新融入集体中来？ 3.3 总结 （1）有时候别的同学不喜欢跟你玩，有可能是你太强势，不愿意听别人讲话，不遵守游戏规则，不愿意跟别人合作和分享……所以要尊重别人的感受和想法，遵守规则，学会合作，懂得分享。 （2）我们需要从多个角度来了解自己：有时问问同学，有时问问老师，有时问问父母。综合大家的看法，来帮助正确认识、调整自己的行为。	备注区域

第7课　我学会了……

课程目标

让学生理解学习对自我成长的价值和意义。

通过收集成长中的积极变化，体会并增强自我效能感。

一般说明

时间：40分钟（含5分钟"沉静训练"）

教学用具：（1）空白图：成长的我，每人一张

　　　　　（2）足量优势贴纸

教学实施

授课环节1	老相册的回忆	
目标	通过小故事，启发回忆成长中的积极变化	
时间	15分钟	
教学用具	无	
教学内容	1.1 故事：老相册的回忆 　　叮铃——下课铃响了。 　　这是上午第二节课的课间，宁宁和另外两个小伙伴神秘兮兮地聚在了操场的一个角落。他们从家里各自带来了一样东西，约好了今天要做一件有趣的事。 　　"怎么样，像吗？"宁宁把手中的册子推到中间，让小伙伴过来看。3个小脑袋凑在一起。 　　原来，他们各自从家里带来了一本老相册。 　　宁宁一直有个好奇。 　　有时候，他听到邻居李叔叔对他说："你长得真像你爸爸，将来肯定是个帅小伙。" 　　有时候，他听到姥姥对他说："乖孩子，书桌整理得真干净，像你妈，她从小就有条理。" 　　有时候，他听到姑姑对他说："看看你，上蹿下跳的，精力旺盛，你爸读书时也这样。" 　　宁宁很想知道，爸爸、妈妈小时候到底什么样： 　　他们刚生下来长什么模样？他们几岁开始会走路？几岁开始会说话？他们几岁开始会写字？他们小学时都上什么课？爸爸什么时候学会游泳的？妈妈什么时候学会开车的？……	备注区域

教学内容	和小伙伴聊天时，宁宁发现他俩也有同样的好奇。于是他们决定从家里找出以前的老照片。 3本形状花式各不相同的相册放在中间，3个人正在仔细翻看。 里面有爸爸、妈妈小时候的照片，也有其他家人早年时候的各种照片。 照片里—— 小b的爸爸两岁的时候，在垫子上翻跟斗。小b的妈妈4岁的时候，穿着轮滑鞋在操场玩耍。 小c的爸爸5岁的时候，在厨房包饺子。小c的妈妈10岁的时候，站在台上给大家朗诵。 宁宁的爸爸14岁的时候，在专心看树叶标本。宁宁的妈妈18岁的时候，举着大学录取通知书微笑。 "啊哈，真有意思。他们都做过这么多事情，好能干啊！"宁宁心想，"那我呢，我今年7岁了，我都会做哪些事呢？" **1.2　自由问答** （1）你最早能记得自己几岁的事情？ （2）你几岁学会自己独立穿衣服？是谁教的？怎么学会的？ （3）你几岁学会灵活使用筷子？是怎么学会的？ （4）你几岁第一次学会写自己名字？是谁教的？ （5）进到小学后，你新学会了哪些东西？	备注区域
授课环节2	**做标记：我学会的点点滴滴**	
目标	通过标记活动，理解学习的价值，增强"学生角色"的价值感	
时间	20分钟	
教学用具	彩笔、每人一张空白图纸	
教学内容	**2.1　活动说明** （1）每人发一张打印好图例的纸。图纸上有4个人形轮廓，分别代表：3岁的自己、5岁的自己、今年的自己、明年的自己。 （2）每个人静静地回忆30秒：自己在3岁、5岁学会了哪些事情？自己在今年又新学了哪些东西？再计划一下明年的自己打算学哪些新东西？ （3）老师举例：故事当中的宁宁，根据自己的回忆，填好了图纸。	备注区域

教学内容	宁宁学会了……				备注区域
	3岁 ·自己剥开糖纸，吃棒棒糖 ·自己会用勺子吃饭 ·不穿拉拉裤了 ·玩老鹰捉小鸡 ·会背唐诗了	**5岁** ·学会骑自行车 ·学会滑轮滑 ·学会跳绳 ·学会折纸 ·会自己穿衣服	**7岁** ·学会自己洗澡 ·学会游泳 ·学会踢足球 ·学会算加减法 ·收拾自己的书桌	……	

（4）你根据自己的回忆和想法，用彩笔将图纸填一填。

2.2 展示和分享自己的填图纸

2.3 总结

（1）随着时间的积累，我们学会了越来越多的东西，收集到越来越多的学习成果。

（2）小时候我们在家里、幼儿园学习。现在我们作为学生，在学校学习一些更重要、更有挑战的知识和技能，这样我们的能力会越变越强。

第8课　友好智慧的小公民

课程目标

在公共场所中，做到尊重他人、关爱他人，发展出具有社会爱心和社会责任感的自我。

在公共场所中，能和他人和谐共处，并发展出同胞之爱以及对社会的爱心。

一般说明

时间：40分钟（含5分钟"沉静训练"）

教学用具：足量优势贴纸

教学实施

授课环节1	宁宁的周末时光：图书馆	
目标	学会在公共场所要遵守公共规则，尊重他人，能与他人和谐相处	
时间	20分钟	
教学用具	无	
教学内容	1.1　故事：图书馆的相遇 　　今天是周末，阳光明媚，宁宁和妈妈一起去图书馆看书。妈妈去翻阅自己工作需要的书籍，而宁宁则在儿童区找自己最喜欢的绘本看。 　　图书馆每一个区域都贴了"为了营造安静的阅读环境，请保持安静"的提示牌，图书馆虽然人也不少，但是很安静，只能听见翻阅书页的声音和走路的声音，大家都自觉遵守图书馆的规定。 　　突然，宁宁看到好久不见的小伙伴洋洋在旁边的桌子上看书。 　　宁宁走过去拍了拍洋洋的肩膀，兴奋地说："洋洋，你也在这啊！"洋洋也高兴地回答："是啊，是啊，我们好长时间没有一起玩啦。"就这样，两个小伙伴高兴地说起话来，偶尔还绕着书架追追打打。 　　旁边的工作人员走过来，对他俩说："请遵守图书馆规定，保持安静，你们这么大声地聊天已经影响旁边的人看书了。" 　　宁宁和洋洋突然脸红了，转头一看：旁边好几个看书的人已经一脸厌恶的表情；开始一直站在旁边的小姐姐早就皱着眉头去了远处一侧；还有人摇了摇头，嘴里轻轻说了句："没教养。" 　　这时，妈妈听到动静和管理员的声音，也赶紧走了过来，满脸抱歉。 　　宁宁和洋洋羞愧地低下了头……	备注区域

教学内容	1.2　提问与讨论 （1）宁宁和洋洋在图书馆发生了什么事？周围的人是什么反应？为什么？ （2）他俩是故意的吗？故事的结尾他俩可以怎么做？ （3）想一想，你还见过哪些在公共场所不尊重他人或违反了公共场所规定的行为？ （4）为了避免以上行为发生在我们身上，我们应该怎么做？	备注区域

授课环节2	宁宁的周末时光：公车一幕	
目标	在公共场合下，在为需要帮助的人提供帮助表达爱心的同时，要先保护好自己	
时间	15分钟	
教学用具	无	
	2.1　故事：机智的宁宁 　　很快就到了中午，宁宁和妈妈从图书馆出来，乘公交车回家。中午天气有点热，公交车上，有好几个人都在打瞌睡。宁宁和妈妈正在分享在图书馆阅读的收获，突然宁宁发现一个青年男子正在慢慢地把手伸进了一个站着瞌睡的阿姨的包包，原来是个小偷！ 　　宁宁正想喊出来，突然妈妈捂住了宁宁的嘴巴，附耳对宁宁小声说："小偷旁边有个同伙，我们先别出声，以免他们报复我们。我们想个办法，既不能让阿姨的包被盗，又要保护好自己。" 　　宁宁和妈妈脑子飞速转动，思考怎么办…… 2.2　提问与讨论 （1）宁宁虽然跟公交车上阿姨不认识，但是他也想帮助阿姨，说明宁宁是一个什么样的孩子？ （2）妈妈为什么不要宁宁喊出来？ （3）帮宁宁和妈妈想想办法，应该怎么做才能帮助到阿姨的东西不被小偷偷走，而且还要保证她们的安全？ 2.3　后续：机智的宁宁 　　宁宁和妈妈这时已经想出了办法。 　　宁宁说："妈妈，我把家里钥匙丢在图书馆了。"妈妈假装很生气，大声批评宁宁，宁宁委屈地大哭起来，正好把旁边睡觉的阿姨给吵醒了。 　　阿姨睁开眼睛，动了动身体。	

教学内容	小偷一看阿姨醒了，马上把手从阿姨的包里空着收回来了。	备注区域

妈妈这时候还很生气地说："你再哭！下次不带你出来了！"宁宁慢慢降低了哭声，心里特别高兴。

下车后，宁宁想了想，又对妈妈问道："刚才想到了好办法，让阿姨包包没有被偷。可如果刚才没想出办法该怎么办呢？"

妈妈说："在面对危险的时候，每个人的能力是有限的，而且你还小，要尽量在保护好自己的前提下寻求大人的帮助。你能给出力所能及的帮助就很棒了！等你慢慢长大、能力更强的时候，也可以帮助到更多的人。"

宁宁听了，点了点头，心里不再那么困惑了，并对妈妈说："那我得多学点本领，以后才能保护自己，帮助别人。"

妈妈拍拍宁宁的头："我支持你。"

2.4 提问

宁宁是个有正义感、有爱心的孩子，对于不认识的人也愿意提供帮助。我们平时还可以做哪些事情来帮助、关爱社会上的其他人？

参考行动（用图片展示）：

（1）捐赠自己不用的书籍和玩具给山区的小朋友；
（2）为受灾地区人民捐钱，帮助他们渡过难关；
（3）参加小小志愿者活动，参加公益活动；
（4）宣传环保知识、宣传节约能源的知识；
（5）把自己的特长教给感兴趣的人。

第9课　总结课：小树为我代言

课程目标

回顾本学期课程内容，对自我进行全面的认识。

通过对自我的全面认识，提升自信，促进自我接纳以及自我成长。

一般说明

时间：40分钟（含5分钟"沉静训练"）

教学用具：（1）每人一张小树图纸

（2）每人一张词条贴纸

教学实施

授课环节1	为宁宁装扮一棵树	
目标	通过为宁宁装扮一棵树来回顾、总结前8节课的内容	
时间	15分钟	
教学用具	小树卡、贴纸卡	
教学内容	1.1　为宁宁装扮一棵树 我们先为宁宁装扮一棵树作为例子。 装扮流程： （1）老师将前8节课中家庭、学校、公共场合3个场景的图片分别依次展现出来，并引导学生说出宁宁在3个情景中的角色、行为、情感以及展现出的其他特点。 （2）引导孩子们给宁宁的树贴标签装扮。 ①全班朗读角色词汇，读完后，提问学生是否有不懂的词语，请学生现场提出，老师给予解答。读完之后，让同学们将角色的词汇贴到树上相应的位置。 ②全班朗读行为词汇，读完后，提问学生是否有不懂的词语，请学生现场提出，老师给予解答。读完之后，让同学们将行为的词汇贴到树上相应的位置。 ③全班朗读品格优势的词汇，读完后，提问学生是否有不懂的词语，请学生现场提出，老师给予解答。读完之后，老师引导同学们把认为宁宁具有的品格优势贴到树上相应的位置。 ④全班朗读其他词汇，对于有不懂的词语请学生现场提出，老师给予解答。读完之后，让同学们把选择的这些词汇贴到树上相应的位置。	备注区域

授课环节2	装扮自己的树	
目标	通过装扮树来实现对自我的整体认识	
时间	10分钟	
教学用具	空白小树纸、贴纸卡	
教学内容	2.1 装扮自己的树 每人拿出自己的小树卡，写上姓名，参考为宁宁装扮树的方法，装扮自己的树。 注意： （1）我们的贴纸卡上有空白标签，你可以把自己特有的部分但是在卡片上找不到的内容写在空白格上，撕下来贴到自己的树上。 （2）每个人将自己在前8节课中获得的品格优势的卡片上的内容贴到相对应的位置。	备注区域

授课环节3	分享展示和总结	
目标	促进学生全面认识自己	
时间	10分钟	
教学用具	无	
教学内容	3.1 分享展示 请把自己的那棵树上台展示给大家，并用两分钟的时间围绕这棵树描述一下你是一个什么样的人。 3.2 总结 你装扮好了这棵代表着我们自己的树。现在这棵树还是一株小树苗，随着你的成长，这棵树也会不断地成长。在成长的过程中你也要经常去看看这棵树，它的树根是否扎实，树干是否粗壮，树枝、树叶是否茂盛。只有做到树根扎实、树干粗壮、枝繁叶茂，这棵树才能茁壮成长。 通过这棵树，你可以加深对自己的认识，要长大成才，你也要留意到树根部分代表的爱、自尊、自信等是否充足，树干代表的我们的品格优势是否在不断地增加、壮大，树枝、树叶代表的家庭中的我、学校中的我、公共场合中的我是否做得越来越好。如果这些你都做好了，你就是在不断地建构积极的自我，也在不断地成就积极的自我。	备注区域

第四篇 积极投入

理论部分

对积极教育系列课案熟悉的读者们会记得,积极教育使用的理论框架基于塞利格曼的"PERMA"模型:积极情绪(P)、投入(E)、积极关系(R)、意义(M)、成就(A),每一个字母代表一根支撑起幸福人生的柱子,或者说代表一条通往幸福人生的途径。之前,每个学期会将某一个主题作为主旋律,围绕该主题设计一系列课程。

按照预期,我们应当已经走过了积极关系、积极情绪、积极自我三个主题,现在,当我们进入第四个学期时,发生了一些不同。在这个学期,我们将投入和意义两个主题合在了一起,并且在课程设计中,把"意义"放在了"投入"的前面。为此,大家也许会有一些新的困惑和好奇,我们将在理论部分作出引领,期待读者们对"积极心理学"在教育领域中的应用燃出新的火花。

一、意 义

(一)什么是"意义"?

当有人问道:"你的人生意义是什么?什么样的生活对你来说是有意义的?"有时我们会陷入良久的沉思,有时我们会不知所措,有时我们随意抛出几个"高尚"的词,但内心没有丝毫波动,有时我们期待外面有人送来"正确答案"。"意义"是个庞大的话题,几千年来引发了众多领域、众多人群不间断的思考,著书立说的成果不胜枚举。所以,当我们在积极教育领域谈论意义、与孩子们谈论"人生意义"时,我们是在谈论什么,我们可以谈论什么?

经典著作《小王子》中,一只狐狸对小王子说:"我不吃面包,麦子对我来说一点意义都没有。麦田无法让我产生联想,这实在很可悲。但是,你有一头金黄色的头发,如果你驯养我,那该有多美好啊!金黄色的麦子会让我想起你,我甚至会喜欢上风在麦穗间吹拂的声音。"

狐狸和麦子之间本没有关系,麦子本不会让狐狸有任何内心波动。但是,当狐狸遇见了小王子,与小王子建立了情感联结时,狐狸喜欢上了麦子。因为此时的麦子与小王子息息相关,对于狐狸来说,麦子不再是一个无聊的事物,从此麦子产生了"意义"。在学校里,有的同学对一些科目不感兴趣,不知道学习这个科目有什么用,只是被动地学习与考试。其实是学生没能在这个科目上建立意义感，没能把这个科目里学的内容与自己的生活、未来的目标等方面建立联系。

而这，正是我们可以谈论的关于"意义"的第一个角度：联系。罗伊·F.鲍迈斯特（Roy F.Baumeister）认为，"意义"的本质是联系，当两个看似毫不相干的事物之间建立联系时，"意义"就产生了。当一个人与另一个陌生人相识，彼此交流情感、彼此帮助或经历更多时，他就与另一个生命建立了深厚的联系；当一个科学家用毕生的精力去探索某个物质世界的研究领域，回答一个又一个难题时，他就与这个研究领域的物质世界建立了深厚的联系；当一个人给自己定下目标，思考从过去、现在到未来可以如何走下去时，他就与自身的生命历程建立了跨越时空的联系。这三个过程都帮助着一个人超越"小我"，与他人、与更大的世界、与过去和未来产生联系。就如塞利格曼所说："追求生活的意义就是用你的全部力量和才能去效忠和服务一个超越自身的东西。"从这个角度来看，人生意义具有自我超越性，而不是只看到自己的利益和眼前的得失。

因此，有意义的生活不是一种自私的追求，不是向世界索取什么，而是思考自己能为周围的人和环境产生哪些价值。当比尔·盖茨宣布成立"梅琳达·盖茨基金会"并承诺将其大部分资产捐献于慈善事业时，事实上他将自己与一个比自己更宏大的主体——人类命运——建立起了联系，而这种联系赋予了他的人生充实的意义感。再比如，对于一个母亲来说，抚养孩子长大成人就是追求意义的过程，因为她在用爱给另一个生命带去成长与幸福。

另一位研究生命意义的心理学家迈克尔·F.斯蒂格（Michael F. Steger）提出，生命意义包含两个成分："理解"（comprehension）和"目的"（purpose）。"理解"即包含了一个人在生活事件和经历中，主动发现联系、建构联系的过程；"目的"则能够激励人们超越当下，给未来行动提供动力。

有意义的生活与快乐的生活不能完全画上等号。因为快乐是一种天然的情绪，快乐是一种当下体验到的感觉，快乐的生活更注重每一刻当下的满足；而意义是靠人主动建构的，具有社会文化性。

1. 意义具有稳定性

生活是复杂多变的，人们把"意义"作为一种工具来给变化的生活增加稳定性。

2. 意义具有层次性

鲍迈斯特认为，"意义"的水平有高低之分。绝大多数事情的意义都可以从多个水平来描述。低水平的"意义"包含对事物即时具体的解释；高水平的"意义"则包含更长的时间跨度以及更广泛的目标。例如，去上学这件事，不同水平的"意义"就有不同的解释。低水平的"意义"可以解释为两条腿交替运动的结果；中等水平的"意义"可以解释为去学校上课学习；高水平的"意义"则可以解释为接受教育，为了自己的人生目标提升自己。不同水平的"意义"引发个体不同程度的投入，进而产生不同的结果。为了自己重要的人生目标去上课学习的个体肯定比一般个体更积极、更主动，从而拥有更多的收获。

鲍迈斯特指出，要获得有意义的生活需要从4个方面进行努力：目标、价值感、效能感和自我价值感。

（1）**目标**。目标的本质是把当下从事的活动与未来建立联系，从而从联系中获得意义。设立的目标可以指引个体当下活动前进的方向，慢慢趋近目标所要达成的结果。

我们在课程里设计了两节课来强调了目标的重要性以及如何设定目标，包括短期目标和长期目标。在小学一年级到三年级，我们用梦想代替了目标，让孩子们跟未来的梦想建立连接，设定当下能做的事情以帮助达成自己未来的梦想，让他们当下的活动更加具有意义。

（2）**价值感**。个体的价值感能让个体进行判断和抉择。个体依据自己的价值感做事就会体验到一种安全感，觉得是在做（对自己而言）正确的、有价值的事情。相反，如果个体违反自己的价值感去做事，就会体验到一种负罪感、内疚、后悔和焦虑等负性情感。所以，当一个人所做的事情是符合其价值感的时候，他会认为这件事情就有意义；反之，他就会认为这件事没有意义。举一个价值感影响人对"意义"的感知的例子：在弘扬"女子无才便是德"的文化中，人们的价值观受到深刻的影响，那么女性单纯追求学识和事业可能就会被视作是无意义的。

（3）**效能感**。也即"能力感"，是对自己能力大小的感知和认可。个体的生活如果只有目标和价值感而没有效能感，那么这样的个体可能知道事情的对错，也知道自己想要什么，但是无法投入任何努力去达成自己渴望的目标。人类一直以来都在寻求对环境的控制，寻求"控制感"，而"效能感"的缺失会严重影响个体的控制感。这个要素和行动紧密相连。因为"意义"的产生最终还是要求人们付出行动。然而，如果人们都不相信自己有能力,就不会付出努力。

(4) **自我价值感**。大多数人都会不断地寻找各种各样的理由来相信自己是一个很棒的、有价值的人。自我价值可表现为个体层面的,如个体认识到自己比其他人要优秀;自我价值也可以表现在集体层面,如个体会加入一个他认可的集体,并从集体中获得尊重。应该怎么来理解"自我价值感"这一要素呢?笔者认为,任何一个发挥主观意志的行动都离不开支持系统,"自我价值感"就是作为支持系统存在的一个要素。比如说,一个人认为自己是一个很优秀的人,这种价值感会让他受到鼓舞,使他努力承担起责任。

个体可以从4个方面进行努力,如果这4个方面能够得到满足,个体就能感受到自己的生命是充满意义的。

以上4个方面构成了个体生命意义的独特性。因为每个人的"目标""价值感""效能感"和"自我价值感"都不一样,所以他们感受到的意义也是不一样的。维克多·弗兰克尔曾说:"生命的意义在每个人、每一天、每一刻都是不同的,所以重要的不是生命意义的普遍性,而是在特定时刻每个人特殊的生命意义。"

(二)"意义"的重要性

马丁·塞利格曼(Martin Seligman)提出,幸福"PERMA"模型中为什么将"意义"作为幸福的五元素之一呢?那是因为,如果人们一味地追求积极情绪,那么就可能产生酗酒、吸毒、滥交等一系列仅仅追求及时地享乐的行为。在这种行为中,一个人可以体验到"积极情绪",也可以体验到"投入",但是行为过后却只能体验到空虚。所以,这种行为很难给人们带来持久的幸福感。换句话说,虽然"积极情绪""投入"对于提升人们的主观幸福感具有重要作用,然而仅仅有它们是远远不够的。

另一个表示"意义"对于幸福感重要性的实例来源于犹太裔心理学家维克多·弗兰克尔的亲身经历。"二战"时期,弗兰克尔全家被关进奥斯维辛集中营。在集中营里,他和很多囚犯一起受到许多非人的折磨。也就是说,在当时,幸福五元素中的积极情绪(P)、投入(E)、成就(A)都是相当低的。在极端的生存条件下,有些人开始追求及时享乐,最终放弃了生命。然而还有一些人则顽强地在严酷的环境中忍耐了下来,活出了自己的尊严。是什么让这些人超越了苦难,获得生存呢?弗兰克尔认为,这些人能体验到生命的意义。所以,人生的意义能够增进人们对挫折以及困难的忍受程度，帮助人们渡过难关。

半个多世纪的心理学实证研究表明，生命意义与个体幸福感密切相关。体验不到生命意义的人可能会沉溺于酗酒、吸毒，会体验到低自尊感、低自我价值感、抑郁和自我认同危机等。而当人能够感受到生命是有意义的时候会有更多积极情感，会感受到更少的负面情绪，对生活更满意，更能控制他们的人生，更能投入到工作中，总体的幸福感会得到提升。

因此，找到人生的意义对增进生命的幸福感有决定性的影响。

在"PERMA"模型中，对人生意义的定义是：认识到对你来说最重要、最不可失去的事物。然后，找到一群拥有共同人生意义与目标的人，一起投入精力为之努力，你会逐渐发现有更深层的工作意义在你努力的事物上。一旦你觉得"自己在做的事不只对自己有意义，更对周围的人群有贡献和帮助"，你不但能将自己的能力与时间更好地发挥在自己关心的事物上，也能在工作与生活中得到更持久的自信与幸福感。

（三）工作的3种意义

1964年，社会学家梅尔文·科恩（Melvin Kohn）及卡米·斯库勒（Carmi Schooler）曾调查过3 100名美国人对自己工作的看法，调查结果发现，要了解哪些工作能带给人满足感，关键就是他们所称的"工作自我引导"。从事低复杂度、高重复单调性工作的人，对工作产生的疏离感最高（会有无力感、不满足感，而且觉得自己和工作是分离的）。而工作内容较有变化、较具挑战性，且在工作中比较有回旋空间者，对工作的满意度则远高于前者。

心理学家艾米·文斯尼斯基和他的同事们，提示人们对待工作有3种态度：把工作当作一份"差事"、视工作为一份职业，或把工作当作一种事业。单单为了赚钱才做这份工作，那么你上班的时候一定常常盯着时钟，一心巴望着周末赶快到来。同时，你可能会有自己的嗜好，而这份嗜好远比你的工作更能满足你心中的效能需求。

如果你把自己的工作当作一份职业，你就会为自己定下目标，希望自己能从工作中得到升迁及名声。你会全身带劲地去追求这些目标，有时候还会把工作带回家，因为你一心只想把工作做好。不过，有时候你还是会不禁心想，自己为什么要工作得这么辛苦。偶尔你可能会觉得自己的工作简直就像老鼠赛跑一样，每个人都是为了竞争而竞争。

然而，如果你把工作当作一种事业，那么，你会觉得自己的工作就是在实现自己的抱负——你不是为了其他目的才做这份工作。你会时常在工作时体验到那种心动,你不会总是期待"下班的时刻",也不会有一种冲动想大喊:"谢天谢地,今天终于星期五了!"如果你突然变得富裕起来,你或许会连没有酬劳也不在意,而且还一直不停地工作。

纽约大学心理学家埃米·瑞斯奈斯基(Amy Wrzesniewski)博士发现,几乎所有她调查过的职业都出现上述3种工作态度。以医院工作人员为例,她发现负责清理被单及呕吐物的清洁工,可能是医院中最低级的工作人员——但是有时候清洁工也会认为自己是医疗团队的一员,为病人一直作出自己的贡献。这些清洁工不只把自己基本该做的工作做好,还会帮重病病人把病房打理得明亮、洁净,积极配合医护人员的需求,而不只是被动地等待指示。这种尽心尽责的态度,提升了自己在工作中的自我引导,也为自己创造出一份能满足内心效能需求的工作。秉持这种工作态度的清洁工已把自己的工作当作一份天职,比起其他只把自己的工作当作一份差事者,前者从工作中会得到更多的快乐。

积极心理学的研究得出了一个乐观的结论:**大部分人都能从自己的工作中得到更多的满足**。第一步就是掌握自己的优势。请利用优势检测表找出自己的优势,选择一份让自己每天都能发挥优势的工作,这样起码每天都能享受到片刻的心动。如果你的工作跟自己的优势不相符,那么你就应该重新调整自己的工作,让两者相符。或许,有一段时间你得多做些额外的工作。以教师为例,你要表现出具有充分的爱心、耐心、积极关注的"园丁精神"。只要你能发挥自己的优势,你就能从工作中得到更多满足,你的工作心态就会变得更积极、更愿意面对问题。一旦有了这种心态,你就会更有愿景——为大我作出贡献。这时,你的工作就变成了一份天职。

在最好的状况下,工作意味着联结、投入及承诺。正如诗人纪伯伦所言:"工作是爱的具体体现。"托尔斯泰也曾用以下这段话回应:

仔细用心纺出细线,用这细线编织布料,宛若挚爱穿戴其身。

尽心尽意盖出房舍,宛若挚爱安住其中。

温柔播种欢喜收割,宛若挚爱尝食其果。

二、投　　入

上面的内容我们阐述了"意义"模块的理论内容,下面我们来详细说说"投入"的理论内容。在阐述"投入"内容之前，我们先说两个问题，（1）为何将"意义"和"投入"模块放在一个学期讲；（2）为何将"意义"模块放在"投入"模块前面讲。

这样安排的主要原因就是"意义"与"投入"密切相关。我们都想投入精力专注地做事情，因为这样会带来更高的效率与效能。我们可以通过技巧和各种方法来帮助我们更容易进入"投入"的状态。但是，如果你在做的事情你并不感兴趣或是你根本不喜欢，虽然你也能够投入地做事，这种状态不可能长时间持续，因为你并没有找到做这个事情自身的兴趣、价值和意义，也没法从中获得乐趣与幸福感。也就是说，你没有找到自己真正想要做的事情。

那如何才能找到自己真正想做的事情呢？这个时候就需要"意义"来引导了。"意义"可以帮助我们建立目标、依靠我们自己内在的价值观和自我价值感找到自己真正想要做的事情，从而获得做事的效能感、价值感和意义感。

所以，我们这学期的课程逻辑是先通过"意义"模块的讲授，找到自己真正想做的事情和意义所在，再通过"投入"模块的课程内容以帮助学生更好、更投入地做他们最想做的事情，使他们在收获做事的高效率和高效能的同时，也能够收获做事的意义和幸福。我们可以把"意义"模块理解为"道"的引领和指导，"投入"模块就是具体的"法"和"术"，即方法和技巧。

这就是为何我们把"意义"和"投入"两个模块放在一起，并且将"意义"内容放在"投入"模块之前的原因。

（一）什么是"投入"与"福流"？

积极心理学之父马丁·塞利格曼在《持续的幸福》一书中这样描述投入："投入"（engagement）与"福流"（flow，也译作心流）有关，指的是个体完全沉浸在一项吸引人的活动中，自我意识消失，时间也好像是停止了。"投入"与"积极情绪"不同，甚至是相反的，正在体验"福流"的人被问到"你在想什么，你有什么样的感觉"时，他们会回答说：我什么也没想，什么感觉也没有。如果什么感觉也没有，那么这些人也不会体验到"积极情绪"。处于"福流"状态的人们好像达到了物我两忘，天人合一的状态了，他们集中了全部的注意力，动用了全身心的认知资源和情感资源于当下的活动上，因而无暇思考和感觉。

我们看到上面的解释，会发现"投入"和"福流"好像是同一种描述，其实"投入"的概念内涵范围比"福流"要大。我们可以把"福流"看成是"投入"里的一种特定的状态，看后面的内容你就会发现"福流"状态有其自身特有的特征和"福流"能够出现所需要的条件。在课程里的小学中高段（四年级到六年级）和初、高中年段，我们都引入介绍了福流这个概念。但是在小学一、二、三年级，由于这个年龄段的学生词语量掌握得不够丰富，为了便于学生理解，我们还是用"投入"这个更通俗易懂的词代替了"福流"，即没有引入"福流"概念，但是课程的内容都是依据"福流理论"进行编写的。

我们在日常生活中经常使用"投入"这个词，比如，形容某个人做什么事情特别全神贯注，我们就会说他非常投入。我们还会经常使用另一个词，叫作"专注"（absorption）。"专注"一词可以形容一种状态或行为，也可以形容一种能力。"专注"是一种注意力集中、全神贯注的状态，强调注意力非常集中。"专注"在概念范围上也是比"投入"要小的。我们看到描述会发现，"专注"和"福流"是有很多重叠部分的。"福流"，可以说是一种很投入、专注的状态，但是"福流"不等同于"专注"。下面我们就来详细介绍"福流"。

"福流理论"是"积极心理学"领域研究"投入"非常重要的理论之一。专门研究"福流"的积极心理学家米哈伊·奇克森特米哈伊（Mihaly Csikszentmihalyi）在接受采访时总结说："无论你是做什么的，福流都可以助你成功，解除你的压力与焦虑，我们大部分的压力与焦虑都是源于我们对自身的关注，而非手中的任务。"

"福流"的价值越来越为人们所接受，因为人们发现，"福流"在人生方方面面的应用都可以使人们的生活质量得到提高，以至于达到最优化。

"福流"的概念最早是由奇克森特米哈伊在20世纪六七十年代发现并提出的。当时奇克森特米哈伊在研究中观察画家、棋手、攀岩者以及作曲家等在自身领域有杰出成就的人，注意到这些人往往能够全神贯注地投入到他们的工作或活动中去，时常忘却时间，有时感觉不到时间的流逝，注意力非常集中，对身边发生的事情缺少感知，不易受到干扰。

所以"福流"（flow）被定义为：一种最佳的投入状态。个体认识到行动挑战，这些挑战既不会使现有的技能得不到充分利用，也没有过多地超出他的现有技能，个体拥有清晰且可表达的目标以及关于进展的反馈。

奇克森特米哈伊是从很多画家、棋手、作家等专业人士入手研究"福流"的，但是他指出"福流"不仅仅局限在专业人士或创造者的身上，也存在于大众群体，包括热爱学习的青少年、热爱工作的白领上班族，以及热爱洗衣、做饭的家庭主妇等。"福流"体验的发生跟年龄大小、性别、工作活动的不同等都没有关系，任何人都有可能体验到"福流"。只要个体全身心地投入到活动当中，集中注意力在具体的活动上，有明确的目标和及时的反馈，就能够体验到"福流"。

（二）"福流"状态的体现

根据上文对"福流"状态的描述，个体在"福流"状态中会呈现出多种表现，比如，注意力高度集中在当下的活动、行动与知觉相融合、拥有掌控感、时间感体验扭曲等。下面我们针对几种最常见的福流状态的表现进行阐述。

1. 行动与意识相融合

在生活中有一种很常见的现象，就是脑袋里想的不是他正在从事的活动。有的学生在教室里坐着听课，好像是在听课，可是他的思绪已经跑到教室外面去了，在想放学后跟朋友一起打球、一起吃饭。我们做事的时候常常会被分心，会被一些其他的人和事情干扰。比如，工作的人周五的时候就会想周末怎么过；你刚刚学习打网球的时候，会想旁边的人会怎么看你，会不会嘲笑你。然而在"福流"体验中，我们的意识非常集中，全部的注意力都会放在所从事的活动上。挑战水平与能力水平势均力敌时就要求个体精神必须非常集中，明确的目标和不断的反馈可以帮助个体做到这一点。

2. 不易受到干扰

"福流"体验中一个典型的要素是我们把注意力全部集中在当前的活动上，因而我们只会觉察到与此时此刻相关的信息。如果音乐家在演奏的时候分心，比如，在考虑自己的财务状况，他就有可能敲错音符；紧张的足球比赛中，如果运动员因为跟女朋友分手而思虑万分，他也不可能很好地投入到快节奏的比赛中，可能会因频频失误而被教练换下场。"福流"是注意力高度集中于当下的结果，它让我们摆脱了对日常生活中焦虑和抑郁的恐惧。

3. 不会担心失败

当处于"福流"状态时，我们太集中注意力了，以至于不会去考虑会不会失败。有些人把它描述为"一切尽在掌握之中"的感觉，但事实上我们并没有完全控制，只是我们没有时间去考虑可能的失败结果。一旦你去考虑结果可能会失败，就会引发你的焦虑，有可能把你拖出"福流"通道。失败之所以不会成为干扰我们的问题，是因为在"福流"状态下，我们清楚地知道我们要去做什么，以及相信自己的能力能够应对实现目标的过程中可能会遇到的问题。

4. 自我意识消失

人类是群居性动物，与其他个体的关系对于个体的生存适应至关重要。因此，我们总会在意身边他人的看法，随时留心自己会不会遭到他人的忽视、嘲笑或是侮辱，好能及时地进行反击，捍卫自己。也可能会处处留心如何做才能给他人留下好的印象，因而变得忧心忡忡。这些自我意识都是一种负担，有了这些负担，你做事就不可能集中精力、全神贯注，更没法进入"福流"状态。这种自我意识其实也是一种自我保护。在"福流"状态里，我们对自己正在做的事情太投入了，以至于不会再在意自我的保护。但是当"福流"结束后，我们便会产生非常强烈的自我意识，我们意识到自己已经成功地应对了挑战。我们可能还会觉得自己好像走出了自我边界，成为更大存在体的一部分。音乐家觉得自己与音乐融为了一体；足球运动员可能觉得自己成了整个团队的不可或缺的一部分；小说的阅读者可能在跌宕起伏的情节中沉浸了好几个小时，久久不能走出。

5. 时间感扭曲

一般来说，当我们处于"福流"状态时，我们会忘记时间，感知不到时间的流逝。几个小时感觉好像只有几分钟，或者相反。很多人认为所谓"福流"或者"投入"就是感到时光飞逝的状态，事实上这种说法有些片面。诚然，日常生活中最常见的"福流"状态就是感到时光飞逝，如跟家人去旅游、跟朋友踢一场球赛、钻研一道数学题目、专心于文章的写作。当我们从沉浸状态中转出时，会感到时光被人偷走了一样。其实，"投入"也会对时间施展其他的魔法。比如，对于每一个世界级短跑运动员而言，在短跑中感受到的时间似乎被拉长一样。因为每一秒他们都做出了无数的动作，他们在不断地感知自己的身体，感知周围的状况；对于芭蕾舞舞者而言，时间似乎走得无比精准，不快也不慢，因为他们在舞蹈的同时也在感受着时间的韵律，令自己的动作与时间结合。

6. 活动本身具有了目的

小说家纳吉布·马哈福兹曾说："我爱我的工作本身甚于它所产生的附属品。无论结果如何，我都会献身于工作。"有些人之所以能够产生"福流"体验，是因为他们重视的是活动本身，而不是他们的结果，结果无论好坏，活动本身就是他们的目的。换一句话说，只要参与了活动，他们的目的就达到了。除了感受活动带来的体验外，没有其他原因。

以上描述的这些"福流"状态的特征可以帮助你辨别你自己的哪些状态或参与的活动进入到了"福流"里，从而在生活中多多参与这些"福流"活动。

（三）"福流"状态产生的条件

1. 挑战与技能相平衡

想要获得福流体验，很重要的一个条件必须满足：参与者的技能要与面临的任务难度相匹配。任务难度可以稍稍高于参与者的现有能力，是其"跳一跳能够到的高度"。在日常生活中，有些活动我们觉得太难，有些活动我们觉得很容易。面对太难的活动，由于我们的技能没法应对，因此我们会变得沮丧而焦虑；面对太容易的活动，我们的能力又远远超出活动所需的能力水平，我们会因此感到无聊与乏味。在打乒乓球或是下象棋的时候，如果对方是个高手，三下五除二就把你打败了，你肯定会觉得很沮丧，因为你觉得自己太失败了，能力太弱；如果对方是个新手，你又会觉得一点儿挑战性都没有，因而会觉得无趣，甚至产生厌倦感。但是当双方势均力敌时，局势跌宕起伏，你来我往，不相上下，就算最终有一方被打败了，你也会觉得特别爽，因为你进入了"福流"状态。

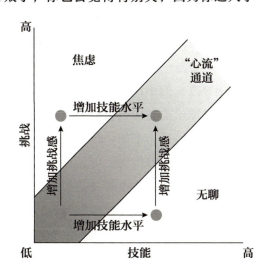

我们从上图可以看到一条蓝色的"福流"通道（"心流"通道），当我们面对的挑战难度和我们的能力、技能水平相匹配时，我们就处在"福流"通道里了。但是有时候，我们会处在"福流"通道之外的位置。比如，当难度过高时，我们会出现焦虑的体验，这个时候我们如果想要进入"福流"通道，我们应该降低难度或者是提升我们的能力、技能水平，让我们的能力与挑战难度相匹配，更好地体验"福流"。

当我们面对的任务太过于简单、容易时，我们就会产生无聊、乏味的体验。此时，如果我们想要进入"福流"通道，我们需要怎么调整呢？答案是提高挑战的难度。把挑战难度提高到与自己的能力水平相匹配时，"福流"状态就更容易出现了。

所以，当我们不在"福流"通道里时，我们可以从两个维度来调整，以更好地体验"福流"。**第一个维度就是调整挑战难度水平；第二个维度是调整自己的能力、技能水平。**把任务的难度调高或是降低难度，这个相对来说比较容易做到。提高应对任务的能力水平，这个在多数情况下都不是短时间内能够达到的，需要个体投入足够多的时间和精力去练习与精进。其实个体处在"福流"状态时，这本身就是对能力和技能的一种有效的锻炼，会慢慢提高你的能力水平。在调整挑战难度的时候，如何才能与你的能力水平更好地匹配呢？我们知道教育学里有一个概念叫作"最近发展区"，调整难度时需要把任务调整至"最近发展区"式的难度，即不是那么轻易就能达成，但是经过努力也是能够"跳一跳够得着"的难度。这样的难度更加有利于"福流"的出现。

2. 每一步都有明确的目标

在日常生活中，我们经常会做计划，设定目标。但是有时候设定的目标太大，以致到了实际操作的时候仍然不知道该怎么做。要想体验到"福流"，投入到自己当下的活动中去，我们需要每一步都有确定的目标。也许刚开始我们设定的是一个大目标，但是我们必须把大目标切分成具体的、具有实际指导意义的小目标，这样的话，你才能知道接下来的每一步到底怎么做。足球运动员知道自己的位置和作用以及该怎样组织进攻和防守；音乐指挥家知道当下的动作意味着什么，会产生什么样的音乐配合；农民种田，知道何时耕地、何时播种、何时除草与施肥；攀岩者知道自己现在迈的每一步对整个攀登目标的意义。无论我们进行什么样的活动，想要投入进去，达到"福流"状态，就必须每一步都有目标指引你。

如何设定目标呢，什么样的目标才是明确、有效的，能够起到指导的效果呢？下面我们来介绍下目标设定的"SMART原则"，这一原则是由乔治·多兰（George Doran）在1981年提出的，这一方法最初在企业中使用，而后各个领域都开始争相使用它来提高目标设定的效用。"SMART原则"有以下5个具体的特征。

（1）**具体性（Specific）**。设定的目标必须是具体的，具体的目标能让你知道每一步的小目标，这些小目标会指导你该怎么做。但是对于绘画、写作等富有创作性的活动，目标可能就没有那么显而易见了。对于这种情况，我们可以专注于其中的某个成分，例如，关注作文的结构或用词。在绘画时，或许我们无法在一开始就想好自己具体要画成什么样子，但是在画到某个程度的时候，我们可以判断出这是否为自己所想要的，这同样是一种目标。很多好的画家、作家以及作曲家，都在心中有对于"对"和"错"的判断。当我们失去了这种内部判断的能力，就难以进入"福流"体验。

（2）**可衡量性（Measurable）**。只有当目标可以衡量的时候，才能知道自己有没有真正达到自己的目标。同时，也需要避免一些本身具有极大变化性的目标，例如，下次考试进入班内前10名，或者是下次考试超过某个人。这样的目标看似很具体，但实际上却极具变动性。其结果有可能是自身因素导致的，但也很有可能完全是外界因素导致的。所以，即使我们达成了目标，可能也并不会非常欣喜。此外，这种目标如果不能被我们转化为具体的行为指标，同样会失去意义。

（3）**可实现性（Attainable）**。这一点与挑战和能力的匹配度是一致的，过高或过低的目标都是没有意义的。如张辉是一个学习十分刻苦的学生，平日表现也非常不错，但是考试成绩总是排在中游，一直无法达到他所设定的目标。经过进一步地接触，咨询师发现他本身缺乏自信，不认为自己能考好，因此产生了自我预言效应，出现了各种发挥失常的现象。

因此，在我们设定可以达到的目标时同样需要思考，我们真的相信自己可以达到这个目标吗？如果我们在心里不相信自己能够达成目标，那么我们需要先着重处理这种不合理的信念，然后才能真正达到目标。

（4）**相关性（Relevant）**。目标的"相关性"是指此目标与其他目标的相关情况。或许大家觉得，我们制定的小目标当然都是为了大目标而努力的。但在实际操作中，我们往往会把目标定偏。比如，某位学生正在准备英语的单元测试，他把复习英语课文设立为了其中的一个子目标。但是在复习中，他一直在关注课文内容，对课文中的生词和语法没有进行深入复习。这就是一种目标上的偏差。同样的，有些非常认真的学生将整理笔记作为复习中的一个环节，但结果只是重新抄写了笔记，使页面变得更加整洁而已，并没有对其中的内容有更加熟练地掌握。这些都是我们所需要警惕的。

（5）**时限性（Time-based）**。目标设定的"时限性"是指设定目标时，不管是大目标还是小目标，都要给目标设定一个截止日期。人都有拖延的习惯，不设定一个目标达成的截止日期，往往会导致事情完成的进度滞后。有了目标的截止日期，我们就可以更加合理地分配时间和精力，把控整体的安排和进度。

3. 行动要马上得到反馈

想要获得"福流"体验，我们要设定目标，但是如果我们只有目标，没有及时的反馈，我们就没法知道我们当下的状态是怎么样的，任务完成到了哪一步，还有哪些需要注意的。所以，在拥有确定目标的同时，我们还要获得及时的反馈才能够进入"福流"状态。有了反馈，我们就知道下一步我们要做什么了，才能与下一步的目标相结合。音乐家知道曲子进行到哪一步了，才能知道接下来该如何演奏，如果某个音符弹错了，音乐家马上就能意识到，并作出及时地调整；攀登者知道脚下的这一步到底对不对，才能知道后续的攀登有利还是不利；外科手术，大夫知道这一刀下去有没有出血，才能知道位置切得对不对；农民种田，知道庄稼的长势如何，才能知道缺水还是缺肥，该除草还是该除虫。所以，对于获得"福流"体验来说，及时的反馈非常重要。

梦想：投入的意义
- 第1课　遇到"梦想精灵"
- 第2课　我有一颗梦想果子
- 第3课　我的梦想卡片
- 第4课　梦想互动

专注：投入的方法
- 第5课　什么是专注？
- 第6课　我怎样才能更专注？
- 第7课　我会自己管自己
- 第8课　我会自己做计划！

总结课：班级联动　● 第9课　"福流"手牵手

教 学 设 计

第1课　遇到"梦想精灵"

课程目标

使学生了解什么是梦想，以及梦想的多样性。

一般说明

时间：40分钟（含5分钟"沉静训练"）

教学用具：老师酌情为童话剧准备道具

教学实施

课前准备	排练童话剧《遇见梦想精灵》	
教学内容	1. 小演员：7名同学（小男孩、精灵、厨师、警察、医生、旅行家、建筑师） 2. 剧本： 旁白：乐乐是一个8岁的小男孩，有一天早上，他在街上走着走着，突然，眼前金光一闪，一个精灵出现了。 精灵：小朋友，你好啊，我是梦想精灵。我今天的任务，是来到人间帮一个小朋友实现梦想。你有没有梦想啊？我来帮帮你？ 乐乐：梦想？梦想是什么东西？能吃的吗？ 精灵：啊呀不是啦，你连梦想是什么都不知道？比如，你以后长大想做什么人，或者想做什么事？	备注区域

教学内容	乐乐：啊？那我可没想过……什么梦想最好，我就要什么梦想吧！	备注区域
	精灵：哈哈，什么梦想最好，那个答案只有你自己去找。看，我给你一个魔法苹果，你想好了，就对着这个苹果大声念一句咒语："梦想精灵！梦想成真！"我就会出现，帮你把这颗梦想果子挂到魔法树上去。	
	乐乐：哇，好神奇啊！	
	精灵：注意，你只有一次机会！太阳下山前你没有念出咒语，魔法就失效了！	
	旁白：说完，精灵一下就消失了。（精灵下）	
	乐乐：啊呀，太阳就快下山了，我得赶紧找到最好的梦想啊！怎么办呢？哎！我去问问那边的几个大人吧！	
	（厨师、警察、医生上）	
	乐乐：叔叔、阿姨你们好！请问，你们知道什么是最好的梦想吗？	
	厨师：哈哈，最好的梦想？那当然是当厨师啦！	
	乐乐：为什么呀？	
	厨师：因为厨师可以做出好多好吃的东西，你想吃什么，就可以自己做什么！而且还可以做给别人吃，看到别人那么喜欢吃我做的东西，多开心啊！	
	乐乐：哦，最好的梦想是当厨师……	
	警察：不对不对，最好的梦想，应该是当警察！	
	乐乐：当警察？为什么呀？	
	警察：因为当警察可以抓坏人，保护大家的安全，多酷啊！	
	乐乐：对哦，最好的梦想应该是当警察。	
	医生：小朋友，我告诉你，这个世界上最美好的梦想，就是当医生了！	
	乐乐：当医生？为什么呀？	
	医生：因为当医生可以救死扶伤。生病多难受啊，医生可以帮人治好病，你说好不好？	
	乐乐：嗯嗯，好！看来做医生也很好！	
	（厨师、警察、医生下。旅行家背包上，走过乐乐面前）	
	乐乐（叫住他）：哎，叔叔，请问您觉得最好的梦想是什么呀？	
	旅行家：最好的梦想？世界那么大，我想去逛逛——我的梦想就是在40岁之前，走遍30个国家！看看不同的风光！	
	乐乐：哇，听起来好棒……	
	旅行家：那当然，我要继续赶路啦，拜拜！	
	（建筑师上，拿着图纸，对着远方看看，再看看图纸）	
	乐乐：咦？叔叔，您这是在做什么呀？	

教学内容	建筑师：我在看那块空地能盖一个什么样的大楼！ 乐乐：盖楼？那，您有梦想吗？ 建筑师：我的梦想就是盖一个世界上最高的楼！比天上的云还高！ 乐乐：哇……那么高！真是一个好梦想！ （建筑师下） 乐乐（对着大家）：可是，他们说的都不一样，到底哪个才是最好的梦想呢？啊呀！太阳就要下山了！大家快帮我想想吧！	备注区域

授课环节1	童话剧《遇到梦想精灵》	
目标	通过演出童话剧，让同学们了解梦想的含义	
时间	30分钟	
教学用具	老师可酌情加入服装	
教学内容	1.1　演出 1.2　老师引导 （1）提问："看，乐乐向大家求助了。帮助他之前我们得想想，还记得刚才那几个大人都给乐乐建议了什么梦想吗？"请同学们举手回答。 （2）提问："那么，如果你来帮乐乐选，你会选其中的哪一个梦想？为什么呢？" 1.3　拓展提问 （1）"大家发现了吗？刚才那几个大人说的梦想可以分成两大类，你们想想，能分成哪两类？" （2）"对，大家回答得很好，这些角色的梦想有两类：一类是做什么职业；一类是做什么事情。" （3）对职业的拓展："请同学们想一想，除了厨师、警察和医生、你还能想到哪些职业？" （4）对事情的拓展："请大家再想想，除了走遍许多国家旅游和盖最高的楼，还有哪些事情可以作为梦想呢？" 1.4　老师小结——"最好的梦想" （1）提问："刚才乐乐的求助是帮他找一个'最好的梦想'，但我们讨论出了这么多梦想，你们觉得哪一个才算最是好的呢？" （2）小结：没有"最好的梦想"，每个人的梦想都可以是不一样的，自己喜欢的就是最好的。	备注区域

授课环节2	留作业	
目标	承上启下,为下节课作准备	
时间	5分钟	
教学用具	无	
教学内容	**2.1 留作业** 做一回小记者,回家后采访3个大人:"您小时候的梦想是什么?"并记录下来。	**备注区域**

第2课　我有一颗梦想果子

课程目标
指导学生思考梦想，设立梦想。

一般说明
时间：40分钟（含5分钟"沉静训练"）
教学用具：（1）A3纸，画上大树（每组一张）
　　　　　（2）水果形状的便利贴

教学实施

课前准备	我是小记者	
目标	了解大人的梦想	
教学内容	上课前，每人采访3个大人："您小时候的梦想是什么？"记在纸上，带回班里。	备注区域

授课环节1	看看大人的梦想	
目标	分享大人的梦想	
时间	15分钟	
教学用具	无	
教学内容	1.1　组内分享 各组同学在组内互相说说自己的采访结果，并选出最有意思的3条。 1.2　各组汇报 各组派代表发言，公布自己组内采访来的"最有趣梦想TOP3"。	备注区域

授课环节2	我有一颗梦想果子	
目标	思考并设立自己的梦想	
时间	20分钟	
教学用具	水果形状的便利贴	
教学内容	2.1　启发思考 本节课堂上讨论的"梦想"是一个比较大、比较长远的心愿，而非近期的小愿望——比如，我想下个礼拜天天吃鸡腿等。	备注区域

| 教学内容 | （1）老师引导："老师这里呢，有一棵梦想精灵给我的魔法树，如果把你的梦想变成一颗果子挂上去，你的梦想就有可能实现哦！请同学们想一想，你有什么梦想想实现呢？"
（2）同学们举手，自愿分享，选5位同学发言。发言后老师追问："为什么？"
（3）老师："刚才同学们的梦想各种各样，都很有意思，现在，我们每个人都在心里好好想想，如果你遇到了梦想精灵，有机会实现一个梦想，那你要说一个什么梦想呢？安静不出声，好好想想。"
（4）所有人安静思考1分钟。

2.2　制作梦想果子
每人发一张水果形状的便利贴。
每人写下（或画下）自己的梦想——制作出"梦想果子"。

2.3　总结
每个人都有自己的梦想，在这个美好的愿望后面其实都有我们对自己的不同期待——这就是梦想背后的意义。现在，我们的梦想果子挂上这棵魔法树了，这是实现梦想的第一步。但光挂上还是不够的，下节课，我们就来讲讲实现梦想的第二步。 | 备注区域 |

第3课　我的梦想卡片

课程目标
　　指导学生了解：怎样才能实现梦想。

一般说明
　　时间：40分钟（含5分钟"沉静训练"）
　　教学用具：小剪刀：每组一把

教学实施

课前准备	梦想卡片	
目标	找到符合自己心中梦想的图	
教学内容	根据上节课的内容，想一想自己的梦想是什么。然后通过书籍、绘本、杂志、网络等方式找到一张图片，用来代表自己心中的梦想。	备注区域

授课环节1	实现梦想需要条件	
目标	让孩子了解：需要在现实中做一些事，才能实现梦想	
时间	15分钟	
教学用具	小剪刀：每组一把	
教学内容	1.1　老师指导，开始制作梦想卡片 （1）分组：4人一组。 （2）剪下自己的梦想图片，贴在空白卡片的左侧圆圈内。	备注区域

教学内容	1.2 寻找梦想实现的条件	备注区域

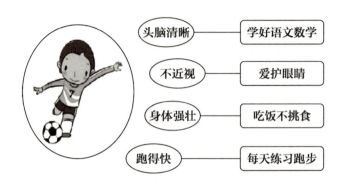

老师引导:"想一想,实现你的梦想需要有什么条件呢?"
(1)老师举例(职业类)
比如,一个同学如果想成为一个足球运动员,他需要什么条件?(同学们思考,回答)
老师可以说,同学们答得都很好,我们总结一下,先列出这样几点:
头脑清晰——才能想清楚球队的战术和赛场上的布局。
不近视——不戴眼镜跑步抢球的时候才利落。

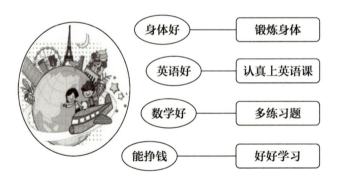

身体强壮——有很好的体力和耐力才能在比赛中表现出色。
跑得快——光有力气也不够哦,跑得快才能抢到球。
(2)老师举例(事情类)
比如一个同学如果想周游世界,他可能需要这样几个条件:
身体好——满世界跑需要体力。
英语好——在大部分国家需要用英语交流。
数学好——在旅途中经常要算饭费、机票费、旅店费。
能挣钱——会工作才能挣出路费出门哦。

授课环节2	我需要做什么？	
目标	确定自己的目标行为	
时间	15分钟	
教学用具	梦想卡片	
教学内容	2.1　分组找条件 （1）每组同学用2分钟的时间想一下：达到这些条件需要有什么？请找出4个，写在草稿纸上。 （2）用5分钟的时间组内分享各自想到的行为，一人说，其他同学提建议，说的人可根据建议更改草稿。 2.2　集体分享 （1）老师选几位同学发言：我的梦想是_____，需要的条件是_____，我需要做的事情是_____。 （2）老师对每位同学的发言点评、指导，其他同学也可根据老师的指导来更改自己的草稿。 2.3　写下来 每位同学把最终确定的行为写到梦想实现卡上的蓝色框内。	备注区域

授课环节3	总结	
目标	总结这节课的内容	
时间	5分钟	
教学用具	无	
教学内容	3.1　老师总结 梦想会使我们的生命更有意义，会让我们这一生的生活更加快乐。但是，光有梦想是不够的，不知道怎么去实现，梦想就只是一个空梦。今天，我们做了一件很重要的事：每位同学都制作出了自己的梦想卡片，为自己的梦想找到了需要做的事，这样我们就知道要怎样实现我们的梦想了。	备注区域

第4课　梦 想 互 动

课程目标

增强家长和同学们的互动与沟通。

家长通过分享自己追逐梦想的过程，给同学们启发。

一般说明

时间：40分钟（含5分钟"沉静训练"）

教学用具：分享所需的PPT、音频、视频等素材（家长准备，非必须）

教学实施

课前准备	安排家长为分享故事作准备	
目标	筛选出最适合做分享的家长，布置任务	
教学内容	**1. 筛选两位家长** （1）实现了某个梦想的家长； （2）原来的梦想未达到，但寻找到了新的梦想的家长。 **2. 布置任务** （1）请准备自己的故事，时长12分钟，具体包含以下内容。 　①这个梦想是何时产生、如何产生的？ 　②在追梦的过程中，是否产生过动摇？ 　③实现梦想的过程中，印象最深刻的事有哪些（遇到的困难、快乐、痛苦……）？ （2）建议让每位家长准备一些图片、音乐、视频素材，呈现形式多样化，以帮助孩子们理解。 （3）提示：希望家长来分享故事，而不是说教。学生们需要的是有说服力、能感动人心的真实描述。	备注区域

授课环节1	家长的梦想故事	
目标	让孩子分享成人追梦的过程，了解到实现梦想的道路是曲折的	
时间	30分钟	
教学用具	家长自带素材	
教学内容	**1.1 老师介绍家长** 老师介绍家长的姓名、年龄、专业、职业等基本信息。	备注区域

教学内容	1.2　家长讲自己的梦想故事 1.3　同学们提问 同学们可以根据家长的分享自由提问。	备注区域

授课环节2	总结	
目标	启发孩子思考	
时间	5分钟	
教学用具	无	
教学内容	2.1　提问 老师："听了两位大人的故事，你有什么感想？" 同学们举手回答。 2.2　总结 在追逐梦想的过程中，如果我们越早认识自己，就会越早找到自己想要追寻的梦想，就像是有了指南针和航线的航船，将更快地走向我们想去的远方。 也有的人在追梦的过程中梦想改变了，这是正常的。因为梦想并不是一成不变的，只要我们在追逐梦想的过程中有收获，就是值得的。 在追逐梦想的过程中，我们难免遇到困难，那么有什么方法可以帮助我们更好地解决困难呢？ ——那就是专注，接下来的课程中，我们将要学习这个技能。	备注区域

第5课 什么是专注？

课程目标
了解专注是什么。
体验专注的感受。

一般说明
时间：40分钟（含5分钟"沉静训练"）
教学用具：无

教学实施

授课环节1	做游戏：抓住幸福的小尾巴	
目标	体验专注时的感受	
时间	15分钟	
教学用具	无	
教学内容	1.1 游戏准备 （1）指导同学们起立，连成横排，间隔一臂距离； （2）每人左手比1（竖食指），放在身体左侧； （3）右手比5（张开5指），搭在旁边人的"1"上（像搭起一把小伞）。 1.2 游戏说明 老师数1、2、3，数到3时，同学们需要同时做以下两件事。 右边：抓住对方的手指。 左边：躲开对方的抓捕。 1.3 开始游戏 老师数1、2、3，每次变换不同节奏。使同学摸不到规律，于是更加全神贯注。如： 1、2、3！ 1、2、2、3！ 1……2……3！ 1……2……吸气，呼气……3！	备注区域

授课环节2	找感觉	
目标	了解专注是什么，并联系到自己的实际生活	
时间	10分钟	
教学用具	无	
教学内容	2.1　老师引导提问 （1）刚才你在做这个游戏的时候，是什么样的感觉呀？ （2）你刚才有没有注意到教室里的其他人/事呀？ （3）你刚才脑子里有没有想其他事呀？比如今天中午吃什么？妈妈昨天夸我什么来着？我家里的新衣服很漂亮…… （4）你觉得刚才时间是过了好久好久，还是只过了一小会儿呢？ 2.2　老师介绍 我们刚才的这个状态，就叫作"专注"。当一个人非常非常专心地做一件事的时候，他会感觉到： （1）脑子不会去想其他事了； （2）眼睛、耳朵也注意不到周围的其他人和事了，他的全部心思都放在了这一件事里； （3）他觉得时间过得很快，而且会觉得很开心、很快乐——这就是"专注"。 2.3　连接生活 老师：大家想一想，在你们平时的生活中，有哪些时候你有过这种专注的感受呢？	备注区域

授课环节3	总结	
目标	了解"专注""投入"的好处和可习得性	
时间	10分钟	
教学用具	无	
教学内容	3.1　总结 （1）我们在专心的时候是最快乐的，一次只做一件事、做好一件事。如果上课听讲的时候，一个同学一直专心在听老师讲课，另一个就左看看、右动动，一会儿抠抠橡皮，一会儿摸摸铅笔盒，这两个同学比起来，你们觉得谁能得到更多的快乐呀？ （2）专心听讲的孩子，老师课上讲的东西他就学会了；走神的孩子没听见，就没有学到。你们猜猜，如果上课听讲的时候，一个同学一直专心听老师讲课，一个不专心，他们俩的学习成绩谁的会更好呀？	备注区域

教学内容	（3）那么，有的同学说，我就总容易走神儿，我好像很不容易进入专注的状态，那怎么办呢？ 老师要告诉你们一个好消息，科学家们发现，"专注"这种专心的状态也是一种能力，是能锻炼出来的。就像那些大力士经常练哑铃就会练出强壮的肌肉一样。我们多练习，也会把我们专心的能力练得越来越好，我们就会更多地进入专注的状态里啦。老师以后会慢慢教给你们各种锻炼的方法。	备注区域

第6课　我怎样才能更专注？

课程目标
体会"难度"与"专注"的关系。
了解上课听讲与写作业的重要性。

一般说明
时间：40分钟（含5分钟"沉静训练"）
教学用具：

　　　　小桶9个
　　　　蚕豆2斤
　　　　场地：活动室或操场

教学实施

授课环节1	玩游戏：扔蚕豆	
目标	感受不同难度任务带来的不同感觉	
时间	15分钟	
教学用具	小桶9个，蚕豆2斤	
教学内容	1.1　准备 （1）设一条边界线，把小桶按近、中、远，摆成3组（如下图）。 （2）同学分成3组，每个同学分9颗蚕豆。 （3）说明规则：每人依次往3组桶里扔蚕豆。 要声明：不计分、不比输赢，只是玩。 　　　　**方案1**　　　　　　　　③③③ 　　　　　　　　　　　　　②②② 　　　　　　　　　①①① 　　━━━━━●●●━━●●●━━●●●━━━ 1.2　游戏 （1）一组同学依次向3组桶里扔蚕豆玩，其他组同学围观。 （2）结束后，每人再领5颗蚕豆，去选自己觉得好玩的桶，随便扔着玩。 （3）大多数人会集中到2号桶前，玩一阵之后，老师喊："停，不要动，请大家看看自己现在所站的位置。"	备注区域

授课环节2	游戏中找原因，现实中想办法	
目标	理解"难度"与"投入"的联系，理解听课/完成作业的重要性，并启发学生思考	
时间	10分钟	
教学用具	无	
教学内容	2.1　提问 让同学们聚在一起，围坐，并提问： （1）为什么这么多人选第2组桶？ （2）为什么觉得这组桶扔起来更好玩？ （3）这个有趣的现象让你们想到了什么？ 2.2　老师总结 （1）太容易的任务，让我们觉得没意思、无聊，就不想做了；太难的任务，让我们觉得完成不了，很沮丧，我们也不想做了；而有一点难，又不太难的任务，会让我们想去挑战，喜欢做，也最容易投入——这就是教育学家所说的"跳一跳能够到的高度"。 （2）我们现在每天上课学的内容，属于大部分同学"跳一跳能够到的高度"，但是，如果有的同学上课不注意听讲，回家不完成作业，今天少学一点，课程对他来说就难了一点，就好像这颗球提高了一点。经常这样，课就越来越难，他就越来越够不到，以后也就更难投入地学习了。别人写作业，就好像往第2组小桶里扔球，觉得挺有意思，但他的作业，就好像放得远远的第3组桶了。 2.3　提问、讨论、找办法 （1）如果有的同学觉得作业已经像第3组桶了，要怎样做才能把桶挪近一点儿呢？ （2）如果有的同学现在觉得作业像第1组桶，要怎样做才能把桶挪远一点儿呢？	备注区域

授课环节3	放松地娱乐	
目标	在放松状态下，加深体会	
时间	10分钟	
教学用具	小桶、蚕豆	
教学内容	3.1　玩游戏：扔蚕豆 3组小桶都摆成2号距离，孩子们排队玩。	备注区域

第7课　我会自己管自己

课程目标

了解设立目标的好处。

利用"设目标"帮助学习——使用定时器更好地完成作业。

一般说明

时间：40分钟（含5分钟"沉静训练"）

教学用具：（1）定时器（每人一个）

（2）绿豆、红豆、黄豆、黑豆各2斤

教学实施

授课环节1	做游戏：玩豆子	
目标	体验"无目标"和"有目标"的不同感受	
时间	10分钟	
教学用具	豆子	
教学内容	1.1　游戏准备 给每位同学发豆子（每种颜色一小把，混在一起）。 1.2　玩豆子第一次 （1）"这节课玩豆子，注意只能放在桌面上玩，开始"。 （2）老师自己计时，2分钟后停止。 1.3　玩豆子第二次 （1）派任务：按颜色分豆子，并使用定时器定时。 "下面，请同学们在2分钟内把豆子分成每种颜色一堆，请把你的定时器设定为2分钟，大家一起数3、2、1，然后就按开始哦。3—2—1，开始！" （2）定时器响后，请同学们停止。 1.4　老师小结 （1）问大家："这两次游戏有什么不同感觉？""哪一次游戏时你更专注？" （2）小结：分豆子的任务和2分钟的时间限定都属于"目标"，有目标就会使人专注。	备注区域

授课环节2	利用定时器写作业	
目标	学习在定时器的帮助下，更专注、更高效地写作业	
时间	12分钟	
教学用具	无	
教学内容	2.1 启发思考 （1）老师提问："有许多同学回家写作业的时候，会很容易走神，一会儿玩儿一下橡皮，一会儿去喝口水，一会儿又翻翻漫画书，结果一个作业写好久，晚上要拖到好晚才能睡觉。谁有过这样的经历呀？那是种什么样的感觉呢？" （2）同学们自愿分享。 （3）老师："对呀，不专注的时候，做事情会特别慢。许多孩子小的时候都会有这种情况，那是很正常的，这是因为他们还没有学会练习专注的方法。大家想一下，怎么样能利用这个定时器，让我们在做作业的时候，也像刚才分豆子那样专注、快速呢？" （4）同学们讨论 （5）老师："大家刚才想的主意很好，但是在写作业中间休息的时候，有些同学一玩儿就忘了时间，那有什么好办法吗？" （6）同学们讨论 2.2 老师总结定时器的使用方法 （1）在记事本上每一项作业的后面，写上预估的完成时间。 （2）开始写一项作业时，自己定时。 （3）铃响时未完成，没有关系，再加一点预估的时间继续写。完成一项，在记事本上打一个钩。 （4）写完一项休息5～10分钟，休息时间也定时。	备注区域

授课环节3	自我管理小日历	
目标	利用小日历进行自我管理，将使用计时器的行为坚持下来	
时间	13分钟	
教学用具	白纸、彩笔、小印章	
教学内容	3.1 定时器小日历 指导孩子们现场画出一张个性日历（当月的）。 3.2 方法指导 使用了定时器写作业，就可在当天的格里给自己盖一个印章，现在就可以在今天的日子上先印一个。 3.3 留作业 回家后，请把这张日历贴到自己的房间里，小印章放在旁边。从现在开始，自己管自己。	备注区域

第8课　我会自己做计划！

课程目标
了解目标分解的好处。
学习把大目标拆解成小目标：制订假期作业计划。

一般说明
时间：40分钟（含5分钟"沉静训练"）
教学用具：（1）绿豆、红豆、黄豆、黑豆各2斤
　　　　　（2）花朵图样
　　　　　（3）小碗（1个/人）
　　　　　（4）假期日志

教学实施

授课环节1	做游戏：豆子拼画	
目标	体验"大目标"和"分解目标"的不同感受	
时间	10分钟	
教学用具	豆子、小碗、花朵图样	
教学内容	1.1　豆子拼画第一次 （1）同学们4人一组，每组发一碗豆子，里面包括各种颜色。 （2）让同学们照着老师给的图案用豆子在白纸上拼出图形。 例：1朵花——红豆做花瓣，绿豆做花茎，黄豆做叶，黑豆做土壤。 （3）先做完的举手，老师计时。 1.2　豆子拼画第二次游戏（分步骤） （1）让同学们把豆子放回小碗。 （2）分步走：第一步，把豆子分成不同颜色的小堆；第二步，拼花朵（同上）。 （3）先做完的举手，老师计时。 1.3　老师小结 （1）公布时间：第二次普遍比第一次快。 （2）问大家："这两次游戏有什么不同感觉？""哪一次游戏做起来更舒服？更顺手？" （3）小结：大目标拆成小目标，就更高效、更容易完成。	备注区域

授课环节2	目标大拆小	
目标	把大目标分解为小目标：学习制订假期作业计划	
时间	25分钟	
教学用具	假期日志	
教学内容	**2.1 老师引导提问** （1）"许多同学都习惯把假期作业留到快开学的最后几天再赶。上次的暑假作业，有多少同学是这样的呀？" （2）"假期玩的时候，心里想着还有好多作业没完成，是什么感觉？玩儿得痛快吗？" （3）"假期作业是一个大的目标，如果我们把它拆成小目标，就好办多了。" **2.2 制定暑假作业计划** （1）展示条件（模拟）： ① 暑期作业（例如，语文10篇练字+5篇背诵；数学15篇口算；英语10个单词）； ② 放假日期（例如，8月1日—8月31日，共31天）； ③ 家庭安排（例如，5天家庭出游，5天参加夏令营）。 （2）思考：大家觉得这些作业要怎么拆成小目标，分到每天？ （3）操作： ①标出假期起点、终点； ②标出家庭安排； ③每项作业拆分，填入其他的格子中； ④提示：使用时，每完成一项打一个对钩。 **2018年8月** 	星期一	星期二	星期三	星期四	星期五	星期六	星期日
---	---	---	---	---	---	---
		1	2	3	4	5
6	7	8	9	10	11	12
13	14	15	16	17	18	19
20	21	22	23	24	25	26
27	28	29	30	31				**备注区域**

教学内容	2.3 总结 请大家记住这个方法,下次放假的时候用上。把大目标分解成小目标,按计划去做。写作业时专注地写作业,更高效!玩儿的时候也可以专注地玩儿,更痛快!	备注区域

第9课 "福流"手牵手

课程目标

在高年级的同学带领下玩儿学科游戏。

一般说明

时间：40分钟

教学用具：设计游戏所需的材料（由五年级同学准备）

教学实施

课前准备	分组进班	
目标	维持良好的秩序	
教学用具	高年级同学带过来的游戏道具	
教学内容	分组 五年级带二年级 二（1）班教室　　　五（1）班教室 二（1）A组　　二（1）B组 五（1）A组　　五（1）B组 二（1）班：分A、B两大组　／五（1）班：分A、B两大组 上课时：两个A组用二（1）班教室；两个B组用五（1）班教室	备注区域

授课环节1	游戏体验	
目标	低年级的同学跟高年级的同学一起体验"福流"游戏	
时间	30分钟	
教学用具	根据自己设计的游戏准备	
教学内容	第一轮： 二年级A1组　　　二年级A2组　　　二年级A3组 五年级A1组：语文游戏　五年级A2组：数学游戏　五年级A3组：英语游戏	备注区域

教学内容	第二轮：	备注区域
	二年级A1组　　　　　二年级A2组　　　　　二年级A3组 五年级A2组：数学游戏　五年级A3组：英语游戏　五年级A1组：语文游戏 第三轮： 二年级A1组　　　　　二年级A2组　　　　　二年级A3组 五年级A3组：英语游戏　五年级A1组：语文游戏　五年级A2组：数学游戏 按照上面的顺序，二年级的每一组同学固定位置不变，然后让五年级的同学依次去带领二年级的同学，玩语文、数学、英语3个科目的游戏。 五年级的每组同学需要分工：1人讲规则，1人带领游戏，2人做助教帮忙，1人记录游戏过程，1人记录感言，1人负责赞美发言的人。	

授课环节2	分享与总结	
目标	高年级和低年级的孩子相互分享游戏后的体验与感受	
时间	10分钟	
教学用具	无	
教学内容	**2.1　分享游戏后的感受** 问题1：问二年级的同学们，游戏后有什么感受？ 问题2：问五年级的同学们，在游戏中有没有总结出什么经验可以让二年级的同学更能投入？ 问题3：上完这一学期的心理课，你最大的收获是什么？	备注区域

第五篇　成　就

理论部分

一、成就、幸福与目标

"成就"主要是指达成个人的理想和目标。无论这个理想或目标与他人比起来是怎样的，只要它属于你自己，并且通过努力达成了，就是有所成就。塞利格曼将获得成就的最关键要素简单地概括为一个公式，即：成就=技能×努力。他指出："成就的定义不仅是行动，还必须朝着固定的、特殊的目标前进。"

对于成就与幸福的关系，也有许多不同的流行看法，比如，"我现在不幸福是因为我还没有成功，等有钱有权了以后我就会幸福"，又或者"成功的人不幸福，他们压力很大，或者家庭不美满"等。其实，这些看法都还不够客观全面。诚然，幸福与成就密不可分，个人目标达成与否是影响幸福感的关键因子之一。譬如，心理学家爱德华·迪纳指出："幸福是在达成自己的目标和理想过程中所获得的满足感、感到的快乐。"华人心理学家陆洛和施建彬通过质性研究发现，中国成人幸福感的主要来源包括自我控制、自我实现和事业成就。但这不足以阐明成就与幸福的因果关系。

当今的研究更支持的一个结论是：不是成功带来了幸福，而是幸福带来了成功。这些研究发现：幸福的人更会追求梦想和成功。幸福之人对待事情的态度更为乐观，因此也更受他人和社会的欢迎。幸福之人也常常会有更健康的心理素质，对自己生活满意，并且会更加努力地追求梦想。美国一项对青少年的追踪研究也发现，那些在16～18岁时生活满意度和更多积极情绪最高的一部分人在29岁时的平均收入比整体水平高10%，而最不幸福的一部分人在29岁时平均收入比整体水平低30%。在未婚阶段感到自己很幸福的人将来结婚的比例是幸福度为平均值的人的1.5倍。

塞利格曼提到："生命中有个目标是幸福的，即便是每天阅读一小时，或是努力完成人生目标，都是很重要的。"

目标可以将人类的需求转变为动机，使人们的行为朝着一定的方向努力。需求和动机是目标的前提，出于自主动机、符合自身需要、兴趣或个体发展阶段任务的目标，更能让人们感到愉悦、满足或自我实现。设定目标之后，人们会监控自己的行为，将结果与目标相对照，进行评估和调整，从而实现目标。这个过程被称为目标达成的自我调控过程。

行动在达成目标的过程中非常重要，不过更重要的是在目标的进行过程中不断地进行自我监控和调整。研究发现目标的顺利进行比达成目标对人的幸福感影响力更大。

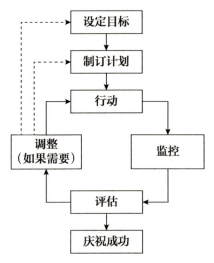

因此，在教学过程中，首先，教师们需要依据学生的个人特点和需求引导学生设定最适合自己的目标，这样才能激发学生的学习动机，获得最佳的效果。例如，在教学中，布置作业可以根据不同学生的学习进度，结合他们的学业目标设定布置相应的作业：对希望考重点学校的学生和希望通过文体特长加分的学生布置不同的作业。其次，教师在学生实现目标的过程中需要协助学生进行自我调控，支持学生更好地完成这个循环，并建立学生自己的自我调控系统。

（一）如何达成目标

教师的角色应当是协助而非替代学生完成他的自我调控过程。在教学过程中，很多老师会有意无意地替代学生在这个循环中的一个或者多个步骤，比如，替学生设定目标和计划、对他们的监控过于严格、强制他们作出调整等。这样，会造成学生无法建立完整的自我调控系统，比如，不会设定目标和计划、忘记监督和评估，或者不能根据具体情况作出调整，进而在未来离开学校后很难达到自己的目标。为了协助学生完成自我调节循环，教师可以参考以下注意事项和引导方法。

1. 设定目标

目标一般要符合"SMART"原则，其中S、M、A、R、T分别代表一条"明智"（SMART）的目标应该满足的条件，分别是具体化

（Specific）、可衡量（Measurable）、可实现（Achievable）、相关性（Relevant）和时限性（Time-bound）。如果学生的目标不具备这些性质，教师可以分别针对其中某项不断提问，帮助学生进一步思考出符合"SMART"原则的目标。例如，学生的目标如果是"好好学习"，教师可以问："好好学习具体是指什么""用什么衡量""是否可以实现""为什么想实现这个目标""准备在什么时间内达到"等，帮助学生形成一个"SMART"的目标。

2. 计划和行动

任何成就的实现都离不开行动，但是很多学生又会迟迟不开始行动，得了所谓的"拖延症"。造成这种情况的原因有许多，其中比较典型的有：（1）学生想要有一个完美的计划后才愿意开始行动；（2）目标过于庞大，不知从何下手；（3）动力不足或担心失败。这时老师的应对方式可以是：（1）引导学生理解整个自我调控循环的模型，认识到计划是可以在行动过后不断调整的；（2）帮助学生切分目标，制订更具体的计划，让学生知道"下一步我可以做什么"；（3）激发学生的兴趣，鼓励尝试，容忍尝试过程中的错误，不断给予学生鼓励。

3. 监控、评估和调整

监控、评估和调整是自我调控模型的关键环节，也是学生最需要培养和提高的能力。许多时候即使是成年人也不能很好地进行自我调控，更不要说是学生。这时就需要教育者有足够的耐心，不断地提示学生思考："过去一周目标进展怎么样？""获得了什么成功或失败的经验？""下一步我要作出哪些改变？"等。这样可以促进学生形成自我监控、评估和调整的习惯。

4. 庆祝成功

学生学习不好，老师一般会约谈他们的家长，不过学生有进步的时候，老师并不会为他们庆祝。这样的现象很常见，因为大多老师担心学生会骄傲，但这却不是最好的方式。及时地为学生所取得的成绩表示祝贺，或者鼓励学生奖励自己，都可以提高学生的兴趣和信心，促进他们取得更大的进步。只是这种鼓励和奖赏应当针对他们在学习过程中付出的努力，以及取得的进步，而非成就本身，这样可以促进学生形成成长性思维。例如，教育者可以说："你的成绩有进步，这跟你最近的努力分不开，老师替你感到高兴！"而尽量不要说："因为这次你考了全班前10，所以老师奖励你一朵小红花！"

二、刻 意 练 习

我们大部分人都会同意，要学会某种专业技能、达成某种成就，少不了勤学苦练。许多畅销书会以"练习1万小时成为专家""21天养成好习惯"等来激发读者的行为。但对于究竟有多少人能坚持1万小时，长时间的坚持是否真的能带来成功，勤学苦练的关键节点是什么，这种练习的本质是什么却鲜有人谈。

如今，更新的研究带来了更深刻的揭示：即便是"天赋"，也并非一成不变。训练会改变大脑结构，潜能可以通过练习被构筑。但并非任何不加分辨地勤学苦练都能带来成功，而是一种被称为"刻意练习"（deliberate practice）的方式在起作用。在某一领域的刻意练习，会让与该领域技能高度相关的脑区发生变化：脑灰质增多、脑神经元重新布线。

简而言之，刻意练习和盲目的苦练不同，具有以下特点。

（1）刻意练习发展的技能，是其他人已经想出怎样提高的技能，也是已经拥有一整套行之有效的训练方法的技能。训练的方案应当由导师或教练来设计和监管，他们既熟悉杰出人物的能力，也熟悉怎样才能最好地提高那种能力。

（2）刻意练习发生在人的舒适区之外，而且要求学生持续不断地尝试那些刚好超出他当前能力范围的事物。因此，它需要人们付出近乎最大限度的努力。一般来讲，这并不令人心情愉快。

（3）刻意练习包含一个清晰的目标，且包括目标表现的某些方面，而不是指向某些模糊的总体改进。一旦设定了总体目标，导师或教练就可以制订一个计划，以便实现一系列微小的改变，最后将这些改变累积起来，构成之前期望的更大的变化。

（4）刻意练习是有意而为的，专注和投入至关重要，它需要人们完全关注和有意识地行动。简单、被动地遵照导师或教练的指示去做还不够，学生必须紧跟他练习的特定目标，以便能作出适当的调整，控制练习。如果在走神，或者练习的时候很放松，并且只为了好玩儿，这可能意味着并没有走到练习的舒适区之外，可能无法带来进步。

（5）刻意练习包含反馈，以及为应对那些反馈而进行调整的努力。在练习早期，大量的反馈来自导师或教练，他们会监测学生的进步，指出存在的问题，并提供解决问题的方法。随着时间的推移，学生必须学会自我监控，自己发现错误，并作出相应调整。

（6）刻意练习关注过去已获得的某些基本技能，致力于有针对性地提高某些方面，总是进一步建构或修改那些过去已经获取的技能。随着时间的推移，这种逐步改进最终将造就卓越的表现。导师或教练为初学者提供正确的基本技能，使学生以后能在更高层面上重新学习那些基本技能。

温斯顿·丘吉尔不断地强迫自己练习演讲才成为了20世纪最伟大的演讲家之一。钢琴家弗拉吉米尔·霍洛维茨（Vladimir Horowitz）讲过："一天不练，我能听出来；两天不练，我妻子能听出来；三天不练，全世界都能听出来。"他是一位魔鬼练习者。同样的描述，也可用于作曲家伊格纳斯·帕德鲁斯基（Ignace Paderewski）和歌唱家卢奇亚诺·帕瓦罗蒂（Luciano Pavarotti）。许多杰出的运动员都以日常训练严酷著称。在篮球方面，迈克尔·乔丹的训练强度超过了他的球队，尽管球队的训练已经十分艰苦。洛杉矶湖人队的科比在记者采访他时反问记者："你知道洛杉矶凌晨4点钟的样子吗？"在橄榄球方面，有史以来最伟大的接球手杰里·莱斯（Jerry Rice）先后被15支队伍弃用，因为它们觉得他太慢了。但通过极为刻苦的训练，他终于将其他选手甩在身后。泰格·伍兹，他的父亲在他很小（18个月）的时候就教他打高尔夫球，并鼓励他刻苦训练。到他18岁成为美国业余冠军赛最年轻的冠军时，他已经练了至少15年，他坚持每天都长时间训练，从未停止过改进，甚至两次改变他的挥杆动作，因为这样可以提高成绩。这些例子都说明了长时间练习，并"刻意"练习一定会带来最好的结果。

三、成长型思维

（一）成长型思维和固定型思维

成长型思维："一个人的智力、才能、优势可以靠自己的努力去大幅提升。"

固定型思维："一个人的智力、才能、优势主要是天生的，后天的改变余地不大。"

斯坦福大学心理学教授卡罗尔·德韦克（Carol Dweck）经过多年的科学研究提出了"成长型思维"。下面是其做的一系列实验。

第一轮实验： 让五年级的小学生做数学题，不管真正完成的情况如何，都给予他们这样的反馈："哇！这套题目完成得很不错！你做对了×道题目，分数很高。"

不同的是，A组孩子还会听到："你一定是很聪明！"

B组孩子听到："你一定是做题目的时候很努力！"

第二轮实验： 让A组和B组继续做题目，但是有两套难度不同的题目，他们可以自由选择。一套题目的难度跟上一次一样，另外一套题目的难度比上一次大。

统计结果： 被表扬聪明组的大部分挑选容易做的题目；表扬努力组的90%选择了更难的测试题目。

结果解释： 被表扬聪明的A组选择容易的题目是因为如果选择难题，自己做不出来就说明自己是不聪明的了；被表扬努力的B组则大多选择了难度更高的挑战，因为他们被强调努力的重要，最终结果分数不是最重要的。

第三轮实验： A组和B组还要继续做一个测试，告知他们这次测试的难度非常难，是比他们高两个年级的学生做的题目。

观察结果： （1）表扬努力的孩子非常集中精力，乐于尝试各种可能的解题办法；（2）表扬聪明的孩子，汗流浃背，相当痛苦。

结果解释： 被表扬聪明的孩子汗流浃背很痛苦，是因为题目很难不会做，他们认为是自己不聪明，他们也会把这次测试的失败归咎于他们不是真的聪明；被表扬努力的孩子则在测试中表现得非常集中注意力，乐于尝试各种可能的解题办法，因为他们认为努力尝试最重要，他们会把失败归咎于自己还不够努力，不够集中精神。

第四轮实验： A组和B组最后做一个测试题（没告知题目难度，其实难度跟第一轮实验难度相当）。

统计结果： 被表扬努力的孩子成绩提高30%，而被表扬聪明的孩子，成绩下降了20%。

结果解释： 被表扬努力的孩子们成绩提高了可能是因为他们被强调努力，从而在这次测试中更加努力，更投入、更集中注意力；而被表扬聪明的孩子成绩下降了20%可能是因为第三轮实验的失败让他们觉得自己不是真的聪明，从而打击了其自信心，最后连能够做对的题目也做错了。

德韦克教授经过一系列研究，最终区分出人类普遍存在的两种思维模式："成长型思维"和"固定型思维"。

（1）**固定型思维：** 一个人相信他的基本特质，比如，智慧、智商和天赋是固定不变的；他们花时间在为自己的天赋自豪或者自怜上而不是去发展自己的天赋；他们相信天赋就能带来成功而不是辛苦地努力。

（2）**成长型思维：** 一个人相信他的基本特质是能通过毅力、决心和辛勤努力而不断发展的；聪明和天赋只是一个起点；这种观点能引发对学习的热爱和发展抗逆力。几乎所有伟大的人身上都能找到这种思维。

	固定型思维	成长型思维
挑战	避免挑战	拥抱挑战
当看到别人成功	感到威胁	感到鼓舞、激励、认为是学习的好机会
遇到困难	容易放弃	坚持、不懈奋斗
把努力当作	毫无用处	学习、提升、精进的途径
面对批评	忽略有用的负面评价、感觉受伤、被否定	从中寻找有用的反馈、学习机会
考试成绩	智商的评价标准	有效的反馈

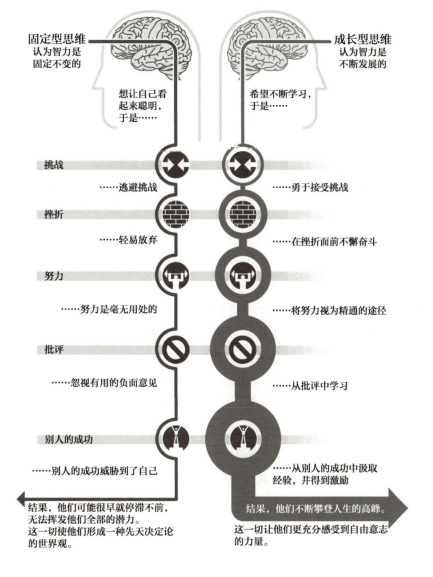

（二）成长型思维的益处

（1）学业成绩更好、工作表现更好；

（2）更加乐观积极；

（3）意志力、自控力更强；

（4）人际关系更好；

（5）更加成功……

（三）成长型思维测试题

（1）智商高低能基本代表你这个人，而你对于智商几乎无法加以改变。

（2）虽然你可以学习新事物，但却无法提高自己的智力水平。

（3）不管你目前的智商水平如何，你都能或多或少地改变它。

（4）你总能使自己的智商水平发生较大的改变。

（5）你天生就是某种类型的人，而且没什么能改变这一状况。

（6）不管你是哪种人，你都能有较大改变。

（7）你的做事方式可以不同，但是决定你个性特点的主要因素却无法改变。

（8）你总能改变那些决定你属于哪种类型的人的特质。

选择1、2、5、7题属于"固定型思维"，选择3、4、6、8题属于"成长型思维"。

上述这8题是从智力和个性品格方面进行的测试，两种思维模式你可能兼而有之，但大多数人都会倾向于其中一种类型。

（四）成长型思维的神经生理机制

我们的大脑、心情、想法、记忆等的物质基础，也是行为实践的指挥中枢，我们传递乒乓球的游戏就需要大脑来指挥。我们知道大脑的基本单位是"神经元"，即神经细胞。在一个传递乒乓球的游戏中，如果我们每一个人都是一个神经细胞的话，我们传递的乒乓球就相当于是传递的信号或信息（实际上是神经递质，是一种化学物质）。

我们的一个简单动作，比如传球，就需要一系列神经细胞彼此之间通力合作才能够完成；同样是传递一个乒乓球，第二次传递的用时就比第一次要短，这说明大家相互配合得更好了，也即大脑的一系列神经细胞之间的连接更紧密、更快，配合得更娴熟了。这就是练习带来的成长和进步，反映在大脑中，就是神经细胞之间的连接更紧密、彼此之间连接更多、神经递质传递速度更快，神经通道在不断地拓宽，甚至还会产生新的神经细胞。这就是练习的效果，即熟能生巧。

我们看到同时传递两个球要比传递1个球更难一些，但是只要投入时间和有针对性地练习，总会越来越快、用时越来越短的。同样，不仅仅是动作，其他活动，如学习一门语言、学会一项技能、培养兴趣爱好、读懂一本书、学会编程或是踢足球等一切活动都可以通过练习慢慢学会、习得。练习的同时，相应区域的大脑神经细胞也会产生变化，比如神经细胞会变多，细胞之间连接更加流畅、紧密，神经通道不断拓宽，这叫作"神经可塑性"或是"大脑可塑性"（Neuro-plasticity）。你的大脑就像肌肉一样，越锻炼越发达，这就是成长型思维的神经科学机制。

四、心理韧性

让我们想一想，一个人要克服困难和打击，有哪些要素能帮助他更好地做到这一点？

我们可能想到许多：性格的坚强、情绪的稳定、目标的清晰、亲朋好友的支持，甚至好的运气。总体来说，可以分为内在要素和外在要素。当然，我们还会很自然地猜想："所以心理韧性这个词，是在概括所有的内在要素吗？是在宣扬一种可以培养的能力品质吗？"

答案是：不尽然。

让我们先来看看起源。"心理韧性"（resilience），这个说法始于20世纪70年代的西方。有一个叫维尔纳（Emmy Werner）的心理学家在一个条件非常艰苦的小岛上开展了一项调查研究，研究的对象是一群儿童，这些儿童都生长在问题家庭，跟着有酒精成瘾或精神疾病的父母长大，其中许多父母都没有工作。这些在非常不利的环境下成长起来的儿童，三分之二在他们随后的青春期呈现出问题行为，比如，长期失业、物质滥用、未婚生子等。然而，还有三分之一的儿童并没有出现这些问题，他们展现出良好的适应能力，维尔纳将他们形容为"有弹性的"（resilient）。随后，这个词引发了研究热点，有更多的研究者开始关注那些在各种逆境之中依然发展良好的人群，研究者们想知道，这种"弹性"到底是指什么，这样的人群到底是如何面对逆境的。

如今，近40年过去了，"心理韧性"的研究遍地开花结果，结论无法简单穷尽，唯有一个观点大部分研究者们达成了共识，值得我们谨记于心。那就是：尽管"心理韧性"涉及"心理"二字，但它不是指一个人的内心特质，而是在描述一种客观的过程。当一个人面对生活逆境、创伤、悲剧、威胁或其他生活重大压力时适应良好，能从困难的经历中恢复过来，我们便把这个过程称之为展现了"心理韧性"。

这样的理解至关重要，因为这意味着，一个客观的过程，我们可以从内在要素和外在要素两方面来影响它，而不仅仅受限于天赋的好运，抑或是一个人在后天环境的磋磨中单打独斗只求让内心特质升级。我们的教育会富有意义，方针政策、社区学校、家庭环境的配合亦能极大促进"心理韧性"这个过程的出现。

换句话说，当一个人遭遇了逆境，他通过自己独特的内心力量克服困难恢复过来，我们当然认为这是"心理韧性"的表现；但与此同时，一个较为脆弱的人，他幸运地拥有支持他的亲朋好友，幸运地生活在一个社会保障机制完善的国家、社区、学校里，让他总是一次次渡过难关，我们也认为他的经历展现了"心理韧性"的过程。事实上，在这样支持性的环境中互动的人们，亦不会永远脆弱，他们会在良性循环中变得更加有弹性、更加坚强，逐渐将"心理韧性"真正内化。这也是"积极教育"与"心理韧性"的关联所在，不仅要从个体入手，更应看到积极教育所带来的集体与个体相互促进、相辅相成的力量。

至此，我们对"心理韧性"有了一个初步的理解，但我们还需要走得更远。

先让我们来看以下几个例子。

汶川大地震那年，小莹8岁，她是地震中的幸存者，她的父母、弟弟、爷爷、奶奶都在地震中遇难了。小莹已经没有了别的亲人，她就这样突然成为孤儿……

小文是大城市一个普通的中产阶层家庭里的孩子，今年14岁，一直以来生活平顺，从未遇过大风浪，偶尔在学习上被老师批评，因为身材较胖有时被同学嘲笑几句，偷偷喜欢班上的一个女生，但那个女生对他并不在意……

李叔是一家公司的老员工，因为公司合并重组进行了一轮裁员，李叔不幸失去了这份工作，他正值中年，上有老下有小，妻子还卧病在床，突如其来的失业让他大受打击……

王姐是一家事业单位里在编的老职工，环境稳定，薪水尚可，同事们也尊敬她。只是日复一日的枯燥工作让她提不起兴趣，正巧儿子今年高中毕业，要离家去上大学……

你认为以上4人谁更需要心理韧性呢？

例子中的小莹和李叔正在遭遇巨大的逆境和困难，我们对此都不会有任何犹豫。但小文和王姐的经历，我们会如何看待呢？他们俩需要心理韧性吗？

研究者们认为，"心理韧性"并非一项锦上添花的事物，只为预防人生当中的惊涛骇浪，每一个人都需要心理韧性，而不仅仅是那些一眼就能看出遭遇了巨大创伤和苦难的人。所有人在成长过程中都会面临挑战和压力，并且这种"挑战和压力"的感受界定时常具有浓厚的个人色彩。一件看上去似乎很小的消极事件，对于某个人可能不值一提，但对于另一个人可能会引发天翻地覆的心理过程。

为了更好地理解这一点，我们来简单学习一个心理咨询中常用到的理论：情绪的ABC理论，它是由美国心理学家阿尔伯特·艾利斯（Albert Ellis）提出的。艾利斯认为，激发事件A（Activating event）只是引发情绪和行为后果C（Consequence）的间接原因，而引起C的直接原因是个体对事件A的想法和信念B（Belief）。面对同一件事，由于人们不同的分析、不同的信念、不同的看法，最后让人们产生不同的情绪和行为后果。

A	B	C
刺激	你的预评价或者思维	情绪反应

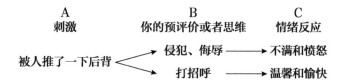

当发生一件事之后，它是否成为当事人的"逆境和困难"，是否让当事人感觉"压力和挑战"，或者这个"压力和挑战"的影响程度到底有多深？很多时候取决于当事人的想法和信念B，事件本身往往只是一个诱因。已经发生的事件A虽然无法改变，但想法和信念B仍有变化的余地，一旦B有了变化，我们最后的情绪、行为都会发生相应的变化。从个体可控因素的角度来说，信念B即是我们获取心理韧性的关键奥秘。下文中会更详细地提到。

总而言之，"心理韧性"可以看作是管理日常生活压力的基础。我们必须意识到：从反面来说，跨越逆境、从挫折中恢复需要"心理韧性"；从正面来说，拓展和丰富正常的生活，进一步提升幸福感，同样需要"心理韧性"。

五、习得性无助、解释风格与习得性乐观

"习得性无助"是美国心理学家塞利格曼提出的，他用狗做了一项经典的实验：他把狗关在笼子里，只要音器一响，就给以电击，关在笼子里的狗逃避不了电击，多次实验后，音器一响，在给电击前，先把笼门打开，此时狗不会逃走而是不等电击出现就先倒在地上无助地呻吟和颤抖，不主动地逃避但却绝望地等待痛苦的来临，这就是"习得性无助"。

后来的实验研究也证实了在人身上也存在这种习得性无助。"习得性无助"是一个放弃的反应，是源自"无论你怎么努力都于事无补"的想法的行为。

"解释风格"是个体对为什么事情会这样发生的习惯性解释方式。塞利格曼把"解释风格"分为两类："悲观解释风格"和"乐观解释风格"。悲观的解释风格可以散播习得性无助，乐观的解释风格可以阻止习得性无助。在遇到挫折或暂时的失败时，你的解释风格能决定你会变得无助还是斗志昂扬。

解释风格有3个维度——个人化（Personalization）、普遍性（Pervasiveness），以及持久性（Permanence）。

（1）个人化：事情进展不顺利或是我们面临失败，总要寻找原因。乐观解释风格的人不会把原因全部归结于自己，比如，做事失败了，并不是因为自己的能力不行，而是还可能存在其他影响因素；悲观解释风格则倾向于认为自己整个人都不行。

（2）普遍性：我们在一件事情上遇到了障碍或是失败，并不代表我们在其他方面也是如此。比如，一个人的考试成绩不好，乐观的人会觉得我仅仅是在这方面暂时不行，其他方面的能力并不会受影响；悲观的人就会把一件事情上的失败泛化到自身的方方面面，最后觉得自己在所有方面都很失败。

（3）持久性：一件事情进展不顺，仅仅是暂时的。乐观的人会认为这种糟糕的情况只是暂时的，情况会慢慢变好。而悲观的人则会认为这样的境况会一直持续，甚至会恶化下去。

"普遍性"和"持久性"控制着你的行为、你的无助感的持久性，以及无助感涉及的层面。"人格化"控制你如何看待自己，以及对自己的感觉。当不好的事情发生时，悲观的人怪罪自己，乐观的人怪罪旁人或环境；当好事情发生时，悲观的人会归功于旁人或环境，而乐观的人会归功于自己。

"乐观"是指人们对已发生的事件进行解释时，对好事情作持久的、普遍的和个人的归因，而对坏事情则作短暂的、具体的和外在的归因。这种对事件的解释方式是后天习得的，个体可以通过学习，将悲观的解释方式转向乐观的解释方式，这就是"习得性乐观"。

悲观解释风格的人会越来越悲观，他们相信坏事都是因为自己的错，这件事会毁掉他的一切，会持续很久。乐观的人在遇到同样的厄运时，会认为现在的失败是暂时性的，每个失败都有它的原因，不是自己的错，可能是环境、运气或其他人为原因的后果。这种人不会被失败击倒。在面对恶劣环境时，他们会把它看成是一种挑战，会更努力地去克服它。

六、意 志 力

分心、走神的时候将注意力拉回来，集中于正在做的重要事情上，控制愤怒不伤害他人，控制当众哭泣的冲动因为不想丢脸，为了减肥不吃甜食，为了身体健康不熬夜玩游戏等，做这些事情我们要控制自己的思维、注意力、情绪等，这时我们会用到同一种能力，我们称之为"意志力"。

我们的意志力像我们身上的肌肉一样，经常锻炼就会越来越强，过度使用就会疲劳酸痛，这是为何人们会在一些时候难以抵挡诱惑的原因，因为意志力耗光了。一天之内的意志力总量是有限的，就像银行账户里的钱一样，使用就会消耗。无论是控制思维、控制情绪，还是抵制诱惑，不同任务花费的意志力都来自同一个账户。好在意志力的总量是可以想办法提升的，就像我们可以想办法给银行账户增加存款。

研究发现，意志力强的学生学习成绩更好；职场上自控能力强的人也更受欢迎，因为他们不仅工作做得好，而且更善于控制自己的情绪，更能站在别人的角度思考问题。

"意志力"是一种有限的资源，使用就会消耗。统计发现总能按时交作业的学生反而经常穿脏袜子,期末考试之前学生们更容易吸烟,更不注意饮食和个人卫生,因为他们的意志力消耗在学习上了,在生活卫生、戒烟这样的事上就容易因为意志力不够而没法很好地控制自己。

"意志力总量"是可以增加的。我们可以通过设置合适的目标、养成好习惯、刻意练习等方法来提高意志力。

"合适的目标"是一个不能太容易也不能太难的目标,太容易的目标容易实现,合适难度的目标才能锻炼你的意志力。不过要注意,目标要清晰单一,不能贪多。

我们可以根据意志力消耗的规律,培养一些好的习惯。意志力是有限的,每次使用都会被消耗,在休息了一夜之后,早晨起来应该是一天里意志力最强的时候,你应该把需要耗费意志力的事儿,也就是有些难度的、重要的事情安排在早上。研究发现,上午10:30以前做完最重要的3件事是最简单、最高效的自我管理技巧。

最后一种有效提升意志力的办法是刻意训练。"意志力"是一种通用资源,我们可以通过做一些日常小事来提高意志力,然后把它用在其他事情上。一个有效的练习办法是做自己不习惯做的事。比如,你习惯用右手,你可以有意识地用左手。还有就是有意调整身姿,即当你意识到你应该坐直的时候你就刻意地挺直腰杆。我们还可以强迫说的每一句话都是书面语的完整句子,不出现俚语、省略语和脏话。

意志力是一种有限的资源,使用就会减少。意志力像肌肉一样,经常锻炼就会增强,过度使用就会疲劳,我们可以通过设置合理目标、养成好习惯、刻意练习等手段增强意志力。

七、养成好习惯

什么是习惯?"习惯"有个简单的定义:稳定的甚至是自动化的行为。用心理学术语来说,"习惯"是刺激和反应之间稳固的联结。举个例子,对于经常使用手机的人来说,一天无数次地看手机,即使不是在接电话或处理要紧的事,每过一会儿就不由自主地看手机,这就是"习惯"。

美国心理学家威廉·詹姆斯说:"播下一个行动,收获一种习惯;播下一种习惯,收获一种性格;播下一种性格,收获一种命运。"可以看出,习惯和命运是紧密联系的。根据美国南加州大学心理学教授温迪伍德的统计，人平均一天当中大约有四成的行为都属于惯性动作链，犹如一个个小模块相互拼接在一起。

习惯是在平时的生活中养成的，是规律地、持续地去做事。一件事养成习惯之后，我们在做的时候常常觉得自然而然，不需要花费很多努力了。养成好习惯会帮助我们把对自己有益的事情坚持下来。

生活当中每一个行为的发生，大脑里都会刺激产生一个电波。当形成一个习惯之后，我们大脑当中的神经元之间就会形成一条通路，我们这个习惯坚持得越久，这个通路就越粗越宽，传递信息的速度就会越快。

关于习惯，我们大脑中的这个过程是一个由三步组成的回路。第一步，存在着一个暗示，能让大脑进入某种自动行为模式，并决定使用哪种习惯；第二步，存在一个惯常行为，这可以是身体、思维或情感方面的；第三步则是奖赏，这让你的大脑辨别出是否应该记下这个回路，以备将来之用。

例如，每天上午最后一节课的下课铃响起后，小明的第一反应是起身冲出教室奔向食堂，因为这样，小明就能够第一个到食堂吃到他最喜欢的红烧肉了。对这个例子进行分析。

（1）线索：下课铃。

（2）行为：冲出教室奔向食堂。

（3）奖赏：可以吃到最喜欢的红烧肉。

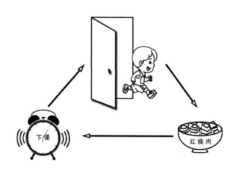

由于小明每次都这么做，久而久之就成了一种不需要思考就能行动的习惯。

这个简单的习惯回路的发现，其实是在生理学上得到验证的。科学家在我们的大脑中发现，人的习惯的形成是一个神经回路不断强化的过程。当我们不断采取相同的行为的时候，在传导这一行为信息的神经链就会速度越来越快，线条越来越粗，你的神经链是在增长的。而发现暗示、采取行动、进行奖励能够帮助我们刺激神经链，产生这个行为。

熟悉教育的人会明白，儿童教育最重要的就是培养好习惯。所谓"好习惯"，就是一个对人现在和可见的未来都有好处的、持续固定的行为。

既然培养好习惯十分重要，为什么人们还是容易在中途失败放弃呢？我们一起来看看养成好习惯会失败的原因。

（1）设定了目标，但没有设计行为；

（2）高估了自己的精力和体力，目标定得太高；

（3）没有预先想象进行项目过程中的困难，遇到困难就放弃了；

（4）方法枯燥、单一，完全凭自己的意志力来维持动力；

（5）无法从失败中学习调整。

那么，如何用心理学的方法有效地培养好习惯呢？

◆ **方法1：设定小而具体的行动**。很多人热衷于给自己设定宏大的目标，但并没有设定具体的行为。例如，加强英语听力（宏大模糊），就不如每天听半小时VOA英语新闻，记住生词（小而具体）；多运动（宏大模糊），就不如每天运动30分钟（小而具体）；增加阅读量（宏大模糊），就不如每天读书15页（小而具体）等。前文中的"SMART"就是可以参考的目标设定法。

◆ **方法2：写下实施意向**。英国《健康心理学》期刊曾发表过一个研究，研究的目的是看用什么方法能让人建立运动的习惯。研究被试分为3组，研究者告诉第一组的人："我希望你们在接下来的两周中找时间运动，每人记录你自己运动了多久。"对第二组的人说："我希望你们接下来两周中找时间运动。我也要让你们看一些资料，让你们了解运动对健康的益处。"第三组的人和第二组的人获得了同样的指令和健康信息，但同时他们被要求多做了一件事——填写一个计划。计划的内容是："接下来的一个月内，将在每周（日期）在（时间）在（地点）进行20分钟的剧烈运动。"

两周之后，他们分别追踪这3组人。第一组中只有38%的人在过去一周至少运动了一次。第二组中，35%的人在过去一周中至少运动了一次。显然，让人知道运动的好处，给予鼓励并没有什么效果。但是第三组就不同了，91%的人一周至少运动了一次。第三组的人成功的关键，就是他们事先填写了那句话，称为"**实施意向**"（implementation intention）。而很多研究显示，这么做会让我们完成计划的概率大幅度提升。因为如果没有这个行为，人们常常会把"对自己好，但并不急迫"的事留到最后，并常常偷懒不做了。而预先写出了实施意向，计划好在什么时间、什么地点要做什么事情，就好比跟自己约定了日程，因此，使得计划更容易被执行。

- ◆ **方法3：移除干扰**。例如，在工作和学习时把手机放到看不见的位置，在一段时间内不看手机；在学生学习时关掉电视、电脑等视听设备；如果准备早起运动，就提前准备好运动服装等，这些准备工作能帮助我们节省精力资源，专注于要做的事，可达到事半功倍的效果。
- ◆ **方法4：设定视觉化的显示**。例如，为孩子培养习惯时可以在墙上贴上进度小海报，每次完成计划行为之后贴上一面小红旗，如果连续完成，可以奖励孩子做感兴趣的事，如看个电影，吃顿美食，玩儿两小时游戏之类，等等。或者把小红旗换成小盒子和彩色曲别针、手账上的大拇指标记之类，这个方法也同样适用于成年人。
- ◆ **方法5：写下获益、预想的阻碍和解决方法**。想清楚实现目标后自己的受益，例如，保持好身材、获得好情绪、出国留学沟通无障碍，等等。然后，思考在实现目标过程中自己可能遇到的障碍，写出应对方法。例如，因为我想锻炼身体，所以每天跑步半小时，如果下雨，就在家练习半小时俯卧撑和仰卧起坐；因为我想保持好身材，所以我每天练习半小时瑜伽，如果身体不适，那我就休息两天（休息也是可以约定的）。
- ◆ **方法6：找到支持者**

支持者可以是希望一起调整的朋友，例如组成跑步圈、英语口语圈、读书圈等，大家约定习惯行为，定时打卡互相监督。通常，一种新行为坚持60～90天就会形成稳定的习惯。在这个过程中，如果遇到一些突发情况不得已中断一两天，仍然可以隔天再继续做，短暂的中断后坚持下来仍然是有意义的。

为自己设立一个短周期，如一周为一个单位，做到之后奖励自己，这样，可以帮助自己更好地坚持下来，从而养成好习惯。

积极成就模块参考学习书单

《坚毅》《刻意练习》《习惯的力量》《终身成长》《成功、动机与目标》《意志力》《幸福的科学》《活出最乐观的自己》《教出乐观的孩子》《幸福的最小行动》。

```
           ┌ ① 学习做计划 •  第1课  我的第一个项目
取         │                 第2课  我的项目计划
得         │ ② 习得乐观  ┌ 第3课  小象汤姆
成         │             └ 第4课  两个选择         ┐ 贯穿9周的项目
就    ─────┤ ③ 好习惯    •  第5课  小习惯，大能量  ├ 在项目行动中体会坚持
的         │ ④ 成长型思维┌ 第6课  努力让我更聪明   ┘
重         │             └ 第7课  失败中的价值
要         │ ⑤ 记录成果， ┌ 第8课  项目展示日
条         │    获得反馈  └ 第9课  项目总结
件         
```

教学设计

第1课　我的第一个项目

课程目标

通过小故事引入项目和成就的概念。

启发学生选择一个自己感兴趣的目标作为本学期的项目。

一般说明

时间：40分钟（含5分钟"沉静训练"）

教学用具：项目手册

教学实施

授课环节1	我的兴趣爱好	
目标	引发学生思考自己的兴趣爱好；通过小故事帮助学生理解项目的概念	
时间	15分钟	
教学用具	无	
教学内容	1.1　故事导入 小明从小就特别喜欢动漫，尤其喜欢迪士尼动画，他也喜欢画卡通画，希望自己将来能成为动漫画家。小明还有一个愿望，就是希望爸	备注区域

教学内容	爸、妈妈能带自己去一次迪士尼乐园，亲自感受一下这个动漫世界，自己回来要把乐园里有趣的景象画三五幅画，收录进自己的小画册。 小明把这个愿望告诉了爸爸，爸爸特别痛快地表示支持，答应接下来的国庆节假期就带小明去上海迪士尼乐园。小明可高兴了！ 不过爸爸提出了一个条件，就是小明要自己做个项目计划。 "什么是项目计划？"小明问。 "项目就是你想完成的一件事，这件事是你有兴趣而且有意义的，比如你打算亲身体验一下迪士尼乐园，把那里的场景画三五幅画。我们要为这件事做个计划，比如，什么时间去迪士尼，需要哪些准备，你怎么记录想要画的东西，等等。项目计划的意思就是思考一下，想要完成目标你都要做哪些事，并且把这些事提前安排好。" "我懂了，看来有很多事要安排呢。" "对呀，我们想做好一件重要的事，都需要事先做好计划哦。" "那我该怎么做计划呢？" "你自己先想想怎么安排刚才我说的那些内容，然后咱们再一起商量好吗？" "好嘞！要去迪士尼啦，哦耶！" 晚上完成作业，小明坐在书桌前思考迪士尼的项目计划。他左思右想，感觉做这个计划还真不容易呢。 1.2 教师提问 （1）同学们，故事里小明的爸爸告诉了小明什么是项目和项目计划，你们还记得他怎么说的吗？ （2）你们觉得小明要想完成好这个项目，他的计划里应该包括哪些事呢？同学们，你们每个人都想一想，自己的兴趣爱好是什么呢？ （3）你有没有做过一件你感兴趣的事，它不那么容易完成，但你觉得完成它很有意义？	备注区域

授课环节2	**我的第一个项目**	
目标	介绍"成就"的概念，启发学生思考自己感兴趣的项目主题	备注区域
时间	12分钟	
教学用具	无	
	2.1 介绍"成就"的概念 提问：同学们，这学期我们心理课的主题是积极成就。你们知道什么是成就吗？	

教学内容	2.2　思考项目主题	备注区域
	你有没有一件自己一直想做的事呢？这件事是你特别感兴趣的，同时这件事是有意义的，你自己通过努力也基本上可以独立完成，完成之后你将会觉得很棒。想一想，你会想做什么事呢？	
	这学期，我们将用两个月时间帮助每个人各自完成一个小项目，每周的积极心理课上我们会让大家分享自己的进度，并帮助大家面对可能遇到的困难。学期末，我们计划邀请同学们的家长来到学校，那时候我们每个人都有机会在同学、家长和老师面前展示自己的成果。对于表现特别好的一些同学，我们还会评选优秀奖。	
	2.3　项目目标分类	
	（此分类仅供参考，如果有不属于这三类的就再归入其他类）	
	第一类是学会一项技能（如学骑自行车、弹琴、书法等）；第二类是完成一个作品（如制做一种手工、烧一道菜、种一盆花、养一只小动物等）；第三类是书面分享观察或学习成果（如写一篇科学观察报告，读完一本书后写读书笔记等）。	

授课环节3	我的项目手册	
目标	初步介绍项目手册	
时间	8分钟	
教学用具	项目手册	
教学内容	3.1　介绍项目手册	
	打开手册第一页。关于"成就"有一个等式，"成就"等于技能乘以努力。也就是说，每个人有些天生比较擅长做的事，但只有通过努力才能真正做得出色。接下来介绍项目周期，并让同学填写下来，然后介绍奖项。	
	每位同学认真想一想自己这学期想完成的项目名称、选择的原因和目标，然后把它们分别填写在这一页的各个栏目里。下节课我们会选出部分同学分享自己的项目主题，还会详细教大家使用这本手册。	

教学内容	

成就项目手册

关于成就　积极心理学研究表明，成就是实现幸福人生的重要来源。
成就的定义是行动的同时，还必须朝着固定的、特殊的目标前进。
成就 = 技能 × 努力

课程目标　每位同学寻找一件自己喜欢的事情，在一个学期中学会为自己的兴趣制定计划，努力并坚持完成自己的目标。在学期末感受到达成成就的幸福感。

项目周期　从　　年　　月　　日到　　年　　月　　日

项目奖项　在本学期结束前，我们将根据每周报告或成果展示评选出：

1 最受欢迎奖　　　由学生和家长投票选出
2 坚持不懈奖　　　每周都认真完成项目报告
3 最自信奖　　　　在展示成果时落落大方，讲解清晰
4 最佳成长奖　　　在错误中学习，在项目中能力得到提升
5 最佳计划奖　　　计划清晰可行
6 最佳习惯奖　　　有规律地安排自己的行动，按时完成计划
7 最乐观奖　　　　在过程中保持乐观的心，做出许多尝试
8 最佳挑战奖　　　项目难度高，认真而且努力地坚持到底
9 最佳成就奖　　　综合以上各方面由老师评出

课后作业：填写手册"我的项目"，可以和家长商量自己的想法。

第2课　我的项目计划

课程目标
教学生学做项目计划。

一般说明
时间：40分钟（含5分钟"沉静训练"）
教学用具：项目手册

教学实施

授课环节1	分享我的项目主题
目标	学生在课堂上彼此分享项目主题，老师对于不合适的项目给予反馈，引导学生调整
时间	10分钟
教学用具	项目手册
教学内容	1.1　主题分享 引导每位同学思考一个自己这学期想做的项目主题，并记录在项目手册上。主题是否适合应遵循的原则是：学生有兴趣的、有意义的、有挑战性的。

授课环节2	学习做项目计划
目标	学习项目计划的步骤
时间	10分钟
教学用具	项目手册
教学内容	2.1　教师引导 做计划前先要确定目标《我的项目》，一起来完成"我的计划"这一页。 （1）第一步：定目标。目标就是我们要去的方向，我们要为自己的项目定一个明确的目标。 （2）第二步：分步骤。思考并列出项目的各个阶段。例如，小明的项目里包括：①查询想玩的项目；②游览迪士尼并收集素材；③画画。把想好的步骤按顺序填写在空格处。

教学内容	（3）第三步：做准备。是指准备需要的物品、时间和找到支持者。在这个阶段，还要想一想可能遇到的困难，以及自己准备怎么克服。例如，小明要考虑带上绘画工具，考虑到时间紧来不及画完画，还要准备照相机等物品；同时留出游玩和画画的时间；他还需要找到爸爸作为买票和准备物资的支持者。	

授课环节3	学习使用项目手册	
目标	学习填写项目手册的其他部分	
时间	15分钟	
教学用具	项目手册	
教学内容	3.1　项目手册整体介绍 手册包括如下三大部分，构成了整个项目的过程。它包括项目各阶段需要记录的信息，可随时给我们以提示。 （1）第一部分：定目标，做计划 首先，这节课后每个人最终决定自己的项目主题。在制订过程中可以和家长商量。每位同学是项目的责任人，而家长是支持者。所以，每位同学把今天课程的主要内容讲给家长听，并让家长阅读项目手册的内容。之后，你本人在"责任人承诺"页上签名，你的家长在"家长承诺"页上签名。 接下来，你还需要思考并填写"我的项目"这一页，这是你的项目的详细说明。 （2）第二部分：每周报告 确定主题和步骤之后，每位同学就可以开始做项目了。在上课时我们会抽签选出几名同学向全班报告你这一周的成果。每位同学在家给自己的成果拍照片或者1分钟以内的小视频，把它存在U盘里，在报告的时候效果会更好。 （3）第三部分：安排一次成果展示会，会邀请同学们的爸爸、妈妈，到时候会让做得很棒的同学上台展示自己的作品。会评选最佳成就奖、最受欢迎奖、坚持不懈奖、最自信奖、最佳自律奖、最佳挑战奖、最佳计划奖等几个奖项。 3.2　回答问题 关于这节课的内容同学们还有什么疑问吗，如果有的话请提出来。	

教学内容	3.3 课后作业
	（1）思考并决定自己做什么项目，在制订项目过程中可以和家长商量。之后，你本人在"责任人承诺"页上签名，你的家长在"家长承诺"页上签名。
	（2）思考这个项目分成哪几个步骤，然后填写"我的计划"这一页。
	（3）完成第一周的工作，并填写第一次报告。
	（4）上次拟定的主题需要修改的同学，课后根据老师的反馈重新思考并修改主题。

第3课 小象汤姆

课程目标

了解什么是"习得性无助"。

情感目标学习如何获得"习得性乐观"。

一般说明

时间：40分钟（含5分钟"沉静训练"）

教学用具：（1）项目手册

（2）音频：《汤姆的独白》

教学实施

授课环节1	项目的推进	
目标	分享项目主题	
时间	5分钟	
教学用具	项目手册	
教学内容	1.1 项目分享 同学们，一起来分享一下这周都做了些什么？ （1）分享一下，大家都为项目制定了哪些目标？ （2）在作计划的时候有没有遇到困难？	备注区域

授课环节2	无助的汤姆	
目标	了解什么是"习得性无助"	
时间	15分钟	
教学用具	音频：《汤姆的独白》	
教学内容	2.1 驯兽园里的故事 老师配合音频，描绘小象汤姆的处境： 在野外自由生活的小象汤姆被抓到了驯兽园里，训练员用绳子绑住了它。 提问1：刚把小象汤姆抓住的时候，同学们觉得小象会怎么做呢？ 是的，汤姆用尽力气，想要逃离驯兽园。每天想着法子摆脱绳子的捆绑。但是绳子对于现在的小象来说还是太粗了，它试了上千次都没有办法弄断。 提问2：同学们，你们觉得小象还会做些什么呢？	备注区域

教学内容	等到汤姆渐渐地长大了，它的腿比树桩还要粗，鼻子也变强壮了，汤姆变成了大象，力气也特别大。可奇怪的是，汤姆安静地待在树桩旁边。 提问3：同学们，汤姆长大以后有没有能力逃跑呢？ 可为什么汤姆再也不逃了，只是安静地待在树旁边呢？ 2.2 习得性无助 我们来听一听汤姆小时候的心声：播放音频《汤姆的独白》 引导方向： 汤姆长大以后就和千千万万只驯兽园里的动物一样，已经不再尝试逃离，也没有期望过自由自在的生活了。它认定了自己没有办法逃跑，因为小时候已经试了很多次了，每一次都失败。每次的结果都告诉它，它是多么弱小，渐渐地它再也不想去尝试了。 长大以后，汤姆的力气其实非常大，可以轻而易举地把树干举过头顶，但是它却无法劝服自己再去尝试逃跑了。汤姆长大后，虽然有能力成功，却因为曾经的失败失去了勇气，不敢再尝试了，这样的心情，我们把它叫作"习得性无助"。这种无助感不是天生的，是后来发生的。 提问：我们身边有没有类似的情况呢？	

授课环节3	习得性乐观	
目标	学习如何获得"习得性乐观"	
时间	15分钟	
教学用具	无	
教学内容	3.1 帮助汤姆 　　公益组织的救助 汤姆终于被公益组织救了出来，但是它仍旧只围着一个小树桩转，似乎它还是被绳子绑着。 （1）我们可以怎么帮助汤姆呢？ （2）我们要怎么让汤姆更加快乐一些呢？ （3）总结方法 有哪些方法帮助到了汤姆？ 　①寻找其他自由奔跑的大象，给汤姆一个好的榜样和示范。	备注区域

教学内容	②接受别人的帮助，志愿者帮助汤姆去尝试新事物。 ③跟过去的自己比较，定期积累、总结自己获得了哪些点点滴滴的进步。 3.2 鼓励项目进行 我们的项目已经开始了，如果在项目进行过程中遇到失败和无助，不要轻易放弃，想一想汤姆最终是如何获得成长和自由的。	备注区域

第4课 两个选择

课程目标
了解悲观和乐观两种不同心态的特点。
了解不同心态会导致不同的行为结果。

一般说明
时间：40分钟（含5分钟"沉静训练"）
教学用具：（1）A4纸若干
　　　　　（2）项目手册

教学实施

授课环节1	报告分享	
目标	督促项目推进	
时间	5分钟	
教学用具	项目手册	
教学内容	1.1　项目分享 同学们有没有花时间投入项目？ 大家有什么有趣的事情可以分享？ 1.2　项目困难解决 同学们，你们的项目遇到了什么困难呢？ 遇到困难以后，你是怎么做的？	备注区域

授课环节2	身边的故事	
目标	了解不同心态会导致不同的行为、结果	
时间	20分钟	
教学用具	无	
教学内容	2.1　明明和亮亮 　　　　　　明明的故事 　　明明今年小学三年级，在一次班委的投票选举中失败了，他感到很沮丧…… 　　明明心想：真让人郁闷啊，大家一定是觉得我当不好班委。 　　两周以后，学校运动会要开始了，明明平日里经常锻炼，觉得自己参加100米跑步的话肯定能拿冠军，于是报了名。	备注区域

教学内容	运动会上，班级都为他鼓励加油，听着加油的声音，明明费尽力气，获得了第三名。	备注区域
	明明看着第三名的奖状，特别的低沉，心想：我可能在运动上也没有天赋，哎，又输了！明明郁闷地回到了自己的座位席上喝水，也没怎么跟周围的同学说话。	
	有一天明明看到同桌在画画，就问他画什么呢，同桌告诉他是学校举行绘画大赛。明明想再试试看，于是也报名参加了。兴高采烈的明明拿着他的绘画交了上去，想着这次总可以成功吧？	
	两周以后，学校把获奖名单公布了出来，明明没有获得名次，只是和大部分人一样得到了鼓励奖。	
	明明沮丧极了，心想：为什么我总是失败呢，我太笨了！什么事都做不好。	
	明明开始讨厌一切评比了，许多团体活动他都拒绝报名。直到六年级小学毕业，他都再也没有参加过任何比赛。	
	<div align="center">**亮亮的故事**</div>	
	亮亮今年小学三年级，在一次班委的投票选举中失败了，他感到很沮丧……	
	亮亮心想：真让人郁闷啊，不过我只比当选的同学少几票而已，下次我再准备得充分点！	
	两周以后，学校运动会要开始了，亮亮平日里经常锻炼，觉得自己参加100米跑步的话肯定能拿冠军，于是报了名。	
	运动会上，班级都为他鼓励加油，听着加油的声音，亮亮竭尽全力，获得了第三名。	
	亮亮看着第三名的奖状，向给他加油的看台上的同学们使劲挥挥手，他想：真开心啊！这么多同学为我加油。而且跑步的选手都很强啊，我在这样的强手中能学到更多跑步技巧了！	
	亮亮自此爱上了跑步，特别喜欢和体育老师一起讨论怎么样才能训练得更好，以便下一回获得好成绩。	
	有一天亮亮看见同桌在画画，就问他画什么呢，同桌告诉他是学校举行绘画大赛。亮亮想：我也试试看，看看我的水平怎么样，于是报名参加了。	
	两周以后，学校把获奖名单公布了出来，亮亮没有获得名次，和大部分人一样得到了鼓励奖。	
	亮亮拉着同桌的手欢呼了起来，想着试试新鲜的东西可真有趣啊。	
	此后，亮亮也总是勇于尝试新东西、新挑战，还鼓励他周围的同学一起，亮亮的朋友越来越多了。	

教学内容	在四年级的班委选举中，亮亮高票当选。	备注区域
	小学六年级毕业的时候，亮亮留下了许许多多美好的回忆，自信满满地迈入初中。	
	2.2　提问 （1）明明和亮亮都遇到了哪些事情？ （2）面对同样的事情，明明和亮亮的想法有什么不同？ （3）不同的想法，导致他俩哪些不同的行为？ （4）小学毕业的时候，他俩的状态有什么不同？	
	2.3　总结 明明和亮亮遇到的事情都一样，却因为想法不同，导致了后来不同的行为结果。明明是悲观的，亮亮是乐观的。如果有人可以帮助明明将想法变得乐观一些，他在未来的行动中也会发生变化，像亮亮一样获得一个更棒的结果。	

授课环节3	小游戏	
目标	让大家实际体验对待一件事的不同看法	
时间	10分钟	
教学用具	A4纸若干	
教学内容	3.1　游戏 两人一组，同学们在一张纸上画上九宫格。 一个人画圈，一个人画钩，轮流占领一个格子，看谁先连成一条线。 （备选游戏，在方格纸上下五子棋） 玩完以后，大家分享一下赢了/输了以后的心情和想法。 （1）同学们，你们赢了/输了以后有什么想法呢？ （2）你觉得哪些想法是乐观的？哪些想法是悲观的？ 3.2　总结 遇到挫折和失败，暂时感到沮丧、难过是很正常的。但我们可以学会用乐观的想法来调整自己未来的行动。"乐观"可以通过学习获得，在以后面对挫折和困难的时候，我们不妨试一试用乐观的想法来激发积极行动。	备注区域

第5课　小习惯，大能量

课程目标
让学生理解好习惯的概念和益处。
通过小故事使学生理解养成好习惯的重要性，并掌握三种行动方法。

一般说明
时间：40分钟（含5分钟"沉静训练"）
教学用具：项目手册

教学实施

授课环节1	说说我的好习惯	
目标	教学生养成好习惯的方法	
时间	10分钟	
教学用具	无	
教学内容	1.1　说说我的好习惯 （1）老师先举例说一个自己的好习惯，以及它带给自己的益处。 （2）同学们自由发言，仿照老师的方式说说自己的好习惯和益处。 1.2　养成好习惯的方法 提问：同学们，你们是怎样养成好习惯的呢？ 教师小结：刚才同学们说了一些自己的好方法。下面的故事里的主人公璐璐遇到了困难，我们看看能不能用你们的方法给她一些帮助。	

授课环节2	学画画的璐璐	
目标	通过小活动使学生进一步体验好习惯的重要性，让学生练习使用养成好习惯的3种方法	
时间	20分钟	
教学用具	无	
教学内容	2.1　情景故事 　　璐璐是三年级的学生，她的爱好是画画。为此，璐璐参加了周末课外美术班，璐璐的画在同学们中间也是很出色的，以前老师会经常把璐璐的画拿出给全班展示，可是这种情况最近好像越来越少了。这个周末，璐璐又背着画板来到美术学校。老师让同学们拿出上节课布置的作业：练习画手的形态。璐璐这才想起来课后作业这件事，打开画	备注区域

教学内容	板，画纸上只有一个刚起了头的草稿。	备注区域

"我怎么又忘了作业？"璐璐有些不安地想。

这才想起自己周一作业很多，写到挺晚，写完作业刚开始画画，妈妈就催自己睡觉了。周二晚上本想画一会儿，可没忍住看了动画片，周三小娜约了自己去她家玩儿……再之后就完全忘了美术练习这回事。

这时，老师拿起璐璐的朋友佳佳的作业走到讲台前面，举起来展示给大家说："我想特别表扬佳佳同学，这段时间每次她完成作业都很认真。大家看，上次我布置的作业是练习画一双手，而她练了这么多！佳佳这学期的画进步特别大，大家要向她学习！"

璐璐看向佳佳的画，果然是满满地画了一大张各种手的姿态，而且画得很认真。

璐璐有些惭愧了。心想：这学期以来，自己的美术作业常常在上课前一天草草完成，这次更是完全忘在脑后了。以前画得不如自己的佳佳显然超过了自己，可是自己也很想认真画好啊！璐璐又佩服佳佳，又为自己难过……

放学后，闷闷不乐的璐璐把这件事告诉了来接她的妈妈。妈妈想了想，没有责怪璐璐，而是轻轻地说："看起来佳佳已经有按时练习画画的好习惯了，哪怕每天只练一小会儿，日积月累进步就会很明显。你愿意养成这个习惯吗？"

"当然愿意了！可是，我怎么养成这个习惯呢？"

2.2 提问

同学们，你们能用自己的经验帮璐璐想办法吗？

以下3种方法是研究发现帮助人养成习惯的有效方法。这个环节的要点是在璐璐这个案例中结合这3种方法分别想出具体的行动和方法。

方法一：思考并完成两句话，还可以把这两句话写下来贴在自己房间的墙上。

（1）因为……所以……这句话是帮助我们想清楚为什么要养成这个习惯（比如，因为我想让自己画画的能力进步得更快，所以我要每天练习半小时）。

（2）如果……那么……这句话是事先想到具体的场景和可能遇到的困难，并想出解决方法（比如，如果每天写完学校的作业还没到睡觉时间，我就坐下来画一会儿画；如果在画画时别人叫我去玩，我就告诉他等我练习完半小时之后再去玩）。

方法二：使用视觉化的小工具（比如，在一周中为每一天做个小纸盒，每天练完画就在当天的小纸盒里放一个彩色曲别针）。

| 教学内容 | 方法三：做到后奖励自己。可以和家长商量一些奖励措施（比如，一周练习了5天画就带自己出去玩，或者去看场喜欢的电影之类）。

2.3 小结
学生们自由发言，之后教师小结：同学们帮璐璐想了很多很好的方法，那我们来帮璐璐做个总结吧。 | 备注区域 |
|---|---|---|

授课环节3	第三周报告分享	
目标	监督学生的项目进度，给予适当的反馈	
时间	5分钟	
教学用具	项目手册	
教学内容	大家想一想，有谁在这几周的时间里发现自己养成了某种习惯？

3.1 选两名学生报告项目进展
总结今天的课上我们认识了"习惯"。"习惯"就是这样一种很神奇的东西，做一件事一旦养成习惯之后，我们常常就像每天洗脸刷牙一样自然而然地去做它，一段时间后，它就对我们的生活产生意想不到的大影响。
刚才我们还帮助璐璐想出了一些坚持练习画画的方法。
大家再想一想，在你的项目里、生活和学习中，你希望把什么事情变成习惯呢？希望同学们自己试试每种方法，然后经常使用自己觉得最好用的方法。这样，相信更多好习惯会成为你的好朋友！ | 备注区域 |

第6课　努力让我更聪明

课程目标

了解什么样的大脑是"聪明的大脑"。

了解成长型思维的益处。

一般说明

时间：40分钟（含5分钟"沉静训练"）

教学用具：（1）每两位同学一盒橡皮泥

　　　　　（2）项目手册

教学实施

授课环节1	分享我的项目进展	
目标	学生在课堂上彼此分享项目进展，老师可以引导遇到困难的学生应用成长型思维	
时间	5分钟	
教学用具	项目手册	
教学内容	1.1　项目进展分享 同学们，有谁在这周的项目里遇到了难题吗？当你遇到困难的时候，你有没有再做尝试的吗？如果有的话欢迎分享给我们，我们一起来看看你是怎么解决这些难题的。 （如果有的话优先安排他们，2~3名同学分享） 学生分享之后老师鼓励一下：这几位同学遇到困难没有放弃，他们已经做到我们今天的课之前了。	备注区域

授课环节2	大脑里的成长树	
目标	通过橡皮泥制作活动，对大脑内部的成长形成感性理解	
时间	20分钟	
教学用具	橡皮泥	
教学内容	2.1　大脑里的"神经元"细胞 我们的大脑里面有很多细胞，形状有点像一根根树枝，我们把它们称作"神经元"细胞。 我们每个人在学习、思考和做事情的时候，不同的神经元细胞会连接起来，它们会手拉手。	备注区域

教学内容	一个人如果喜欢学习新知识，愿意不断努力练习，敢于面对暂时的失败，他头脑中的小树枝就会越长越多，脑细胞之间的牵手就会越来越牢。这意味着，他的大脑之树就会越来越茂盛、越来越强壮，他的大脑就会变得更聪明。 一个人如果害怕新挑战，不敢面对失败，想假装自己很轻松就获得成功，他的大脑之树就会变懒，错失很多锻炼大脑的机会。久而久之，这棵树就只能固定不变、维持原状，无法变得更茂盛。 大脑的成长，就像一棵树的成长，我们可以试着想象自己的头脑里有一棵树。 2.2 制作"神经元"细胞模型 为了让大家认识"神经元"细胞的样子，现在我们每个人用橡皮泥来做一个模型。 有许许多多这种像小树枝一样的"神经元"细胞连在一起，组成了我们的头脑之树。这棵树的树干粗壮，枝繁叶茂就说明这个人更聪明。	备注区域

授课环节3	辨别两种思维类型	
目标	通过选择小练习，区分两种思维的差异	
时间	10分钟	
教学用具	无	
教学内容	3.1 辨别两种思维 下面是一些同学们常常会有的想法，你们猜猜看，哪种想法会帮助大脑之树成长？ （1）练习的目的是完成一个完美的作品。（固定型） 练习的目的是尝试完成多个作品，努力做得越来越好。（成长型） （2）人们只关注冠军，如果我当不了冠军，我就什么都不想做了。（固定型） 即使得不了奖，我的努力也是有价值的。（成长型） （3）璐璐画画有很多奇思妙想，我就没有。（固定型） 奇思妙想是很多很多次尝试的结果。（成长型） （4）答错问题会显得我不够聪明，我不想主动回答问题。（固定型） 大脑会在使用中越来越聪明。（成长型） （5）我觉得老师讲得好像不对，但老师不会犯错误吧，我还是别问了。（固定型）	备注区域

| 教学内容 | 老师也可能会犯错，我也可能会犯错，提出自己的疑问让我们至少有一个人有了改正的机会。（成长型）
（6）整理我的房间是妈妈的事，我只要学习好就行了。（固定型）
练习整理自己的房间能锻炼我的责任心和条理性，会让我越来越聪明能干。（成长型）
（7）钉子被我撒落了一地，我真是笨手笨脚的。（固定型）
钉子撒落了，我马上把它们捡起来就好。（成长型）
（8）踢足球总是偏了方向，同伴不喜欢我的传球，我没有踢球天赋，不玩了。（固定型）
我需要更多的练习，这样，我脚的动作就会更协调。（成长型）

3.2　教师总结
这节课后，同学们在做项目的过程中注意观察，自己遇到了什么困难？怎么用成长型思维来解决问题的，这个问题后来解决了吗？
如果你有这样的经验的话，下次上课时我们再一起来说一说吧。 | 备注区域 |

第7课　失败中的价值

课程目标

学会如何从失败的经历中寻找价值。

一般说明

时间：40分钟（含5分钟"沉静训练"）

教学用具：（1）项目手册
　　　　　（2）海报附件
　　　　　（3）阅读附件

教学实施

授课环节1	报告分享	
目标	督促项目推进，分享心得	
时间	5分钟	
教学用具	项目手册	
教学内容	1.1　项目分享 同学们有没有花时间投入项目？ 大家有什么有趣的事情可以分享？ 1.2　由2名同学报告项目进展，分享心得	备注区域

授课环节2	面对失败	
目标	学会从失败中寻找价值	
时间	20分钟	
教学用具	无	
教学内容	2.1　思考 小杰的项目挫折 场景 （小杰的项目是养花） 小杰和同桌一起去买种子。 种子开始发芽长叶了，嫩绿的颜色点亮了小杰的阳台。 一个月后，小杰遇到了一个很大的问题：叶子变成黄色的了。 但是同桌的叶子还是绿色的。	备注区域

教学内容	小杰每天浇水都没有什么用处，叶子越来越黄了。 小杰沮丧极了，觉得自己根本不擅长养花，甚至想放弃这盆花了。 **2.2　我们该怎么帮助小杰？** （1）同学们还记得我们学过的"成长型思维"吗？ （2）遇到困难的时候，如果是拥有成长型思维的小杰，会怎么想？怎么做呢？ （3）我们有哪些方法来帮助小杰呢？ （查查植物手册，这棵小花名字叫什么呢？它的习性是什么呢？需要多久浇一次水？适宜的温度？需要什么样的肥料？多长时间的日照？找找身边有养花经验的人，他们都有什么主意？） **2.3　困难不可怕** （1）同学们，想象一下，如果小杰把所有的方法都试了一试，会发生什么呢？（老师引导同学们的回答方向：学到了新知识） （2）如果小杰遇到困难就放弃了，他还有机会学到正确的养花方法吗？ （3）同学们，小杰同桌的花养得很好，那么他会学到这些知识吗？（有可能会，有可能不会，引导方向：小杰一定会学到） （4）同学们，所以当我们遇到困难的时候，是不是对我们来说是个美丽的挑战，预示着我们可以学到很多知识？	备注区域

授课环节3	**课后准备**	
目标	明确第8节展示课的准备工作	
时间	10分钟	
教学用具	海报附件、阅读附件	
教学内容	**3.1　海报准备** 每位同学都需要做一张简易的海报，介绍自己的项目。海报包括： （1）项目介绍； （2）选择项目的原因； （3）项目制作过程； （4）结果； （5）我的收获与提升； （6）信封。	备注区域

教学内容	备注区域

3.2 产品准备

下节课每位同学需要带作品来到班级展示，没有作品的同学可以思考一下，如何把自己做的事情展示给同学们欣赏。下节课将会给同学们分发小红花，用以选出最受欢迎的项目。

3.3 教师准备

老师请详细阅读附件，为第8课作课前准备。

第8课　项目展示日

课程目标

让每位同学可以向他人展示和讲解自己的项目。

一般说明

时间：40分钟（含5分钟"沉静训练"）

教学用具：（1）小红花打印格式

（2）奖状打印格式

教学实施

授课环节1	展示规则	
目标	学生展示出自己的项目，同学们和老师来参观	
时间	25分钟	
教学用具	小红花	
教学内容	1.1　投票规则 每位同学分发3朵小红花（票），老师需要告知同学们每个项目最多投一票，每位同学投出自己最喜欢的3个项目，放入该项目的海报信封中。（投票是为了最终评选"最受欢迎奖"） 1.2　展示项目 在30分钟内，老师和同学们可以尽可能多地参观每位同学的项目展示。	

授课环节2	评选"最受欢迎奖"	
目标	项目展示	
时间	10分钟	
教学用具	奖状	
教学内容	2.1　评选"最受欢迎奖" 30分钟展示结束后统计票数，最高票获得"最受欢迎奖"，颁发奖状和礼物，如果有重复排名的，都可以上台领奖。 ＊如何计票：老师可以让同学们数一下自己的票数，相互检查是否正确，之后班委协助老师统计出最高得票。 票数最多的这位同学到台前给全班所有同学和老师展示自己的项目，并讲解自己的制作过程和获奖感言。	备注区域

教学内容	2.2　总结与准备	备注区域
	同学们，下节课就是我们这学期的最后一节课了，同学们对自己这学期做的项目满不满意呢？	

同学们，如果觉得自己在这一周内还可以把项目做得更棒，还想向大家展示自己的项目，可以来找老师报名在下节课再做展示哦。

报名的同学，请在项目报告中写明本周需要改善的内容。

2.3　下节课

最后老师总结，除了"最受欢迎奖"，我们在下节课会评选出：

（1）"最佳计划奖"关键点：有明确的目标，做计划步骤清晰，易于行动。（强调计划内容）

（2）"最乐观奖"关键点：项目进行过程中保持乐观的心态，并尝试了很多不同的方法。

（3）"最佳习惯奖"关键点：有规律地安排自己的行动，使用教过的方法一步步按时完成自己的项目计划。（强调执行力）

（4）"最佳成长奖"关键点：在错误中学习，在项目进行过程中能力得到提升。

（5）"坚持不懈奖"关键点：每周都认真完成项目报告。

（6）"最自信奖"关键点：在展示成果时落落大方，讲解清晰。

（7）"最佳挑战奖"关键点：项目难度高，但能认真而努力地坚持到底。

（8）"最佳成就奖"关键点：这是老师在整个项目过程中观察到的各方面都做得比较出色的同学。

第9课　项目总结

课程目标
复习本学期重要的知识点。
强调项目的意义，鼓励所有参与全过程的学生。

一般说明
时间：40分钟（含5分钟"沉静训练"）
教学用具：（1）奖状
　　　　　（2）项目毕业证书打印格式

教学实施

授课环节1	成果再展示	
目标	鼓励有进步、有改善的项目	
时间	15分钟	
教学用具	把再展示的作品放置在讲台旁	
教学内容	1.1　成果作品再展示 （根据学生报名人数，此环节可以选择下面两个方案中的一个来安排，关键是让每一位学生有机会展示完成后的作品） **方案1：**（展示者3人以下） 上节课大家集中展示了自己的项目成果，在那之后有几名同学又花了一番精力对自己的项目成果作出了改进，经过评估，我决定再给他们一次机会展示自己的新作品。请每位同学轮流用两三分钟介绍一下你现在的作品，重点介绍这一周你又作了什么努力，是怎么改善它的。 **方案2：**（展示者人数较多） （1）老师在课前审阅每一名有改善的学生的项目报告，摘录本周改善要点。 （2）上课前学生们把自己的项目成果都陈列在讲台旁的桌子上，课上安排5分钟让所有学生走到讲台前，观看展示者的作品。 （3）老师向全体同学摘要介绍每一位展示者在本周更新的内容。	备注区域

授课环节2	项目之星颁奖	
目标	宣布老师评出的各个奖项，结合展示日的"最受欢迎奖"颁发7个奖项，鼓励表现最佳的学生 复习相关特质的知识要点	
时间	15分钟	
教学用具	奖状	
教学内容	2.1 为项目之星颁奖 上节课我向大家预告过，我们要分别选出在8个方面表现突出的同学作为我们的项目之星。这8个方面有些就是我们这学期每节课的主题，也就是一个有成就的人所具备的重要特质。 老师一边介绍每个奖项与获奖者，一边和大家一起复习一下每种特质的知识要点。 （1）"最佳计划奖"关键点：有明确的目标，做计划步骤清晰，易于行动。（强调计划内容。） 教师引导：同学们，你们觉得好的计划有什么特点呢？（目标明确、步骤清晰、易于行动。） （2）"最乐观奖"关键点：项目过程中保持乐观的心态，并尝试了很多不同的方法。 教师引导：同学们还记得小象汤姆的故事吗，说一说。（习得性无助和习得性乐观） （3）"最佳习惯奖"关键点：有规律地安排自己的行动，使用教过的方法一步步按时完成自己的项目计划。（强调执行力） 教师引导：同学们，大家还记得有哪些方法可以帮助我们养成好习惯吗？ （4）"最佳成长奖"：在错误中学习，在项目过程中能力得到提升。 教师引导：同学们还记得常常练习会让人的大脑有什么变化吗？（大脑更聪明）错误是个坏东西吗？（错误是个学习的机会） （5）"坚持不懈奖"关键点：每周都认真完成项目报告。 （6）"最自信奖"关键点：在展示成果时落落大方，讲解清晰。 （7）"最佳挑战奖"关键点：项目难度高，但能认真而努力地坚持到底。 （8）"最佳成就奖"关键点：这是老师在整个项目过程中观察到的各方面都做得比较出色的同学。	备注区域

教学内容	奖状 ___同学，在积极成就项目中荣获 **最佳成就奖** 特发此证，以资鼓励！ 年 月	奖状 ___同学，在积极成就项目中荣获 **最乐观奖** 特发此证，以资鼓励！ 年 月	备注区域

授课环节3	项目总结	
目标	总结项目的意义	
时间	5分钟	
教学用具	项目毕业证书	
教学内容	3.1　项目总结 每位同学在项目进行的过程中体会做成一件事会经历困难、疑问，有时候甚至想放弃。这时候，很多同学通过运用课堂上学习的知识学会了更好地面对困难，比如，保持乐观的心态，利用习惯的力量坚持，运用成长型思维在失败中学习经验，不断尝试新方法，最后解决了问题，并享受到了成功的快乐。	备注区域

第六篇 意 义

理论部分

一、积极教育视角下的意义

一个深秋的夜晚，路边有个醉汉，他正在路灯的照射下，四肢着地地在一堆厚厚的落叶中搜寻着什么。过了一会儿，有位好心的女士经过。

她看了这个醉汉片刻，问醉汉："你是丢失了什么东西吗？"

"钥匙，"醉汉头也不抬含含糊糊地说道，"我弄丢了我的钥匙。"

女士看他找得辛苦，不禁想帮帮他，于是她试着跟醉汉确认："所以，你是把钥匙弄丢在路灯照着的这块地方吗？"

这时，醉汉停下了搜寻的动作，抬起头来，用充满血丝的眼睛飘忽地看着女士："虽然这不关你的事，也没什么可跟你说的，不过我的钥匙是在那边弄丢的！"说着，醉汉伸出晃晃悠悠的手指，指向街的另一边，那边一片漆黑。

女士很困惑，想不通地问道："如果你钥匙是在那边弄丢的，为什么要在这里找呢？"

醉汉不耐烦地抬高了音调："我在这里找，当然是因为这里光线更好！没人能在那边找到任何东西，因为那边太黑了！我不想再回答你这些幼稚的问题了，不能浪费时间了，我还得找我的钥匙呢！"

接着，醉汉再次扎进灯光明亮的落叶堆中，一边翻找一边嘬嚅着："等我找到了钥匙，还要接着找我那该死的汽车……"

堪培拉大学一位研究生命意义的教授（T.W.Nielsen）时常给他的学生讲这个笑话，有些讽刺，却多少折射出人类某些真实的面向。一方面，我们当然同意女士的逻辑，钥匙在哪弄丢了就该在哪寻找；另一方面，我们也确实做出了许多类似醉汉的行为：重要的东西弄丢了，但只在最方便、最触手可及的地方盲目寻找，只因有可能找到的地方一片黑暗，充满未知与不确定。在这里"钥匙"所隐喻的，便是积极教育课程模块中最后一个主题：人生意义。

刚刚踏入积极心理学或积极教育领域的人们，时常会听到介绍：积极心理学是一门帮助人们通向幸福与快乐的学科。有些时候，人们会简单、粗暴地将积极心理学与幸福快乐画上等号。但走到今天，我们更应记住来自两位"积极心理学"奠基人的话：

积极心理学是一门研究生命从开始到结束的各个阶段的学科，它着重研究那些使生命更有价值和更有意义的东西。它旨在回答一个问题，即如果我们不想挥霍生命，我们该做些什么？（Christopher Peterson）

最深沉、最稳定的幸福，源自我们拥有人生的意义（Martin Seligman）。

当有人问道："你的人生意义是什么？什么样的生活对你来说是有意义的？"有时我们会陷入良久的沉思，有时我们会不知所措，有时我们随意抛出几个"高尚"的词汇但内心没有丝毫波动，有时我们期待外面有人送来"正确答案"。"意义"是个庞大的话题，几千年来引发了众多领域、众多人群不间断的思考，著书立说的成果不胜枚举。学者们在探讨和研究意义时，通常将这些林林总总的研究划分成4个维度。

（1）**意义的认知功能**。比如，我们怎样通过"意义"获得内心世界的内在一致性？我们如何让内心变得连贯有序？

（2）**意义的动机功能**。比如，意义怎样驱动我们的行为，怎样形成生活的目标。

（3）**意义的种类**。比如，是研究微观的、日常生活里的意义，或研究宏观的、生命的终极意义。

（4）**意义的起源**。比如，意义是靠我们发现，还是靠我们创造的？意义的源头在哪里？

所以，当我们在积极教育领域谈论"意义"时，我们是在谈论什么？

在"积极心理学"领域，研究者们更多地从认知和动机维度对意义进行研究。"意义"，被视为**一种重要的心理资源**，这种资源在人们发挥正常机能、努力奋斗、繁荣成长中都起着至关重要的作用。可以这样比喻："意义"就像一个灯塔，它照耀着所有生活事件，使人们能从自己的积极或消极经历中汲取力量、获得洞察，使人们获得另一种视角来超越当下的情境，指向一个更有价值的未来。在积极教育的视角下，人生意义意味着：**用你的全部力量和才能去和一个超越自身的东西产生连接，设定目标去服务于它，并用恰当的方式实现这些目标**（Martin Seligman）。

二、意义从何而来

将该领域几位学者所发现的、对"意义"有贡献的重要因素作一个归类和对比，呈现如下。

Ebersole（1998）	Emmons（1999）	Wong（1998&2009）	Frankl（1960s）
关系	亲密关系	关系	人际关系
事业	成就	成就	创造性的工作
对待生命经历的态度	奋斗的过程	自我接纳	对待苦难的态度
宗教信仰	宗教/灵性	宗教	
为他人服务	养育后代	自我超越	

"意义"不是我们能够直接寻找并获得的东西，我们越是理性地去寻找它，越可能错失它。意义和幸福一样，如果我们刻意去追求一个叫作"意义"的东西，结果往往可能不遂人愿。对比以上表格里的因素，我们会发现一些共同点：人际关系、工作、事业、某种思维方式（通常是积极取向的），是大部分人感受到意义的来源。

心理学家鲍迈斯特（Roy F.Baumeister）认为，要获得有意义的生活可以从4个途径进行努力：目标、价值感、效能感和自我价值感。

（一）目标

目标的本质是把当下从事的活动与未来建立联系，从而从联系中获得意义。设立的目标可以指引个体当下活动前进的方向，慢慢趋近目标所要达成的结果。

（二）价值感

个体的价值感能让个体进行判断和抉择。个体依据自己的价值感做事就会体验到一种安全感，觉得是在做（对自己而言）正确的、有价值的事情。相反，如果个体违反自己的价值感去做事，就会体验到一种负罪感、内疚、后悔和焦虑等负性情感。所以，当一个人所做的事情是符合其价值感的时候，他会认为这件事情就有意义；反之他就会认为这件事没有意义。举一个价值感影响人对意义的感知的例子，比如，在弘扬"女子无才便是德"的文化中，人们的价值感受到深刻影响，那么女性单纯追求学识和事业可能就会被视作是无意义的。

（三）效能感

"效能感"也即"能力感"，是对自己能力大小的感知和认可。个体的生活如果只有目标和价值感而没有效能感，那么这样的个体可能知道事情的对错，也知道自己想要什么，但是无法投入任何努力去达成自己渴望的目标。人类一直以来都在寻求对环境的控制，寻求控制感，而"效能感"的缺失会严重影响个体的控制感。这个要素和行动紧密相连。因为"意义"的产生终究要求人们付出行动。然而，如果人们都不相信自己有能力，就不会付出努力。

（四）自我价值感

大多数人都会不断地寻找各种各样的理由来相信自己是一个很棒的、有价值的人。自我价值可表现为个体层面的，如个体认识到自己比其他人要优秀；自我价值也可以表现在集体层面，如个体会加入一个他认可的集体，并从集体中获得尊重。应该怎么来理解"自我价值感"这一要素呢？任何一个发挥主观意志的行动都离不开支持系统，"自我价值感"就是作为支持系统存在的一个要素。比如说，一个人认为自己是一个很优秀的人，这种价值感会让他受到鼓舞，使他努力承担起责任。

简单来说，人们对生命的意义有一种天然的需求，它意味着：

一种动机，一种想给生活事件寻找答案和解释的动机；（有序性）

一种渴望，一种想把事情弄明白并且拥有一个生活目标的渴望。（可控性）

三、追寻有意义的人生

（一）青少年视角："迈上目标之路"

关于如何引导青少年成为有意义的人，戴蒙把相关的研究成果总结为12个步骤。我们把这12个步骤归纳为3个阶段。

1. 酝酿阶段

（1）和直系亲属之外的人进行有启发性的沟通。如和老师、朋友等讨论感兴趣的主题。

（2）观察有目标的人是如何工作的。

（3）第一个启示性时刻：世界上有一些重要的东西是可以被修正或改进的。比如，"我以前一直认为雾霾天气是纯粹的自然现象，是改变不了的，直到看了纪录片才知道英国在20世纪早期雾霾也是很严重的，才知道通过治理工业污染可以改善大气环境。于是，对改善环境产生了兴趣。"

（4）第二个启示性时刻：我可以为此作出一些贡献，让世界有所改变。例如，美国的一个9岁女孩得知蚊帐可以有效预防非洲疟疾之后，从节省自己的零用钱捐助了一个蚊帐开始，直到在全国范围募捐了大量资金购买蚊帐，支援了非洲贫困地区，使得当地很多贫民免于疟疾的折磨。

2. 尝试阶段

（1）对目标的认同，同时初步尝试去完成一些事情。

（2）获得家人的支持。（如果有条件）

（3）以独创性和具有影响力的方式进一步加大对所追求目标的付出。例如，美国波士顿学院（Boston College）前棒球选手发起的冰桶挑战，目的是让人们了解"渐冻症"和为渐冻症患者提供治疗资金。

3. 深化阶段

（1）获取追求目标所需要的技能。

（2）不断从实践中获取真知。

（3）乐观和自信不断提升。

（4）对目标的长期承诺。

（5）把在目标追寻中所获取的技能和品格优势迁移到人生其他领域。

（二）教育者视角：学校和老师的教育方针

学校和老师需要重点关注两方面的工作。一方面，是学校的教育理念应当超越当今社会上的"短视"思维。学校教育理念应在培养学生建构人生意义的过程中引导他们关注他人、社区和社会的需要，而不仅仅是财务自由、获得名誉这一类世俗的成功。另一方面，在所有学科的课程设置中，应加入所学知识与现实生活的联系：或者解决某类问题，或者回答某种疑问。此外，一些学校安排老师担任学生"梦想辅导师"，根据每位学生的兴趣引导其结合课程作知识储备计划，极大地激发了学生的学习热情。当学生在校学习知识的过程中可以预知学习的目的，将会明显促进他们的学习动机，同时，有利于他们把学到的知识应用于自己感兴趣领域的社会实践。

提问题和讲故事是两种行之有效的方法，可用于老师指导学生探询他们的人生意义。

1. 讲故事

帮助学生们发现"意义"与学生们讲述自己发现"意义"的故事的能力直接相关。无论课程的内容是什么，教师都不应惧怕引出学生自己的故事。教师也可以分享自己的故事，以吸引学生的注意力。因为故事具有主题，所以学生在故事中很容易发掘"意义"。而当学生讲述自己的故事的时候，作为主人公的自己一定会有目的。不同的学生讲述的人生故事一定是不同的。对有些人而言，生活是一场只有输赢的比赛；而对有些人而言，生活则是一场冒险。这些不一样的对生活的理解和解释会影响他人的观点，正如他人的故事会影响我们一样。

另一个方法是让学生在课堂上讲述自己的故事，即给他人上一堂具有鲜明的个人风格的课。这种课程需要学生有一定坦露自己隐私的勇气，同时也需要学生有足够的自信。

可以按照主题划分来写你的故事，比如，你可以按照坚韧、勇敢、不放弃等主题来记述你的故事，要注意的是这些记述的故事不是随意编造的，而是在你的生活中真实发生的。你也可以写下你人生当中对你有影响的一件具体的事情或是一段时期，比如，曾经发生过的一些创伤经历或是在生活不如意时你努力做出的改变尝试，不管是成功的还是失败的。写自己的人生传记也是一个不错的方法，就像名人传记写的那样，有章有节，有具体的剧情简介。

2. 让学生回答问题

提问可以引发学生的思考，可以给学生准备一些与人生意义有关的问题。尽管不同的学生对这些问题会给出各不相同的答案，并且这些答案与他们对生命的理解和他们当下身处的情境相关，但回答这些问题仍然是重要的。因为对人生意义的寻找和对这些问题的回答并不是一蹴而就的。以下是部分问题。

（1）我如何实现自己的梦想？我此生究竟想做什么？我的天赋和激情的交集在哪里？成就和满足感的平衡点在哪里？

（2）我想做一个怎样的人？考虑到理想和现实生活的矛盾之处后，我还能实现目标吗？理想的生活是什么样的？

（3）谁才是我可以信任的、真正的朋友呢？我该怎样才能成为他人的这样的朋友呢？

（4）我和其他人的身份如何帮助我定义自己呢？比如，肤色、性别、宗教信仰、社会阶层等。为什么有的时候人们容易有偏见呢？

（5）我怎么知道现在学习的东西对以后有用呢？上学真的有用吗？为什么要上这么多我不感兴趣又不知道有什么用的课呢？

（6）我怎样才能尽到公民的责任，为地区、国家乃至世界带来改变呢？志愿活动为什么重要呢？

（7）怎么样才能达到并保持生活的平衡并收获幸福？完成多个任务是度过人生的最健康的方式吗？真的有人可以同时达到身体健康、心理健康、精神健康、情感健康、社会交往健康的状态吗？

（三）家长视角：支持性做法

由于青少年对社会现状和需求经验不足，家庭教育应该在引导孩子建构人生意义方面提供支持。比如，家长可以把孩子引向前景看好的一些选择上，帮助孩子作筛选，思考孩子的天赋潜能以及兴趣是如何与周围世界所提供的机会和需求相匹配的。父母可以支持孩子，依靠自己的努力去探索有目标的人生方向，并开放更多潜在的可供发展和探索有关目标的可能性的资源。家长在这里更多是扮演支持者的角色，而非领导者的角色，因为孩子需要追寻让自己感到有意义的人生目标。在这个过程中，父母所能提供的最有效的帮助都是间接而非直接的，但同时也是非常有价值的。

具体的做法列举如下，供参考。

- ◆ 观察孩子的兴趣点，激发孩子更大的兴趣；
- ◆ 保持开放，不作结果设定；
- ◆ 传递家长自己从工作中获得的目标感和意义；
- ◆ 传授实践性的生活智慧，鼓励孩子尝试各种可能性；
- ◆ 介绍孩子认识潜在的导师、专业人士；
- ◆ 鼓励孩子的独创精神；
- ◆ 培养孩子的心理韧性，鼓励他从失败中学习；
- ◆ 注意培养孩子关爱他人、服务社会的价值观；
- ◆ 父母以身作则，培养孩子为自己的选择和行为结果负责。

四、课程理念

我们无法将"意义"本身直接教给学生，意义感只能从学生自己真实的体验中、带有情感触动的思考中逐渐生成。在积极教育的意义课程设计中，基于对前人研究结论的参考，我们包含了与不同年龄段学生相关的多领域心理探索活动——学习领域、身体领域、情感与关系领域、生命领域等，并且遵循"由关照自我到联结他人、由小我体验到自我超越"的方向引导。该模块既立足于对前5个模块的回顾与总结，也致力于提升学生的生命视野，给学生创造条件并提供方法，使其生命迸发出火花：面对过去，能形成积极的、资源取向的心理叙事；面对现在，能珍惜当下，拥抱真实体验；面对未来，能提升希望，找到与过去、现在的连接感，以探索属于自己的人生意义。

维多克·弗兰克尔（Viktor E. Frankl）曾在其著作中留下一段精彩的话：

生命中每一种情况对人来说都是一种挑战，都会提出需要你去解决的问题，所以生命之意义的问题实际上被颠倒了。人们不应该问生命之意义是什么，而必须承认是生命向他提出了问题。简单地说，生命对每个人都提出了问题，他必须通过对自己生命的理解来回答生命的提问。生命的意义在每个人、每一天、每一刻都是不同的，所以重要的不是生命之意义的普遍性，而是在特定时刻每个人特殊的生命意义。

让我们与之共勉。

生命意义探索
- 第1课　神奇的诞生
- 第2课　你好，蛋宝宝

健康意义探索
- 第3课　假如，失去了……
- 第4课　汤姆生病了

情感意义探索
- 第5课　爱的大连线
- 第6课　我们在一起

学习意义探索
- 第7课　学习让生活更美好
- 第8课　才艺大展示

总结 ● 第9课　生活大超市

教 学 设 计

第1课　神奇的诞生

课程目标

认识生命的诞生和成长。

感受生命的神奇与珍贵。

一般说明

时间：40分钟（含5分钟"沉静训练"）

教学用具：（1）绘本PPT《生命可以看见》

（2）视频《宝宝的诞生》

（3）护蛋记录卡，每人一张

教学实施

授课环节1	绘本故事	
目标	通过绘本了解婴儿的出生和成长	
时间	10分钟	
教学用具	绘本《生命可以看见》	
教学内容	课前准备：每位同学上课当天从家里带一个生鸡蛋到课堂上。	备注区域

教学内容	1.1　提问与分享 我们是怎么诞生的？ 1.2　讲绘本故事 提问： （1）你的爸爸妈妈是怎么跟你说你是怎么来的？ （2）璐美是盲人，为什么她说自己能够看见小望的生命？ （3）你抱过小宝宝吗？抱过那些小动物吗（小猫小狗等）？抱的时候感觉怎么样？ 1.3　小结 通过《生命可以看见》这个绘本，我们看到了绘本里小婴儿小望这个小生命诞生的过程。我们每个人都是像小望一样来到这个世界上。小婴儿来到这个世界上不容易，需要在妈妈肚子里待上10个月。大家想不想知道小婴儿在妈妈的肚子里是什么样的呀？下面我们就来看一个小短片，看看婴儿是怎么形成、长大直到出生的。	备注区域

授课环节2	生命的神奇与珍贵	
目标	通过视频了解婴儿在体内变化的过程和父母的付出，体验生命的神奇与珍贵	
时间	15分钟	
教学用具	视频《宝宝的诞生》	
教学内容	2.1　观看视频 视频暂定和介绍要点： （1）小婴儿最初是从一个很小、很圆的细胞发育而来的，这个小细胞在妈妈的肚子里不断地吸收营养，不断变化，慢慢长大。 （2）这个一动一动的地方就是小婴儿的心脏。 （3）这个连接肚脐的长长的管子一样的东西叫作脐带，小婴儿通过脐带从妈妈那里获得营养和食物。这个黑圆点的地方就是小婴儿的眼睛。（眼睛这个知识点可以通过提问让学生们猜） （4）小婴儿从妈妈的肚子里出来后，医生会用剪刀剪断脐带，所以现在我们的肚子上只有一个小小的肚脐眼。 2.2　提问与分享 提问： 看完这个视频之后，你有什么感受和收获？	备注区域

教学内容	2.3　老师总结 我们通过这个视频详细地了解了小婴儿在妈妈的肚子里是如何形成、一点点发育长大的。生命真的很神奇，很不可思议。可是你们知道吗？生命也是很脆弱的，我们在妈妈肚子里的10个月时间里，爸爸、妈妈需要付出巨大的努力来保护我们。我们一起来看看爸爸、妈妈都做了哪些努力吧。 2.4　知识讲解 （1）妈妈要特别注意身体，避免生病，即使生病了也不能随意吃药，因为有些病毒和药物都可能会严重影响我们的发育。 （2）我们在妈妈肚子里长大需要营养，我们的发育"抢"走了妈妈的营养，妈妈不得不大量补充营养。 （3）妈妈的行动必须非常小心，走路、做事都不方便，爸爸需要非常细心地照顾我们和妈妈。 （4）到了我们出生的那一天，妈妈要忍受巨大的痛，付出巨大的努力，在医生、护士的帮助下，把我们生出来。	备注区域

授课环节3	护蛋行动	
目标	通过护蛋行动介绍，让孩子们了解如何做护蛋活动	
时间	10分钟	
教学用具	护蛋行动卡	
教学内容	3.1　引导语 为了我们的顺利出生，爸爸、妈妈付出了巨大的努力。为了体会爸爸、妈妈是如何保护我们的，我们来做一个持续一周的小游戏：护蛋行动，也就是你们今天带来的鸡蛋，体会一下妈妈、爸爸的不容易。小鸡的出生跟我们很像，只是它们是从鸡蛋里被孵出来的。 （1）护蛋规则介绍 ①接下来的一周，我们要把蛋宝宝带在身边，保护它。 ②每天我们需要陪鸡蛋说说话，早起后和睡觉前都要说。 ③一周里，我们要跟蛋宝宝拍3次合影。 ④如果你的蛋宝宝不小心打破了，不要担心，你有复活的机会，但是只有一次机会。 （2）起名字和做标记 每个学生会拿到一张护蛋行动卡，我们给自己的蛋宝宝取个名字吧。然后再给你的蛋宝宝做个标记，这样就不会跟其他同学弄混了。	备注区域

教学内容	护蛋行动卡			备注区域
	蛋宝宝名字：_____			

<table>
<tr><th>日期</th><th>护蛋记录
（发生了什么，你的感受，想法，收获等）</th><th>早晚打卡</th></tr>
<tr><td>第1天</td><td></td><td>早起打招呼☐
睡前说晚安☐</td></tr>
<tr><td>第2天</td><td></td><td>早起打招呼☐
睡前说晚安☐</td></tr>
<tr><td>第3天</td><td></td><td>早起打招呼☐
睡前说晚安☐</td></tr>
<tr><td>第4天</td><td></td><td>早起打招呼☐
睡前说晚安☐</td></tr>
<tr><td>第5天</td><td></td><td>早起打招呼☐
睡前说晚安☐</td></tr>
<tr><td>第6天</td><td></td><td>早起打招呼☐
睡前说晚安☐</td></tr>
<tr><td>第7天</td><td></td><td>早起打招呼☐
睡前说晚安☐</td></tr>
</table>

护蛋宣誓

我一定会做好"护蛋使者"，每天陪伴它、保护它，不会让它受到危险与伤害。

蛋妈妈（爸爸）签字：_____   日期：_____

（3）护蛋集体宣誓与签字

在老师的带领下，学生们进行护蛋宣誓，并在护蛋行动卡上签字。

第2课　你好，蛋宝宝

课程目标

培养保护、关爱生命的意识。

激发对生命的爱护。

一般说明

时间：40分钟（含5分钟"沉静训练"）

教学用具：（1）护蛋行动卡

（2）视频《无壳小鸡孵出过程》

教学实施

授课环节1	护蛋行动反馈与分享	
目标	了解生命的独特，体验生命的脆弱和宝贵	
时间	15分钟	
教学用具	护蛋行动卡	
教学内容	课前准备：每位同学上课当天把自己的蛋宝宝和护蛋行动卡带到课堂上。 1.1　分组分享 引导语：大家把自己的蛋宝宝拿到桌子上放稳，4~6人一组，轮流展示自己的蛋宝宝并介绍自己的蛋宝宝的名字。 1.2　提问分享 （1）有多少人的蛋宝宝被保护得很好，现在依然完好无损？ （2）有多少人中途打破了蛋宝宝，又换了一个新的？ （3）蛋宝宝被打破了，你的感觉如何？ （4）鸡蛋被保护得完好无损，你是怎么做到的？你的感觉如何？ （5）有没有发生过很危险的事情，蛋宝宝差点就被打破了？ （6）早上起床后、晚上睡觉前你都跟你的蛋宝宝说了什么话，做了什么事？ 1.3　小结 下面我们就来放一个视频，来看看一枚小小的鸡蛋是如何变成一只活蹦乱跳的小鸡的。	备注区域

授课环节2	小鸡宝宝的诞生	
目标	通过对小鸡孵出过程的了解，体验生命的神奇与宝贵	
时间	15分钟	
教学用具	视频《无壳小鸡孵出过程》	
教学内容	2.1　观看视频 2.2　提问与分享 （事先把视频截图做成PPT，图中分别标出小鸡不同身体器官，让学生判断器官名称） 看完这个视频之后，你有什么感受和收获？	备注区域

授课环节3	与蛋宝宝告别	
目标	通过分享活动总结处理蛋宝宝的方式，让学生找到自己喜欢的处理方式	
时间	5分钟	
教学用具	无	
教学内容	3.1　提问与分享 跟你相处了一周的蛋宝宝，这节课结束后就用不到了，你打算如何处理？ 3.2　给出几个参考处理方法 （1）与蛋宝宝正式地合张影，留作纪念；（2）在家长的帮助下，在蛋的底部锥一个小洞让液体流出来，保存蛋壳，留作纪念；（3）在家长和专业人士的帮助下，把小鸡孵出来。 3.3　总结 生命是如此神奇，每株植物、每个动物和人类共同组成了五彩缤纷的美好的世界。我们每个人都是其中的一分子。动物、植物的生命和人类的生命一样宝贵，爱护它们，就是爱护我们自己。	备注区域

第3课　假如，失去了……

课程目标

探索身体健康的意义以及维护方法。

增强学生爱护身体的意识，促进学生健康成长。

一般说明

时间：40分钟（含5分钟"沉静训练"）

教学用具：蒙眼用的眼罩或布条若干

教学实施

授课环节1	体验身体缺陷活动	
目标	让学生通过道具的使用，体验身体缺陷带来的不便与对身心的影响	
时间	20分钟	
教学用具	无	
教学内容	1.1　体验身体缺陷活动 同学们，今天我们要来做几个身体体验活动，有谁愿意来参加？ （1）先安排4名同学，第一名同学蒙上眼睛，第二名同学左手背过去，第三名同学双手背过去，第四名同学双手、双眼都可以用，请4名同学开始系鞋带，看谁系得又快又好。 老师提问：为什么刚才有的同学完成了任务，有的同学没有完成任务？ （2）重新安排4位同学（离座位稍远的同学），分别将自己的作业本交到讲台上，然后，回到自己的座位上。第一位同学，蒙上眼睛；第二位同学一只脚不能用，只能单脚走路；第三位同学，两只脚都不能走路；第四位同学，双手不能动。请这4位同学去取回自己的作业，看谁最快完成任务？ 老师提问：为什么刚才有的同学完成了任务，有的同学没有完成任务？ （3）大家看了刚才同学们的体验，是不是也想体验一下，现在我们全班来体验。请大家把右手背起来，用自己的左手来解下红领巾，再用左手把红领巾系上。注意，右手不能帮忙，看大家谁能又快又好地完成任务？ 老师提问：通过这次体验活动，大家有什么感受？ （4）（根据时间备选上）两个同学一组，分为1号和2号，现在1号，2号同学要分别扮演聋哑人。首先，1号先对2号说，"我想跟你成为好朋友"。接下来，用手语告诉对方，"请借我一块橡皮"。1号扮演结束后，先由2号对1号说，"今天天气真好"，接下来用手语告诉对方"你今天穿的衣服很漂亮"。	备注区域

教学内容	老师提问：通过这次体验活动，大家体会到了什么？	备注区域
	1.2 身体健康意义探索 老师提问1：通过刚才同学们的体验，大家体验到了如果我们的身体被损坏了，将会对我们的生活发生什么样的影响？ 老师提问2：拥有健康的身体对我们重要吗？为什么？	

授课环节2	**维护身体健康的方法探索**	
目标	探索维护身体健康的方法	
时间	10分钟	
教学用具	无	
教学内容	**2.1 探索维护身体健康的方法（3分钟）** 教师提问：我们可以用什么方法来维护我们的身体健康？ 全班分成4人小组，每组一张纸，每人在纸的一个方位写，看哪个小组写得又多又好。 **2.2 分享环节（7分钟）** 让写得条数最多的小组进行上台分享，之后再让其他小组补充之前小组没有说到的项目。老师可进行分类总结，比如说，对运动、营养、安全、卫生、预防疾病等不同方面进行总结。	备注区域

授课环节3	**课程总结**	
目标	总结升华课程内容	
时间	5分钟	
教学用具	无	
教学内容	**3.1 总结** 教师提问：同学们，这节课大家都收获了什么？ 总结： **（1）身体健康的重要性** ① 身体不健康会严重影响我们的生活，更多事情没有办法去做，还会影响我们的心态。 ② 健康的身体是每一个生命的必需品，它可以帮助我们生活更便利、更幸福。 **（2）维护身体健康的方法** 从运动、营养、安全、卫生、预防疾病等不同方面进行总结。	备注区域

第4课　汤姆生病了

课程目标
树立乐观、勇敢地面对疾病的态度。
减少学生对疾病的恐惧，积极勇敢地面对疾病。

一般说明
时间：40分钟（含5分钟"沉静训练"）
教学用具：绘本PPT《汤姆住院了》

教学实施

授课环节1	讲述绘本故事《汤姆住院了》	
目标	通过汤姆住院了的故事来让学生学习如何乐观、勇敢地对待疾病	
时间	35分钟	
教学用具	无	
教学内容	1.1　讲述绘本故事《汤姆住院了》 老师根据PPT内容讲述绘本故事并引导提问。（停顿提问的位置已插入PPT） （1）背景介绍：汤姆生病了，医生告诉他，他要切除汤姆肚子里的一段盲肠，盲肠是连在肚子里一段长长的小管子，听起来是不是可怕极了。不过，这不是个严重的病。在父母的陪伴下，汤姆勇敢地接受了医生的手术。 （2）提问 ① 故事中的汤姆发生了什么？你有没有生病去过医院呢？ ② 在医院要抽血、打针的时候，你是什么反应呢？故事里的汤姆是怎么做的呢？ ③ 汤姆在手术前的心情是怎么样的？ ④ 你在打针、吃药、动手术前是什么样的？ ⑤ 汤姆手术后的身体感觉如何？ ⑥ 汤姆要出院了，他的心情是什么样的？ ⑦ 汤姆出院的时候跟卡斯巴是怎么告别的？ ⑧ 汤姆住院的过程中收获了什么？ ⑨ 你有没有发现有一样东西一直陪伴着汤姆，几乎每张图片都有？ ⑩ 看完汤姆的故事，我们有哪些收获？ 1.2　总结 （1）面对疾病，我们要乐观勇敢，积极就医。 （2）即使身患疾病，我们也要保持乐观的心态与身边的人、事、物和睦相处，从而获取更多的支持与快乐帮助我们战胜疾病，渡过难关。	备注区域

第5课　爱的大连线

课程目标

让学生寻找并归纳属于自己的情感关系网。

让学生体会自己是情感关系网中的一员，增强联结感与归属感。

一般说明

时间：40分钟（含5分钟"沉静训练"）

教学用具：（1）绘本PPT《世界上最美的歌声》

　　　　　（2）每人一张A4纸；彩笔若干

教学实施

授课环节1	世界上最美的歌声	
目标	通过绘本故事，给学生示范如何寻找、画出一张自己的情感关系网	
时间	15分钟	
教学用具	绘本故事PPT；人物角色名片卡	
教学内容	1.1　分享绘本故事 老师带领学生阅读、分享绘本故事《世界上最美的歌声》。 1.2　故事内容回顾 1.3　小男孩的情感关系网 老师带领大家在黑板上完成小男孩的关系连线图。 （1）故事中小男孩都得到了哪些人的支持和鼓励？（老师将这些人分别与小男孩之间画一条线。） （2）引导同学进一步思考，其他人物彼此间是否还可以连线？ （3）在演出结束后，其他人物之间可能发生怎样的对话（比如，爸爸和妈妈、妈妈和老师、爸妈和弟弟、老师和其他同学等）？	备注区域

授课环节2	画出我们爱的连线	
目标	让学生思考并画出自己的情感关系网	
时间	20分钟	
教学用具	空白A4纸、彩笔	
教学内容	2.1　画一画 想一想你自己周围有哪些重要的人，他们给过你哪些支持、鼓励、帮助？再回忆一下，这些人彼此之间又有哪些关系，他们之间有没有相互支持、鼓励、帮助过？画出属于你的"情感关系网"。 2.2　展示与分享 根据时间，挑一些同学分享。分享的同学主要向大家介绍两点： 我的情感关系网上连着哪些人？ 我还把其他哪些人之间连起来了，为什么把他们连起来？ 2.3　总结 （1）我们每个人都有一张属于自己的情感关系网，当我们伤心难过时，这张网上的人会感受到，他们会给我们支持和力量；当我们有好事时，也会通过这张网传递出去，大家一起分享快乐；当网上的其他人遭遇困难时，我们也会感受到，并且愿意去帮助他们。 （2）我们是这张网的成员之一，这张网上的其他人之间也有联系，他们某些人之间也会相互交流、相互支持、鼓励。我们不是网上唯一的中心人物，这张网上的每个人都发挥着一部分作用。 （3）我们能通过与更多人交流、给予他人关爱、支持，来扩大这张情感关系网；也可以通过跟网上已有的人加深联系，帮助这张网变得越来越牢固。	备注区域

第6课　我们在一起

课程目标
扩展学生对情感连接的认识，包括人与人、人与动植物的情感联系。
激发学生对其他生命的尊重与关爱。

一般说明
时间：40分钟（含5分钟"沉静训练"）
教学用具：（1）故事文档《我的野生动物朋友》节选
　　　　　（2）视频《幸福里程树》
　　　　　（3）彩笔、上节课每位同学的画作

教学实施

授课环节1	独特的情感关系网	
目标	引导学生思考人与动物的关系，扩展情感联系的对象范围	
时间	10分钟	
教学用具	故事文档《我的野生动物朋友》节选	
教学内容	**1.1　展示一张特殊的情感关系网** **引导语**：大家还记得上节课的情感关系网吗？这里有一张其他小朋友画的关系网，它十分特别。大家来看看，它的特别之处在哪里？（这个叫Tippi的小姑娘的关系网里，大部分角色都是动物） **1.2　讲述Tippi的故事** 老师一边展示PPT，一边把法国小姑娘Tippi的成长故事讲给大家听。 **1.3　提问** （1）为什么Tippi画的关系网里，有这么多动物呢？ （2）豹子、狮子、鳄鱼都是很凶猛的动物，为什么Tippi不怕，而且可以亲近它们呢？ （3）你见过哪些动物？你与动物有过接触或交流吗？如果有，是怎样的经历？ （4）你认为动物在这个世界上重要吗？为什么？	备注区域

授课环节2	一棵重要的树	
目标	帮助学生从人与自然的角度拓展自己的情感关系网	
时间	10分钟	
教学用具	视频《幸福里程树》	
教学内容	2.1 引导提问 想一想,在我们的世界里,有生命的除了人和动物,还有什么?	备注区域
教学内容	2.2 看视频:《幸福里程树》 2.3 引导提问 (1)视频里的爸爸、妈妈,给妹妹取了一个什么名字?这个名字有什么含义? (2)视频里的爸爸为什么一直种树,而且鼓励孩子们一起种树? (3)除了树,你还知道哪些其他的植物?你喜欢哪些植物? (4)你认为植物对这个世界重要吗?为什么?	备注区域

授课环节3	扩展情感关系网	
目标	通过帮助学生再次补充关系网,来强化个体与其他生命相联系的感受	
时间	15分钟	
教学用具	上节课的画作、彩笔	
教学内容	3.1 补充作画 展开自己上节课的画,看一看,上面有我们觉得非常重要的人,他们和我们有感情、有联系,我们也对他们有感情,愿意为他们付出。 这节课,我们又看了Tippi的故事和《幸福里程树》的故事,发现他们的情感关系网里,不仅有人,还有动物和植物,有各种各样其他的生命。 现在想一想,在你的生命里,除了画上的人,你还和其他生命有感情和联系吗?或者你希望在未来的生活里,添加哪些新的生命? 把它们写下来或者画下来,添加在你原来的画作上。 3.2 分享 找几位同学分享、展示画作。 3.3 总结 (1)在这个世界上,重要的不仅有人类,也包括其他生命、其他不同的动物和植物。 (2)有时候,我们也会和其他种类的生命建立情感联系。 (3)人类、动物、植物,彼此之间都有联系,我们是大自然中的一部分,伤害它们也是伤害我们自己,我们需要尊重、了解各种不同的生命。	备注区域

第7课　学习让生活更美好

课程目标

学习知识可以帮助人们更便利地解决生活中遇到的问题。

体会学习的快乐，激发学生热爱学习。

一般说明

时间：40分钟（含5分钟"沉静训练"）

教学用具：（1）游园会闯关智力题

（2）每组25颗豆子（种类不限）

（3）每人一张"特长纸条"

教学实施

授课环节1	活动：游园大闯关	
目标	通过解决生活中的实际问题，理解学科知识可以为生活带来便利	
时间	30分钟	
教学用具	每组25颗豆子	
教学内容	1.1　情境介绍 元宵节到了，市里举办游园灯会，三年级（2）班组织学生们一起游园看灯会。走进公园，琳琅满目的装饰花灯让大家目不暇接。按照行程表，第一个项目是参加猜灯谜活动。看了地图大家发现，灯谜区在公园的湖心小岛上。有两种方法可以到达小岛：第一种是自己划船过去；第二种是绕道从桥上走过去，大家离桥的位置大约有1.5公里。老师征求意见后发现，有12名同学希望划船，13人想绕道从桥上走过去，灯谜活动结束后一起划船回来。于是，同学们在两名老师的带领下分成了两队：划船队和过桥队。带队乘船的李老师说，今晚接下来的时间我们会遇到不少需要解决的问题，我们把它们称为闯关吧。一起来看看都有哪些关要闯，同学们加油啊！ 1.2　第一关：乘船前往湖心岛 1.3　第二关：猜灯谜 经过一番努力，A队师生终于到达对岸湖心岛。他们到灯谜区门口买好票时，B队同学们在老师的带领下也匆匆赶到了。灯谜区各式各样的灯好多啊，经过老师提示，大家注意到每盏灯下都挂了一些彩色纸条，仔细一看才知道这些就是灯谜，解出谜题的游客可以取下纸条到服务台去确认兑奖。同学们的兴致可高了，纷纷动脑筋猜了起来。	备注区域

教学内容	1.4　第三关：不期而遇的外国朋友 1.5　提问 （1）刚才的活动中都用到了哪些我们在学校学到的知识（数学除法、语文成语、英语会话）？ （2）试想一下，如果你没有学过这些知识，你们能够顺利通关吗？ （3）你在通关过程中有哪些感受和收获？	备注区域

授课环节2	课程总结	
目标	强化学生对学习意义的感知；布置下节课的课前准备	
时间	5分钟	
教学用具	无	
教学内容	2.1　总结 大家可以体会到，在游园过程中用到了平时在各门课上学到的知识。这次游园的经历只是生活中一个小小的缩影，在生活中每天都要用我们学的各门知识，学好这些知识能为我们的生活带来很多便利。相信大家将来会越来越深地体会到这些。 2.2　课后作业 想一想自己有哪些通过学习学到的特长。这些特长可以不是学业上的，而是其他方面的，例如： （1）生活方面的，如会做某种家务； （2）体育方面的，如擅长某项运动； （3）文艺方面的，如会演奏某种乐器。 每位同学想好之后填写下面的纸条，在本周内交给我。我会选出一些有趣的特长请这些同学在下节课展示，让我们期待看到他们。 我的特长是_____（方面的），我擅长做_____，我可以/不能（按实际情况打钩）在下节课展示。	备注区域 老师在选取下节课做展示的学生时，应在3个方面各挑选1~2人，选择便于展示，形式活泼的例子。

第8课　才艺大展示

课程目标
学习生活中的各种技能可以让生活更美好。

体会学习的快乐和成就感，激发学主动学习各种生活中的技能。

一般说明
时间：40分钟（含5分钟"沉静训练"）

教学用具：动画视频《才艺日》

教学实施

授课环节1	动画导入：《才艺日》	
目标	扩展学生对才艺种类的认识	
时间	5分钟	
教学用具	动画视频《才艺日》	
教学内容	1.1　看视频《才艺日》 1.2　提问 （1）影片中佩奇的老师解释什么是才艺？ （2）你们都有哪些才艺？	备注区域

授课环节2	才艺大展示	
目标	引导学生体会学习新东西、展示才艺带来的积极情绪和意义感	
时间	30分钟	
教学用具	协助学生们准备好表演用的辅助工具；有些才艺如弹奏乐器，可以展示事先录好的视频。	
教学内容	2.1　什么是才艺 才艺是我们在生活中学习感兴趣的东西，经过一番努力练习，能够做得更好的一项技能。这些技能可以是多种多样的，只要我们能在学习的过程中感受到快乐就行。 2.2　学生轮流展示才艺 每位同学展示后，简要介绍一下： （1）学习这项才艺（技能）有多久了？ （2）为什么学这项才艺（技能）？	备注区域

教学内容	（3）你会在哪些时候使用（展示）这项才艺（技能）？ （4）学习过程中你的感受是什么？ （5）你在掌握它之后心情怎么样？才艺（技能）给你带来了哪些乐趣？ **2.3　总结** 学习和使用一项才艺既能给自己带来快乐，让自己的内心充实，还能给我们身边的人带来欢乐。如果你从刚才同学的才艺中得到了启发，产生了兴趣，也可以开始学习一项新技能，期待它成为你的一项新才艺。当然，你也可以把现在的才艺不断地练习下去，让它越来越熟练。	备注区域

第9课　生活大超市

课程目标

了解过有意义的生活需要主动作出选择。

激发学生的积极性和主动性来创造有意义的生活。

一般说明

时间：40分钟（含5分钟"沉静训练"）

教学用具：（1）视频《宝贝来当家》

　　　　　（2）每人一张生活超市选购单

教学实施

授课环节1	热身活动：宝贝来当家	
目标	通过活动调动学生的积极性	
时间	15分钟	
教学用具	视频《宝贝来当家》	
教学内容	1.1　观看视频《宝贝来当家》 1.2　提问与分享 （1）小可为什么叫小可？游乐园里，他为什么不坐过山车？ （2）闹闹最喜欢吃什么？闹闹为什么点那么多好吃的？ （3）茜茜最喜欢的玩具是什么？为什么茜茜一直买东西？	备注区域

授课环节2	有意义的一天	
目标	通过活动，让学生体会和了解怎样的活动安排是有意义的一天	
时间	20分钟	
教学用具	每人一张生活超市选购单	
教学内容	2.1　活动介绍 假如有一天，所有的时间都由你自由支配，你可以选择自己想要做的活动，你会如何安排呢？这个游戏有两轮：第一轮里，这个自由的一天发生在学校里；第二轮是在假期里的一天。 2.2　游戏规则 （1）每位同学会拿到一张生活超市选购单，卡片上有各种各样的活动可供选择；	备注区域

| 教学内容 | （2）选择的各种活动，你分别想花多少时间在上面，自己定时长；
（3）一天只有24小时，你所选的活动及其时长加起来可以少于24小时，但不得超过24小时；
（4）仔细想一想，如何选择才能让这一天既充实又有意义。

生活超市选购单

1. 仔细收拾书包　　　　2. 认真写作业

3. 早晚洗漱　　　　　　4. 吃饭

5. 对3位老师微笑　　　6. 和5位同学打招呼

7. 和同学一起做游戏　　8. 帮同学解决学习上的难题

9. 闭目养神休息　　　　10. 锻炼身体

2.3　提问与分享
问题：（1）介绍一天的安排：所选活动和相应的时长
　　　（2）为什么选择这些活动？

2.4　假期的一天
如果这一天是放假的某一天，你们会选择什么样的活动安排呢？如何选择才能让这一天既充实又有意义？

2.5　提问与分享
问题：（1）介绍一天安排：所选活动和相应的时长
　　　（2）为什么选择这些活动？ | 备注区域 |

Positive Education In Action
Featured Course Plans Grade 4-6

清华积极教育课程汇编
4-6年级

彭凯平　主编

清华大学出版社
北京

内 容 简 介

这套课程由清华大学积极心理学研究中心研发，包含两个分册，分别适用于小学的中低年级（1—3年级）和小学的中高年级（4—6年级）。课程分为6个主题模块，分别对应6个学期，依次为：积极关系、积极情绪、积极自我、积极投入、成就和意义。每个主题模块包含相关理论和9节课，每节课之间，既具有相对独立性，又包含由浅入深、由感受到行动的递进关系。同样，在每个学期的模块之间，也既保持相对独立性，又根据孩子们的身心发展水平，从环境适应、情绪感受，渐渐向品格意志、目标成就等方向不断提升。

本书适用于全国小学、教育培训机构开设积极教育课程，同时对孩子积极性格养成感兴趣的家长们也将从中受益良多。

版权所有，侵权必究。举报：010-62782989，beiqinquan@tup.tsinghua.edu.cn。

图书在版编目（CIP）数据

清华积极教育课程汇编 / 彭凯平主编.—北京：清华大学出版社，2019（2024.5重印）
ISBN 978-7-302-53197-5

Ⅰ.①清… Ⅱ.①彭… Ⅲ.①主观能动性－高等学校－教学参考资料 Ⅳ.①B022.2

中国版本图书馆CIP数据核字（2019）第123999号

责任编辑：纪海虹
装帧设计：文　静
责任校对：王凤芝
责任印制：杨　艳

出版发行：清华大学出版社
网　　址：https://www.tup.com.cn，https://www.wqxuetang.com
地　　址：北京清华大学学研大厦A座
邮　　编：100084
社 总 机：010-83470000
邮　　购：010-62786544
投稿与读者服务：010-62776969，c-service@tup.tsinghua.edu.cn
质 量 反 馈：010-62772015，zhiliang@tup.tsinghua.edu.cn

印 装 者：三河市龙大印装有限公司
经　　销：全国新华书店
开　　本：188mm×260mm　　印　张：31　　字　数：500千字
版　　次：2019年7月第1版　　印　次：2024年5月第5次印刷
定　　价：160.00元（全两册）

产品编号：084034-01

编委会（小学组）

主编
彭凯平

副主编
倪子君　曾光　赵昱鲲

执行主编
张巧玲　吴继康　张红莉

编委成员（按姓氏笔画排序）
朱利文　吕金云　余珍　余慧慧　汪薇　曾路　湛诚情

编委会（初中组）

主编
彭凯平

副主编
倪子君　曾光　赵昱鲲

执行主编
张巧玲　吴继康　张红莉

编委成员（按姓氏笔画排序）
于立文　刘家杰　余珍　汪薇　林培剑　湛诚情

课程体系框架

	积极情绪	积极自我	投入	成就	意义
认识关系	认识情绪	认识&接纳自我	寻找&探索意义（人生的投入感）	认识与探索：成就的多元化	生命意义
同理心	培养积极情绪	品格优势	人生意义与现实目标的连接	小项目实践：达成集体成就	健康意义
					情感意义
改善和提升关系之路	管理消极情绪	自尊&自信	创造福流（学习的投入感）	小项目实践：达成个人成就	学习意义

目 录

第一篇 积极关系

理论部分

- 一、认识关系 / 3
- 二、同理心 / 6
- 三、倾听 / 9
- 四、主动建设性回应（ACR） / 10
- 五、善意与助人 / 12

教学设计

- 起始课 沉静训练 / 13
- 第1课 我爱我家 / 17
- 第2课 珍贵的友谊之花 / 19
- 第3课 合作更精彩 / 21
- 第4课 听的窍门 / 23
- 第5课 你的感受我知道 / 25
- 第6课 当我不知所措…… / 28
- 第7课 有效沟通：昼与夜 / 30
- 第8课 善意与助人 / 33
- 第9课 共建纸塔 / 36

第二篇 积极情绪

理论部分

　　一、认识情绪　/　41

　　二、提升积极情绪　/　43

　　三、管理消极情绪　/　48

教学设计

　　第1课　认识情绪　/　52

　　第2课　表达情绪　/　55

　　第3课　情绪与大脑　/　58

　　第4课　发现美好的事　/　60

　　第5课　感恩　/　63

　　第6课　品味　/　66

　　第7课　平静　/　69

　　第8课　管理愤怒　/　71

　　第9课　当我伤心时……　/　73

第三篇 积极自我

理论部分

　　一、认识自我　/　79

　　二、发挥优势　/　85

　　附录1：VIA品格优势词条解释　/　91

教学设计

　　第1课　了解自己，关爱自己　/　94

　　第2课　保护自己，尊重他人　/　97

　　第3课　寻"我"启事　/　101

　　第4课　认识品格优势　/　104

　　第5课　发现优势之旅　/　106

　　第6课　发挥优势（上）　/　109

　　第7课　发挥优势（下）　/　112

　　第8课　家族优势树　/　115

　　第9课　总结：多彩的自我　/　117

第四篇　积极投入

理论部分

　　一、意义 / 121

　　二、投入 / 127

教学设计

　　第1课　认识意义 / 135

　　第2课　意义思辨情景剧 / 139

　　第3课　意义年轮 / 141

　　第4课　"福流"的快乐 / 144

　　第5课　创造"福流"：难度与能力
　　　　　　相匹配 / 147

　　第6课　创造"福流"："好"目标 / 149

　　第7课　创造"福流"：有效的反馈 / 152

　　第8课　"福流"大创造 / 154

　　第9课　"福流"手牵手 / 157

第五篇　成　就

理论部分

　　一、成就、幸福与目标 / 161

　　二、刻意练习 / 164

　　三、成长型思维 / 165

　　四、心理韧性 / 169

　　五、习得性无助、解释风格与习得性
　　　　乐观 / 172

　　六、意志力 / 173

　　七、养成好习惯 / 175

　　积极成就模块参考学习书单 / 178

教学设计

　　第1课　成就大探寻 / 179

　　第2课　角色扮演：准备 / 182

第3课　角色扮演：反馈 / 186
第4课　角色扮演：收尾 / 188
第5课　成长之旅：开启 / 190
第6课　成长之旅：揭秘意志力 / 193
第7课　成长型思维：变化的大脑 / 196
第8课　成长型思维：面对挫折 / 200
第9课　成长之旅：总结 / 203

第六篇　意义

理论部分

一、积极教育视角下的意义 / 207
二、意义从何而来 / 208
三、追寻有意义的人生 / 210
四、课程理念 / 213

教学设计

第1课　沙漠求生 / 215
第2课　我是课程小顾问 / 219
第3课　饮食助我好精力 / 221
第4课　运动助我更健康 / 224
第5课　有生之年 / 226
第6课　生命卷轴 / 229
第7课　如何说再见 / 232
第8课　我从何处来 / 235
第9课　重阳节的心愿 / 237

第一篇 积极关系

理论部分

一、认识关系

人际关系：人的基础需要

勒内·A.斯皮茨是奥地利著名精神分析学家。斯皮茨最广为人知的理论贡献在于他对母育剥夺的研究。斯皮茨通过对当时孤儿院这类机构的长期观察，探讨了婴幼儿缺乏与抚养者社交互动所造成的后果。大脑的后续发育主要取决于神经系统的成熟过程，这个过程不仅仅需要吃饱穿暖，更受到人际之间互动体验的影响。

斯皮茨研究了一出生就遭到抛弃的婴儿，在育婴堂，这些婴幼儿的生理需求都能得到满足，他们能吃饱穿暖，但任何可持续的、养育性的互动都没有，比如正常家庭里抚养者和婴幼儿之间常见的拥抱、抚摸、说话交流等。这些婴幼儿无一例外全都开始变得孤僻、无精打采、体弱多病。研究显示，如果情绪上的饥饿超过三个月，他们的眼睛协同能力就会衰退，眼珠转得特别慢。这些弃婴每天只会安静地躺在婴儿床上。在两岁之前，三分之一的弃婴会死亡。那些幸存到四岁左右的，仍还不会站立、行走、说话。

斯皮茨用大量的证据和深刻的分析使人们相信，从人一出生开始，人际间的互动交流，尤其是抚养者和孩子之间的交流是必须且至关重要的。这种需求如果被剥夺，往往会导致婴儿的发展延缓，婴儿可能遭受认知、情感和健康上的极大损伤。

人际关系与幸福感

幸福从何而来？金钱、名望或是成就感？多年前，哈佛开展了史上历时最长的成人发展研究，跟踪268位男性，从少年到老年，探寻影响人生幸福的关键。

1938年，时任哈佛大学卫生系主任的阿列·博克教授认识到，整个研究界都在关心"人为什么会生病/失败/潦倒"，怎么没有人研究 "人怎样才能健康/成功/幸福"呢？

博克提出了一项雄心勃勃的研究计划，打算追踪一批人从青少年到人生终结，关注他们的高低转折，记录他们的状态境遇，点滴不漏，即时记录，最终将他们的一生转化为一个答案——什么样的人，最可能成为人生赢家。

　　人生赢家的标准十分苛刻。主持这项研究整整32年的心理学者乔治·瓦利恩特说，赢家必须"十项全能"：十项标准里有两条跟收入有关，四条跟身心健康有关，四条跟亲密关系和社会支持有关。譬如说，必须80岁后仍身体健康、心智清明（没活到80岁的自然不算赢家）；60～75岁间与孩子关系紧密；65～75岁间除了妻子儿女外仍有其他社会支持（亲友熟人）等；60～85岁间拥有良好的婚姻关系；收入水平居于前25%。这就是著名的"格兰特研究（The Grant Study）"。研究名字缘于最初的赞助者，慈善家威廉·格兰特（William T.Grant）。如今，这项研究已经持续了整整76年，花费超过2 000万美元。

　　每隔两年，这批人会接到调查问卷，他们需要回答自己身体是否健康，精神是否正常，婚姻质量如何，事业成功/失败，退休后是否幸福。研究者根据他们交还的问卷给他们分级，E是情形最糟，A是情形最好。每隔5年，会有专业的医师去评估他们的身心健康指标。每隔5～10年，研究者还会亲自前去拜访这批人，通过面谈采访，更深入地了解他们目前的亲密关系、事业收入、人生满意度，以及他们在人生的每个阶段是否适应良好。

　　最终得出了怎样的结论呢？

　　与母亲关系亲密者，一年平均多挣8.7万美元。跟兄弟姐妹相亲相爱者，一年平均多挣5.1万美元。

　　在"亲密关系"这项上得分最高的58个人，平均年薪是24.3万美元。得分最低的31人，则平均年薪没有超过10.2万美元。

　　一个拥有"温暖人际关系"的人，在人生的收入顶峰（一般是55～60岁期间）比平均水平的人每年多赚14万美元。

　　智商超过110后就不再影响收入水平，家庭的经济社会地位高低也影响不大，外向内向无所谓，也不是非得有特别高超的社交能力，家族里有酗酒史和抑郁史也不是问题。

　　真正能影响"十项全能"，帮你迈向繁盛人生的，是如下因素：自己不酗酒不吸烟，锻炼充足，保持健康体重，以及童年被爱，共情能力高，青年时能建立亲密关系。

　　瓦利恩特说，爱、温暖和亲密关系，会直接影响一个人的"应对机制"。他认为，每个人都会不断遇到意外和挫折，不同的是每个人采取的应对方式，"近乎疯狂类"的猜疑恐惧是最差的；稍好一点的是"不够成熟类"，比如消极、易怒；然后是"神经质类"，如压抑、情感抽离；最后是"成熟健康类"，如无私、幽默和升华。

一个活在爱里的人，在面对挫折时，他可能会选择拿自己开个玩笑，和朋友一起运动流汗宣泄，接受家人的抚慰和鼓励……这些"应对方式"，能帮一个人迅速进入健康振奋的良性循环。反之，一个"缺爱"的人，在遇到挫折时往往得不到援手，需要独自疗伤，而酗酒、吸烟等常见的"自我疗伤方式"，则是早死的主要诱因。

人际关系与大脑

随着神经社会学的发展，人们对于人际关系对大脑的影响有了越来越多的发现。

纺锤型细胞是一种新近被发现的神经细胞，它的反应速度极快，可以帮助人们在社交场合迅速做出决定。而且科学家们已经证实这类细胞在人类大脑中的数量要远远超过其他物种大脑中该类细胞的数量。

镜像神经元是脑细胞的一种，它可以使人们察觉他人将要做的动作，并迅速做好模仿的准备。

当一位迷人的女士盯着一位男士看的时候，这位男士的大脑就会分泌一种可以使人产生快乐情绪的化学物质——多巴胺；而在这位女士把目光移开后，男士的多巴胺也随之消失了。

类似地，社会神经学家发现不良的人际关系会导致压力荷尔蒙的急剧增加，从而损害抗病毒细胞的某些基因。这中间就是神经系统的工作机制。

上述每一个发现都反映了"社交脑"——指挥人们人际交流活动的神经系统的工作。"社交脑"指的是影响人际交流活动和人们对待周围人以及人际关系态度的神经系统。"社交脑"与其他所有生理机制最大的不同就是它不仅可以影响我们，还会反过来受到我们社交对象心理活动的影响。

通过"神经可塑性"，人际交流甚至可以在某种程度上重塑人们的大脑。也就是说，人们的经历可以影响神经细胞的形状、大小、数量以及它们之间的连接点。如果一个特定情景被不断重复，其中的人际关系就可能会逐渐重塑某些神经细胞。事实上，不管和我们长年累月生活在一起的人们是不断地伤害我们，还是给我们带来愉悦的情绪，我们大脑的某些特征都会因之而改变。

这些发现告诉我们，短时间来看，人际关系对我们的影响非常微小，但是假以时日，影响就会越来越强烈持久。

人际关系的起源

20世纪60年代，英国心理学家鲍尔比发现，婴儿对抚养者（主要是父母）的依赖会以不同的模式表现出来，"害怕与父母分离，害怕被父母抛弃"是进化造成的人类天性。1978年，鲍尔比的学生安斯沃斯根据进一步的研究，将婴儿与父母之间的互动模式分为三种，并用一个名词来命名——依恋（attachment）。

当婴儿需要照顾时，父母总是在身边，有回应，给孩子注意力，婴儿就会感受到安全、爱和自信，这种婴儿会比较不拘谨、爱笑、容易和其他人交往，发展出**"安全型依恋"**。

如果父母对孩子的照顾时有时无、无法预测，婴儿就会开始用各种行为试图找回自己的父母。由于不确定照料者什么时候会回应，婴儿会表现出紧张和过分依赖，发展出**"焦虑-矛盾型依恋"**。

当婴儿需要照顾时，如果父母总是不出现，态度冷漠或拒绝，婴儿就会认为他人是无法信赖的，从而对他人充满怀疑，甚至陷入抑郁和绝望，发展出**"回避型依恋"**。

这三种依恋类型形成之后，婴儿在以后对人际关系的处理、对新环境的反应上都会出现差异。后续的研究者发现，成年人在处理关系时也会表现出类似的反应方式，并和童年时受到的父母对待方式和依恋模式一脉相承。

但事实上，依恋是个终生建构的过程，这一关系建立以后并不是一成不变的，儿童会在其后的生活和学习中，通过与父母以及其他身边重要的人不断地互动和交流，使原有的依恋关系呈现微妙的动态变化。即使成年之后，一个人的依恋模式也可能会因为自我成长、良好的婚姻关系、朋友关系而发生改变。

二、同 理 心

关键概念

同理心：站在对方的立场，去了解对方的感受和内在世界；把这种了解表达出来，让对方知道你对他的感觉、想法、行为有所了解。

就好像穿着别人的鞋子站一会儿，去体会他人的立场和感觉。

"同理心"的两个必要条件：①倾听他人；②有所反应。

"同理心"的过程：**①收听自己的感觉。②表达自己的感觉。③倾听他人的感觉。④ 回应他人的感觉。**

"同理心"的开始，是先收听自己的感觉，如果你无法触及自己的感觉而想要体会别人的感觉，那就太难了。所以，同理心的开始，是勇敢、诚实地探索并表达自己的情绪和感受。这一部分的能力培养，在积极情绪的章节中贯彻始终。

进一步理解同理心

你总是没有耐心坐着听。

你总是只顾着解决问题。

你就是不明白你说那话的时候有多伤人。

你就是不了解。

这类话语，以及其他在人际关系中无数次说出或想到的批判，往往指向一个常见的问题：对方缺乏同理心。

"同理心"是正常运作的人际关系的先决条件。不管是私人场合，如婚姻、爱情、友情、亲子关系；还是专业场合，如经理与职员、专业人员与客户、师生、同行之间的关系，在这些关系中对别人的处境产生同理心，会促进彼此之间的信任，乃至沟通公开、真诚，因而会促进人际冲突的解决以及建设性的变化。

"同理心"并不是一个外来的词汇或者专属于心理学的词汇，我们常用的说法，比如"将心比心""人同此心、心同此理"等都指向同理心，它可以初步理解为"换位思考"，不过仅仅是思考还不够，还需要"换位感受"及"换位行动"。

同理心发达的人，能够知道对方想什么，要什么，并作出相应的行为，他肯定也是一个情商高的人，同时是一个让人喜欢、愿意与之相处的人。我们可以从三个层次来理解同理心。

1. 理解对方表达的语言、行为和肢体语言

这是最简单的层次，当然也是很困难的层次，这是区分一个人有无同理心的基本点。

孩子在商场，告诉妈妈："妈妈，我想要玩具车……"

立刻，这位妈妈给了孩子一巴掌："车车车，一天到晚就知道车，走,回家!"

这是非常典型的同理心匮乏,她听到了孩子的言语,可能也看到了孩子充满渴望的眼神,但她并不能承接孩子的感受,可能还混杂着自己的情绪反弹回去,例如愤怒、压抑、焦虑等,有同理心的妈妈也许会这样表达:"宝贝,我听到了你说想要玩具车,妈妈知道……"简单重复对方的言语,即表明你关注到了,你理解了。当然,你不理解的话,可以附加一句"这是什么意思呢?"

除了语言,我们更多地可以关注对方的肢体语言和表情,这方面的理解能力几乎是人的天赋能力,无须刻意地学习。当然,有一些复杂的情况,比如一个人笑着说"我离婚了",这里面表达的意思可能就复杂多了。同理心缺乏的人往往会回应:"你怎么离婚了呢?"或者"我就说早该离婚了。"具备基本同理心的人更可能会说:"你笑着说这件事,发生了什么?"

2. 理解对方未表达的情绪、情感、动机和思维

经常地,当一个人想着某件事情,却说着无关紧要的另一件事,把重要的信息放在后面说或者不说。

丈夫刚进家门。

妻子说:"老公,你总算回来了。你都不知道今天家里有多脏!"

丈夫答:"是吗?我看看。"

妻子不悦:"今天孩子一点不省心,老是哭。"

丈夫答:"真的啊!我去哄哄他。"

妻子怒:"奶粉快没了。"

丈夫穿鞋:"我这就去买。"

这位妻子所说真的是内心所需吗?接连三句,丈夫试图一一满足,但却没意识到表面言语之下的内心需求。妻子看上去是在连续抱怨一些家务,但抱怨之下却有未说出口的其他情绪,这可能是由家务之外的事情引起的,如果丈夫能觉察到,去与妻子表层之下的情绪沟通,比如问道:"亲爱的,你今天看上去心情很烦躁,遇到什么事了吗?"这种同理心更有助于加强彼此间的连接。

3. 同理心的最高境界,不仅在于你说了什么或做了什么,更在于对方的内心需求得到了满足

这是一种默契,正如一首歌里唱的:"我还没说可惜,你已经在叹息。"例如一个痛哭的人,也许他那时最需要的不是建议,也不是不停地安慰，而仅仅是安全的可以哭诉的环境、陪伴和纸巾。

最重要的是，同理心可以视作一个道德上的美德。在品格优势与美德的理论中已论述过，美德是可以通过实践来培养的，同理心也是如此，正确地理解它、经常地练习它，可以帮助我们将这种美德不断加强。

三、倾　　听

在现实生活的交流中，我们所说的话必须和交流对象的感受、话语及行为有关系，否则，我们的话语就会像出膛的子弹一样，不顾对方状态的变化自顾自地往前冲。

当一个人垄断某个对话时，他是在实现自己说话的欲望，而没有考虑对方的需求。真正的倾听需要适应另一方的感受，给对方发言权，由两人共同决定谈话的进程。交流双方只有做到彼此认真倾听，才能根据对方的反应和感受来调节自己的话语，从而实现互惠。

令人惊奇的是，许多杰出的销售员和客户经理在谈话中计划性都不是很强。对这些领域的佼佼者进行研究发现，他们接待顾客或者客户的时候并不是打定主意要把东西卖出去，而是把自己定位为咨询师。所以他们的任务首先是倾听，了解客户的需要，然后再根据客户的需要向他们推荐合适的产品。如果他们没有特别合适的产品，他们也会据实以告。

研究还发现，杰出的管理人员、教师和领导者都具备认真倾听的能力。对于医生或者社会工作者这类服务性行业从业者来说，他们不仅要花时间仔细倾听以适应他人的情感，还会提出问题来了解别人的背景情况。他们会寻根探源，而不只是解决表面问题。

现代生活中，人们通常会同时面对多重任务，因此很难做到专心致志，全神贯注。此外，自我陶醉占据了我们的注意力，因此我们很少能注意到他人的感受和需要，更不要说产生同理心了。我们对他人情感适应能力的减弱，扼杀了和谐的人际关系。交谈需要平衡讲述和倾听，而我们渐渐失掉了这种平衡。

"其实做到专心并不难，一次5分钟的对话也可能成为完美的交流过程。但是，前提是你必须停止手头的工作，放下你正在看的备忘录，离开你的电脑，停止你的白日梦，心无旁骛地关注你的交流对象。"（《哈佛商业评论》）

这种由认真倾听带来的情感适应有利于产生和谐的人际关系。关注他人会使双方达到最大程度的心理一致，这样情感才会协调。在交流中，一个人如果全神贯注，他的交流对象肯定能感觉到他的专注。

四、主动建设性回应（ACR）

传统上我们有一种观点，当他人处于压力和不幸之中，给他/她提供支持可以帮助其更好地应对压力；在各种不同的支持中，情感支持对压力调节格外重要；而且在亲密关系里，一方给另一方提供好的支持可以带来更好的关系。然而，许多研究表明这样的支持并没有给接受者带来更好的调节作用，甚至与接受者的幸福感呈负相关。一种可能的解释是这种支持表达了一个信号，即他/她没有能力来应对压力源，从而对接受者的自我价值感和自尊造成了打击。

Shelly L.Gable对此提出了新的假设：尽管前人的研究表明，令人满意的关系的特征之一是，当发生不好的事情时伙伴会在身边给予支持，但还没有人研究过当发生好事时伙伴给予的回应会对关系产生怎样的影响。而且谈论积极事件，可以降低打击当事人自尊的风险。研究中，Shelly将人们对他人发生好事时的回应分成四种。这四种不同的回应分别是什么样的呢？

	主动的	被动的
建设性的	热情地支持 眼神接触 真诚的态度 "太棒了！我就知道你行，给我讲讲你怎么做到的？"	没什么精神 反应延迟 不上心地鼓励一下 "哦……挺好的。"
破坏性的	表示质疑 拒绝接受 贬低事情的价值 "我觉得这不值得你高兴，以后说不定压力更大。"	转移话题 忽略这件事 忽略说话的人 "哦。对了，我下载了一个新的游戏特别好玩。"

什么是主动的建设性回应（Active Constructive Responding）？我们可以把它和其他几种回应方式放在一块儿来比较。

小明今天在班上竞选班干部成功了，他非常高兴，回家的第一件事就是把这个好消息告诉妈妈，妈妈可能有以下四种不同的反应：

（1）"噢是吗，挺好的啊。"然后继续做晚饭。

（2）"你确定这是好事？那你以后要花很多时间在班上做杂七杂八的琐事，你还有时间学习吗？你能两边兼顾吗？"

（3）"噢，我跟你说我今天在路上遇到你奶奶了，她又在那店里瞎花钱买保健品，每次说她都不听……"

（4）"哇，儿子你真是太棒了！跟我说说竞选的细节，你怎么做到的？"

或者再来一个工作场合的例子：

小丽是一家法律机构的员工，今天她下班回家后兴奋地告诉她的丈夫，她的上司让她参加了一个会议并指派她担任一个重要项目的主管律师。丈夫可能给出四种不同的反应。

"嗯，干得不错。"

"我觉得这个项目会非常复杂。你确定你能应付它？听上去会有非常多的工作，说不定除了你没人想带这个项目。这个月你很可能得经常加班了。"

"哦。今天晚餐你打算做什么吃的？"

"哇，这真是一个好消息！你的能力和努力得到了回报。你成为公司合伙人的目标肯定会成功的。这个项目是关于什么的？"

很显然，在两个例子中，最后一种反应才是"主动的建设性回应"（ACR）。在最后一种回应里，你能感觉到妈妈在关注小明，真心为他感到高兴，而且有进一步的询问和交流。你也能感觉到丈夫在关注小丽，为小丽的事业进步感到高兴，想了解更多的细节。主动的建设性回应是一种主动的、有积极情绪反应的、有进一步交流的回应方式，在这个过程中你真诚地为对方感到高兴，并且把你的这种高兴展现出来。

而最差的反应则是第三种，即被动的破坏性回应。在第三种回应里，妈妈完全忽视了小明，直接把注意力转移到其他事情上去；丈夫也完全忽视了小丽的话，转移了话题。这种忽视带来的负面影响比直接打击更严重，因为打击和挑毛病至少表示对方还在给予关注，而忽视则完全削弱了当事人的存在感。

前人的研究已经发现，只有主动的建设性回应可以提高人的幸福感，发展出更高品质的关系，而其他三种回应方式都与消极结果有关。**主动的建设性回应向人传递两种信息：第一，我认可你这件事的重要性，认可你与这件事的关系，认可你在其中的付出；第二，我看到了这**

件事对你的个人意义，对此我作出一些回馈和反应，从而展现出我与你的积极关系。而一个被动的或破坏性的回应则可能传递这样的信息：第一，你那件事是没有什么意义的，无论是现在还是将来；第二，我不知道哪些东西对你而言是重要的；第三，我并不关心你的情绪、想法和生活（Shelly L.Gable，2006）。

一个人在主观上能否感受到那些亲近的人是否欣赏自己、关心自己，在关系的许多方面都发挥着核心影响，例如，影响这个人在社交互动中的社会期待、自我认同、依恋和安全感以及社会关系等。当谈论发生在自己身上的好事时，能否感受到对方的理解、认同和关心，与这段关系是否幸福有强烈而持续的相关。当人们与同伴分享积极事件时，其实是在分享自己的优势，这时如果能得到同伴的肯定，可以大大提升自我价值感。Shelly的研究表明，比起在压力中获得的支持回应，好事发生时能否获得支持回应在关系中扮演着更重要的角色。

五、善意与助人

善意与助人行为是构建积极关系、提升积极情绪的又一重要途径。其实在日常生活中，善意助人的行为屡见不鲜，我们也常在明知没有回报的时候贡献自己的时间、精力、金钱，如捐款、献血、做志愿者、为陌生人指路，等等。对此，"社会交换理论"提供了一个解释：助人其实也能带来报偿。报偿分两类，即外部报偿与内部报偿。助人者能获得众人称许，能提高社会声望，如果你帮的是血缘亲戚，还能增加自己基因的流传概率……这都是"外部报偿"。"内部报偿"也同样重要。我们做完好事后，往往觉得自己更有价值。当我们带给别人好心情，自己的情绪也随之提升。有研究表明，那些乐于助人的青少年未来会更成功、家庭关系也更加和谐、生活习惯更好、也具有更强的社会竞争力。

值得注意的是，我们在此阐述的善意与助人行为，并非都是惊天动地的大事，或舍己为人的壮举。积极教育中的善意，更强调生活中发生的日常小事，甚至是举手之劳。这种善意发自行为者的内心，内心没有回报的预设。且善意与助人行为的培养不可采用强制的方法。一个小小的善举可影响到三方角色：善举的实施者、善举的接受者、旁观者。因而出现了善意与助人行为的"涟漪效应"。

认识关系 { 第1课 我爱我家
第2课 珍贵的友谊之花

提升关系 { 第3课 合作更精彩
第4课 听的窍门
第5课 你的感受我知道

改善关系 { 第6课 当我不知所措
第7课 有效沟通：昼与夜
第8课 善意与助人

总结课 • 第9课 共建纸塔

教 学 设 计

起始课　沉 静 训 练

课程目标

让学生初步认识和体验冥想，使学生通过体验认识到冥想的益处。

教给学生正确的冥想方法。

一般说明

时间：40分钟

教学用具：沉静训练音频

教学实施

授课环节1	初步体验与认识冥想	
目标	初步体验冥想过程，学习腹式呼吸法	
时间	10分钟	
教学用具	无	
教学内容	**1.1　引入主题** **指导语**：今天，我们来学一种神奇的超能力，你能在任何时候、任何地点使用它。这种超能力能让你在学校上课、踢足球、弹琴、玩游戏等各方面都做得更好。它还可以在你感到生气、悲伤、害怕的时候，让你冷静地放松下来。这种超能力的名字叫作"冥想"，也叫"沉静训练"。	备注区域

教学内容	**1.2 小提问** 问题：我们每时每刻都在做的事情是什么？（呼吸） 如果孩子们回答不上来，老师可以做一个呼吸的姿势让学生们猜。 **1.3 示范与练习** 指导语：咱们今天要学习的这个神奇的超能力跟呼吸有很大关系。同学们跟我一起做：吸气（1、2、3）——呼气（1、2、3）——吸气（1、2、3）——呼气（1、2、3）…… 注意：缓慢地吸气和呼吸各3秒钟左右，呼气和吸气各进行5次，即5次完整的呼吸。 **1.4 分组比拼，加强练习** 指导语：刚才同学们都做得非常好，那么接下来我们要增加难度了，不知道同学们还能不能学会。我们先分组，看看哪一组这一次做得最好。4~6人一组。增加的难度有两个：（1）这一次我们闭上眼睛；（2）这一次我们身体坐直，双手放在大腿上。 学生们都调整好坐姿后，老师还是跟上面一样数数：吸气（1、2、3）——呼气（1、2、3）——吸气（1、2、3）——呼气（1、2、3）…… 用手机或是秒表计时，整个时间持续30秒即可。	备注区域

授课环节2	正式体验与练习冥想	
目标	通过正式的冥想音频让学生体验与认识冥想的过程	
时间	20分钟	
教学用具	沉静训练音频	
教学内容	**2.1 正式练习冥想** 指导语：刚才同学们都做得非常棒，一分半钟都坚持下来了，特别棒！但是我们仍然还没有获得超能力，我们还需要继续增加难度来练习。下面我要请出一位培养超能力的专家老师来教咱们，他就在我待会儿要播放的音乐里。同学们只要按着这位老师说的去做，很快就能够获得超能力。 **2.2 播放音频** **2.3 提问与分享** 问题1：刚才冥想时你的坐姿是怎样的？应该怎么坐？ 有的同学可能会手背在身后，半躺在椅子上，或是趴在桌子上，这不利于冥想的进行。	备注区域

教学内容	问题2：刚才冥想时你是怎么呼吸的？应该怎么呼吸？ 有些同学可能比较紧张，拳头紧握，眉头紧锁，呼吸短促，应该是放松的均匀、缓慢地呼吸。 问题3：你是跟着指导语做的吗？是不是把手放到腹部跟着节奏做的？ 有的同学可能不跟着音频里的指导语做，做的时候睁着眼，东张西望。 把手放在腹部，可以进行腹式呼吸，这种呼吸有利于冥想。 问题4：在刚才的冥想过程中，你的注意力是否是跟着老师放在呼吸上了？走神时你在想些什么？ 做冥想的过程中，走神时注意力转移到别的地方或是事情上是非常正常的，只需要在意识到的时候把注意力转移到呼吸上就可以了。	备注区域

授课环节3	调整后的冥想练习	
目标	经过前两个环节，学生们对正式冥想有了初步的认识和体验，此环节主要是最后再进行一次冥想，强调冥想时的几个关键点	
时间	10分钟	
教学用具	沉静训练音频	
教学内容	3.1　调整后的冥想练习 我们再进行一次练习，也是最后一次练习了，这一次我们要努力做到三点，做好这三点就能够获得超能力啦。（1）身体坐直，呼吸要慢；（2）呼吸时，手放在腹部，感受吸气时腹部隆起，呼气时腹部变平瘪下去；（3）冥想时，如果你注意力转移到了别的事情上，走神了，没关系，慢慢地把注意力拉回到呼吸上。 3.2　提问与分享 问题：（1）你感觉我们这一次练习过了多长时间？ 　　　（2）这一次练习之后，你感觉怎么样？ 老师从同学们的分享当中提炼出放松、平静、轻松等关键词即可，这就是冥想带来的益处。 3.3　老师总结 指导语：以后我们积极心理课的每节课开始，都会进行5分钟的呼吸练习，每天都要锻炼这种"超能力"。它可以让我们平静放松下来，感觉到轻松愉快，特别是在你感到生气、悲伤、害怕的时候。还记得练习获得这种超能力的重要三点吗？（1）身体坐直慢呼吸；（2）手放腹部感受隆起与下瘪；（3）走神不要紧，回到呼吸上就可以。	备注区域

沉静训练

此后每节课的前5分钟，均为沉静训练环节（如下表），40分钟的教学设计里不再重复显示该环节。

授课环节	沉静训练	
目标	提升专注力，增加平静感	
时间	5分钟	
教学用具	沉静训练音频	
教学内容	根据音频指导语练习。	**备注区域**

第1课　我 爱 我 家

课程目标

认识家庭关系，理解每个人都对家庭有一份责任。

感受家庭成员之间的关爱和温暖。

一般说明

时间：40分钟（含5分钟"沉静训练"）

教学用具：（1）视频短片《爱从家开始》

　　　　　（2）每人两张白纸；若干套彩笔

教学实施

授课环节1	课堂演示：爱从家开始	
目标	体会家庭成员各自的角色、分工与配合	
时间	10分钟	
教学用具	视频短片《爱从家开始》	
教学内容	1.1　观看视频《爱从家开始》 1.2　写一写，连一连 （1）整个大家庭中，每个家庭成员分别为猴子做了什么？ （2）视频里最打动你的是什么？ （3）小猴子获得了每个家庭成员的爱，它又做了什么呢？	备注区域

授课环节2	课堂活动：说说我家	
目标	感受自己和其他家庭成员的关系	
时间	20分钟	
教学用具	无	
教学内容	2.1　画图体验：全家福 （1）每位同学画一幅全家福，说说在你的家中，家人为你做得最打动你的一件事。 （2）说说在每个家庭成员旁边写上他/她为这个家做的一件事。 （3）之后在画的空白处填写一个句子：在我眼中，＿＿＿＿（某个家庭成员）对我是＿＿＿＿（形容词）。	备注区域

教学内容	2.2　交流与分享	备注区域
	分享彼此的画作。	
	请学生分成4~6人小组讨论，在自己的家庭中，可以做哪些力所能及的事，来帮家人分担责任？	
	讨论中，每个人在白纸上画一个"我为我家：一周计划"的表格，在接下来的一周内，每天为家庭做一件事。	

授课环节3	本课总结	
目标	总结课程要点，树立家庭的主人翁感	
时间	5分钟	
教学用具	无	
教学内容	3.1　总结	备注区域
	（1）在我们成长的过程中，爸爸妈妈为家庭付出了很多时间和精力，从中我们能感受到来自他们的爱。	
	（2）每个家庭成员能力不同，但因为亲情和爱，每人都可以为家庭出自己的一份力，责任与付出是爱的体现。	

第2课　珍贵的友谊之花

课程目标
理解哪些行为品质有助于友谊的建立和维护。
在合作游戏中体会同伴的重要。

一般说明
时间：40分钟（含5分钟"沉静训练"）
教学用具：（1）动画视频《你好朋友》
（2）节奏舒缓的音乐
（3）每组一张A3纸，一套水彩笔

教学实施

授课环节1	观看动画：《你好朋友》	
目标	学习建立友谊的重要品质	
时间	10分钟	
教学用具	动画视频《你好朋友》	
教学内容	1.1　观看动画《你好朋友》 故事简介： 　　男主人公是一位农场主的儿子，农场的生活就意味着要日复一日地重复无聊的采摘、喂养工作，而且不能和饲养的动物建立感情，因为等待它们的结局就是被送往远方的市场屠宰。可是小男孩偏偏和一只可爱的羊驼交起了朋友，它为男孩的日常生活带来了乐趣。可是，男孩时时刻刻都担心它逃脱不了被贩卖的厄运，所以，便半带着小心地在死板的父亲眼皮子底下玩耍。但，纸终究包不住火，小羊驼还是被严厉的父亲发现了。男孩以为父亲会对它采取残忍手段，但没想到父亲和羊驼为自己准备了一场盛大的欢迎派对，从此他们生活在一起，其乐无穷。 1.2　讨论 （1）小男孩和羊驼是如何成为朋友的？ （2）在成为朋友之后，小男孩和羊驼共同创造了哪些回忆和经历？ （3）你认为一个人身上的哪些品质可以促进友谊的发展？	备注区域

授课环节2	课堂活动：创作友谊之花	
目标	在合作中体验相互支持及团体的力量	
时间	20分钟	
教学用具	每组一张A3纸、一套水彩笔	
教学内容	2.1 分组活动：画出"友谊之花" 引导语：我们常常把"友谊"比作"花儿"，这朵花儿需要大家共同的浇灌才能开放。现在我们来玩一个小游戏，小组合作绘画出"友谊之花"。（将学生分成4~6人的小组。） 2.2 小组展示作品 这朵合作出来的花，就代表该组的友谊之花。每个小组向全班展示本组独特的花朵。 2.3 课堂讨论 友谊之花会盛开，也会枯萎，它需要"养分"。为了让这朵花长久盛开，大家想一想，可能有哪些"养分"是可以滋养友谊之花的？先请同学们试着回答友谊之花的"养分"有哪些，该"养分"有什么特别的作用？ 每个小组将友谊之花的"养分"记录下来。	备注区域

授课环节3	总结	
目标	总结滋养友谊的重要因素	
时间	5分钟	
教学用具	无	
教学内容	3.1 总结 （1）我们可以用微笑、赞美、望着对方、主动交流来开启我们与身边人的良好关系。 （2）你和他人建立了良好的关系后，你们的友谊之花就在慢慢盛开。当然，你还需要用这节课我们归纳的其他养分维护你们的友谊之花，让它开得更灿烂、更持久。	备注区域

第3课　合作更精彩

课程目标

理解合作的重要性。

在游戏中体验如何进行良好合作。

一般说明

时间：40分钟（含5分钟"沉静训练"）

教学用具：（1）按小组数量打印若干张相同的风景海报，事先剪碎，分别装在小袋子里
　　　　　（2）胶带

教学实施

授课环节1	课堂故事：锁和钥匙	
目标	理解合作的重要性	
时间	10分钟	
教学用具	无	
教学内容	1.1　故事导入：《锁和钥匙》 　　一日，夜深人静，锁叫醒了钥匙并对钥匙埋怨道："我每天辛辛苦苦为主人看守家门，而主人喜欢的却是你，总是每天把你带在身边，真羡慕你啊！"而钥匙也不满地说："你每天待在家里，舒舒服服的，多安逸啊！我每天跟着主人，日晒雨淋的，多辛苦啊！我真的厌倦了，我更羡慕的是你！" 　　有一次，钥匙也想过一过锁那种安逸的生活，于是把自己偷偷藏了起来。主人出门后回家，不见了开锁的钥匙，一番折腾后，主人气急之下，把锁给砸了，并顺手把锁扔进了垃圾堆里。主人进屋后，找到了那把钥匙，气愤地说："锁也砸了，现在留着你还有什么用呢？"说完，把钥匙也扔进了垃圾堆里。 　　在垃圾堆里相遇的锁和钥匙，不由感叹起来："今天我们落得如此可悲的下场，都是因为过去我们在各自的岗位上，不是相互配合，相互支持与合作，也没有看到对方的价值与付出，而是这山望着那山高，彼此斤斤计较，相互妒忌和猜疑啊！" 1.2　提问 从这个故事你得到了什么启示？	备注区域

教学内容	1.3 小结 （1）我们总是容易忽略或轻视别人的价值和贡献，只看到自己做的，这种片面的看法容易让关系产生猜忌、不信任。 （2）很多时候，一荣俱荣、一损俱损，要体现个人价值也必须依靠集体合作。 （3）相互信任、相互理解、共同合作的关系，更容易取胜，也更经得起困难的考验。	备注区域

授课环节2	课堂活动：拼出精彩	
目标	练习、体会合作的方法	
时间	20分钟	
教学用具	事先买若干张一模一样的风景海报，将海报先剪碎，碎的形状要一样，每张海报的碎片装在小袋子里。	
教学内容	2.1 拼图比赛 将同学分成4~6人一组，每组一份碎片，在限定的10分钟内拼回原样。看看哪组拼得又快又好。 （比赛时，组和组之间不要相互观看，违规队失去获胜资格。） 2.2 讨论和分享 活动结束后，立刻给出5分钟组内自由讨论总结的时间，讨论两个问题，然后让小组代表上台发言： （1）总结本组取胜/失败的经验； （2）拼图过程中，你们组内发生了哪些事，让你觉得欣赏。	备注区域

授课环节3	本课总结	
目标	本课重点：团队合作的重要性和方法	
时间	5分钟	
教学用具	无	
教学内容	3.1 总结 （1）一个人不可能单独地在社会中生活，很多事情需要大家的合作才能又快又好地完成。 （2）尺有所短，寸有所长，我们每个人都有自己的优势和弱点，只有将我们各自的优势组合起来，才能达到最好的合作效果。 （3）信任是良好合作的基础，当一个人对团队中的人越了解就越容易建立信任，所以平时要多多去了解、欣赏你周围的人。	备注区域

第4课　听 的 窍 门

课程目标

了解倾听的重要性。

练习有效倾听的方法和技巧。

一般说明

时间：40分钟

教学用具：五张纸条，上面写好了不同的"口信"

教学实施

授课环节1	课堂活动：口信传输	
目标	练习倾听和理解指令，并按照指令行动	
时间	15分钟	
教学用具	五张纸条，上面写好了不同的"口信"	
教学内容	1.1　分组传口信 口信1：张老师通知，明天下午3点在操场南边集合，需要穿校服，戴红领巾，每人准备笔和本子。 口信2：居委会通知，明天上午10点在小区广场北边集合，需要穿方便运动的服装和鞋子，每个人准备中午的饮食。 口信3：王老师通知，周五早晨7点在学校正门口集合，可以带手机或者照相机，每组各自准备春游的午饭和桌布。 口信4：小赵让我转告你，明天下午2点在实验中学旁边的小卖部集合，穿校服进校门，准备好换的球衣和篮球。 口信5：小明让我转告你，今天语文老师布置了2篇作文，数学老师布置了5页习题，英语老师布置了一段对话练习，这周三检查。 将同学们分成5大组，安排好各自的前后顺序，每组第一个同学上台看老师展示的纸条，看5秒，走回队里，开始传话。记住口信的内容，并把它耳语讲给后面的同学听，后面的同学再传下去，直到小组最后一人。最后一名同学把听到的内容写到黑板上。 以传话的准确性、速度、安静程度三项评选优胜组。 1.2　分享 请优胜组总结他们取胜的经验。	备注区域

授课环节2	课堂练习：倾听的方法	
目标	理解倾听的关键要素：专心听，不随意打断、插嘴，并努力记住听到的内容	
时间	15分钟	
教学用具	无	
教学内容	2.1 教师引导 从刚才的活动中大家学习到，倾听的第一步是掌握准确的信息。除此之外，我们还常常需要了解讲话人的态度和感受。因此，在倾听时我们需要做到以下几点。 （1）身体方面： ①停止无关的动作； ②关注讲述者的眼神、表情。（保持目光接触，但并非盯住对方的眼睛，而是关注对方的面部，试图理解情绪、感受）； ③身体朝向讲述者，略前倾； ④不时用点头或者"嗯""是吗""然后呢"……回应讲述者。 （2）精神方面： ①注意力集中； ②努力听清内容的关键点：时间、地点、人物、事件、原因，以及对方的观点； ③虚心听取对方讲述的内容和观点，不随意打断； ④有不明白或不理解的地方，询问对方或向对方澄清； ⑤如果对方讲述的内容重要，则在对方讲完后复述关键点。 2.2 两两练习 每人分别说一件昨天发生在自己身边的小事（每人2分钟），说完之后对方按刚才讲的要点把对方讲的内容概括复述一遍，然后让对方打分（0~10分），看自己做得怎么样。	备注区域

授课环节3	本课总结	
目标	本课重点：倾听的要点	
时间	5分钟	
教学用具	无	
教学内容	3.1 总结本课要点 （1）真诚地倾听，是良好人际关系的基础，也是把事情做好做对的关键之一。 （2）真诚地倾听，不仅要听话语的内容，更要倾听说话者的态度和感受。 （3）真诚地倾听，不仅要用耳朵听，也要注意自己的肢体语言和眼神表情。	备注区域

第5课　你的感受我知道

课程目标
让学生认识何为同理心，练习如何表达同理心。
激发学生主动使用同理心的主动性。

一般说明
时间：40分钟（含5分钟"沉静训练"）
教学用具：（1）两可图
　　　　　（2）视频《卖火柴的小女孩》

教学实施

授课环节1	课堂小活动	
目标	体验从不同的视角看事情	
时间	10分钟	
教学用具	无	
教学内容	1.1　活动 两可图 1.2　提问 猜一猜，这个活动的目的是什么？ 1.3　小结 （1）虽然我们同在一个教室里，听到老师说的话也是一样的，但由于所站的角度不同，对同一件事的想法和观点就会有所不同。 （2）不同的观点并不意味着谁对谁错，（比如都是同一张图）但能站在对方的角度看问题，我们对事情的认识会更加全面，也会让人际关系变得更好。 （3）除了站在对方角度看问题，能否体会对方的心情和感受也同样重要，对人际关系有很大的影响。	备注区域

授课环节2	体验同理心	
目标	体会并理解同理心的概念	
时间	10分钟	
教学用具	《卖火柴的小女孩》片段	
教学内容	2.1　观看动画视频 2.2　提问 （1）大家看完视频都产生了哪些心情？ （2）大家看的时候仿佛身临其境，感受到类似的情绪，你们虽然不是视频中的那个角色，却仿佛体会到了那个角色的感受，这种心情有个专业的名词，叫作"同理心"。 同理心：能够体会他人的情绪和想法、理解他人的立场和感受。简单来说八个字：设身处地、换位思考。	备注区域

授课环节3	课堂练习：表达同理心	
目标	学习同理心的表达方法并练习	
时间	13分钟	
教学用具	无	
教学内容	3.1　老师讲解表达同理心的方法 理解对方并表达同理心有三个步骤： 第一步：聆听对方的表达（耐心，留意观察神情）； 第二步：唤起自己的内在感受（如果是我，我会是什么感受）； 第三步：把自己体会到的感受告诉对方。 3.2　表达同理心句式 （1）你觉得……（情绪），因为……（事件） （2）……（事件）让你感觉到……（情绪） 3.3　场景体验练习 （1）运动会接力比赛时，红红因掉棒被扣3秒，最后输了比赛…… （2）一位同学的钢笔不见了，同学都说是小军拿了…… （3）其他场景补充……	备注区域

授课环节4	课程总结	
目标	回顾和总结同理心的表达方法	
时间	2分钟	
教学用具	无	
教学内容	**4.1 总结** （1）面对同样的事，每个人可能会产生不一样的想法和感受，这不分对错，只因为立场和角度不同。 （2）但我们要学习站在对方的角度看问题，理解对方的心情，培养自己的"同理心"。 （3）"同理心"可以让我们对事情和问题的看法更全面，更有利于我们的人际关系的发展。 **4.2 家庭作业** 用今天学到的"同理心"去表达，找一个人聊天，听听他/她说的事，表达你的同理心。	备注区域

第6课　当我不知所措……

课程目标
认识尴尬这种特殊的人际状况。
学会处理面对尴尬场景的方法。

一般说明
时间：40分钟（含5分钟"沉静训练"）
教学用具：无

教学实施

授课环节1	认识"不知所措"	
目标	使学生了解什么是"不知所措"	
时间	10分钟	
教学用具	无	
教学内容	1.1　不知所措的定义 讲解不知所措的定义。意思是不知道怎么办才好，形容处境为难或心神慌乱。 1.2　不知所措的经历 提问：大家在交往中有过不知所措的时候吗？ 请同学们先分组讨论，然后每组至少提供3条经历，在全班分享。 1.3　老师小结（四大类情况） 和朋友吵架之后…… 当众被批评…… 遇到陌生人…… 闯祸了…… 如果以上某一类在之前未被同学们提到过，可再单独请同学分享。	备注区域

授课环节2	讨论应对方法	
目标	启发同学思考，找出多种应对方案	
时间	10分钟	
教学用具	无	
教学内容	2.1　分组讨论 老师提问：遇到这四类情况，可以怎么处理呢？ 把四类情况分配给不同的组，分组讨论。	备注区域

教学内容	2.2 列出方案 （1）老师在黑板上写下四类情况，下方留空。 （2）请各组派代表上来，在留空的位置写下本组讨论出的处理办法。 （3）如果某类情况下的处理办法写得较少，可问全班同学：谁有补充？ 2.3 讨论 老师提出以下3个问题，请大家讨论发言： （1）你们觉得，黑板上写的哪一条对你有启发？ （2）哪种方法是你使用过的？当时的感受如何？ （3）哪一条是你不太理解，想提问的？——请写的同学负责解释。	备注区域

授课环节3	现场演练	
目标	通过演练操作，增加同学们的切身体会，并纠正一些不恰当的应对方式	
时间	15分钟	
教学用具	无	
教学内容	3.1 老师选取两个不太恰当的解决方案，让两位同学上台演练操作 例如： （1）和朋友吵架之后，有人写"回避走开" （2）老师觉得不妥，可让写的同学和另一同学上台，现场表演出一个小情景剧： ①两人争吵"你不对""你才不对"，然后分开； ②第二天再次见面，一人"回避走开"。 （3）老师分别问二人"回避走开"后心里的感受，同学会答感觉不舒服。 （4）老师再问：可以把"回避走开"改成什么？ （5）请同学将黑板上的字改过来。 3.2 老师总结 生活中我们每个人都会遇到一些特殊的时刻，让我们感觉有些尴尬，不知所措。这很正常，也并不可怕。我们可以找到一些合适的方法去处理。经过今天大家一起的思考和讨论，希望我们以后可以更好地应对那些不知所措的时刻。	备注区域

第7课　有效沟通：昼与夜

课程目标
理解引发关系矛盾的常见原因。
学会处理人际交往中的矛盾和冲突。

一般说明
时间：40分钟（含5分钟"沉静训练"）
教学用具：视频动画《昼与夜》

教学实施

授课环节1	引入	
目标	通过视频动画，引发大家对人际矛盾的思考	
时间	15分钟	
教学用具	视频《昼与夜》	
教学内容	1.1　谈一谈 老师举几个身边的小例子：同学之间、朋友之间都是会闹矛盾的，也总会遇见彼此觉得很讨厌的人。 大家平时闹矛盾，都是因为一些怎样的原因呢？ 1.2　看一看 我们现在来看一个动画，动画里有两个主人公也闹了矛盾，在一开始的时候，他们也很讨厌对方。你们仔细观察剧情，看看他们之间发生了什么。 《昼与夜》把白天和黑夜塑造成两个俏皮的憨憨萌萌的透明人，他们各自拥有着世界中迷人的一面，"昼"拥有暖阳、清风绿野和活力，"夜"包含弯月、辰星和静谧……我们知道，白天与黑夜日日轮转，却没有相遇的一天，但是微电影《昼与夜》用黄昏把他们弥合了起来，从最初的相互排斥到发现对方的美，直至互相转变成为对方，亲身体会对方的美。 "对于未知的恐惧，他们害怕新的想法，他们充满了偏见，并非基于任何事实。" "对于是陌生的、不熟悉的事物，人们一开始立刻就会排斥，因为觉得它可怕，他们所做的就只是接触熟悉的事物。"	备注区域

教学内容	1.3　参考提问 他俩在剧情中都发生了哪些矛盾？你们认为这些矛盾为什么会发生？ 他俩的关系从开始到最后发生了哪些变化？ 你们认为有哪些原因促成了这些变化？ 你们觉得"昼"身上有哪些美好的地方，"夜"身上有哪些美好的地方？	备注区域

授课环节2	联系生活	
目标	练习在遇到人际矛盾时的应对方法。	
时间	15分钟	
教学用具	无	
教学内容	2.1　案例讨论 **场景一：** 　　小君和小明每天都在一起踢球。这天，小君下楼晚了一些，看到小明正在和邻楼的东东比赛骑自行车。小君站在旁边等着，当他看到小明骑得正起劲，怎么也不肯停下来时，就生气了，冲着小明大喊："我再也不要和你玩了！"这时，小明觉得有点莫名其妙。 讨论：小君为什么生气？在这样的情景下，小君和小明分别可以做些什么？ 参考： （1）学习向同伴表达情绪感受：陈述事件+自己的感受。 小君："小明你和东东在一起玩，忘了跟我的约定，我觉得很伤心。" （2）学习清晰地表达需求： 小明："小君，我今天不太想踢足球，骑自行车也很有趣，你愿意三个人一起玩吗？" **场景二：** 　　小涵和小雨正在手工课上共同制作一个轮船模型，轮船做到一半的时候，两个人突然争执起来，小涵想出了A方案，认为剩下的部分按照A方案来搭建省时省力，而且模型效果好。但小雨不同意，她提出了B方案，认为B方案更加稳妥，而A方案万一没做好，还会把前半部分给毁了。两个人互不相让，越吵声音越大，最后小涵生气地骂道："你就是脑子不行，想不出新创意，跟头猪一样！"小雨听到气得把共同做的模型当场砸了。	备注区域

教学内容	之后，老师过来，听了两个人的方案，其实都是对的，只是方法不同，没有谁对谁错。但小涵和小雨各自都觉得委屈，一个认为自己被骂了、被对方侮辱了，另一个认为对方不重视两人的合作成果，把模型砸了，非常生气。现在两人都不说话。 大家分组讨论，试着用心理课上学到一些方法，帮助小涵和小雨解决误会、和好如初。 2.2 现实中的回忆 同学之中，有没有成功处理了矛盾的例子，分享一下。总结经验。	备注区域

授课环节3	总结
目标	总结应对"矛盾""不喜欢"的原则
时间	5分钟
教学用具	无
教学内容	3.1 总结（参考） （1）从动画中总结，在日常相处中慢慢观察，寻找对方身上的优点，和自己互补，试着感受一下对方的生活，多几分理解。 （2）求同存异。虽然彼此表面不同，但可能有某些相似之处，可以基于共同的爱好、目标，在一起合作。"君子和而不同。" （3）保持合适的距离。不得不承认，有时候我们就是没办法和某些人相处，就是很难容忍对方，但这不意味着我们可以伤害、攻击对方。保持尊重、保持平静、暂时与对方拉开距离，也是一种选择。	备注区域

第8课 善意与助人

课程目标

了解善意与助人行为是构建积极关系,提升积极情绪的又一重要途径。

体验善意与助人的快乐,激发学生表达善意、帮助别人的意愿。

一般说明

时间:40分钟(含5分钟"沉静训练")

教学用具:(1)《九尾猫的故事》

　　　　　(2)视频《one day》

教学实施

授课环节1	课堂故事:《九尾猫的故事》	
目标	体会故事中互助者的快乐	
时间	15分钟	
教学用具	无	
教学内容	1.1　故事导入 　　传说世间的一切生灵皆可修炼成仙,猫也在其中。每修炼20年,猫就会多长出一条尾巴,等到有九条尾巴的时候,就功德圆满了。 　　可是,这第九条尾巴却是极难修到。当猫修炼到第8条尾巴时,会得到一个提示,帮助它的主人实现一个愿望,心愿完成后,会长出一条新的尾巴,但是从前的尾巴也会脱落一条,仍是八条尾巴。这看起来是个奇怪的死循环,无论怎样都不可能修炼到九条尾巴。 　　有一只很虔诚的猫,已经修炼了不知道几百年,也不知道帮多少人实现了愿望,但仍然是8条尾巴,它向道祖抱怨,这样下去如何才能修炼得道?道祖只是笑而不答,它只得继续修炼。 　　有一天当它在暴风雨中回到它藏身的村庄,遇到一个少年被狼群围攻,以它的道行当然不费吹灰之力地赶走了狼群,救下了这个少年,之后发现这个少年是它第一位主人的后代。按照规矩,它需要帮少年实现一个愿望,然后脱落一条尾巴再长出一条新的尾巴,继续它的死循环。	备注区域

教学内容	少年当然是欣喜若狂，九尾猫的传说在当地不知流传了多少年，而自己何其有幸，竟然成为八尾猫的主人，还有一个不论多奢侈都能够实现的愿望！八尾猫问少年的心愿是什么，他一时之间竟回答不出来，于是八尾猫变化成一只普通的猫咪，暂且跟少年回到了他家。在之后的几天里，少年小心翼翼地与八尾猫相处，发现它的眼神里除了看透世事的淡然以外，竟然还有些许悲哀。当他得知了死循环的秘密之后，竟然对这只神通广大的猫产生了怜悯。终于有一天，八尾猫待得不耐烦了，便问少年到底有什么愿望。少年想了想，问："什么愿望都可以实现吗？"八尾猫不屑地瞥了他一眼。少年接着一字一顿地说："那么，我的愿望就是，你能有九条尾巴。"八尾猫愣住了，眼睛里充满了疑惑，随后是一种难以言表的感恩眼神。它俯下身，舔了下少年的手，很温暖。于是，八尾猫长出了华丽的第九条尾巴，变成了真正的九尾猫。而少年的一生，也过得十分幸福美满。	备注区域
教学内容	1.2　提问： （1）九尾猫最后是怎么得到第九条尾巴的？ （2）在这个故事里，除了小男孩的帮助，九尾猫还做了哪些助人的事？ （3）故事的最后，九尾猫和小男孩的心情如何？	备注区域

授课环节2	如何表达善意与助人	
目标	学习互助的方法	
时间	20分钟	
教学用具	无	
教学内容	2.1　观看视频《one day》 或其他类似的相互帮助主题的视频。 善意与助人行为是构建积极关系，提升积极情绪的又一重要途径。其实在我们的日常生活中善于助人的行为很多很多，我们也常在明知没有回报的情况下贡献自己的时间、精力、金钱，比如，我们为别人捐书捐款，做志愿者……当我们做好事以后，往往觉得自己更有价值，觉得自己更有力量！	备注区域

教学内容	我们带给别人好心情的同时，我们自己的情绪也会有所提升，觉得自己心情愉快，这就是我们常说的"赠人玫瑰，手有余香"的原因。 2.2　课堂练习：助人行动单 每人思考1分钟，现场写下（或简单画出来）自己在一周内想做的1~3个助人行动（对家人、对同学朋友、对老师等），然后签上自己的名字。下节课老师抽几个同学来分享。 如果时间有富余，让同学们当场念出来，加深承诺。 2.3　总结 （1）科学研究表明，善意行动，会让大脑里产生一种神奇的激素，这个激素会让人减少焦虑、心情变愉快、身体的免疫力增强。 （2）我们可以从语言上表达善意，也能从行动上表达善意，善意的传递是多种多样的。 （3）善意与助人行为是构建积极关系，提升积极情绪的又一重要途径，会让我们觉得自己更有价值，更有力量。	备注区域

第9课　共建纸塔

课程目标

在活动中回顾和强化本学期学到的沟通原则和方法。

体验积极关系带来的乐趣。

一般说明

时间：40分钟

教学用具：（1）每人半张A4白纸

（2）每个大组一把手工剪刀、胶水、胶带

教学实施

授课环节1	本学期课程简要回顾	
目标	复习和巩固本学期的知识要点	
时间	5分钟	
教学用具	无	
教学内容	1.1　老师酌情选择前面课程里的一些重点内容带大家回顾	备注区域

授课环节2	课堂活动：建纸塔	
目标	在活动中体会合作、竞争、沟通和遵守规则	
时间	30分钟	
教学用具	无	
教学内容	2.1　分组搭建纸塔 （1）每组至少6人，想办法尽量打乱分组，不要让熟悉的同学总在一起。 （2）全班选出5名裁判，在稍后进行评比时发挥作用。 （3）每个人给自己起个新名字（昵称、小名、代号等），相互介绍新名字，之后开始合作。 （4）每个人发半张A4纸，全组齐心协力用纸尽量做一个纸塔。纸塔的底部可以粘在桌上，除此之外的部分不能用胶水或胶带粘住，要想其他办法立起来。给本组的纸塔共同取一个名字。 （5）展示时，纸塔高而且不倒的组获胜。	备注区域

授课环节3	课程总结	
目标	总结本节课要点	
时间	5分钟	
教学用具	无	
教学内容	（1）在建纸塔的过程中，认识组员、选出裁判、分工合作、成果展示的每一个过程中，都涉及沟通和合作，涉及人与人之间的关系。光有好的创意但没有人合作实现，或者各做各的无法协商达成一致，最终都很难获得优胜。 （2）建纸塔只是一个课堂游戏体验，本学期所学到的倾听、同理心、沟通方法、善意等，都会在日常生活中经常遇到可以使用的时机，使用这些方法可以让我们的沟通合作变得更有效率。	备注区域

第二篇 积极情绪

理论部分

一、认识情绪

（一）情绪的定义

"情绪"是人对客观外界事物的态度的体验，是人脑对客观外界事物与主体需要之间关系的反映。

"情绪"是个体的一种主观感受，或者说是一种内心体验。

情绪会引起一定的生理上的变化，例如心律、血压、呼吸和血管容积上的变化。愉快时，面部的微血管舒张了，脸变红了；害怕时，面部的微血管收缩，血压升高，心跳加快，呼吸减慢，脸变白了。这些变化是通过内分泌腺的作用实现的。

情绪的外部表现是情绪表达和识别的重要基础，在人际交往中具有特殊重要的意义。情绪表现最主要的形式有三种：面部表情、肢体表情和言语表情。

（二）情绪的功能

1. 情绪是适应生存的心理工具

情绪是有机体生存、发展和适应环境的重要手段。有机体通过情绪和情感所引起的生理反应，能够发动其身体的能量，使有机体处于适宜的活动状态，便于有机体适应环境的变化。同时，情绪还可以通过表情表现出来，以便得到别人的同情和帮助。例如，在危险的情况下，人的情绪反应使有机体处于高度紧张的状态，身体能量的调动可以让人进行搏斗，也可以呼救。情绪的适应功能，从根本上来说，就是服务于改善人的生存条件和生活条件。比如一个年幼的孩子在陌生的环境中，离开抚养者后，会着急地大声啼哭，直到抚养者再次出现并让孩子意识到安全；又如，不会游泳的人不慎落水时，会急切地挣扎、呼救。

2. 情绪是唤起心理活动和行为的动机

情绪可以驱动有机体从事活动，提高人的活动效率。一般来说，内驱力是激活有机体行动的动力，但是，情绪和情感可以对内驱力提供的信号产生放大和增强的作用，从而更有力地激发有机体的行动。例如，缺水使血液变浓，引起了有机体对水的生理需要。但是，只是这种生理需要还不足以驱动人的行为、活动，如果意识到缺水会给身体带来危害，因而产生紧迫感和心理上的恐惧时，情绪就会放大和增强内驱力提供的信号，从而驱动了人的取水行为，成为人的行为、活动的动机。又如，被灼烧时剧烈疼痛的感觉让人产生巨大焦虑，继而迅速逃离危险源，保护了生命安全。而对于极少数没有痛感的人来说，受到伤害却不能及时躲避，是十分危险的生理缺陷。

3. 情绪是心理活动的组织者

情绪对其他心理活动具有组织功能，主要表现在：积极的情绪和情感对活动起着协调和促进的作用；消极的情绪和情感对活动起着瓦解和破坏的作用。比如，学生在考试前常会出现紧张情绪。适度的紧张感让他们的学习效率得到提高，然而，过度的紧张和焦虑感却可能导致身体出现不适症状，影响学习的效率。

情绪对行为的影响表现在，当人处于积极的情绪状态时，他容易注意事物美好的一面，态度变得和善，也乐于助人，勇于承担责任；在消极情绪状态下，人看问题容易悲观，懒于追求，更容易产生攻击性行为。

4. 情绪具有信号功能

情绪具有传递信息、沟通思想的功能。情绪有其外部表现，即表情。情绪发挥信号功能是通过表情实现的。如微笑表示友好，点头表示同意。表情还和身体的健康状况有关，中医的望、闻、问、切中的"望"，就包括对表情的观察。此外，表情既是思想的信号，又是言语交流的重要补充手段，在信息交流中起着重要的作用。表情的交流比言语的交流出现得要早。

（三）人类的基本情绪

情绪分类取向源于达尔文的"进化论"思想，该理论认为"情绪"是由几种相对独立的"基本情绪"以及在此基础上形成的多种"复合情绪"构成的。"基本情绪"是人和动物所共有的、先天的、不学而能的，在发生上有共同的原型或模式，它们在个体发展的早期就已出现，每一种基本情绪都有独特的生理机制和外部表现。

"非基本情绪"或"复合情绪"，则是多种基本情绪混合的产物，或是基本情绪与认知评价等相互作用的结果。情绪研究历史中，曾有众多研究者投身到以进化论思想为基础的情绪分类研究中，其中尤以艾克曼（Ekman）的"基本情绪分类说"最为突出，他认为，存在快乐、悲伤、愤怒、恐惧、厌恶和惊讶6种基本情绪。

但新的研究认为，人可能只有4种基本情绪。Jack等人（2014）通过研究脸部肌肉在做不同表情时如何运动，得出了这一结论。他们发现恐惧和惊讶拥有共同的表情特征——瞪圆眼睛，这意味着它们只是同一基本情绪的不同成分，而不是两种基本情绪。同样，他们还发现愤怒和厌恶表情都以皱鼻子的动作为开始。所以，愤怒和厌恶可能仅仅是一种基本情绪的不同成分而已。

愤怒和厌恶显然是两种不同的情绪。这一最新理论也没有否认这一点。相反，研究者想表明的是，愤怒和厌恶的区分仅仅在面部表情得到进一步发展以后才变得明显，即使这种发展通常只需一瞬间就能完成。研究者们认为，面部表情和基本情绪的关联具有进化基础。

提出该观点的Rachael Jack博士说："第一，最先表现出危险信号（皱鼻子）为物种发展提供了最大的益处，因为这能够让同伴尽快逃跑。第二，这些动作对表情者的生理意义——皱鼻子可以避免激怒潜在的敌人，而睁大眼睛就能吸收更多的视觉信息，这对逃跑是有帮助的——也会因为尽可能快地做出它们而增加。"

这一理论认为，人类有4种基本的生理性情绪——喜、怒、哀、惧——并以此为基础，在几千年的进化过程中衍生出了复杂得多的各种情绪。

这并不代表我们的情绪系统比之前认为的要简单，仅仅是构成它的基础由6种变成了4种而已。

二、提升积极情绪

（一）积极情绪的分类

当提到满意、开心、自豪、快乐等词的时候，我们能识别出这些词表示的是积极情绪，那到底积极情绪包括多少种，又分别是哪些呢？研究者们对积极情绪的定义不同，导致他们对积极情绪的分类也不相同。在积极心理学研究领域，研究积极情绪的一位代表人物是芭芭拉·弗雷德里克森（Barbara Fredrickson），她把积极情绪分为10种，分别是：喜悦、感激、宁静、兴趣、希望、自豪、逗趣、激励、敬佩和爱。

（1）**喜悦（Joy）**：当我们获得奖励或是奖赏时，当我们被别人夸赞时，当我们考试取得好成绩时，当我们和好朋友愉快地玩耍或聊天时……当你的周围环境对你来说是安全又熟悉的时候，一切都按照你的预期发展——甚至比你预期的还要好，不需要你付出多大的努力，这些都是获得喜悦体验的条件。这种喜悦的积极体验会让你心情愉快，脚步轻盈，觉得整个世界是如此美好。你会面带微笑，投入到各种各样的活动中去。

（2）**感激（Gratitude）**：当别人对你做了好事的时候，你就会产生感激之情。同时，你给予他人帮助时，他们也会对你产生感激之情。值得我们感激的不仅仅是身边的人，也可以是身边的事物。值得我们感激的可以是早起清新的空气、干净明亮的天空，可以是我们拥有健康的身体，也可以是一直陪伴自己的宠物猫……无论何时，当我们把那些平凡的人事物看作是珍贵的礼物时，感激就出现了。

（3）**宁静（Serenity）**：你静静地倚靠在沙发上，身旁的小猫依偎在你的腿边，你手捧着一本喜爱的书，慢慢地沉浸在字里行间，这就是宁静的感觉。宁静和喜悦一样，产生的条件是你周围的环境是安全又熟悉的，而且自身不需要付出太多努力。宁静是一种聚精会神的状态，它让你沉浸在当下，品味当下的感觉。弗雷德里克森称"宁静"为夕阳余晖式的情绪，因为它经常伴随在其他积极情绪之后而来。比如，参加了比赛获奖之后会产生自豪的积极情绪，你抱着奖牌回到自己的房间，静静地坐在床上，对自己说：这一切太美好了。

（4）**兴趣（Interest）**：孩子们对周围的一切都很好奇，当他们蠢蠢欲动，想要去探索的时候，就是兴趣在驱动了。环境中会有一些新奇的事物引发你的兴趣，调动你的探索欲。它们会吸引你的大部分注意力，以一种神秘的力量促使你去行动，需要你投入足够的努力和关注。它牵引着你去投入到当下的探索中，当你发现一本充满新奇观点的书，当你观看海底动物世界时，当你发现一条从未走过的幽静小路时……你都能体会到兴趣。兴趣让人们感觉充满了生机，让人们心胸开阔，让人们具有更宽广的视野。

（5）**希望（Hope）**：多数积极情绪都是在你感觉到安全和满足时出现的，但有一种积极情绪例外，它就是希望。当事情的发展对你不利时，但你觉得事情还有转变的可能，这个时候希望就出现了，希望往往就是在你快要绝望的时候产生的，因为你相信事情将会通过自己的努力带来转机。伏尔泰曾说："上帝为了补偿人间诸般烦恼事，给了我们希望和睡眠。"在"野火烧不尽,春风吹又生""山重水复疑无路,柳暗花明又一村"等诗句里,中国古代诗人都表达了希望给人带来的力量。深入希望的核心,你会发现,它也是一种相信事情能够向着好的方向发展的信念。

(6)**自豪(Pride)**:当我们要为一些坏事情负责的时候,我们就会产生内疚、羞耻等消极情绪体验。自豪则刚刚相反,它是在我们要为一些好事情负责的时候出现的,这些好事是由我们直接或间接带来的。好事情往往是你取得的成就,你投入了自己的时间和精力,并获得了成功。成功可以是你修好了一把小凳子,可以是你顺利完成了老师布置的作业,可以是你湿透了汗衫在操场上跑满了五公里,可以是你帮助了需要帮助的人之后收获了感激……自豪能够点燃你的成就动机,当体验到自豪的积极情绪时,更有可能完成艰巨的任务,获得成功。

(7)**逗趣(Amusement)**:当一些意想不到的事情引起你发笑,这个时候你体验到的积极情绪就是逗趣,如小孩在打翻了吃饭的碗后朝你做了个鬼脸;一位好友跟你分享他最喜欢的笑话。你并不是预先就打算从这些事情中得到乐趣,这种乐趣是在你意料之外的。引发逗趣需要两点:一是引发的逗趣是社会性的。虽然有时候我们也独自一个人发笑,这种笑不是社会性的;二是逗趣的发生需要在安全的情况下。如果你的孩子打破碗,割破了手,你就不会体会到逗趣了。逗趣是带有娱乐性质的,抑制不住的笑声让你想要与他人分享你的快乐,从而产生与他人的社会性联结。

(8)**激励(Inspiration)**:"激励"是一种能够把我们从自我专注的封闭空间中拉出来的积极情绪,让我们能够与那些比我们自身更加宏大的事物(something bigger than yourself)产生联结。世界上有很多真正让你觉得很振奋,能够激励你的事情。比如,你看到街上乞讨的流浪汉在汶川大地震发生时也会跑到公共募捐的地方给灾区捐款、阅读一本能够打动心灵的书籍、看了一场顶级足球赛事、听了一场洗礼灵魂的音乐会、看了一场激奋励志的电影……激励能够让你的注意力更加集中,吸引你投入到要将事情做到最好的状态中,促使你达到更高的境界。

(9)**敬佩(Awe)**:敬佩与激励的关系很紧密,当你被伟大彻底征服了的时候,敬佩的积极情绪就会产生,它是一种超越自我的积极情绪。面对大自然,我们不禁赞叹它的伟大和神奇。当你面对着辽阔无垠的大海时，当你在山脚下仰望高耸入云的青山时，当你看到险峻的岩壁间生长有顽强不息的劲松时……你都会产生由衷的敬佩之情。敬佩虽然是一种积极情绪，但是它离人类的心理安全边界过于接近，以至于在体验敬佩之时，还会伴有消极情绪的出现。举个例子，当你目睹海啸发生时，那种宏大的场面，携带巨大能量的海啸带来的那种震撼会让你同时产生敬佩与恐惧感。

（10）**爱（Love）：**"爱"不是一种单一的积极情绪，而是上述所有积极情绪的复合。我们上面说到的喜悦，感激，兴趣，激励，敬佩，自豪，逗趣，希望和宁静，将这9种积极情绪转变为爱的是它们的情境。当这些良好的感觉与一种安全的、并且往往是亲密的关系相联系时，我们称之为爱。在亲密关系的早期阶段，双方对彼此的一言一行都充满兴趣和关注，一起分享逗趣，一起体验喜悦。随着关系的深入，你们更加了解了彼此，一起分享着对未来的希望。你感激对方为你做的一切，你会为他的成就感到自豪，被他的良好品格所激励，你有时候也会在想，是什么神奇的力量让你们走到了一起，这个时候就产生了敬佩之情。上面描述的每一个时刻都可以被称作是爱的瞬间。

（二）积极情绪的益处

1. 积极情绪使人更健康、更长寿

- 提高人体内的多巴胺水平，增强人体免疫力；
- 降低人体对压力的炎症反应；
- 降低血压，减少疼痛，带来更好的睡眠；
- 患病的风险更低，更少得高血压、糖尿病或中风。

修女实验

1932年，178位修女完成受训，她们的年龄大约22岁。这些即将开始传教的修女，受到方方面面的测试，其中一个就是她们要写自己的短小传记。这些资料被当时的心理学家收集了起来，几十年后，一些心理学家打开这些资料，对它们进行研究，想弄明白，有几个修女活到今天，活了多久？他们想找长寿的预测因素，所以他们看修女的传记写得多深奥，也就是说考察她们的智力水平，结果跟长寿一点关系都没有。再看看居住环境的污染程度，会不会影响她们的寿命，也没关系。住加州的和住波士顿的也没分别。他们研究修女的虔诚程度、信仰程度，

发现对长寿也没什么影响。只有一样东西跟她们的寿命有联系，那就是积极情绪。

研究人员所做的是，63年后，即修女们85岁时，看她们写的传记，他们不认识这些女人，所以这是个完全匿名的研究，是个双重匿名的研究。他们把传记分成4类：最积极的、最不积极的，中间还有两类。然后他们比较最积极的那类和最不积极的那类，再看她们的存活率。他们得出如下结果：最积极的那类有90%还活着，而最不积极的那类只有34%活着。两个数据相差很大。这并不说明消极者就不会活到120岁，也不说明积极者就不会于30岁死于心脏病。但平均来说，在这个长寿研究中，最能解释两组相差如此大的数据的因素，就是积极情绪，总体的积极性显示：再过9年，她们94岁的时候，最积极类中有34%还活着，而最不积极的那类只有11%活着。差别很显著。

2. 积极情绪使人更乐观、更有韧性

通过运用人体生物反馈仪，科学家发现，积极情绪可以平息或还原消极情绪的心血管后遗症。通常人在面对压力和消极情绪时，无法阻止心脏跳得更快速、更剧烈。但是，带着积极情绪，人可以约束这些反应并很快恢复心脏的平静。也就是说，积极情绪可以"还原"消极情绪造成的躯体生物水平偏差，使人在身体和情绪上都恢复原状。

复原力实验

心理学研究者米歇尔·图盖德邀请具有坚韧性格的人到实验室，对他们进行逐一测试。通过要求被试当众演讲，让其产生焦虑并达到一定程度，接着又突然让他们摆脱困境。然后计算每个参与者需要用多少秒来恢复原初水平的心律、血压等。

实验结果表明：心血管复原最快的人是在韧性测量中得分最高的那些人，也是带着更多积极情绪走入实验室的人。他们告诉研究者，虽然演讲任务使他们焦虑，但他们也发现这在某种程度上是一个有趣的挑战，他们乐于接受。在这里，积极情绪再一次成为关键。具有坚韧性格的人快速复原的原因在于，他们会体验到高于平均水平的积极情绪。积极情绪成了他们体内机能的重置按钮。

心理学研究者克里斯琴通过神经成像研究追踪大脑中血流的状况发现：面临威胁时，具有坚韧性格的人担心更少、复原更快。心理学家在对"9·11"的研究中，那些有坚韧性格的人反馈了最多的积极情绪。

3. 积极情绪使人更有创造性

外科医生解题实验

康奈尔大学的科学家向外科医生们提出一个与肝脏问题有关的很难的问题，那是一个病人的病症。医生们被随机分成三组，第一组是对照组，他们"必须解决这个问题"；第二组听一段有关医学文明观的说明，为什么当医生如此重要；第三组得到一小袋糖果，让他们获得愉快放松的好心情。事实上，第三组明显比另两组有更好的表现，他们更善于整合案例信息，并且很少会固守他们最初的想法而在诊断中得出不成熟的结论。

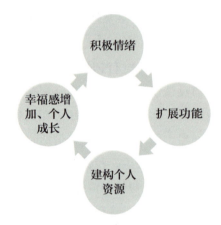

三、管理消极情绪

（一）常见的消极情绪

消极情绪的主要形式（Daniel Goleman，2010）分为以下几种。

（1）**愤怒**：类型多种多样。愤怒常在个体受到冒犯或权益受到威胁时发生。具体表现为狂怒、暴怒、怨恨、激怒、恼怒、义愤、气愤、刻薄、生气、敌意等，最极端的表现为仇恨和暴力。

（2）**悲伤**：常出现在我们生活中出现重大损失的时候。通常是人们想尽力摆脱的一种情绪。具体表现为忧伤、歉疚、沉闷、阴郁、忧愁、自怜、寂寞、沮丧、绝望。

（3）**恐惧**：焦虑、忧虑、焦躁、担忧、惊恐、疑虑、警惕、疑惧、急躁、畏惧、惊骇、恐怖等。

（4）**厌恶**：轻蔑、鄙视、蔑视、憎恶、嫌恶、讨厌、反感。

（5）**羞耻**：内疚、尴尬、懊恼、悔恨、羞辱、后悔、屈辱等。

（二）消极情绪的作用和价值

（1）**愤怒**：在远古时意味着人的领地被侵犯，生存受到威胁。今天，当人们感到利益受到冒犯，或者尊严受到挑战时，常常会产生愤怒情绪。愤怒情绪的产生一方面提示个体准备应对不利的局面；同时，愤怒的外在表现也对对方起到了告诫、警示作用。

（2）**悲伤**：由损失所导致的悲伤具有一定的价值。悲伤会使我们把注意力集中于损失，并削弱开始新尝试的能量。悲伤让我们暂时停止追求，哀悼损失，认真思考其中的意义，最后进行生理调节，并展开新的计划，让生活继续下去。

（3）**恐惧**：恐惧使人将注意力高度集中于当下的处境，谨慎行动，避免受到伤害。

（4）**焦虑**：焦虑经常发生在以下场景中，在大庭广众之下发言、登台演出，或者要参加重要考试却心里没底。这些情况下，当事人因为害怕会表现不好，而感到焦虑。

焦虑会使人感到静不下心来，烦躁甚至呼吸困难。焦虑可能引起出汗、脸红、发抖或胃里不舒服，也可能让你做噩梦或难以入睡。

焦虑是人自我激励的一种方式，如果焦虑水平适度，它能帮助人重视准备，以更好地完成任务。

总之，消极情绪帮助人类适应生存环境，从远古生存并进化到了今天。同样，消极情绪在现代生活中仍有存在的价值。因此，要完全消除消极情绪是不合理的。

（三）是否可以消除消极情绪

如果人们失去了对自己情绪的控制，社会关系将无法维系，无论是在社区中、家庭里，还是亲密关系之间。然而，正如大多数心理学家所认为的，干预和调整人之自然本性的行动一样，压抑自己的情绪也会有副作用。虽然当我们与别人相处时隐藏某些情绪是必要的，但我们独处时依然彻底排斥自身情绪便是有害的（泰勒·本-沙哈尔，2011）。

学术界里论证"压抑自身情绪有害身心健康"的文献非常多。如理查德·温斯拉夫（Richard Wenzlaff）和丹尼尔·威格纳（Daniel Wegner）的研究证明了"逃避回想创伤性和焦虑性的事件往往会促进这些事件在我们的头脑中不断重现,从而引发一个恶性循环,使焦虑性障碍持久而难以摆脱"。在其他的研究中发现,那些自述对于抑郁的念头压抑水平越高的人,抑郁的症状越严重。

当人拒绝自己的情绪时,无论拒绝表达情绪,还是不允许自己体验情绪,这些情绪都只会加剧,与他们的愿望正好相反。你可以试试看下面的心理实验,是由丹尼尔·威格纳提出的:在接下来的10秒里,不断告诉自己不要想象一只白熊的样子,无论怎样都好,就是别去想象白熊的样子……

极有可能的结果是,你无法在这10秒里停止想一只白熊的样子。如果你真的想不要想一只白熊,还不如就允许自己想象它,然后过一会儿,这个念头就会自然消失,就和每个想法最终都会离去一样。试图主动压抑一个想法,抵抗、阻止它只会令它更鲜活和强烈。同样,当人们试图压抑消极情绪,试图阻止类似的情绪自然流露时,它们只会更加剧烈。这被称为意识流的反弹。

消极情绪需要被管理而无法被完全消除。

(四)管理消极情绪的四步法

第一步:觉察。

采用自言自语的对话系统。

A. 我怎么了?稍等!我出现什么情绪了?(觉察情绪)

B. 是因为什么事情引起的?发生了什么事情让我这样?我怎么想的?(觉察事件)

这一步的作用是让刚才剧烈的情绪冲动得到缓冲。例如:学生小明学习很努力,但期末考试数学不及格,小明感到非常沮丧。

这时小明可以自言自语:

A. 我出现了什么情绪?

我感到很沮丧。

B. 什么事情让我沮丧?

数学考试没通过。

第二步:接纳。

我可以沮丧吗?

当然可以,我是人。(是人就会有各种情绪反应)

小明适当的做法是先觉察自己的情绪,然后问自己:"我可以沮丧吗？""当然可以，因为我是人。"当小明心里接纳了这样的想法之后，他强烈的负面情绪才会逐渐缓和，并且不再对他造成困扰。

第三步：跳出思维陷阱。

情绪"ABC理论"认为引起人们情绪困扰的并不是外界发生的事件，而是人们对事件的态度、看法、评价等认知内容。因此，要改变情绪困扰不是致力于改变外界事件，而是应该改变认知，通过改变认知，进而改变情绪。

A为发生的事件，B为信念，即当事人对这一事件的看法，C为根据自己的看法而产生的个体情绪和行为反应，因此称为ABC理论。个体产生消极情绪或者消极行为往往是由于B，即他对事件不合理的想法所导致。所以我们可以通过改变B，来调整当事人的情绪和行为。不合理信念的主要特征包括：绝对化要求、过分概括化、糟糕至极等。

绝对化要求：是指个体以自己的意愿为出发点，认为某一事物必定发生或不会发生的信念。因此，当某些事物的发生与其对事物的绝对化要求相悖时，个体就会感到难以接受和适应，从而极易陷入情绪困扰中。它通常与"必须""应该"这类字眼连在一起，如"我必须考上那所中学""别人必须很好地对待我""同学们必须听我的"，等等。

过分概括化：是一种以偏概全的不合理的思维方式，就好像以一本书的封面来判定它的好坏一样。它是个体对自己或别人不合理的评价，其典型特征是以某一件或几件事来评价自身或他人的整体价值。

糟糕至极：是一种把事物的可能后果想象、推论到非常可怕、非常糟糕，甚至是灾难性结果的非理性信念。当人们坚持这样的信念，遇到了他认为糟糕透顶的事情发生时，就会陷入极度的负面情绪体验中。如一次重要的考试失败后就断言："自己的人生已经失去了意义。"

在小明的例子中——

想法："数学很难，我学不好，我很笨。"（过分概括化）

反驳：可能的答案是："数学没学好，但我语文不错，我可能擅长文科。""我数学学习没有好的方法，我需要多请教。"

想法转变后沮丧就可以转变为平静，暗暗下决心采取行动。

第四步：选择有益的行为（积极行动）。

在情绪平复之后，选择、决定、开始新的行动。

认识与表达情绪 { 第1课　认识情绪
　　　　　　　　第2课　表达情绪

情绪与大脑　●　第3课　情绪与大脑

培养积极情绪 { 第4课　发现美好的事
　　　　　　　　第5课　感恩
　　　　　　　　第6课　品味
　　　　　　　　第7课　平静

管理消极情绪 { 第8课　管理愤怒
　　　　　　　　第9课　当我伤心时

教 学 设 计

第1课　认 识 情 绪

课程目标

认识常见的5种基本情绪和11种复合情绪。

体会各种情绪带来的身体感受和外在表现。

一般说明

时间：40分钟（含5分钟"沉静训练"）

教学用具：（1）头脑特工队
　　　　　（2）我的情绪蛋糕

教学实施

授课环节1	认识基本情绪	
目标	认识五种基本情绪	
时间	10分钟	
教学用具	视频剪辑：头脑特工队	
教学内容	1.1　视频导入：《头脑特工队》 1.2　教师提问 （1）什么是情绪？ （2）视频里都出现了哪些情绪？	备注区域

教学内容	（3）同学们想一想，这些情绪自己都体验过吗？什么时候会体验到？ （4）你的身体会有哪些感觉？ **教师小结** 视频中的五位情绪角色，乐乐（Joy）、忧忧（Sadness）、厌厌（Disgust）、怒怒（Anger）、惊惊（Fear）分别对应着五种情绪。这是我们人类最常见的五大情绪，我们每个人在生活中都会常常体验到，也叫作五大基本情绪。	备注区域

授课环节2	认识复合情绪	
目标	了解和识别11种常见的复合情绪	
时间	15分钟	
教学用具	无	
教学内容	**2.1 活动：情绪模仿大挑战** 教师引导：同学们，除了这五种最常见情绪之外，你还体验过哪些其他的情绪呢？下面我们一起通过活动来体验一下下面这些情绪。 活动规则： （1）每组选出一名学生，几人一起到讲台前，同时表演老师给出的情绪，要用表情和肢体语言表达。表演完一个情绪后，老师让全班选出最像的两位，由他们分别回答："平常什么时候你会出现这种情绪？" （2）回答完之后，这两名同学分别从自己的组里选一名同学到前面来替换自己继续表演下一个情绪。 **2.2 认识不同情绪的身体感受** 教师提问：刚才我们通过体验了解了11种情绪，这些情绪和最开始学习的五大情绪有什么区别呢？（由五大情绪相互组合而来的，称为复合情绪） 刚才的环节中，我们了解了每种情绪产生的原因，那当我们自己有了一种情绪时，怎么去辨别它呢？有同学答对了，身体感受是我们辨别情绪的好方法。同学们回忆一下，平时当你有下面四种情绪时，你的身体分别会有哪些感受？如：脸红、身体出汗、手发凉等。 **2.3 教师小结** 我们学习了16种情绪，我们通过活动体验到，了解自己的情绪可以通过身体感受；了解别人的情绪可以通过表情、动作、身体语言等来感受。这些都是我们认识情绪的好方法。	备注区域

授课环节3	画出我的情绪蛋糕
目标	了解自己生活中常见的情绪，体会它们带给自己的感受
时间	10分钟
教学用具	每人一张情绪蛋糕图片
教学内容	**3.1 教师引导** 引导语：想一想最近一周自己都出现过哪些情绪，你觉得它们分别是什么颜色的？先在图片右边写出每种情绪的名称，并在旁边画出代表它的颜色。之后回想一下，每种情绪大约占一周中的多少时间，估算出它的比例，然后按照百分比在情绪蛋糕上划分区域。最后，分别给情绪蛋糕的每个部分涂上和右边相一致的对应颜色。 我的情绪蛋糕 情绪　颜色 平静 紧张 愉快 伤心 逗趣 自豪 嫉妒 生气 害怕 爱 其他情绪 （请写出名称）　—— **3.2 学生画画** 学生完成自己的情绪蛋糕，并涂上颜色。 **3.3 教师小结** （1）通过这个活动我们认识到，除了身体语言，色彩是我们表达自己感受的另一种方法。因此，我们常能通过美术作品的色彩，大致体会到绘画者当时的情绪感受。 （2）情绪有两个很重要的作用，一个作用是认识自己，当我们对自己满意时，就会感到开心、愉悦，就是积极情绪，比如自豪；当对自己不满意时，我们就感觉难过、不开心，比如羞愧、尴尬、内疚。情绪的另一个作用是让我们了解自己的需要有没有被满足，被满足了，我们就感受到积极情绪，如果没有被满足，就感受到消极情绪。了解情绪是我们了解自己和学习与他人交往的好方法。 **课后作业** 每位同学在接下来的7天内关注自己的情绪变化，并画出情绪蛋糕。看看和这周有什么不同，想想三种主要情绪产生的原因。	备注区域

第2课 表达情绪

课程目标

理解并表达情绪的内容、强度。

学习用健康的方式表达自己的情绪。

一般说明

时间：40分钟

教学用具：（1）积极情绪温度计

（2）消极情绪温度计

教学实施

授课环节1	情绪温度计	
目标	从积极情绪和消极情绪两个角度，理解情绪的强度	
时间	15分钟	
教学用具	两张情绪温度计图卡	
教学内容	1.1 回顾与引入 通过上节课，我们对情绪有了一个初步的认识，大家是否记得，如果把所有的情绪分成两类，可以怎么分？ 1.2 理解情绪温度计 （1）展示一个普通温度计，问大家是否知道怎么看温度计。（以0℃为参考点，越高感觉越热，越低感觉越冷） （2）展示情绪温度计：一根蓝色背景温度计（消极情绪）和一根红色背景温度计（积极情绪）。问大家，有没有谁愿意尝试猜猜，怎么来看"情绪温度计"？（同学自由回答一下）	备注区域

教学内容	老师总结： （1）无论是积极情绪还是消极情绪，都有程度的区分。 （2）积极情绪温度计：假如0℃是平静，越往上会感受到越热烈的积极情绪，比如100℃是狂喜。 （3）消极情绪温度计：假如0℃是平静，越往上会感受到越来越狂热的生气和愤怒，越往下会感受到越来越冰冷无力的忧郁和悲伤。 **1.3 情绪温度计冥想** 引导语：现在，大家看着两支温度计，将它们印在脑子当中。大家感受一下此时此刻，觉得自己此时内心的温度是多少度，这个温度是属于蓝色温度计还是红色温度计？你觉得大概是种什么情绪？ 冥想引导： 现在，大家最后再看一眼情绪温度计，记在心里，慢慢闭上眼睛……双手放在膝盖上……做几次深呼吸……让情绪在0℃上停留一会儿……然后慢慢展开想象……情绪……可以被调控……因为每个人……都是自己情绪的主人……当我们去想象一些不同的场景和事件……会带给我们不同的情绪…… 现在……来试一试……我们来想象一些不同的事情，感受一下这些事情引发了我们怎样的情绪……它在蓝色的温度计上……还是在红色的温度计上……它有多少度……也许它还有些起伏和变化……也许同一件事引发了不止一种情绪…… 再次做几个深呼吸……慢慢地停住你心中的温度……慢慢地……睁开眼睛…… **1.4 提问** （1）有多少同学，在刚才的过程中，能感受到自己情绪有变化？ （2）刚才停下的时候，大家的情绪都在哪个温度计上，有多少度？说一说想到了什么事情。	备注区域

授课环节2	小游戏：表达情绪	
目标	通过游戏了解表达情绪的多种方式	
时间	15分钟	
教学用具	无	
教学内容	**2.1 表达情绪的各种方式** 提问：除了像刚才我们用语言来形容自己的情绪，大家还能想到哪些其他的方式来表达情绪？	备注区域

教学内容	2.2　游戏规则介绍	备注区域
	引导语：现在让我们来玩另一个游戏，这个游戏我们不再用语言说，而是用其他方式来让别人看到你的情绪。规则如下：	
	（1）小组同学两两一组，面对面站立；	
	（2）摆出一个起始姿势，无论何时，听到老师说"停！"就要迅速回到起始姿势；	
	（3）用表情、声音、肢体语言表达对老师所描述情景的情绪；	
	（4）表达自己的情绪时，要真实，不要刻意夸张或渲染。	
	情景参考：	
	（1）这学期，考试得了双百，你感觉？（老师注意时间喊"停！"）	
	（2）考试时间快结束了，你还有好几件事没做完，你感觉？	
	（3）你生病了在医院，马上要打点滴，你感觉？	
	2.3　提问与分享	
	（1）在刚才的游戏过程中，你有什么想法、感受想分享给大家的吗？比如你不仅自己表达，你也看到了对方的表达。你有什么感想，有什么发现？	
	（2）你们能感受到别人有情绪吗？你们能准确判断别人的情绪吗？如果能，如何做到的？	

授课环节3	游戏：善解人意	
目标	通过游戏，理解表达情绪有助于双方的沟通和交流	
时间	10分钟	
教学用具	无	
教学内容	3.1　游戏规则介绍	备注区域
	（1）挑选一个搭档。	
	（2）A同学悄悄写下一个想表达的情绪，然后讲一个小故事给对方听。	
	（3）B同学听故事，观察、猜测A同学想要表达的是哪种情绪。	
	3.2　分享与讨论	
	请几个小组的同学上台，说说自己的小故事，让台下其他同学来猜猜是什么情绪。	
	3.3　总结	
	（1）可以保护自己远离危险的情境。（比如判断对方正在暴怒。）	
	（2）可以引发下一步行动，选择接下来恰当的行为。比如安慰对方、帮助对方。	
	（3）当我们用恰当的方式把情绪表达出来，无论是积极的还是消极的，对我们的身心健康都有益，对人际关系也有促进作用。	

第3课　情绪与大脑

课程目标
让学生初步理解情绪和大脑的关系。
引导学生体会情绪的可控性。

一般说明
时间：40分钟（含5分钟"沉静训练"）
教学用具：视频《杏仁核被绑架了》

教学实施

授课环节1	情绪与大脑
目标	通过提问与讨论，初步了解情绪与大脑的关系
时间	15分钟
教学用具	无
	1.1　回顾与引入 （1）通过刚才的沉静训练，随机提问几位同学，脑海中浮现了哪些画面、哪些情绪？ （2）通过上节课，我们还记得情绪有哪些表达方式？ （3）大家是否还记得动画片段《头脑特工队》？我们的情绪住在哪？受什么控制？（大脑） **1.2　认识左右脑** 展示左右脑的基本功能区别。让学生想一想，自己平时更倾向于是左脑人还是右脑人，为什么？然后点几位同学分享想法。 **1.3　情绪与大脑** （1）情绪分为积极情绪与消极情绪，而且情绪住在大脑里，那么大家猜一猜，这两种情绪分别住在哪个半脑里呢？（积极情绪住在左脑，消极情绪住在右脑） | 消极情况 | 作用 | |---|---| | 恐惧 | 提醒你逃离危险，保护自己 | | 愤怒 | 提醒你受到了侵犯或不公平的待遇 | | 伤心 | 提醒你失去了重要的东西 | | 厌恶 | 提醒你远离有害的、恶劣的东西 | | 焦虑 | 提醒你集中注意力，危险而重要的事情即将到来 |

教学内容	（2）在日常生活中，大家能体验到的积极情绪多一些，还是消极情绪多一些呢？或者你经常最先察觉到的情绪，是哪一类呢？ （3）消极情绪的存在意义。学生先试着说说自己的想法，老师再根据PPT展示内容来作总结。	备注区域

授课环节2	拯救杏仁核	
目标	通过视频与提问，了解什么是杏仁核，了解管理消极情绪的小方法	
时间	20分钟	
教学用具	视频《杏仁核被绑架了》	
教学内容	2.1　杏仁核是什么？ 消极情绪总是给我们很多警示的作用，在大脑里有一个部位，它的变化就集中体现出消极情绪的警示作用，就像一个报警器一样，这个大脑部位叫作：杏仁核。将两手比作大脑，模拟展示杏仁核的位置，增加学生的视觉化体验。 2.2　观看小视频《杏仁核被绑架了》 提问： （1）到底什么是"杏仁核被绑架了"呢？ （2）如果想要解救被绑架的杏仁核，有哪些方法呢？（包括视频里的以及同学们自己想到的，等等） ①给自己6秒时间冷静一下，暂时离开冲突情境。 ②做几次深呼吸。 ③回想美好的事。 ④面对问题，解决问题。 2.3　小组讨论 句式：当我遇到（一些消极事件）＿＿＿＿＿＿＿＿＿＿＿＿， 我感到（情绪）＿＿＿＿＿＿＿＿＿， 我用（方法）＿＿＿＿＿＿＿＿＿＿＿＿＿来解救自己的杏仁核。 分享：根据时间，请几组同学上台给大家分享自己的内容。其他小组可以请个代表说一说。 2.4　总结 （1）老师从同学们的方法中提炼亮点，加以强化。 （2）强化对大脑的了解，有助于在未来生活中更好地管理情绪。	备注区域

第4课　发现美好的事

课程目标

使学生体验到关注正面事件的好处。

学会使用"三件好事"的方法培养积极情绪。

一般说明

时间：30分钟（含5分钟"沉静训练"）

教学用具：（1）注意力视频

（2）彩色大海报纸

（3）三件好事记录卡

教学实施

授课环节1	关注生活中的好事	
目标	让学生体会到注意力是如何被分散的，学会去寻找生活中被忽略的好事	
时间	10分钟	
教学用具	注意力视频	
教学内容	1.1　观看《注意力视频》 1.2　提问与分享 （1）有多少同学在数对传球的同时注意到了大猩猩？多少同学同时还注意到一个黑衣女生离开？多少同学同时还注意到幕布变了颜色？ 总结：我们的生活中总会发生各种各样的事，就像刚才的视频，在同一个场景里，既有人在传球，也有人偷偷离开，有路过的大猩猩，还有变色的幕布。但因为我们的注意力被吸引到数传球这件事上，我们就会忽略其他事情的发生。就像在生活里，我们的注意力被坏事吸引过去了，尽管也有好事发生，但我们可能会忽略、没看到或忘了它的存在。 （2）大家有谁愿意分享几件在过去24小时之内发生的好事吗？	

授课环节2	展现美好	
目标	让学生们用笔记录下自己最近发生的好事，引发他们的积极情绪	
时间	20分钟	
教学用具	彩色大海报纸	
教学内容	2.1　活动过程 分成4人小组，每组分一张彩色的大海报纸，每位组员选择一支不同颜色的彩笔，不要中途换颜色。然后开始回想过去24小时内发生过的好事。每想到一条就写在海报纸上，大家不用等一个人全部写完才换人，谁先想到就写，随后想到了也可以继续补充。给每件好事标上编号。10分钟后，看看哪一组的同学发生的好事最多。 2.2　展示与分享 每组写完后，将小组的海报展示给大家，看看哪一组发生的好事最多，在好事较多的海报上，可以问问其他组的同学，有没有哪些好事也发生在他们身上，但他们却没注意过。 2.3　总结 我们身边每天都会发生很多事情，这些事情有好有坏，如果我们有一双发现美好的眼睛，就会发现身边有很多好事。这样做我们心情会变得更好，开心的人会头脑更灵活，大家会更喜欢跟你一起玩，家长老师也会很开心。所以，如果我们想让自己和身边的人更开心、更幸福，就要多发现生活中美好的事情。	备注区域

授课环节3	三件好事
目标	培养每天记录三件好事的兴趣
时间	5分钟
教学用具	三件好事记录纸
教学内容	3.1　发放好事记录纸，每人一张

好事记录（供参考）

日期	我的三件好事	（某位家人）的三件好事	分享求点赞
例：2016.3.8	1.爸妈给我做了好吃的晚饭，很开心，谢谢爸妈。 2.上课回答问题受到老师表扬，还挺自豪的，老师真好！	1.早上上班没堵车，很高兴顺利到达公司，谢谢自己起得早！	

教学内容	3.2 写下自己的三件好事 让同学们在好事记录纸上写下三件好事，可以是刚刚已经写在大海报纸上的，也可以是新想出来的。但在写的时候注意几点： （1）好事可大可小； （2）美好的小事也值得说，不能把生活中许多美好的小事当成理所当然； （3）说的时候注意一定的句式。（分享格式：好事情+我的感觉+感谢，例子：今天去郊游，山上的野花开得真漂亮，让我心情很愉悦，感谢美丽的春天；今天下午吃到妈妈烤得蛋糕很香，让我心满意足，感谢妈妈！） 课后作业 在接下来的一周里，按照上面的格式，每天记录三件好事。

第5课　感　恩

课程目标

学会表达感激的方式。

体验感恩，了解感恩带来的益处。

一般说明

时间：40分钟（含5分钟"沉静训练"）

教学用具：（1）蔬菜视频

（2）感恩情景视频

（3）感恩卡片与感恩签

教学实施

授课环节1	蔬菜视频的启示	
目标	通过观看超市蔬菜运送一系列流程，体验最普通的事物背后的付出，激发学生的感恩情绪	
时间	15分钟	
教学用具	蔬菜视频	
教学内容	1.1　观看视频与分享 （1）从一颗种子，到最后变成一盘能吃到嘴里的蔬菜，中间经过了多少程序？ （2）为了能够方便地买到这些菜，吃到这些菜，大家觉得有哪些人或事情值得感谢？ 1.2　分享与升华 提问：你的身边还有哪些人、事、物，是你想要表达感谢、感激或是感恩的？为什么感激他们？ 老师可以请几位同学来分享一下，在同学们分享的时候，捕捉到其中的关键词，比如付出、爱、收获、好心、善意、帮助、开心、感动等，可以写到黑板上，为下一环节做好铺垫。	

授课环节2	感恩的益处与线索	
目标	让学生了解感恩的益处,以及触发感恩的线索(条件)	
时间	15分钟	
教学用具	感恩情景视频	
教学内容	2.1　观看A剧和B剧 2.2　提问并引导学生发现小冬A的感恩之心 老师可以从以下角度有选择地提问: (1)大家觉得在两个视频里,哪一个小冬更快乐?大家更喜欢哪一个小冬? (2)两个视频里发生的事明明差不多,为什么有一个小冬更快乐,另一个显得不太高兴呢? (3)你为什么更喜欢小冬A呢? 引导方向:两个小冬对待事情的方法不太一样,小冬A总是体会到对方的好意,理解别人的付出;而小冬B总是只考虑自己,不在乎别人对他的付出。与小冬B相比,小冬A在日常生活里更懂得感恩。 2.3　再一次观看B剧 2.4　提问并引导学生练习发现他人的付出和好意 指导语:小冬B显得不太高兴,但同学们观察,剧里是否有值得他感谢的人?为什么?(小组讨论1~2分钟,再点同学起来发言) 例:小冬的同学——亲手制作模型;妈妈——做饭、为小冬叠衣服;爸爸——提前加班,为了配合小冬过生日。 (如果有同学说出更新奇的答案,比如要感谢秘书小王、感谢欢乐谷送票的人,应给予强化和鼓励) 2.5　提问并引导大家思考如何做出感恩的行动 大多数的同学都喜欢小冬A,也都希望像他那样快乐。其实小冬B应该也是这样想的,但他为什么没有这么做呢?因为他没有学过如何变得更懂感恩,没有掌握方法。如果你是他,你会怎么做呢?大家能不能集思广益,帮助小冬B想想他应该如何做? 2.6　激发学生做出感恩行为 说明:根据同学的回答,加上老师的引导。黑板上可简要写出几条小冬A的行为: 例:看着同学,真诚地说谢谢;放下书包帮妈妈做菜;得知爸爸的安排,对爸爸开心地笑。 (如果有同学说出更细致的观察,切中主题的,给予强化和鼓励)	备注区域

教学内容	2.7 总结		备注区域

大家通过这两个视频和后面的思考，可以发现，如果我们能善于观察生活，体会他人的好意和付出，认识到自己的收获，学会感恩，我们就会变得更加快乐、幸福，而且周围的人会更喜欢我们，我们会有更多的朋友。另外，当我们想表达感恩的时候，可以有各种各样的方式，比如看着对方真诚地说"谢谢"，帮对方做一件小事，向对方展现笑容，等等。

参考元素：

	视频A	视频B
例子：同样收到了礼物	发现是同学亲手做的，认识到了好意和付出，开心	没在乎
妈妈很忙还给他做饭	小冬看到了妈妈的辛苦付出，感动，主动帮妈妈	嫌弃，又吃面条
爸爸很忙但是带他去欢乐谷	爸爸的付出和心意，开心，感动	觉得应该的
同样最后都去欢乐谷了	感到很开心，因为得到了自己想要的（收获）	觉得都是应该的
妈妈给小冬叠衣服	无	小冬习以为常，没有反应

授课环节3	感恩表达	
目标	通过感恩抽签活动让学生们练习表达感恩	
时间	5分钟	
教学用具	感恩卡片与感恩签	
教学内容	3.1 抽签、书写与分享	备注区域

老师这里有一些卡片，上边有一些我们身边的人或者事物。每个小组派一名代表上来，抽一张卡片，然后分头思考和讨论你们组抽到的卡片上的人或物有哪些值得我们感恩的地方？我们应该做哪些事情来表达对他们的感恩？小组讨论出尽可能多的感恩的方法，记录下来。最后请几个小组上来分享。

分享时可以参考以下的格式：

我们组抽到的要感恩的人是_____

因为他/她（1）_____（2）_____（3）_____

经过讨论，我们觉得可以做以下的事情对他/她表达感谢：

（1）_____（2）_____（3）_____

第6课　品　　味

课程目标

理解品味的含义。

学会使用品味的方法培养积极情绪。

一般说明

时间：40分钟（含5分钟"沉静训练"）

教学用具：（1）葡萄干

（2）葡萄树生长周期PPT

（3）吃葡萄干引导词

教学实施

授课环节1	分享培养积极情绪的方法	
目标	让大家说一说自己的培养积极情绪的方法，引出"品味"	
时间	10分钟	
教学用具	无	
教学内容	**1.1　复习积极情绪的分类** 在分享各自的培养积极情绪的方法之前，让大家先熟悉一下积极情绪都有哪些，这样可以在分享时能够想到更多的方法。 **1.2　分享你的小方法** 让学生分享自己培养积极情绪的小方法，老师尽量引导学生分享不同的积极情绪的培养小方法。 **1.3　引入品味的方法** 老师可以将学生们分享的小方法记录到黑板上，然后跟同学们介绍说还有一种培养积极情绪的方法，叫作品味，接下来一起来品味一下。	

授课环节2	品味法吃葡萄干	
目标	通过品味法吃葡萄干让学生们理解品味的含义；放大学生的感知觉，全身心投入到当下的活动中去	
时间	20分钟	
教学用具	葡萄干；葡萄树生长周期视频；吃葡萄干引导词	
教学内容	**2.1　发放葡萄干** 给每位同学发1粒葡萄干，让学生在几秒钟内吃掉葡萄干。	备注区域

| 教学内容 | 2.2 提问、分享与介绍 | 备注区域 |

提问：吃完之后，你有什么感受？
请几位同学来分享下。

接下来介绍葡萄树的生长周期和葡萄干的制作周期。
（1）播放PPT：《葡萄树的生长周期》
（2）文字介绍：葡萄的幼苗栽入地下，约需要2~3年时间长大，长大后从开花到果实成熟大约需要90~100天时间。成熟的葡萄再经过30~45天的晾晒，就成了我们爱吃的葡萄干了。

2.3 再发葡萄干，用品味法来吃
再次给每位同学发放1粒葡萄干，这一次跟着老师的指导来吃。
使用吃葡萄干引导词。

2.4 提问与分享
提问：（1）这一次吃葡萄干你有什么感受？
　　　（2）这一次吃葡萄干跟上一次有什么不同？

2.5 老师总结
当我们用这样一种方式吃葡萄干时，我们的注意力更集中了，更能觉察到吃的过程中的各种细节，包括葡萄干的纹理、气味、味道，感觉自己的感知和觉察能力变得更强了。这就叫作品味当下，即全神贯注地投入到当下的活动中去，去体察，去感受。

授课环节3	总结	
目标	总结品味的含义,扩大品味的范围	
时间	5分钟	
教学用具	无	
教学内容	3.1 提问与总结 提问:除了吃葡萄干,我们在课后还能"品味"哪些活动? 我们集中注意力于一件事,放大感观体验,放慢节奏,都可以提升积极情绪。	备注区域

第7课 平　　静

课程目标

根据身体和心理状态理解什么是平静。

学习一种呼吸法来获得平静。

一般说明

时间：40分钟（含5分钟"沉静训练"）

教学用具：（1）小动画：《平静》

（2）每人一张彩色"五指山"呼吸引导卡片

（3）"五指山"呼吸法视频（教师在课前观看）

教学实施

授课环节1	认识平静	
目标	从身体状态、心理感受上认识什么是平静	
时间	10分钟	
教学用具	小动画：《平静》	
教学内容	1.1　回顾和引入 （1）在前面的课程中，我们认识了哪些基本的情绪？ （2）这些情绪可以分成哪两类？ （3）大家能说出哪些积极情绪？ （4）有一种积极情绪，大家可能容易忽略，它既特别、又重要，叫作平静。 1.2　认识平静 在前面的课程中，我们学习过"情绪温度计"，大家是否记得，平静是什么颜色的、是怎样的温度感受？ 观看一段视频动画，再回忆一下我们自己的经验，想想平静的人，面部表情、身体有哪些特征？ 老师在图上相应的部位标出来。 参考：眉头舒展、脸部放松、呼吸平稳、心跳不紧不慢、手指松开、四肢放松……	备注区域

授课环节2	"五指山"呼吸法	
目标	学习一种呼吸法，体验平静	
时间	10分钟	
教学用具	"五指山"呼吸引导卡片；呼吸法视频（老师课前看）	
教学内容	**2.1　情境激发** 同学们有没有遇到过这样的情景： （1）大热天教室风扇坏了，但还要继续学习——什么情绪？ （2）磨磨蹭蹭练琴/练书法很久了，可是还没练完今天的量——什么情绪？ （3）一个捣蛋鬼乱跑，把你撞疼了，还不道歉——什么情绪？ （4）考试时遇到难题，抓耳挠腮没办法做不出来——什么情绪？ 在这些情景下，都容易让人产生消极情绪，会让我们感觉不舒服。但是"平静"可以帮助我们，平静可以把消极情绪安抚下来，让我们重新回到良好的状态，从而把事情做得更好。 **2.2　"五指山"呼吸法** 老师在课前根据一个短视频学会如何使用"五指山"呼吸法。 给每位同学分发一张事先准备好的彩色手印道具卡，开始教授同学们学习这种呼吸法。	

授课环节3	场景运用	
目标	将呼吸法运用于实际场景，用平静克服内心的紧张羞涩，更好地在大众面前展示自己	
时间	15分钟	
教学用具	无	
教学内容	**3.1　课堂小挑战** （1）老师当场布置一个小任务（讲个笑话、背首古诗、唱支歌曲等），鼓励平常害羞/内向/紧张的同学，上台来尝试完成这个小挑战。 （2）第一遍让学生在真实场景下自发表现。 （3）然后让学生尝试通过呼吸法放松平静下来，尝试第二遍、第三遍。 注意：关键在于老师引导大家观察和点评——这位同学一开始的面部和身体表现是怎样的？尝试平静之后，有了哪些面部和身体上的变化？行动表现上有了哪些进步？ 其他同学有什么观察和补充？	备注区域

第8课 管理愤怒

课程目标
根据身体和心理状态识别什么是愤怒。
学会使用"三步法"管理愤怒。

一般说明
时间：40分钟（含5分钟"沉静训练"）
教学用具：（1）愤怒和生气的场景照片（老师课前准备）
　　　　　（2）每人一面小镜子
　　　　　（3）裁剪好的"灭火器"形状的大海报纸
　　　　　（4）交通灯卡片

教学实施

授课环节1	认识愤怒	
目标	从身体状态、心理感受上认识什么是平静	
时间	15分钟	
教学用具	照片、小镜子	
教学内容	**1.1　看一看** 提前收集班上/年级/校园里一些关于"愤怒"的照片，比如同学吵架的抓拍照片等。 让学生看一看这些照片，回顾这些愤怒时刻都发生了什么，观察照片上的人物在表情、肢体、动作上都有哪些表现，引出本节课的主题。 **1.2　学一学** 请几位同学上台，模仿一个自己身边的人（同学老师、亲朋好友等）生气和愤怒时是怎么表现的。 请几位同学上台，表演自己在生气和愤怒时是怎么表现的。 全班同学拿出小镜子，对着镜子做出愤怒的表情，进行自我观察。 **1.3　总结和梳理** 老师根据前两个环节，总结"愤怒"是怎样一种情绪体验。眼睛、眉毛、脸、嘴巴、手、脚、全身，分别有什么变化和感受。 在图上相应的部位标出示意。	备注区域

授课环节2	管理愤怒	
目标	学会一种管理愤怒的方法	
时间	20分钟	
教学用具	裁剪好的"灭火器"形状的大海报;交通灯卡片	
教学内容	**2.1 "失控的愤怒"** 老师提前准备几个班上/年级/校园里同学因为失控的愤怒导致不良后果的负面例子。 例子的落脚点:每个人都有生气和愤怒的时候,这很正常,它是一种常见的情绪,但我们不能让"愤怒"变成失控的怪物,否则它会伤害自己、也会伤害他人。 姓名:_____ 日期:_____ (我在……的时候感到生气) **2.2 用语言表达愤怒** 学会用语言表达:"当我……我觉得很生气!但我能够用大脑管理它。" 记住一个原则:"我不应该伤害自己,也不应该伤害别人。" **2.3 制作"灭火器"** 拿出灭火器图形的海报纸或大卡片,展示在黑板上。 同学们集思广益,除了伤害和破坏的行为,在愤怒和生气时,还有哪些方法可以帮助熄灭愤怒的火焰。把大家的方法都写在"灭火器"里,课后张贴在墙上。 **2.4 管理愤怒的"交通灯"** 老师拿出交通灯卡片道具:红灯、黄灯、绿灯。 "红灯停"——生气时,先停下来深呼吸,从1数到10,单数时吸气,双数时吐气。 "黄灯想"——因为……我感到很生气,但我不能伤害自己、不能伤害他人,我可以这么做…… "绿灯行"——去做新的、合理的行为。参考"灭火器"。	备注区域

第9课　当我伤心时……

课程目标

学会觉察并管理伤心类情绪。

提升情绪调节的能力。

一般说明

时间：40分钟（含5分钟"沉静训练"）

教学用具：（1）"伤心情绪"温度计

　　　　　（2）伤心情绪表情包

　　　　　（3）动画片段《头脑特工队-安慰大象》

教学实施

授课环节1	伤心小剧场	
目标	通过情景演示伤心类的情绪	
时间	15分钟	
教学用具	伤心类情绪温度计；伤心类情绪表情卡	
教学内容	课前准备：提前请几位同学准备一小段独白表演，表现出在不同情境下的伤心的感受。 独白场景1：陪伴自己了5年的宠物狗去世了…… 独白场景2：明明已经很努力复习了，这次还是没考好…… 独白场景3：其他同学要去秋游了，但自己却发烧在家，无法参加…… 独白场景4：在异国他乡游学，晚上感到很孤独…… 1.1　独白小剧场 请四位同学依次上台表演。 1.2　贴一贴 （1）展示伤心情绪的温度计。 引导语：我们曾用到过一个情绪温度计而且了解到同一类情绪也有程度的不同，就像不同的温度感受一样。大家来看一看黑板上这支温度计，有什么发现？ （2）请刚才表演的四位同学，根据自己表演场景体验到的情绪，分别选一个表情图片贴到黑板上的情绪温度计上。	

教学内容	小结： （1）遇到同一个伤心场景，不同的人会有不同的表现。 （2）都是伤心类的情绪，但程度可能有所不同。 1.3　扩展提问 大家看了刚才同学们的小表演，回忆一下自己的经历…… 你们还曾遇到过哪些不同的事情，感受到过不同程度的伤心？有零下多少度呢？来说一说。	

授课环节2	觉察与管理	
目标	理解为何需要管理伤心情绪，分享与总结管理伤心情绪的小方法	
时间	20分钟	
教学用具	视频《头脑特工队》——安慰大象片段	
教学内容	2.1　小组讨论 引导语：刚才大家分享了许许多多自己的经历和心情，能感受到当这些事情发生时，给大家带来的沉重、冰冷的感觉，伤心确实是一种消极情绪，会给我们带来一些负面影响，但伤心真的全部都是坏影响吗？它有没有什么好处呢？ （1）全班一半的小组讨论伤心可能带来的负面影响；另一半的小组讨论伤心可能带来的好处。 （2）讨论结束后，分别请一些同学说一说。 伤心的正面意义： （1）悲伤有提示作用，提醒我们失去了某些重要的东西。 （2）悲伤增加人际联结，让我们更加珍惜当下，彼此支持，彼此安慰。 "过度伤心"的负面影响： （1）可能会失去活力，吃不香睡不着，对事物失去兴趣。 （2）可能导致注意力不集中，影响学习和工作效率等。 2.2　动画片段《头脑特工队》之安慰大象片段 提问： （1）大象的伤心情绪是怎么改变的？ （2）大家是否注意到，大象哭出来的眼泪变成了什么？（糖果）你们觉得为什么会这样？	备注区域

教学内容	2.3 小组讨论	备注区域
	讨论问题：除了刚才动画里看到的方式，大家在生活里还有哪些调节伤心情绪的方法呢？	
	讨论之后，根据时间，每组请个代表，先向全班说一说，然后上台将关键词写在黑板上呈现出来。	
	常见方法参考：重点放在让学生彼此听到、分享自己有效的方法。	
	方法一：自助	
	（1）合理释放情绪：哭泣、绘画、写日记等；	
	（2）转移注意力；	
	（3）纪念——心理告别；	
	（4）独处；	
	……	
	方法二：寻求他人帮助	
	主动寻求信任的人，如父母、老师、长者、朋友等倾诉，寻求安慰与支持，等等。	

第三篇　积极自我

理 论 部 分

一、认 识 自 我

（一）历史背景

对于自我的探讨，从远古时期哲学家们就已经开始了。

19世纪90年代，美国心理学之父詹姆斯（William James），开始从心理学的角度研究自我。从那时起到如今，心理学中的众多分支，诸如人格心理学、社会心理学、临床与咨询心理学，都有关于对自我的研究，甚至形成了自我心理学这个分支。

心理学不同的分支领域对自我有不同的解释和研究侧重。例如人格心理学关注自我的客观体验，即人们实际上是什么样的；社会心理学关注自我的内容和结构以何种方式影响社会判断和行为；临床与咨询心理学将自我看做是衡量一个人心理发展水平的重要维度之一；自我心理学则更关注自我的主观体验，即人们是如何看待自己的。

自我的本质，是一种掌控、整合、理解生命体验的努力。随着自我发展水平的提高，个体认知框架随之变得复杂。

此处，我们从詹姆斯《心理学原理》中的自我理论对自我的概念进行了解。

（二）关键概念

1. 自我

威廉·詹姆斯把自我分为"主我"和"宾我"，哲学家们更多地是在探讨"主我"，心理学家们更多地是在研究"宾我"。詹姆斯把"宾我"分为三个部分。

（1）**物质的我：**指个人的身体及其属性；例如，我身高165公分；我6岁了；等等。

（2）**社会的我：**指个体对自己在一定的社会关系和人际关系中的角色、地位、名望等方面的认识。例如：我是个班长，我是数学课代表；我是初一学生；等等。

（3）**精神的我：**指个体所觉知的内部心理特征。例如：我很敏感；我很自觉；我有点忧郁；等等。

2. 自我发展水平

指的是一个人对自身及世界体验的复杂程度。自我发展水平越高，越能整合并接纳人生当中许多看似复杂矛盾的事物或体验，领悟更复杂的人生智慧，也越能明白许多重大的生命问题往往有多种合理的答案。

（三）人们为何要认识自我

（1）**自我提升需要**。通过认识自我，我们得以逐渐形成一种稳定的自尊，从而在未来不断提升自己，以便维持对自我的良好感觉，保持自尊水平。

（2）**准确性需要**。可以减少对自我的不确定感；知道我们真实的样子可以帮助我们实现其他目标，比如生存；准确的认识自我有助于最大限度地体验到自尊感。

（3）**一致性需要**。心理是一个完整的、有组织的思想系统，所有属于该系统的思想都必须相互一致，而自我是心理系统的核心，如果出现了内在冲突的想法会让人感到不舒服。不断对自我进行验证，可以避免某些心理功能的紊乱。

（四）与自我有关的知识

1. 自我复杂性

先看小丽的自我概念：我是用功学习的好学生——我是班长——我是校学生会副主席——我是校游泳队的主力。再看小云的自我概念：我是我妈的女儿——我是二（3）班的学生——我是音乐爱好者——我是环保公益组织的成员。试想她俩都发现自己在一个重要的考试中失败时，谁会更烦恼？

人们在自我复杂性上有所不同。小丽的自我复杂性较低，自我概念只包括少量高度联系的方面，而小云的自我复杂性较高，自我概念包含许多不同的方面。

当高自我复杂性的个体面对应激事件时，与低自我复杂性的个体相比，会体验到更少的心理困难和身体症状。高自我复杂性对应激事件的消极影响具有缓冲作用。因为这些个体有许多不同的自我方面，当一个消极事件引发了消极感受，这种感受可以仅限于有关领域，他们还可以利用未受影响的领域去提升自我价值感和身心健康状况。

这也是我们需要从多方面、多维度认识自我的重要意义之一。

2. 自我验证

我们的自我观念决定着我们对自己和对社会的理解，对自我观念的任何挑战都构成对我们整个世界观的普遍威胁。为了保持对自我和周围世界的感受稳定并一致，我们希望证实和验证我们的自我观念，即使它们是消极的。

此外，如果其他人对我们的能力有不切实际的期望，可能会把我们引向一种注定会失败的情境。但如果他人能看到我们的不足，就会降低对我们这方面的期待，甚至帮助我们渡过那些令我们感到困难的情境，帮助我们避免尴尬。

这种自我验证的过程，会帮助我们理解为何有时贸然否认一个人的缺点和不足，强行给对方添加"证据不足"的优点，反而会引起对方的反感和不适。

3. 乌比冈湖效应

社会心理学借用这一词，指人的一种总觉得什么都高出平均水平的心理倾向，即给自己的许多方面打分高过实际水平。当人们被问及作为学生、老师、爱人，尤其是作为一名司机做得有多好时，人们会系统地大幅度地认为自己比平均值做得要好。每个开车的人都认为自己是一个出色的司机。（哪怕这个司机可能仅仅是平行泊车比较拿手，或者比较细心，或者敢冒别人不敢冒的险）

耶鲁大学心理学教授问大家，你这学期心理学基础课上得怎么样啊？请给出你在这个班级里的排名或者百分比。如果大家的估计都很准确或者没有大的偏差，我们应该得出这样一个结论：一半的人做得比平均水平要好，另一半人做得低于平均水平。实际的调查结果表明，绝大多数人都认为自己的水平高出了平均水平。

生活中涉及乌比冈湖效应的有以下几方面。

（1）**伦理道德**。大多数人认为自己比一般人更道德。一个全国性调查有这样一道题目："在一个百分制的量表上，你会给自己的道德和价值打多少分？"50%的人给自己打分在90分或90分以上，只有11%的人给自己打分在74分或74分以下。

（2）**工作能力**。90%的商务经理对自己的成就评价超过对其普通同事的评价。在澳大利亚，86%的人对自己工作业绩的评价高于平均水平，只有1%的人评价自己低于平均水平。大多数外科医生认为自己患者的死亡率要低于平均水平。

（3）**付出**。大部分同宿舍高中生或大学生都认为自己比其他室友为大家做了更多的事情。

（4）**驾驶技术**。多数司机——甚至大部分曾因车祸而住院的司机——都认为自己比一般司机驾车更安全且更熟练。

（5）**摆脱偏见**。人们往往认为他们比其他人更不容易受偏见的影响。他们甚至认为自己比多数人更不容易产生自我服务偏见。

（6）**聚光灯效应**。在一个心理学实验中，心理学家跑到实验者面前说，希望你们明天都穿T恤来这里，并且所穿的T恤要带图案。第二天参加实验的人都穿了带图案的T恤。有人觉得自己所穿的T恤的图案是令人尴尬的。心理学家问他们什么样的图案会让自己觉得尴尬，排名第一的是希特勒，而被公认为最好的图案是马丁·路德·金。

一天后，心理学家问实验者："有多少人注意到你的T恤了？"

于是，实验者走出去问人们，"你们注意到我的T恤了吗？"

结果显示，他们高估了人们的关注度，这个差距接近两倍。也就是说他们认为有100个人看到了他的图案，但实际上最多只有50个人看到了。

我们通常认为人们在时刻关注我们，但实际上并没有。他们都在忙着关注自己。很多时候我们总是不经意地把自己的问题放到无限大。当我们出丑时，总以为别人会注意到自己，其实并不是这样的。人家或许当时会注意到，可是事后马上就忘了，或许根本就无暇注意到你。没有人会像你自己那样关注自己。

（7）**透明效应**。社会心理学研究发现，人们往往认为自己比实际中更容易被看透。一个人的秘密，别人是很难猜出的，但我们通常会觉得自己的秘密要泄露出来。人们常觉得别人都发现了自己的秘密。

"谁会认为自己是一个糟糕的骗子？"征集了一名自认为特别不会骗人的现场志愿者。教授给出了三个问题，参加现场实验的志愿者需要回答这三个问题，但是要求这三个问题的答案中有一个问题的答案是假的。其他在场的学生来猜测，哪个问题的答案是假的。实验开始前教授预先告诉参与回答问题的志愿者对哪个问题的答案撒谎。

第一个问题与回答："你去过伦敦吗？""不，没去过。"

第二个问题与回答："你有兄弟姐妹吗？""是的，有一个。"

第三个问题与回答："你喜欢寿司吗？""不喜欢。"

大家猜测的结果表明，认为第一题和第二题回答问题的志愿者撒谎的人数远远多于认为第三题撒谎的人数。而教授预先告诉志愿者,在第三个回答问题的时候撒谎。

人们往往担心、害怕自己的秘密被别人发现,实际上自己不希望别人知道的关于自己的秘密,别人很难猜出,所以不必过于担心,应该放下思想包袱。

(8) **巴纳姆效应**。它是1948年由心理学家伯特伦·福勒通过试验证明的一种心理学现象,它主要表现为:每个人都会很容易相信一个笼统的、一般性的人格描述特别适合自己。这个效应是以一位广受欢迎的著名魔术师肖曼·巴纳姆来命名的。这位魔术师在评价自己的表演时说,他之所以很受欢迎是因为节目中包含了每个人都喜欢的成分,所以他使得"每一分钟都有人上当受骗"。巴纳姆曾经说过一句名言:"任何一流的马戏团应该有能力让每个人看到自己喜欢的节目。"

法国的研究人员曾做过一项测试,他们将臭名昭著的杀人狂魔马塞尔·贝迪德的出生日期等资料寄给了一家自称能借助高科技软件得出精准星座报告的公司,并支付了一笔不菲的报告费用。

三天后,该公司将一份详细的星座报告发送给了研究人员,大致的分析结果如下:他适应能力很好,可塑性很强,当这些能力得到训练就能发挥出来。他在生活中充满了活力,在社交圈举止得当。他富有智慧,是个具有创造性的人,他非常有道德感,未来生活会富足,是思想健全的中产阶级。

此外,这份星座报告还根据贝迪德的年龄作出推断,预测他在1970年至1972年间会考虑到感情生活并做出承诺。可事实上,"颇有道德观"的贝迪德犯下了19条命案,于1946年被处以死刑。

"巴纳姆效应"指的就是这样一种心理倾向,即人很容易受到来自外界信息的暗示,从而出现自我知觉的偏差,认为一种笼统的、一般性的人格描述十分准确地揭示了自己的特点。现在很多人迷信于算卦、神通、星座等。其中的原理都来自于神奇的巴纳姆效应。

"巴纳姆效应"带给我们的启示:不能仅靠外界的一点消息或信息就对事情作出判断。这样会导致片面性并易犯错误。要全面、正确地收集信息,才能对人或事作出正确判断。

(9) **伤痕效应**。美国科研人员进行过一项有趣的心理学实验,名曰"伤痕实验"。他们向参与其中的志愿者宣称,该实验旨在观察人们对身体有缺陷的陌生人作何反应,尤其是面部有伤痕的人。

每位志愿者都被安排在没有镜子的小房间里，由好莱坞的专业化妆师在其左脸做出一道血肉模糊、触目惊心的伤痕。志愿者被允许用一面小镜子照照化妆的效果后，镜子就被拿走了。

关键的是最后一步，化妆师表示需要在伤痕表面再涂一层粉末，以防止它被不小心擦掉。实际上，化妆师用纸巾偷偷抹掉了化妆的痕迹。

对此毫不知情的志愿者，被派往各医院的候诊室，他们的任务就是观察人们对其面部伤痕的反应。规定的时间到了，返回的志愿者竟无一例外地叙述了相同的感受——人们对他们比以往粗鲁无理、不友好，而且总是盯着他们的脸看！可实际上，他们的脸上与往常并无二致，没有任何不同；他们之所以得出那样的结论，看来是错误的自我认知影响了他们的判断。

这是一个发人深省的实验。

原来，一个人内心怎样看待自己，在外界就能感受到怎样的眼光。同时，这个实验也从一个侧面验证了一句西方格言："别人是以你看待自己的方式看待你的。"不是吗？

一个从容的人，感受到的多是平和的眼光；

一个自卑的人，感受到的多是歧视的眼光；

一个和善的人，感受到的多是友好的眼光；

一个叛逆的人，感受到的多是挑剔的眼光……

可以说，有什么样的内心世界，就有什么样的外界眼光。如此看来，一个人若是长期抱怨自己的处境冷漠、不公、缺少阳光，那就说明，真正出问题的，正是他自己的内心世界，是他对自我的认知出了偏差。这个时候，需要改变的，正是自己的内心；而内心的世界一旦改善，身外的处境必然随之好转。毕竟，在这个世界上，只有你自己才能决定别人看你的眼光。

我们往往花大力气去了解别人，认识别人，却很少花精力去了解自己，认识自己。我们一般是不能直接看到自己的模样，只能通过镜子、照片来看自己。同理我们一般也是透过别人的眼光来认识自己的，每一个人眼里的你都是不一样的，一百个人眼里就有一百个你，一千个人眼里就有一千个你，在不同的人眼里你是不同的，善良的、聪明的、可恶的、愚蠢的、忠诚的、虚伪的、背叛的，不胜枚举。那么真实的你究竟是什么样的呢？真正的你又在哪里呢？"伤痕实验"明确地告诉了我们答案——内心，一个内心烦躁的人纵然身处幽静也是狂躁不安的，一个内心清净的人虽然深处闹市，他的世界还是清净的。无论是追求幸福、宁静还是安全……都到你内心去寻找吧，那里有无穷无尽的资源和能量。

二、发挥优势

（一）历史背景

在20世纪的大部分时间里，对人类弱点的研究远远多于对人类优点研究。这些研究成果最集中地体现在美国精神医学学会出版的《精神疾病诊断与统计手册》（以下简称DSM）上。这个手册分类较为精确、详细，目前已经出到第五版，是最常用的精神疾病诊断手册。根据这本书的指导，从业人员可以较为准确地为患者作出诊断。

但是，毕竟只有少数人患有需要根据DSM进行诊断的精神疾病。大部分人都有这样那样的弱点，比如"懒散""虚荣"，或者一些轻微的心理问题，比如"容易紧张""负面思维"，但还用不着精神医生用DSM来进行分析。相反，每个人都有优点，大多数普通人固然都有很多优点，那些有严重心理问题乃至精神疾病的少数人，其实也都有着闪光点，但心理学界缺乏对于人类优点的系统研究。

这就造成了一个非常负面的局面：心理学家对于你可能有什么精神疾病和心理问题能够流利地侃侃而谈，相对准确地作出判断，并且给出或多或少有效的治疗方案或建议，但对于你可能有什么优点和品格，却无法形成科学、系统、有效的意见。

正是由于品格优势和美德如此重要，塞利格曼（Martin E.P. Seligman）在发起现代积极心理学运动之后，争取到迈耶森（Mayerson）基金会的支持，开展了一项研究，对人类的品格优势和美德进行了分类。他借鉴了DSM成功的先例，即精确的定义是解决问题的第一步。如果一个病人来到一个精神医师的诊所，而医师却无法确定他患的是什么问题，那么治疗就会很困难。同样的，如果我们想挖掘出一个人的潜力，就必须先找到他的优势是什么，才能帮助他更好地发挥。

奇妙的是，这个逻辑反过来也成立，即标签能影响问题。医生把一个健康的人诊断为胃病后，他就会常常觉得胃部隐隐作痛，但后来医生告诉他，"对不起，我上次误诊了，其实你的胃很健康"，那么他的胃痛立刻就消失了。同样的，如果我们把人"诊断"为拥有某一种美德，比如说，我们发现某人有"善良"的美德，并且明确地告诉了他，那么他在现实生活中就会倾向于变得更加乐于助人。这就是标签的力量，心理暗示会对现实造成影响。

DSM能够帮助医师诊断，塞利格曼希望积极心理学也能有自己的DSM，把人类的品格优势和美德进行分类，使积极心理学的从业者也可以在面对每一个人时，能准确而迅速地找出他们的优势，促进他们的发挥。

（二）关键概念

性格： 个体思想、情绪、价值观、信念、感知、行为与态度的总称，它确定了我们如何审视自己以及周围的环境。性格受遗传生物学影响，但却是在后天社会生活环境中逐渐形成的。随着年龄的增长，性格的改变可能会越来越困难，但总体上性格是可以不断进化和改变的。性格有好坏之分，有社会道德含义。有我们普遍都不喜欢的性格，如自私、虚伪、懦弱等，也有我们普遍都赞赏的性格，如善良、勇敢、真诚等。

能力： 是完成一项目标或者任务所体现出来的素质，能力不能离开实践活动来谈。能力是一个综合的概念，既包含天赋智力等，也包含后天培养的各种技能。每个人的能力在类型和水平上有所不同，能力的发挥会受到性格影响，使用能力造成的结果有好有坏，但能力本身没有道德含义。

优点： 指人的长处，好的方面，可包含天赋能力，也能包含某些道德品格，还可以包含其他一些中性的事物，是更综合、更生活化的一个概念。"优点"这个说法更具情境性、在比较中产生。如一个人很"沉默"，这是中性的描述，在需要他仗义执言的时刻，他保持沉默可能会变成他的缺点；但如果换到一个需要少说话多做事的场景中，沉默又会变成一种优点。

品格优势： 单说"品格"时，意思与"性格""品性"基本重叠，但会带有更强烈的道德判断意味。当积极心理学中提到"品格优势"时，是指人类品格或性格中可培育的，在适度发挥时会给自己和他人带来满足和幸福感的那些部分，是道德中赞扬的、提倡的部分。品格优势包含在一个人的性格之中。性格受先天影响，又靠后天培养形成，品格优势也如此。

美德： 东西方都强调，美德是一种需要通过勤勉学习和亲身实践而逐渐培育的高尚道德品质。在积极心理学中，美德是品格优势的上位概念。心理研究者结合全球各类文化和时间维度，对于在绝大多数的历史阶段中以及绝大多数文化中普遍存在的人性积极特质进行了甄选和鉴别，总结出了24种具有跨文化一致性的品格优势，它们可以汇聚到6种不同的美德之中。

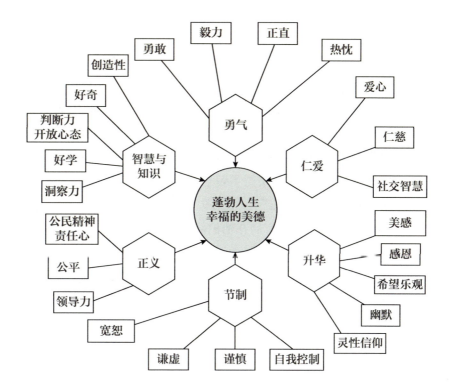

1. 对品格优势的进一步理解

品格优势是一种心理特质，应该持续稳定地存在于一个人的身上。比如偶尔有一次没有说谎，并不能代表这个人就正直；偶尔有一次原谅了别人，并不代表这个人就有宽恕的美德。

我们每个人身上都存在多种品格优势，但有些是我们的"显著优势"（signature strengths），有些是我们的"场景优势"（situational strengths）。

"显著优势"是指那些在各种场合都不由自主地表现出来，不需要我们太费力就能强烈展现的品格优势，而且我们自己也真心喜欢、珍惜、认同这项优势。"显著优势"的形成受先天影响，更受后天环境的培养。它像性格一样相对稳定，但也并非不能改变。当我们主动使用自己的"显著优势"时，会感觉充满力量和积极情绪。当我们的"显著优势"因各种原因无法发挥或受到压制时，会变得低沉沮丧和空虚。

一个人的"场景优势"不会经常被表现出来，只在遇到某些特定场合才会展现。比如某些人的"勇敢"只在野外遇险时才展现，但在销售工作中表现不出来；再比如某些人的"幽默"会对陌生人展现，回到熟悉的人群中反而不展现了。"场景优势"通过进一步培养和练习，可以变为"显著优势"。

2. 什么是优势教育

美国学者安德森（E.C.Anderson）将优势教育定义为一种新型的教育理念，它"需要教师在工作中有意识地、系统地发现自己的天赋，发展和应用自己的优势，以持续学习、提升教学方式、设计和实施教案、创建活动来帮助学生在学习过程中发现自己的天赋，发展和应用自己的优势，以更好地学习知识、获得学习技巧、发展思考和解决问题的技能，并在教育环境中达到优秀"。

澳大利亚维多利亚省教育局在他们的《优势教育》手册中厘清了优势教育到底是什么，以及一些常见的误解。

优势教育是：	优势教育不是：
对所有人一视同仁，关注孩子能做什么，而非不能做什么	只关注"正面"
如实描述学习和进展	逃避现实
在孩子的最佳发展区和潜力发展区构建能力	纵容坏行为
理解当人遇到困难和挑战时，需要关注和支持	不管不问
当学习和发展顺利时，找出关键因素，以在未来复制、进一步发展和加强	给人贴标签的工具

所以，优势教育并不意味着对学生的弱点置之不理。优势教育的目的是为了纠正以往教育界过于看重弱点的倾向，但并不是要彻底用优势关注取代弱点关注。如果学生有重大的弱点，比如说谎成性、吸毒、欺凌同学，那教师必须加以重视，及时纠正。当然，即使是在纠正学生问题的过程中，依然可以想办法让学生发挥自己的优势去纠正它，而非靠一味的强迫。

（三）建立稳定的自尊自信

1. 关键概念

（1）**自尊**：我们看待自己的方式，我们对自己的想法，以及我们赋予自己的价值。自尊是我们关于自己的核心信念。

（2）**自信**：是较为生活化的一个概念，心理学中与自信心最接近的概念是"自我效能感"，即个体对自身成功应对特定情境的能力的评估。它受到四个主要因素的影响：行为成就、替代经验、言语劝说、情感唤起。

2. 进一步理解自尊

心理学界目前对自尊尚没有普遍认同的唯一定义。但总体来看，研究者们通常会从三个角度理解自尊：有时自尊指一种整体的情绪感觉（整体自尊）；有时自尊指人们在具体各个方面评价自己的方式（特质自尊）；有时自尊指人们对瞬间的自我价值感（状态自尊）。人格和社会心理学家们倾向从后两种定义出发，因为它们更容易进行测量和研究，更符合当前的认知思维潮流。临床和咨询领域更认可第一种定义，咨询的实践工作被认为从第一种定义出发更有效。

整体自尊，是从情感的角度来理解自尊。它假设自尊在生命早期形成，主要是亲子关系相互作用的结果，认为早期经验是自尊形成的基础，后来的成长经历依然会影响自尊，但可能不会像亲子关系那样影响重大。该定义认为自尊以两种情感感受为特征：归属感和掌控感。

归属感是指无条件地被喜欢或者受尊重的感觉，它不需要任何特定的品质和原因，而仅取决于这个人是谁。归属感给人的生活提供了安全的基石。它给人这样一种感觉，即无论发生了什么事情，他们都会受到尊重。

掌控感是对世界能够施加影响的感觉——并不一定要在大范围的意义上，而是在日常生活层面。掌控感的获得并不需要想到我们是著名人物或者学校的头等生；相反，它是我们在专心做一件事或努力去克服困难的过程中获得的感觉。

高自尊和低自尊之间最核心的差异在于面对失败的反应和感受。低自尊者的自我价值感是有条件的，如果成功了便认为自己很棒、感觉很光荣，如果失败了便认为自己很差、感觉很羞耻。但高自尊的人在面对成功和失败时，内心对自己价值的判断不会大起大落，总是较为稳定地认为自己很好，不会否认自身的价值。

3. 自尊与自信的区别

自尊从母婴关系时期就开始逐渐形成，较为稳定，是一种持续的、整体的对自己的感觉；自信是自尊的某种具体表现，是一个更生活化、更针对具体情境的概念。

自尊水平不易变化，改变难度大；自信心通常会随着面对不同情境而变化。一个从未踢过足球的人在第一次踢足球时难免没有自信，通过坚持和努力，过了一段时间，他对踢足球的自信会增长，但他的自尊水平在这个过程中可能没什么变化。

高自尊的人通常更容易培养自信、展现自信，但看上去自信的人不一定代表高自尊。

培养自信是帮助人们认识到："我可以做到。"

培养自尊是帮助人们认识到："我做不好也没关系，那并不意味着我很差。"

反复成功的经历和体验可以增加一个人的自信；但自尊的提升需要安全的人际关系和真诚的关爱，以便一个人可以在其中内化吸收归属感和掌控感。

4. 自信与自恋的区别

自恋是一种高度自我关注的状态，高自恋的人注意力大部分在自我欣赏、自我迷恋身上，而忽略了外在环境和现实的变化，也经常根本不在意其他人的感受，他人都是用来抬高自己的工具。

自恋的核心是一种自卑感。自恋者其实非常脆弱和自卑，他们没有安全感，总是会害怕自己一无是处、支离破碎，自恋者需要不断地获得别人的赞扬，因为他们要通过外部的肯定来体验自己内在的价值感，从而维护自尊。当遭遇现实挫折，或者一些事情打破了自恋者的自我陶醉时，比如遇到负面评价，其结果往往令自恋者十分痛苦。他们的自尊水平不够稳定，经常无法起到自我调节的作用。

而真正自信的人，自我调节能力往往很强。自信的人通常是现实目标导向（task-focused），而非自我陶醉、自我沉浸。自信的人会设立现实的目标，心怀能实现目标的信念（高自我效能感），通过各种努力去逐步追求目标，并在这个过程中进行自我激励，同时也会关注到他人的感受。自信的人看重的是逐步完善自己，而不是完美无缺，自信的人接纳自己的缺点，也愿意改善自己。自信者在追求目标的过程中积累各种现践实经验，他们对自己的看法，建立在现实的反馈和努力的基础上。

自恋的人有时也会表现出自信的状态，但经不起失败和挫折的考验。

自恋≠自恋型人格障碍，每个正常人都有某些表现出自恋的时刻，是正常的。只有当一个人持久稳固地使用自恋的方式组织他的世界和内心时，才是问题所在。

附录1：VIA品格优势词条解释

这里包括24种品格优势，归纳在6种核心美德下。以下给出每一种品格优势的简介。

1. 智慧与知识优势（Strengths of wisdom and knowledge）

它包括获取和使用信息为美好生活服务的积极特质。在心理学语言中，这些属于认知优势。许多这个分类下的优势包括认知方面，例如，社会智力、公平、希望和幽默，这也是为什么许多哲学家将与智慧和理性有关的美德视为使其他成为可能的首要美德。但是，在以下5种性格优势中，认知性特别明显。

（1）**创造力**：想出新颖和多产的方式来做事；包括但不限于艺术成就。

（2）**好奇心**：对于全部经验保持兴趣；探索和发现。

（3）**热爱学习**：掌握新的技术、主题和知识，不管是自学还是正式学习；很明显与好奇心有关，但除此之外还描述了一种系统扩充自己知识的倾向。

（4）**开放头脑**：彻底地考虑事物，从各角度来检验它；不急于下结论；面对证据能够改变观点；公平地对待全部证据。

（5）**洞察力**：能够为他人提供有智慧的忠告；具有对于自己和他人都有意义地看待世界的方式。

2. 勇气优势（Strengths of courage）

它包括面对内外阻力努力达成目标的意志。一些哲学家将美德视为矫正性的，因为它们抵消了人类处境中所固有的一些困难、一些需要抵制的诱惑、一些需要被检查或者是改变的动机。是否全部的性格优势都是矫正性的可能存在争议，但是下列4种明显属于这个范畴。

（1）**真实性**：说出事实，以诚恳的方式呈现自己；不加矫饰地生存；对自己的感觉和行为负责。

（2）**勇敢**：不在威胁、挑战、困难或痛苦面前退缩；为正确的事物辩护，即使存在反对意见；依信念行动，即使不被大多数人支持；包括生理上的勇敢，但不限于此。

（3）**毅力：** 有始有终，不顾险阻坚持行动；在完成任务中获得愉悦。

（4）**热忱：** 饱含激情和能量地面对生活，不三心二意或半途而废；将生活视为一场冒险，感到有活泼、有生气。

3. 仁爱优势（Strength of humanity）

它包括涉及关心与他人关系的那些积极特质，这些特质被泰勒等人描述为照料和待人如友的特征。这一类的美德与那些被标称为争议优势的美德有些类似，不过人道优势主要用来处理一对一的关系，而正义优势主要与一对多的关系有关。前一种优势是人际间的，而后一种则具有广泛的社会性。这一分类下的三种优势代表了积极的人际间特质。

（1）**友善：** 为别人帮忙、做好事；帮助他人、关心他人。

（2）**爱：** 珍视与他人的亲密关系，特别是那些分享和关心都是相互的对象；与他人亲密。

（3）**社会智力：** 能够意识到自己和他人的动机和感受；知道如何做才能适应不同的社会环境。

4. 正义优势（Strength of justice）

它具有广泛的社会性，与个人和群体或社区之间的最优互动有关。随着团体的规模逐渐缩小，变得更加个人化，正义优势便汇聚成了人道优势。我们依然保持对于这两者的区分，因为正义优势是那些涉及"在其间"的优势，而人道优势则是那些涉及"之间"的优势；不过这种区别更多是程度上的而非类别上的。不管怎样，以下3种积极特质非常符合正义这一类美德。

（1）**公平：** 基于正义和公平的观念，对别人一视同仁；不让个人感受干扰影响到他的决策；给每个人一个公平的机会。

（2）**领导力：** 鼓励所处的群体，使其达成目标，并在这一过程中培养出良好的组内关系；组织群体活动并保证它们的实现。

（3）**团队合作：** 作为群体或团队中的一员工作良好；忠于群体；完成自己分内的工作。

5. 节制优势（Strengths of temperance）

指的是那些保护我们免于过度的积极特质。哪些种类的过度是我们所关注的？仇恨——宽容和怜悯可以保护我们；自大——谦卑和自谦可以保护我们；带来长期后果的短期愉悦——审慎可以保护我们；各种使人动摇的极端情绪——自我调适可以保护我们。

值得强调的是，"节制优势"使我们的行动减缓，但并不会使它们完全停止。我们可能是非常宽容的，但是在受到打击的时候仍然会自我防卫。谦虚并不需要说谎——只需要自觉地认可我们是谁以及我们的行为。

（1）**宽容/怜悯：** 宽容那些犯错误的人；给他人第二次机会；报复心不重。

（2）**谦虚/谦卑：** 让成就自己说话；不寻求成为他人关注的焦点；不认为自己比实际上的更特殊。

（3）**审慎：** 小心地作出选择；不承担不必要的风险；不做可能后悔的事，不说可能后悔的话。

（4）**自我调适：** 调节一个人的感受和行动；有纪律；控制一个人的欲望和情绪。

"节制优势"与"勇气优势"的区别在于："勇气"使我们以积极的方式行动，不管反面的诱惑如何；而"节制"的关键特点在于直接对抗诱惑。节制优势在一定程度上是通过一个人对于行为的抑制而定义的，对于观察者来说，缺乏节制可能要比存在节制更容易被观察到。

6. 超越（升华）优势（Strengths of transcendence）

第一眼看上去可能比较庞杂，但共通的主题是允许一个人与更庞大的宇宙形成联系，从而为他们的生活提供意义。这个分类中几乎全部的积极特质都是涉及个人之外的、更庞大的宇宙的一部分或者整体。这一优势分类的原型是灵性，尽管定义各不相同，但都指向了对生命的超越性（非物质性）方面的信仰和承诺，不管它们是否成为普适的、理想的、神圣的或是圣洁的。

分类中的其他优势与这种原型有什么关系？对于美的欣赏将一个人与优秀直接相连；感激将一个人与善良直接相连；希望将一个人与梦想中的希望直接相连；幽默将一个人与麻烦和矛盾直接相连，但带来的结果不是恐惧或愤怒，而是愉悦。

（1）**对于美和优秀的欣赏：** 注意并欣赏生活中各个领域的美、优秀以及有技巧的表现，从自然到艺术、数学、科学，再到日常经验。

（2）**感激：** 意识到美好的事物并心怀感谢；花时间表达自己的感谢。

（3）**希望：** 期望未来最好的结果，并努力去达成；相信美好的未来可以实现。

（4）**幽默：** 喜欢笑与戏弄；为他人带来微笑；看到光明面；能够开玩笑（不一定讲出来）。

（5）**宗教性/灵性：** 对于宇宙的更高目的和意义有一致的信念；知道一个人在全景中的位置；具有关于生活意义的信念，这种信念能够塑造一个人的行为，并提供慰藉。

认识自我
- 第1课　了解自己，关爱自己
- 第2课　保护自己，尊重他人
- 第3课　寻"我"启事

发现、发挥优势
- 第4课　认识品格优势
- 第5课　发现优势之旅
- 第6课　发挥优势（上）
- 第7课　发挥优势（下）
- 第8课　家族优势树

总结课 ● 第9课　总结：多彩的自我

教 学 设 计

第1课　了解自己，关爱自己

课程目标

认识自己的生理特点。2.学习会关爱自己的身体。

体会每个人都是独特的个体，从而更接纳和喜爱自己。

一般说明

时间：40分钟（含5分钟"沉静训练"）

教学用具：每人一张A4纸

教学实施

授课环节1	活动：自画像	
目标	通过画自画像让学生了解自己的生理特点	
时间	15分钟	
教学用具	每人一张A4纸	
教学内容	1.1　自画像 让每名学生画一幅全身自画像。要求：用10分钟时间画出自己的外貌特点，越像越好。	备注区域

教学内容	1.2 猜主人 老师把全班同学的画收上来，随机抽取其中5～6人，让全班同学猜画的主人。 1.3 教师提问 （1）容易被猜出来的同学他们的画有什么特点？ （2）除了外貌，一个人还有什么明显区别于他人的生理特点？ （3）你最喜欢自己身体的哪个外貌特征？	备注区域

授课环节2	我爱与众不同的自己	
目标	通过观察细微动作，意识到自己身体的一些特点是与生俱来的	
时间	10分钟	
教学用具	无	
教学内容	2.1 体验：你能做到吗？ （1）翘手指：手掌打开，指尖尽力向上翘。 （2）动耳朵：不动下颚，使耳朵动起来。 （3）卷舌：张开嘴，把舌头的两边向中间卷，形成"V"字形。 2.2 教师小结 刚才大家都努力做了这三个动作，但有些同学怎么努力都不成功，即使继续练习也难以做到，这些就是我们先天的身体差异，是我们遗传的祖辈的身体特征。你还知道其他的这类身体差异吗？ 2.3 身体健康是根本 提问 （1）还记得检查身体的时候都检查了哪些项目吗？ （2）为什么我们需要检查身体呢？ （3）每个人回忆一下，当身体生病时，你的精神状态怎样？ 2.4 学会关爱自己的身体 提问：同学们，你们知道保护健康有哪些重要的方法吗？ （1）讲卫生（勤洗手，不吃不洁净的东西）。 （2）睡眠充足（每天保证8～9小时的睡眠时间）。 （3）饮食均衡（不偏食，蔬菜、水果、五谷杂粮、肉类等每天都要吃）。 （4）锻炼身体（在校上好体育课，节假日期间也应该每天运动1小时左右）。	备注区域

授课环节3	我在成长中变得更美	
目标	了解到自己的身体正在成长，养成良好的姿态习惯，我们会变得越来越美。	
时间	10分钟	
教学用具	无	
教学内容	3.1　小动作 大作用 提问 （1）你知道怎么能让自己变得更美吗？ （2）想一想，下面这些身体动作哪些会让人变美，哪些会让人变丑。 ①驼背 ②站直、挺胸 ③跷二郎腿 ④皱眉头 ⑤躺着看书 ⑥坐直、坐正 3.2　动作示范 教师挑选几名学生到讲台前，向大家示范行、走、坐的良好姿势。并让大家仔细观察规范的动作。 3.3　教师小结 这节课，我们还通过画自画像认识了我们每个人的身体都是独特的，正是这些特征使我们区别于他人。 我们还了解到，同学们的身体都正在生长发育，就像一棵棵小树苗。好的身体姿势会帮助我们长得挺拔，体态良好，容貌漂亮，而不良的动作习惯会让不良的体态和容貌固定下来，甚至会让骨骼变形，到时候再纠正就非常困难了。所以，如果你希望自己越来越美，就要时刻注意保持良好的身体姿态。	备注区域

第2课　保护自己，尊重他人

课程目标

学习保护自己的身体和私人空间。学习在受到欺凌时积极行动，保护自己的方法。

体会被尊重的需要，推己及人，理解需要尊重他人同等权利；体会在受到威胁时，积极的心态有助于保护自己。

一般说明

时间：40分钟（含5分钟"沉静训练"）

教学用具：无

教学实施

授课环节1	让我们舒适的距离	
目标	了解人和人共处，身体之间保持适当的距离会让彼此都感觉舒适	
时间	8分钟	
教学用具	无	
教学内容	1.1　游戏体验：让我们舒服的距离 （1）游戏设置：四人一组，尽量安排两男两女。 （2）游戏过程： 第一次是同性别，两人一对面对面，两人先保持一米的距离，然后相互靠近，当感觉不舒服时说"不"，然后停止，看看两人的距离。 第二次是异性组对，方法同上。 1.2　说说感受 让几名男女学生分别谈谈自己在两次体验中的感受。 1.3　教师小结 这个游戏让我们体验到保持适度距离会让我们舒服，有安全感。这个距离也叫安全距离，关系不同的人之间距离稍有变化。同学之间相处，我们可以按照双方都觉得舒服的距离作调整。	备注区域

授课环节2	尊重他人就是尊重自己	
目标	体会不被尊重时的感受，推己及人，学会尊重他人，并保护自己	
时间	15分钟	
教学用具	无	
教学内容	2.1　说说你心里的感受 提问：如果你是这些情况中的主人公，你心里会有什么感受？	备注区域

| 教学内容 | （1）蒋萌和杨乐是邻居，有一次蒋萌的父母吵架被杨乐看到，杨乐告诉了同学王彤。蒋萌的心里会有什么感受？
（2）父母未经同意看孩子的日记，孩子的内心什么感受？
（3）老师翻看刘刚的书包检查作业本，刘刚的感受。
（4）王林的妈妈看到他的电脑没关，就看了他的QQ空间，王林的感受。
（5）李强故意把刘军的裤子往下拉，说让其他同学看看他屁股上的胎记，刘军的感受。
（6）张明嘲笑赵敏脸上的黑斑，赵敏的感受。

2.2 教师小结
同学们，上面的几个场景都涉及我们的私人信息、个人私事和私人空间。在本人不自愿的情况下，其他人随意窥探、传播或者开玩笑都会让当事人感觉难堪、受伤害和气愤。这样的行为很容易破坏双方的关系，因此我们一定要尽力避免。

2.3 讨论：我的做法
场景一
　　五年级三班有个QQ群，大家常把自己的活动照片发上来分享。赵林是个身材有些胖的男生，王昊把赵林的照片PS处理了一下，和一只小猪做成合影发到空间里，引起大家的哄笑。赵林非常生气，让王昊删除，王昊删除后，同学李强已经下载，又添油加醋地修饰了一番发到群里，还发了偷笑的表情。
提问：王昊和李强这么做，赵林会有什么感受？你建议赵林怎么做，请选择。
（1）同样把他们的照片也PS处理，之后发到群里。
（2）告诉班主任，请他处理。
（3）直接找到王昊和李强，让他们删除照片，向自己道歉。
（4）告诉家长，请他们处理。
（5）同学在开玩笑，不必理睬。
（6）其他
小结：赵林的生理特点被同学嘲笑，照片被PS处理后发布到公共空间里，他会感到被羞辱，会难堪和受伤害。这种情况下，赵林可以向王昊、李强两人表达自己的态度，并要求两人删掉照片，进行道歉。同时提醒大家，不要把自己的私人照片放在聊天群等公共空间里；未经他人同意，也不要把他人的照片放在网上。另外，如个人的家庭地址、QQ密码、身体隐私等是个人隐私，都应该注意保护好，避免受到侵害。 | 备注区域 |

授课环节3	积极应对欺凌行为	
目标	体会欺凌行为发生时双方的感受、想法，学习用积极的态度和行为应对	
时间	12分钟	
教学用具	无	
教学内容	3.1　了解欺凌行为 提问：你知道什么是欺凌行为吗？ 3.2　情景讨论 情景A 　　周末，刘佳拿着乒乓球拍在体育馆打球。在体育馆门口，他看两个附近中学的学生，刘佳虽然没和他们说过话，但知道这两个学生是这一带的"小混混"，他很紧张，低着头，躲闪着，想走过去。这两个中学生拦住了他，抢下他手里的球拍，还说缺钱花了，向刘佳借些钱花。刘佳很害怕，只好把口袋里父母给的20元零花钱都给了他们。 3.3　集体讨论 （1）敲诈李佳的中学生会有什么想法？ （2）为什么他们会敲诈李佳呢？ 3.4　体验游戏：身体姿态和感受 同桌两人用不同的姿势相互对话。第一次，A站着说话，B蹲着说话；第二次，A蹲着说话，B站着说话；第三次，两人都站着说话。 教师提问几名学生，在不同身体姿态时说话的感受。 情景B 　　李明在体育馆门口遇到了隔壁中学的两个中学生，他知道他们是学校的"小混混"，常常拦住小学生敲诈。李明想，光天化日之下他们应该不敢怎样，就很自然地走过去，还问了一句，你们看到里面有人吗？我们几个同学约好了来打乒乓球。两个学生瞥了他一眼，说："关我们什么事！"就走了。 3.5　集体讨论 提问：李明和刘佳两人的表情和行为有什么不同？这对他们的处境有影响吗？	备注区域

教学内容	**3.6 总结** 上述事例里有很多角色是遭受欺凌的"受害者"。在受欺凌时，有的人抱有受害者心理，觉得自己太倒霉了，自己的状况都是别人造成的，自己没有办法保护、帮助自己。他们往往只是忍耐或者抱怨，不主动采取行动，结果常常使得自己的情况越来越糟糕。 另一些人在面对欺凌时会采取积极行为，他们会积极想办法向对方展示自己的力量，或者寻找可以得到的帮助，尽快使对方停止欺凌。 我们一方面应学习各种方法积极保护自己；另一方面，己所不欲勿施于人，我们应该尊重其他人。这样，我们才能真正享受友善的关系与和平的环境。	**备注区域**

第3课 寻"我"启事

课程目标

让学生学会从生理、心理、社会等不同的角度认识自我。

认识和接纳自我的独特性,体会自我的丰富多样,帮助增强自尊感。

一般说明

时间:40分钟(含5分钟"沉静训练")

教学用具:(1)每人半张A4纸

(2)两个塑料袋

(3)空白"寻人启事"10张

教学实施

授课环节1	我是谁?	
目标	从生理的我加以拓展,通过自我描述的活动,启发学生从心理、社会等不同的角度认识自我	
时间	20分钟	
教学用具	每位同学准备两张小纸条,约A4纸的四分之一大小即可;两个塑料袋	
教学内容	1.1 我是谁?第一轮。 当你需要向其他人介绍自己的时候,你会用哪些话来描述自己?准备好纸和笔,一边思考一边以"我"字开头,写下至少10条能描述自我的句子。 不要写姓名,限时5分钟。 ① 我_____。 ② 我_____。 ③ 我_____。 ④ 我_____。 …… 1.2 分类,拓展 (1)在全班随机挑其中一大组,将该组同学的纸条收进塑料袋,抖乱。 (2)老师从塑料袋中随机抽取几张纸条,让学生猜猜是谁。 (3)一下就猜中的,和总也猜不中的,让学生分析原因。 老师继续向全班提问: (1)有多少同学觉得自我描述很难写,想不出10条的? (2)有多少同学超过了10条的?请两位同学读读自己的描述。	备注区域

		备注区域
教学内容	老师在听的时候，将关于自我的这些描述，用关键词在黑板上归为三类：生理的、社会的、精神的。 生理的我：性别、年龄、容貌、体型、身高、声音特点…… 社会的我：家庭角色、社会角色、担任职务、籍贯、民族…… 精神的我：兴趣爱好、性格、情绪、态度、品格优势、梦想、愿望…… **1.3 我是谁？第二轮** 请同学们拿出第二张纸条，根据前面的引导和启发，再写一次。 本轮要求写出至少20条，不要写姓名，限时5分钟（含第一轮的内容共计≥20条） 写好之后，老师再用塑料袋收上来另一大组的纸条，抖乱。随机抽几张，念一念，让大家猜猜看。	

授课环节2	寻人启事	
目标	通过活动，引导学生理解"精神的我"的重要性	
时间	15分钟	
教学用具	每个小组一张"寻人启事"纸	
	2.1 活动规则 （1）全班6~8人为一小组。（若不方便分组的班级，位置就近形成小组即可） （2）每组一张"寻人启事"纸，在PPT上展示"寻人启事"的要求： ① 每组协商，秘密确定一个待寻找的人； ② 该人必须是此时此刻在班级教室里的任意一个人； ③ 描写特征时，只能描述该人"精神的我"，不能出现姓名、性别、班级职务、衣着、装饰（比如服装、眼镜、头绳、首饰之类）等。 （3）写好之后，每组派代表站起来，向全班宣读寻人启事，看看是否能找到"神秘人"。 （4）谈谈对这个游戏的感受或启发。 **寻人启事** 我方因特殊原因，正在寻找一位神秘人士。 现张贴寻人启事，望广大热心围观群众能积极提供有效线索，助我方早日找到此人，不胜感谢！ 神秘人特征如下： …… …… ……	

| 教学内容 | 2.2 总结
（1）"生理的我""社会的我"在陌生人、刚认识的人之间很重要，能帮助我们形成一个初步印象，与对方建立初步的关系。
（2）随着彼此越来越熟悉，"精神的我"就会越来越重要。如果不认识"精神的我"、不了解"精神的我"，彼此的关系就无法深入内心，也无法变得更亲密。
（3）了解"精神的我"，需要一个相对较长的时间，但也更有价值。"生理的我"会随着年龄变老，"社会的我"也容易因为外界原因切换，"精神的我"却可以越来越强大，越来越坚固。 | 备注区域 |

第4课　认识品格优势

课程目标

认识品格优势以及品格优势对自我的影响。

促进自我认识和自我成长，增强自信。

一般说明

时间：40分钟（含5分钟"沉静训练"）

教学用具：（1）视频片段《功夫熊猫》

　　　　　（2）20种品格优势清单

教学实施

授课环节1	课程导入	
目标	介绍什么是品格优势，以及发挥品格优势的意义	
时间	10分钟	
教学用具	《功夫熊猫》视频片段	
教学内容	1.1　观看视频后提问 （1）影片中的这些熊猫分别都擅长什么？ （2）熊猫们都是凭借着什么来获得战斗胜利的？ 我们可以用哪些词来夸一夸这些熊猫？ 1.2　介绍品格优势 这些不是天赋或身体优势，而是"精神的我"一部分。积极心理学家研究发现，在人类身上有20种不同的品格优势，品格优势就是一个人性格当中那些美好的、被人类普遍称赞的特质。	备注区域

授课环节2	分组讨论	
目标	认识20种品格优势	
时间	25分钟	
教学用具	信封（含分好的字条）、20种品格优势清单	
教学内容	2.1 分组解读品格优势 **活动示范：** （1）活动正式开始之前，全班示范"思想开明"这个词汇作为例子。先问大家对这个词的认识，（如学生说不出，给出定义）；联想与这个词语相关的人、事、场景。 （2）示范结束之后，对同学们存在的问题进行解答后。发给每个小组信封和白纸，计时开始正式活动。 各组词条分配：在5个信封上标明A组、B组、C组、D组、E组每一种品格优势做成字条，装入对应的信封中。 A组：好奇心、勇敢、关爱、宽容 B组：创造力、毅力、善良、谦逊 C组：真诚、谨慎、善于发现美好 D组：热爱学习、充满希望、活力、幽默 E组：感恩、自律、公正、领导力 **活动规则：** （1）全班同学从1到5报数，报相同数字的同学为同一组成员，将全班同学分成5组。 （2）给每组5分钟的时间去讨论信封的词条。5分钟结束后，请每个小组派一名代表用3分钟的时间来分别描述信封中的词语，要求围绕以下两方面来描述每一种词语：解释同学们对这个词语的认识；这个词语平时在生活中有哪些行为表现。 （3）对于已经出现过的词语，发言的时候只需要补充自己小组对重复的词语新的见解 **总结：** 各小组发言结束后，老师向同学们说明，刚才大家讨论的20个词汇实际上就是积极心理学家经过研究，从人类身上发现的20种品格优势。老师讲各个品格优势的解释用图片带文字的形式展示给学生们，以促进同学们认识每一个品格优势。 最后，给每个学生分发一张"20种品格优势清单"，并让学生们去进一步认识这20种品格优势。	备注区域

第5课　发现优势之旅

课程目标
通过自己和他人发现自己的优势。
通过发现自己的优势，促进自我认识，增强自信，建构更加积极的自我。

一般说明
时间：40分钟（含5分钟"沉静训练"）
教学用具：Super Hat优势帽子

教学实施

授课环节1	优势采访	
目标	通过自我认识发现自己的优势	
时间	10分钟	
教学用具	我的优势双面镜卡	
教学内容	1.1　小组采访 采访准备： （1）学生分组，4~6人一组，采访时六组同时进行。 （2）采访之前分发给每个学生一张"我的优势双面镜卡"。每个人用两分钟的时间在"自己的优势部分"勾出自己的优势，并思考与优势相关的具体事例，以备采访时用。 采访问题： （1）你认为自己有什么优势？ （2）能谈一谈你发挥自己优势的具体事例吗？ 采访规则： （1）小组成员进行1~6或1~5编号，从1号开始接受采访，2号扮演采访者，依次进行采访。 （2）每个同学被采访时间约为1分钟，负责采访的同学进行计时。 （3）采访者和被采访者站在前面，小组其他成员正对被采访者坐着，面带微笑认真聆听，并在每个同学采访结束之后以掌声鼓励。 1.2　分享 在小组采访结束后，老师找几位学生分享一下自己的优势及优势的具体体现事件，以及发现自己的优势感受如何？	备注区域

授课环节2	优势帽子	
目标	通过他人发现自己的优势	
时间	25分钟	
教学用具	Super Hat优势帽子、他人优势记录卡	
教学内容	2.1 活动示范 （1）老师寻找两位位学生，让全班同学给他们"戴Super Hat"，发现他的优势。 （2）在示范的过程中，要给学生们建立如下的规则，以保证接下来的"戴Super Hat"活动顺利进行： ① 每个学生发言一定是去真诚说出对方优势，而不能说缺点以嘲笑讽刺别人； ② 学生在发言的时候，其他同学需要仔细倾听，不对发言内容作评价。 2.2 活动进程 （1）在进行此环节的活动前，先再次明晰强调上面提到的规则； （2）全班打乱分组，5个人一组。每个组分发一项Super Hat； （3）当每个同学拿到"发现他人优势记录卡"，写上自己的名字，给学生两分钟时间来思考下组内其他同学具体哪些优点优势，可以写或画在记录纸上； （4）等同学们写好之后，小组内依次轮流戴上Super Hat，其他同学则对戴Super Hat的同学进行优势"大轰炸"，小组内成员依次戴Super Hat进行，直到最后一名同学戴Super Hat结束。活动结束后，将大家发现的我的优势写在卡片上。 2.3 交流与分享 戴Super Hat活动结束后，老师可以请几组学生一起来分享： （1）每个人都被其他同学说了有哪些优势？有没有很惊讶自己还有那么多自己没有发现的优势？ （2）听到别人说了那么多自己的优点优势，感觉如何？ （3）在让学生分享的时候，可以让同组的其他同学也站起来，让学生们之间也有交流，比如你发现了他的什么优势？你是怎么发现他的优势的？	备注区域

| 教学内容 | 2.4 总结
（1）每个人都有自己特有的优势，我们要善于去发现它们；
（2）发现优势可以通过自己去观察，可以通过爸爸妈妈和周围的同学们来帮你发现，也可以通过专门测试优势的测试题来发现；
（3）当你真心去发现别人的优势时，去赞美、欣赏别人时，其他人也会欣赏你，你们的关系会变得更好；当你发现自己的优势时，自己也能变得自信，增强对自我的认识。 | 备注区域 |

第6课　发挥优势（上）

课程目标

认识自己的显著优势和潜力优势。

通过发掘自己的优势增强自信心。

一般说明

时间：40分钟（含5分钟"沉静训练"）

教学用具：优势行动卡

教学实施

授课环节1	认识自己的显著优势	
目标	通过分享，深入认识自己的显著优势	
时间	15分钟	
教学用具	无	
教学内容	1.1　回顾自己的优势 拿出自己的优势双面镜，数一数自己有几个优势。 1.2　提问、举手与分享 老师选择幽默、勇敢和善于发现美好这3个优势，分别让拥有这三个优势的学生举手，每个优势随机抽1~2名学生做以下事情： 选择幽默的学生：给两分钟，把全班同学逗笑； 选择勇敢的学生：讲一件最近做过的勇敢的事情； 选择善于发现美好的学生：观察一下自己班级，发现3件美好的人的事物。 老师总结：刚才这些表演和分享的同学，他们的这些品格优势不仅仅他们自己知道，周围的人也都知道他们拥有这个品格优势，这些品格优势就是他们的显著优势，在很多情况下都能体现出来，使用时游刃有余，特别自信。 1.3　找出自己的显著优势 （1）在刚才写下的优势中，选出3个你自己认为最明显的优势，并把它们圈出来。 （2）小组讨论，生活中的哪些事情能够体现出你的这3个显著优势，每个优势找出1~2件事，并思考一个问题：发挥显著优势时自己表现如何，感觉如何？ 全班4人一组，在小组内依次分享自己的3个显著优势及其事例。 组内分享完毕后，老师随机请几位学生站起来分享。	备注区域

授课环节2	激发自己的潜力优势	
目标	通过分享和行动了解与激发自己的潜力优势	
时间	20分钟	
教学用具	优势行动卡	
教学内容	2.1　提问与分享 提问： （1）数一数，除去刚才圈出来的显著优势，还剩下几个优势？把剩下的优势画上横线。 小结：除了你刚才圈出的显著优势，余下画横线的就是你的潜力优势。你也许不太确定某个优势你到底有没有，因为潜力优势平时不经常使用，但是在某个特定场景和条件下，你会主动使用，是特别有发展成为显著优势的潜力的，我们称之为潜力优势。 **好 奇 心** 对新事物有浓厚的兴趣；开放式体验；乐于进行探索和发现。 1. 通过书籍、杂志、期刊、电视、收音机或者网络扩展你对感兴趣的领域的知识，每天1次，每次至少15分钟。 2. 尝试吃另一种文化下的食物，探索它的文化背景，并且把你的想法记录下来。 3. 尝试一些新的挑战。 4. 更多地参与到开放式的学习体验中（如通过做冰激凌来了解物理、化学知识，或者参加瑜伽课来了解不同的肌肉群等） 5. 去到森林、公园、小溪、院子等地方探索自然，每周2~3次。 6. ＿＿＿＿＿＿＿＿＿＿＿＿＿＿＿＿＿＿＿＿ 7. ＿＿＿＿＿＿＿＿＿＿＿＿＿＿＿＿＿＿＿＿	备注区域

教学内容	**2.2 想一想，说一说**	备注区域
	在余下的优势里，选一个你最想培养和发展的潜力优势，在下面画上一个三角形标记出来。努力回想一下，是否在某个时刻或是某个场景下你曾经做过的事情能够体现你选择的这个潜力优势。	
	2.3 领取潜力优势行动卡	
	如果你没有想到自己所选潜力优势的事例也没有关系，你可以做一些事情主动去培养和发展自己的潜力优势。	
	（1）根据每位学生自己所选的潜力优势，发给其一张对应的潜力优势行动卡。	
	（2）每位同学根据自己所选的潜力优势，再想出两条不同的可以发展培养潜力优势的事情，然后把字写到卡片上。	
	2.4 总结	
	今天我们认识了自己的显著优势和潜力优势。不管是什么优势，越是使用它，它就会变得更强。对于潜力优势以及你还没有的品格优势，只要你想要拥有它，都可以在生活中做一些发挥它们的具体事情，慢慢地这些优势就会变得越来越强，不断发挥优势会让你越来越自信。	

授课环节3	家庭作业	
目标	通过实践行动，发展学生的潜力优势	
时间	课后	
教学用具	优势行动卡	
教学内容	接下来的一周里，把卡片上的7个条目尽量在一周内做完，来发展自己的潜力优势。 下节课，把自己的潜力优势行动卡带来。	备注区域

第7课　发挥优势（下）

课程目标

学会主动使用自己优势的方法。

通过使用优势增强自信心。

一般说明

时间：40分钟（含5分钟"沉静训练"）

教学用具：（1）A4纸每组一张；彩笔每组一盒

　　　　　（2）每人一张空白家族优势树图

教学实施

授课环节1	潜力优势行动卡分享	
目标	学会主动使用自己优势的方法	
时间	20分钟	
教学用具	无	
教学内容	1.1　展示自己的潜力优势行动卡 （1）把自己的行动卡放在桌子上，在已经做了的条目后面打钩（√）。 （2）从打钩（√）的条目里选择3条自己最喜欢最想分享的条目。 （3）闭上眼睛，仔细回想一下自己做这3件事的过程以及当时的感受。 1.2　分组与分享 （1）老师将20种品格优势按照6大美德分类为6组，展示在PPT上。 （2）全班按照6大美德的分类，分为6大组，每组同学带着自己的卡片聚到一起。 （3）组内分享：每个大组同学依次分享自己所选潜力优势的3个行动条目。进行的过程中思考以下3个问题： ①和你优势相同的同学分享的内容与你的分享有哪些相同的地方，有哪些不同的地方，你从中得到的收获是什么？ ②那些同一大组的但是和你优势不同的同学，他们的分享对你有什么启发？ ③想一想，为什么你们组的这几个品格优势被分到了同一组？ 1.3　提问与分享 老师按照上面的3个问题提问，每个大组分别请1~2位学生站起来分享。	备注区域

		备注区域
教学内容	1.4　6大美德的介绍 展示6大美德的科学分类，让学生理解为什么他们会被分到同一组。 这6大美德共20项品格优势，是心理学家经过科学研究得出来的分类，在不同的国家、民族和文化中都普遍存在。 第1组：黄色组（智慧美德）　　　　第4组：蓝色组（节制美德） 好奇心、创造力、思想开明、热爱学习　宽容、谦逊、谨慎、自律 第2组：红色组（勇气美德）　　　　第5组：黑色组（公正美德） 勇敢、毅力、真诚、活力　　　　　　公正、领导力 第3组：粉色组（仁爱美德）　　　　第6组：白色组（自我超越美德） 关爱、善良　　　　　　　　　　　　感恩、善于发现美好、充满希望、幽默	

授课环节2	美德图标大比拼	
目标	通过设计每个美德的图标，加深对品格优势和美德的理解	
时间	10分钟	
教学用具	A4纸每组一张；彩笔每组一盒	
教学内容	2.1　合力设计图标 6分钟的时间，每个组通力合作，设计出一个自己美德组的图标。 2.2　分享 每组请一位同学代表来分享自己的图标设计。 2.3　老师总结 （1）每个人都有自己独特的显著优势和潜力优势，经常使用，他们就会变得越来越强，自己也会越来越自信。 （2）发挥优势的方法有很多，每个人都有自己特有的方法，在生活中学习使用新的方法发挥自己的优势。还可以向自己的榜样和身边的人学习。	备注区域

授课环节3	课后作业	
目标	通过构建家族优势树，增进家人之间的了解	
时间	5分钟	
教学用具	空白家族优势树	
教学内容	发给学生一张家族优势树，让学生带回家，在下周组织一场家族优势讨论会。	备注区域

教学内容	讨论会参照以下步骤进行。 （1）5~10分钟时间，从20个优势里，每个人给其他每位家庭成员选择3个他们身上具有的优势； （2）轮流分享，说出每位家庭成员的3个优势和具体现此优势的事例； （3）经过讨论后，一起来确定每位家庭成员最显著的3个品格优势，写到家族优势树上，下节课把优势树带过来； （4）如果有重要的家庭成员参与不了，可以打电话沟通。  品格优势标签： 好奇心、创造力、思想开明、热爱学习 勇敢、毅力、真诚、活力 关爱、善良 宽容、谦逊、谨慎、自律 公正、领导力 感恩、善于发现美好、充满希望、幽默	备注区域

第8课　家族优势树

课程目标
发现并探索家族的品格优势。
通过家族优势树的了解，增进家庭成员的情感联结。

一般说明
时间：40分钟（含5分钟"沉静训练"）
教学用具：家族优势树（每个人把已填好的带过来）

教学实施

授课环节1	家长分享时刻	
目标	让学生体验家长的视角，由事先邀请的家长分享探索家族品格优势的结果	
时间	25分钟	
教学用具	图：家族优势树	
教学内容	**课前准备** 邀请一男一女两位参与度比较高的家长，根据"家族优势树"的探索结果，参考以下问题，每人给全班同学分享10分钟。 家长分享的参考思路： （1）图中每位家庭成员的显著品格优势是什么？ （2）家人之间是否有相似的品格优势？有什么故事和经历可以体现出来？ （3）家人之间是否有完全不同的品格优势？或者互补的品格优势？对家庭生活有何影响？ （4）当家人一起探索每个人的品格优势时有什么感受？ **1.1　家长带着孩子共同分享** （1）先由孩子介绍自己的家族优势树。 （2）家长根据提前准备的内容，深入分享与优势相关的家庭故事。 **1.2　同学提问** 同学们听的过程中，有好奇的部分可以提问家长。	备注区域

授课环节2	展示家族优势树	
目标	发现自己家族优势树的规律、特点，体验家人之间的联结	
时间	10分钟	
教学用具	图：家族优势树	
教学内容	**2.1 自我观察** （1）图中每位家庭成员的显著品格优势是什么？ （2）家人之间是否有相似的品格优势？用彩笔圈出来。有什么故事和经历？ （3）家人之间是否有完全不同的品格优势？你如何看待这些不同？ （4）当家人一起探索每个人的品格优势时有什么感受？ **2.2 展示与分享** 老师可根据同学自愿、游走观察，选几位家族优势树有特色的同学上台分享。	备注区域

授课环节3	家庭作业	
目标	进一步强化对品格优势的运用，增强亲子优势联结。	
时间	课后	
教学用具	优势行动卡	
教学内容	**3.1 领取优势行动卡** （1）如果家族优势树上，有属于家人共同的、重叠的优势，选择它，领取相应的优势行动卡。 （2）如果没有共同的优势，由孩子确定一位家人，选择该家人的某个优势，领取相应的优势行动卡。 **3.2 课后实践** 在接下来的一周，参考优势行动卡，和这位家人一起针对这项品格优势进行强化实践。	备注区域

第9课　总结：多彩的自我

课程目标

复习本学期课程要点，构建积极自我。

通过手工活动，体验丰富的、立体的、独特的自我。

一般说明

时间：40分钟（含5分钟"沉静训练"）

教学用具：（1）立体多形状纸片

（2）胶水，胶带

教学实施

授课环节1	自我的每一面	
目标	通过活动与课程回顾，理解每个人的自我是丰富的、多维度的、独特的	
时间	20分钟	
教学用具	多形状纸片	
教学内容	1.1　分发彩色纸片 让学生根据自己的喜好选择，每人发3~4张彩色纸片。 1.2　回顾与提炼 （1）第一张纸片，填写生理的我：身高、体重、体型、声音特点、脸型特点、五官特色…… （2）第二张纸片，填写精神的我：兴趣爱好、梦想愿望、能力、态度、常出现的情绪…… （3）第三张纸片，填写我的品格优势（也属于精神的我）。 （4）如果还想到其他能描述自我的东西，可继续填写。 1.3　展示与分享 将写满"自我描述"的纸片展开，变成一个立体的形状。 请一些学生上台分享："我是一个怎样的人。"	备注区域

授课环节2	多彩的自我在飞翔	
目标	联结班级和同学间的情感，体验自我既是独立的，也是集体中的一部分	
时间	15分钟	
教学用具	棉线、胶水、胶带	
教学内容	2.1 分组合作 （1）根据班级人数情况，分成若干小组行动； （2）同学们动手装饰、连接，将每个人的"立体多彩的自我"串起来，悬挂在教室的一角； （3）可拍照留念。	备注区域

第四篇 积极投入

理论部分

对积极教育系列课案熟悉的读者们会记得,积极教育使用的理论框架基于塞利格曼的"PERMA"模型:积极情绪(P)、投入(E)、积极关系(R)、意义(M)、成就(A),每一个字母代表一根支撑起幸福人生的柱子,或者说代表一条通往幸福人生的途径。之前,每个学期会将某一个主题作为主旋律,围绕该主题设计一系列课程。

按照预期,我们应当已经走过了积极关系、积极情绪、积极自我三个主题,现在,当我们进入第四个学期时,发生了一些不同。在这个学期,我们将意义和投入两个主题合在了一起,并且在课程设计中,把"意义"放在了"投入"的前面。为此,大家也许会有一些新的困惑和好奇,我们将在理论部分作出引领,期待读者们对"积极心理学"在教育领域中的应用,燃出新的火花。

一、意　义

(一)什么是意义?

当有人问道:"你的人生意义是什么?什么样的生活对你来说是有意义的?"有时我们会陷入良久的沉思,有时我们会不知所措,有时我们随意抛出几个"高尚"的词汇但内心没有丝毫波动,有时我们期待外面有人送来"正确答案"。"意义"是个庞大的话题,几千年来引发了众多领域、众多人群不间断的思考,著书立说的成果不胜枚举。所以,当我们在积极教育领域谈论意义、与孩子们谈论"人生意义"时,我们是在谈论什么,我们可以谈论什么?

经典著作《小王子》中,一只狐狸对小王子说:"我不吃面包,麦子对我来说一点意义都没有。麦田无法让我产生联想,这实在很可悲。但是,你有一头金黄色的头发,如果你驯养我,那该有多美好啊!金黄色的麦子会让我想起你,我甚至会喜欢上风在麦穗间吹拂的声音。"

狐狸和麦子之间本没有关系,麦子本不会让狐狸有任何内心波动。但是,当狐狸遇见了小王子,与小王子建立了情感联结时,狐狸喜欢上了麦子。因为此时的麦子与小王子息息相关,对于狐狸来说,麦子不再是一个无聊的事物,从此麦子产生了"意义"。在学校里,有的同学对一些科目不感兴趣,不知道学习这个科目有什么用,只是被动地学习与考试。其实是学生没能在这个科目上建立意义感，没能把这个科目里学的内容与自己的生活、未来的目标等方面建立联系。

而这，正是我们可以谈论的关于"意义"的第一个角度：联系。罗伊·F.鲍迈斯特（Roy F. Baumeister）认为，"意义"的本质是联系，当两个看似毫不相干的事物之间建立联系时，"意义"就产生了。当一个人与另一个陌生人相识，彼此交流情感、彼此帮助或经历更多时，他就与另一个生命建立了深厚的联系；当一个科学家用毕生的精力去探索某个物质世界的研究领域，回答一个又一个难题时，他就与这个研究领域的物质世界建立了深厚的联系；当一个人给自己定下目标，思考从过去、现在到未来可以如何走下去时，他就与自身的生命历程建立了跨越时空的联系。这三个过程都帮助着一个人超越"小我"，与他人、与更大的世界、与过去和未来产生联系。就如塞利格曼所说："追求生活的意义就是用你的全部力量和才能去效忠和服务一个超越自身的东西。"从这个角度来看，人生意义具有自我超越性，而不是只看到自己的利益和眼前的得失。

因此，有意义的生活不是一种自私的追求，不是向世界索取什么，而是思考自己能为周围的人和环境产生哪些价值。当比尔·盖茨宣布成立梅琳达·盖茨基金会并承诺将其大部分资产捐献于慈善事业时，事实上他将自己与一个比自己更宏大的主体——人类命运——建立起了联系，而这种联系赋予了他的人生充实的意义感。再比如对于一个母亲来说，抚养孩子长大成人就是追求意义的过程，因为她在用爱给另一个生命带去成长与幸福。

另一位研究生命意义的心理学家迈克尔·斯蒂格（Michael F. Steger）提出，生命意义包含两个成分："理解"（comprehension）和"目的"（purpose）。"理解"即包含了一个人在生活事件和经历中，主动发现联系、建构联系的过程；"目的"则能够激励人们超越当下，给未来行动提供动力。

有意义的生活与快乐的生活不能完全画上等号。因为快乐是一种天然的情绪，快乐是一种当下体验到的感觉，快乐的生活更注重每一刻当下的满足；而意义是靠人主动建构的，具有社会文化性。

1. 意义具有稳定性

生活是复杂多变的，人们把"意义"作为一种工具来给变化的生活增加稳定性。

2. 意义具有层次性

鲍迈斯特认为"意义"的水平有高低之分。绝大多数事情意义都可以从多个水平来描述。低水平的"意义"包含对事物即时具体的解释；高水平的"意义"则包含更长的时间跨度以及更广泛的目标。例如，去上学这件事，不同水平的"意义"就有不同的解释。低水平的"意义"可以解释为两条腿交替运动的结果；中等水平的"意义"可以解释为去学校上课学习；高水平的"意义"则可以解释为接受教育，为了自己的人生目标提升自己。不同水平的"意义"引发个体不同程度的投入，进而产生不同的结果。为了自己重要的人生目标去上课学习的个体肯定比一般个体更积极更主动，从而拥有更多的收获。

鲍迈斯特指出，要获得有意义的生活需要从4个方面进行努力：目标、价值感、效能感和自我价值感。

（1）**目标**。目标的本质是把当下从事的活动与未来建立联系，从而从联系中获得意义。设立的目标可以指引个体当下活动前进的方向，慢慢趋近目标所要达成的结果。

我们在课程里设计了两节课来强调了目标的重要性以及如何设定目标，包括短期目标和长期目标。在小学一年级到三年级，我们用梦想代替了目标，让孩子们跟未来的梦想建立连接，设定当下能做的事情以帮助达成自己未来的梦想，让他们当下的活动更加具有意义。

（2）**价值感**。个体的价值感能让个体进行判断和抉择。个体依据自己的价值感做事就会体验到一种安全感，觉得是在做（对自己而言）正确的、有价值的事情。相反，如果个体违反自己的价值感去做事，就会体验到一种负罪感、内疚、后悔和焦虑等负性情感。所以，当一个人所做的事情是符合其价值感的时候，他会认为这件事情就有意义；反之他就会认为这件事没有意义。举一个价值感影响人对"意义"的感知的例子：在尊崇"女子无才便是德"的文化中，人们的价值观受到深刻的影响，那么女性单纯追求学识和事业可能就会被视作是无意义的。

（3）**效能感**。也即"能力感"，对自己能力大小的感知和认可。个体的生活如果只有目标和价值感而没有效能感，那么这样的个体可能知道事情的对错，也知道自己想要什么，但是无法投入任何努力去达成自己渴望的目标。人类一直以来都在寻求对环境的控制，寻求"控制感"，而"效能感"的缺失会严重影响个体的控制感。这个要素和行动紧密相连。因为"意义"的产生最终还是要求人们付出行动。然而，如果人们都不相信自己有能力，就不会付出努力。

（4）**自我价值感**。大多数人都会不断地寻找各种各样的理由来相信自己是一个很棒的有价值的人。自我价值可表现为个体层面的，如个体认识到自己比其他人要优秀；自我价值也可以表现在集体层面，如个体会加入一个他认可的集体，并从集体中获得尊重。应该怎么来理解"自我价值感"这一要素呢？笔者认为，任何一个发挥主观意志的行动都离不开支持系统，"自我价值感"就是作为支持系统存在的一个要素。比如说，一个人认为自己是一个很优秀的人，这种价值感会让他受到鼓舞，使他努力承担起责任。

个体可以从这4个方面进行努力，如果这4个方面能够得到满足，个体就能感受到自己的生命是充满意义的。

以上4个方面构成了个体生命意义的独特性。因为每个人的"目标""价值感""效能感"和"自我价值感"都不一样，所以他们感受到的意义也是不一样的。维克多·弗兰克尔曾说："生命的意义在每个人、每一天、每一刻都是不同的，所以重要的不是生命意义的普遍性，而是在特定时刻每个人特殊的生命意义。"

（二）意义的重要性

马丁·塞利格曼（Martin Seligman）提出，幸福"PERMA"模型中为什么将"意义"作为幸福的五元素之一呢？那是因为如果人们一味地追求积极情绪，那么就可能产生酗酒、吸毒、滥交等一系列仅仅是及时的享乐的行为。在这种行为中，一个人可以体验到"积极情绪"，也可以体验到"投入"，但是行为过后却只能体验到空虚。所以，这种行为很难给人们带来持久的幸福感。换句话说，虽然，积极情绪、"投入"对于提升人们的主观幸福感具有重要作用，然而仅仅有它们是远远不够的。

另一个表示"意义"对于幸福感重要性的实例来源于犹太裔心理学家维克多·弗兰克尔的亲身经历。"二战"时期，弗兰克尔全家被关进奥斯维辛集中营。在集中营里，他和很多囚犯一起受到许多非人的折磨。也就是说，在当时，幸福五元素中的积极情绪（P）、投入（E）、成就（A）都是相当低的。在极端的生存条件下，有些人开始追求及时享乐，最终放弃了生命。然而还有一些人则顽强地在严酷的环境中忍耐了下来，活出了自己的尊严。是什么让这些人超越了苦难，获得生存呢？

弗兰克尔认为，这些人能体验到生命的意义。所以，人生的意义能够增进人们对挫折以及困难的忍受程度，帮助人们渡过难关。

半个多世纪的心理学实证研究表明，生命意义与个体幸福感密切相关。体验不到生命意义的人可能会沉溺于酗酒、吸毒，会体验到低自尊感、低自我价值感、抑郁和自我认同危机等。而当人能够感受到生命是有意义的时候会有更多积极情感；会感受到更少的负面情绪；对生活更满意；更能控制他们的人生；更能投入到工作中；总体的幸福感会得到提升。

因此，找到人生的意义对增进生命的幸福感有决定性的影响。

在"PERMA"模型中，对人生意义的定义是：认识到对你来说最重要、最不可失去的事物。然后，找到一群拥有共同人生意义与目标的人，一起投入精力为之努力，你会逐渐发现有更深层的工作意义在你努力的事物上。一旦你觉得"自己在做的事不只对自己有意义，更对周围的人群有贡献和帮助"，你不但能将自己的能力与时间更好地发挥在自己关心的事物上，也能在工作与生活中得到更持久的自信与幸福感。

（三）工作的3种意义

1964年，社会学家梅尔文·科恩（Melvin Kohn）及卡米·斯库勒（Carmi Schooler）曾调查过3 100名美国人对自己工作的看法，调查结果发现，要了解哪些工作能带给人满足感，关键就是他们所称的"工作自我引导"。从事低复杂度、高重复单调性工作的人，对工作产生的疏离感最高（会有无力感、不满足感，而且觉得自己和工作是分离的）。而工作内容较有变化、较具挑战性，且在工作中比较有回旋空间者，对工作的满意度则远高于前者。

心理学家艾米·文斯尼斯基和他的同事们，提示人们对待工作有3种态度：把工作当作一份"差事"，视工作为一份职业，或把工作当作一种事业。单单为了赚钱才做这份工作，那么你上班的时候一定常常盯着时钟，一心巴望着周末赶快到来，同时你可能会有自己的嗜好，而这份嗜好远比你的工作更能满足你心中的效能需求。

如果你把自己的工作当作一份职业，你就会为自己定下目标，希望自己能从工作中得到升迁及名声。你会全身带劲地去追求这些目标，有时候还会把工作带回家，因为你一心只想把工作做好。不过，有时候你还是会不禁心想，自己为什么要工作得这么辛苦。偶尔你可能会觉得自己的工作简直就像老鼠赛跑一样，每个人都是为了竞争而竞争。

然而，如果你把工作当作一种事业，那么，你会觉得自己的工作就是在实现自己的抱负——你不是为了其他目的才做这份工作。你会时常在工作时体验到那种心动，你不会总是期待"下班的时刻"，也不会有一种冲动想大喊："谢天谢地，今天终于星期五了！"如果你突然变得富裕起来，你或许会连没有酬劳也不在意，而且还一直不停地工作。

纽约大学心理学家埃米·瑞斯奈斯基（Amy Wrzesniewski）博士发现，几乎所有她调查过的职业都出现上述3种工作态度。以医院工作人员为例，她发现负责清理被单及呕吐物的清洁工，可能是医院中最低级的工作人员——但是有时候清洁工也会认为自己是医疗团队的一员，为病人一直作出自己的贡献。这些清洁工不只把自己基本该做的工作做好，还会帮重病病人把病房打理得明亮、洁净，积极配合医护人员的需求，而不只是被动地等待指示。这种尽心尽责的态度，提升了自己在工作中的自我引导，也为自己创造出一份能满足内心效能需求的工作。秉持这种工作态度的清洁工已把自己的工作当作一份天职，比起其他只把自己的工作当作一份差事者，前者从工作中会得到更多的快乐。

积极心理学的研究得出了一个乐观的结论：**大部分人都能从自己的工作中得到更多的满足**。第一步就是掌握自己的优势，请利用优势检测表找出自己的优势，选择一份让自己每天都能发挥优势的工作，这样起码每天都能享受到片刻的心动。如果你的工作跟自己的优势不相符，那么你就应该重新调整自己的工作，让两者相符。或许，有一段时间你得多做些额外的工作。以教师为例，你要表现出具有充分的爱心、耐心、积极关注的"园丁精神"。只要你能发挥自己的优势，你就能从工作中得到更多满足，你的工作心态就会变得更积极、更愿意面对问题。一旦有了这种心态，你就会更有愿景——为大我作出贡献。这时，你的工作就变成了一份天职。

在最好的状况下，工作意味着联结、投入及承诺。正如诗人纪伯伦所言："工作是爱的具体体现。"托尔斯泰也曾用以下这段话回应：

仔细用心纺出细线，用这细线编织布料，宛若挚爱穿戴其身。

尽心尽意盖出房舍，宛若挚爱安住其中。

温柔播种欢喜收割，宛若挚爱尝食其果。

二、投　　入

上面的内容我们阐述了意义模块的理论内容，下面我们来详细说说投入的理论内容。在阐述投入内容之前，我们先说两个问题：（1）为何将"意义"和"投入"模块放在一个学期讲；（2）为何将"意义"模块放在"投入"模块前面讲。

这样安排的主要原因就是"意义"与"投入"密切相关。我们都想投入精力专注地做事情，因为这样会带来更高的效率与效能。我们可以通过技巧和各种方法来帮助我们更容易进入"投入"的状态。但是，如果你在做的事情你并不感兴趣或是你根本不喜欢，虽然你也能够投入地做事，这种状态不可能长时间持续，因为你并没有找到做这个事情自身的兴趣、价值和意义，也没法从中获得乐趣与幸福感。也就是说你没有找到自己真正想要做的事情。

那如何才能找到自己真正想做的事情呢？这个时候就需要"意义"来引导了。"意义"可以帮助我们建立目标、依靠我们自己内在的价值观和自我价值感找到自己真正想要做的事情，从而获得做事的效能感、价值感和意义感。

所以，我们这学期的课程逻辑是先通过"意义"模块的讲授，找到自己真正想做的事情和意义所在，再通过"投入"模块的课程内容以帮助学生更好、更投入地做他们最想做的事情，使他们在收获做事的高效率和高效能的同时，也能够收获做事的意义和幸福。我们可以把"意义"模块理解为"道"的引领和指导，"投入"模块就是具体的"法"和"术"，即方法和技巧。

这就是为何我们把"意义"和"投入"两个模块放在一起，并且将"意义"内容放在"投入"模块之前的原因。

（一）什么是"投入"与"福流"？

积极心理学之父马丁·塞利格曼在《持续的幸福》一书中这样描述"投入"："投入"(engagement)与"福流"（flow，也译作心流）有关，指的是个体完全沉浸在一项吸引人的活动中，自我意识消失，时间也好像是停止了。"投入"与"积极情绪"不同，甚至是相反的，正在体验"福流"的人被问到"你在想什么，你有什么样的感觉"时，他们会回答说：我什么也没想，什么感觉也没有。如果什么感觉也没有，那么这些人也不会体验到"积极情绪"。处于"福流"状态的人们好像达到了物我两忘，天人合一的状态了，他们集中了全部的注意力，动用了全身心的认知资源和情感资源于当下的活动上，因而无暇思考和感觉。

我们看到上面的解释，会发现"投入"和"福流"好像是同一种描述，其实"投入"的概念内涵范围比"福流"要大。我们可以把"福流"看成是"投入"里的一种特定的状态，看后面的内容你就会发现"福流"状态有其自身特有的特征和"福流"能够出现所需要的条件。在课程里的小学中高段（四年级到六年级）和初、高中年段，我们都引入介绍了"福流"这个概念。但是在小学一、二、三年级，由于这个年龄段的学生词语量掌握得不够丰富，为了便于学生理解，我们还是用"投入"这个更通俗易懂的词代替了"福流"，即没有引入"福流"概念，但是课程的内容都是依据"福流理论"进行编写的。

我们在日常生活中经常使用"投入"这个词，比如，形容某个人做什么事情特别全神贯注，我们就会说他非常投入。我们还会经常使用另一个词，叫作"专注"（absorption）。"专注"一词可以形容一种状态或行为，也可以形容一种能力。"专注"是一种注意力集中、全神贯注的状态，强调注意力非常集中。"专注"在概念范围上也是比"投入"要小的。我们看到描述会发现，"专注"和"福流"是有很多的重叠部分的。"福流"，可以说是一种很投入、专注的状态，但是"福流"不等同于"专注"。下面我们就来详细介绍"福流"。

"福流理论"是"积极心理学"领域研究投入非常重要的理论之一。专门研究福流的积极心理学家米哈伊·奇克森特米哈伊（Mihaly Csikszentmihalyi）在接受采访时总结说："无论你是做什么的，福流都可以助你成功，解除你的压力与焦虑，我们大部分的压力与焦虑都是源于我们对自身的关注，而非手中的任务。"

"福流"的价值越来越为人们所接受，因为人们发现，福流在人生的方方面面的应用都可以使人们的生活质量得到提高，以至于达到最优化。

"福流"的概念最早是由奇克森特米哈伊在20世纪六七十年代发现并提出的。当时奇克森特米哈伊在研究中观察画家、棋手、攀岩者以及作曲家等在自身领域有杰出成就的人，注意到这些人往往能够全神贯注地投入到他们的工作或活动中去，时常忘却时间，有时感觉不到时间的流逝，注意力非常集中，对身边发生的事情缺少感知，不易受到干扰。

所以"福流"（flow）被定义为：一种最佳的投入状态，个体认识到行动挑战，这些挑战既不会使现有的技能得不到充分的利用，也没有过多地超出他的现有技能，个体拥有清晰且可表达的目标以及关于进展的反馈。

奇克森特米哈伊是从很多画家、棋手、作家等专业人士入手研究"福流"的，但是他指出"福流"不仅仅局限在专业人士或创造者的身上，也存在于大众群体包括热爱学习的青少年、热爱工作的白领上班族，以及热爱洗衣做饭的家庭主妇等。"福流"体验的发生跟年龄大小、性别、工作活动的不同等都没有关系，任何人都有可能体验到"福流"。只要个体全身心地投入到活动当中，集中注意力在具体的活动上，有明确的目标和及时的反馈，就能够体验到"福流"。

（二）福流状态的体现

根据上文对福流状态的描述，个体在福流状态中会呈现出多种表现，比如注意力高度集中在当下的活动、行动与觉知相融合、拥有掌控感、时间感体验扭曲等。下面我们针对几种最常见的福流状态的表现进行阐述。

1. 行动与意识相融合

在生活中有一种很常见的现象，就是脑袋里想的不是他正在从事的活动。有的学生在教室里坐着听课，好像是在听课，可是他的思绪已经跑到教室外面去了，在想放学后跟朋友一起打球、一起吃饭。我们做事的时候常常会被分心，会被一些其他的人和事情干扰。比如，工作的人周五的时候就会想周末怎么过；你刚刚学习打网球的时候，会想旁边的人会怎么看你，会不会嘲笑你。然而在福流体验中，我们的意识非常集中，全部的注意力都会放在所从事的活动上。挑战水平与能力水平势均力敌时就要求个体精神必须非常集中，明确的目标和不断的反馈可以帮助个体做到这一点。

2. 不易受到干扰

"福流"体验中一个典型的要素是我们把注意力全部集中在当前的活动上，因而我们只会觉察到与此时此刻相关的信息。如果音乐家在演奏的时候分心，比如，在考虑自己的财务状况，他就有可能敲错音符；紧张的足球比赛中，如果运动员因为跟女朋友分手而思绪万分，他也不可能很好地投入到快节奏的比赛中，可能会因频频失误而被教练换下场。"福流"是注意力高度集中于当下的结果，它让我们摆脱了对日常生活中焦虑和抑郁的恐惧。

3. 不会担心失败

当处于"福流"状态时，我们太集中注意力了，以至于不会去考虑会不会失败。有些人把它描述为"一切尽在掌握之中"的感觉，但事实上我们并没有完全控制，只是我们没有时间去考虑可能的失败结果。一旦你去考虑结果可能会失败，就会引发你的焦虑，有可能把你拖出"福流"通道。失败之所以不会成为干扰我们的问题，是因为在"福流"状态下，我们清楚地知道我们要去做什么，以及相信自己的能力能够应对实现目标的过程中可能会遇到的问题。

4. 自我意识消失

人类是群居性动物，与其他个体的关系对于个体的生存适应至关重要。因此，我们总会在意身边他人的看法，随时留心自己会不会遭到他人的忽视，嘲笑或是侮辱，好能及时地进行反击，捍卫自己。也可能会处处留心如何做才能给他人留下好的印象，因而变得忧心忡忡。这些自我意识都是一种负担，有了这些负担，你做事就不可能集中精力，全神贯注，更没法进入"福流"状态。这种自我意识其实也是一种自我保护。在"福流"状态里，我们对自己正在做的事情太投入了，以至于不会再在意自我的保护。但是当"福流"结束后，我们便会产生非常强烈的自我意识，我们意识到自己已经成功地应对了挑战。我们可能还会觉得自己好像走出了自我边界，成为更大存在体的一部分。音乐家觉得自己与音乐融为了一体；足球运动员可能觉得自己成了整个团队的不可或缺的一部分；小说的阅读者可能在跌宕起伏的情节中沉浸了好几个小时，久久不能走出。

5. 时间感扭曲

一般来说，当我们处于"福流"状态时，我们会忘记时间，感知不到时间的流逝。几个小时感觉好像只有几分钟，或者相反。很多人认为所谓"福流"或者"投入"就是感到时光飞逝的状态，事实上这种说法有些片面。诚然，日常生活中最常见的"福流"状态就是感到时光飞逝，如跟家人去旅游、跟朋友踢一场球赛、钻研一道数学题目、专心于文章的写作。当我们从沉浸状态中转出时，会感到时光被人偷走了一样。其实，"投入"也会对时间施展其他的魔法。比如，对于每一个世界级短跑运动员而言,在短跑中感受到的时间似乎被拉长一样。因为每一秒他们都做出了无数的动作,他们在不断地感知自己的身体,感知周围的状况;对于芭蕾舞舞者而言,时间似乎走得无比精准,不快也不慢,因为他们在舞蹈的同时也在感受着时间的韵律,令自己的动作与时间结合。

6. 活动本身具有了目的

小说家纳吉布·马哈福兹曾说:"我爱我的工作本身甚于它所产生的附属品。无论结果如何,我都会献身于工作。"有些人之所以能够产生"福流"体验,是因为他们重视的是活动本身,而不是他们的结果,结果无论好坏,活动本身就是他们的目的。换一句话说,只要参与了活动,他们的目的就达到了。除了感受活动带来的体验外,没有其他原因。

以上描述的这些"福流"状态的特征可以帮助你辨别你自己的哪些状态或参与的活动进入到了"福流"里,从而在生活中多多参与这些"福流"活动。

(三)"福流"状态产生的条件

1. 挑战与技能相平衡

想要获得福流体验,很重要的一个条件必须满足:参与者的技能要与面临的任务难度相匹配。任务难度可以稍稍高于参与者的现有能力,是其"跳一跳能够到的高度"。在日常生活中,有些活动我们觉得太难,有些活动我们觉得很容易。面对太难的活动,由于我们的技能没法应对,因此我们会变得沮丧而焦虑;面对太容易的活动,我们的能力又远远超出活动所需的能力水平,我们会因此感到无聊与乏味。在打乒乓球或是下象棋的时候,如果对方是个高手,三下五除二就把你打败了,你肯定会觉得很沮丧,因为你觉得自己太失败了,能力太弱;如果对方是个新手,你又会觉得一点儿挑战性都没有,因而会觉得无趣,甚至产生厌倦感。但是当双方势均力敌时,局势跌宕起伏,你来我往,不相上下,就算最终有一方被打败了,你也会觉得特别爽,因为你进入了"福流"状态。

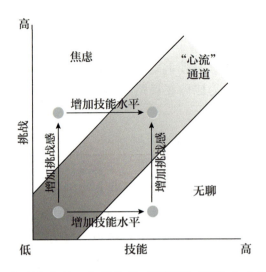

我们从上图可以看到一条蓝色的"福流"通道（"心流"通道），当我们面对的挑战难度和我们的能力、技能水平相匹配时，我们就处在"福流"通道里了。但是有时候，我们会处在"福流"通道之外的位置。比如，当难度过高时，我们会出现焦虑的体验，这个时候我们如果想要进入"福流"通道，我们应该降低难度或者是提升我们的能力、技能水平，让我们的能力与挑战难度相匹配，更好地体验"福流"。

当我们面对的任务太过于简单、容易时，我们就会产生无聊、乏味的体验。此时，如果我们想要进入"福流"通道，我们需要怎么调整呢？答案是提高挑战的难度。把挑战难度提高到与自己的能力水平相匹配时，"福流"状态就更容易出现了。

所以，当我们不在"福流"通道里时，我们可以从两个维度来调整，以更好地体验"福流"。**第一个维度就是调整挑战难度水平；第二个维度是调整自己的能力、技能水平。**把任务的难度调高或是降低难度，这个相对来说比较容易做到。提高应对任务的能力水平，这个在多数情况下都不是短时间内能够达到的，需要个体投入足够多的时间和精力去练习与精进。其实个体处在"福流"状态时，这本身就是对能力和技能的一种有效的锻炼，会慢慢提高你的能力水平。在调整挑战难度的时候，如何才能与你的能力水平更好地匹配呢？我们知道教育学里有一个概念叫作"最近发展区"，调整难度时需要把任务调整至"最近发展区"式的难度，即不是那么轻易就能达成，但是经过努力也是能够"跳一跳够得着"的难度。这样的难度更加有利于"福流"的出现。

2. 每一步都有明确的目标

在日常生活中，我们经常会做计划，设定目标。但是有时候设定的目标太大，以致到了实际操作的时候仍然不知道该怎么做。要想体验到"福流"，投入到自己当下的活动中去，我们需要每一步都有确定的目标。也许刚开始我们设定的是一个大目标，但是我们必须把大目标切分成具体的、具有实际指导意义的小目标，这样的话，你才能知道接下来的每一步到底怎么做。足球运动员知道自己的位置和作用以及该怎样组织进攻和防守；音乐指挥家知道当下的动作意味着什么，会产生什么样的音乐配合；农民种田，知道何时耕地、何时播种、何时除草与施肥；攀岩者知道自己现在迈的每一步对整个攀登目标的意义。无论我们进行什么样的活动，想要投入进去，达到"福流"状态，就必须每一步都有目标指引你。

如何设定目标呢，什么样的目标才是明确有效的，能够起到指导的效果呢？下面我们来介绍下目标设定的"SMART原则"，这一原则是由乔治·多兰（George Doran）在1981年提出的，这一方法最初在企业中使用，而后各个领域都开始争相使用它来提高目标设定的效用。SMART原则有5个具体的特征。

（1）**具体性（Specific）**。设定的目标必须是具体的，具体的目标能让你知道每一步的小目标，这些小目标会指导你该怎么做。但是对于绘画、写作等富有创作性的活动，目标可能就没有那么显而易见了。对于这种情况，我们可以专注于其中的某个成分，例如，关注作文的结构或用词。在绘画时，或许我们无法在一开始就想好自己具体要画成什么样子，但是在画到某个程度的时候，我们可以判断出这是否为自己所想要的，这同样是一种目标。很多好的画家、作家以及作曲家，都在心中有对于"对"和"错"的判断。当我们失去了这种内部判断的能力，就难以进入"福流"体验。

（2）**可衡量性（Measurable）**。只有当目标可以衡量的时候，才能知道自己有没有真正达到自己的目标。同时，也需要避免一些本身具有极大变化性的目标，例如，下次考试进入班内前10名或者是下次考试超过某个人。这样的目标看似很具体，但实际上却极具变动性。其结果有可能是自身因素导致的，但也很有可能完全是外界因素导致的。所以即使我们达成了目标，可能也并不会非常欣喜。此外，这种目标如果不能被我们转化为具体的行为指标，同样会失去意义。

（3）**可实现性（Attainable）**。这一点与挑战和能力的匹配度是一致的，过高或过低的目标都是没有意义的。如张辉是一个学习十分刻苦的学生，平日表现也非常不错，但是考试成绩总是排在中游，一直无法达到他所设定的目标。经过进一步地接触，咨询师发现他本身缺乏自信，不认为自己能考好，因此产生了自我预言效应，出现了各种发挥失常的现象。

因此，在我们设定可以达到的目标时同样需要思考，我们真的相信自己可以达到这个目标吗？如果我们在心里不相信自己能够达成目标，那么我们需要先着重处理这种不合理的信念，然后才能真正达到目标。

（4）**相关性（Relevant）**。目标的"相关性"是指此目标与其他目标的相关情况。或许大家觉得，我们制定的小目标当然都是为了大目标而努力的。但在实际操作中，我们往往会把目标定偏。比如，某位学生正在准备英语的单元测试，他把复习英语课文设立为了其中的一个子目标。但是在复习中，他一直在关注课文内容，对课文中的生词和语法没有进行深入复习。这就是一种目标上的偏差。同样的，有些非常认真的学生将整理笔记作为复习中的一个环节，但结果只是重新抄写了笔记，使页面变得更加整洁而已，并没有对其中的内容有更加熟练地掌握。这些都是我们所需要警惕的。

（5）**时限性（Time-based）**。目标设定的"时限性"是指设定目标时，不管是大目标还是小目标，都要给目标设定一个截止日期。人都有拖延的习惯，不设定一个目标达成的截止日期，往往会导致事情完成的进度滞后。有了目标的截止日期，我们就可以更加合理地分配时间和精力，把控整体的安排和进度。

3. 行动要马上得到反馈

想要获得"福流"体验，我们要设定目标，但是如果我们只有目标，没有及时的反馈，我们就没法知道我们当下的状态是怎么样的，任务完成到了哪一步，还有哪些需要注意的。所以，在拥有确定目标的同时，我们还要获得及时的反馈才能够进入"福流"状态。有了反馈，我们就知道下一步我们要做什么了，才能与下一步的目标相结合。音乐家知道曲子进行到哪一步了，才能知道接下来该如何演奏，如果某个音符弹错了，音乐家马上就能意识到，并作出及时地调整；攀登者知道脚下的这一步到底对不对，才能知道 后续的攀登有利还是不利；外科手术，大夫知道这一刀下去有没有出血，才能知道位置切得对不对；农民种田，知道庄稼的长势如何，缺水还是缺肥，该除草还是该除虫。所以，对于获得"福流"体验来说，及时的反馈非常重要。

为何投入：价值观与意义
- 第1课　认识意义
- 第2课　意义思辨情景剧
- 第3课　意义年轮

如何投入：创造福流
- 第4课　"福流"的快乐
- 第5课　创造"福流"：难度与能力相匹配
- 第6课　创造"福流"："好"目标
- 第7课　创造"福流"：有效的反馈
- 第8课　"福流"大创造

总结课：班级联动
- 第9课　"福流"手牵手

教 学 设 计

第1课　认 识 意 义

课程目标

认识意义。

理解意义的不同维度。

一般说明

时间：40分钟（含5分钟"沉静训练"）

教学用具：（1）绘本《生活的意义》PPT

（2）参考剧本

教学实施

授课环节1	绘本阅读	
目标	理解每个人的意义是不同的、多元化的	
时间	15分钟	
教学用具	绘本《生活的意义》	
教学内容	1.1　绘本阅读 教师用PPT呈现绘本，带领学生依次将绘本阅读完。阅读的过程中，不要太快，让学生多思考，读完之后询问学生： 大家看完以后，对于生活的意义有什么新的理解？	备注区域

教学内容	生活的意义因人而异、丰富多彩。很多时候，他人的生活意义与自己不同，但不代表对方是错的，大家需要彼此理解和尊重。 

备注区域

授课环节2	意义头脑风暴
目标	理解意义的个人化、多元化
时间	20分钟
教学用具	参考剧本
教学内容	2.1　小剧场准备 **人物一：小豪，男，小学六年级** 　　小豪是一个性格内向、平时不太爱说话的孩子，就读于大城市里的一所重点小学。小豪的父母都是高级知识分子，平时对小豪的要求非常严格，不仅要上好学校的文化课，还要参加父母额外给报的小提琴班和游泳课。小豪很听话，从不违背父母的意思，无论是学校的学习任务还是课外班的训练，都认真完成。小豪表现得总是中规中矩，从不惹事，遵守一切规则，唯一的爱好是看动漫。 　　这天，同桌小杰偷偷对小豪说："这周四下午我准备去动漫展，这次场面特别大，人物角色也特别全，要我帮你带什么纪念品回来吗？"小豪有点惊讶："我们周四下午不是要一起去上小提琴课吗，怎么去？"小杰嘿嘿一笑："当然是翘课去呀……又不是什么大不了的事，这种大型漫展3年才一次，你要不要一起啊？有你最喜欢的《黑子的篮球》喔。" 　　小豪很纠结，他其实默默关注这个漫展很久了，还很遗憾时间跟小提琴课有冲突去不了。可是小杰的计划让他有一丝心动，之前他甚至没有想过去漫展的任何可能性……

备注区域

| 教学内容 | **人物二：小彤，女，小学四年级**

小彤是一个性格独立又爱思考的女孩，生活在一个比较小的县城里，父母常年在外地打工，只有逢年过节才回来。平时小彤都和爷爷、奶奶生活在一起，爷爷、奶奶文化不高，所以让小彤平时多跟学校的老师请教。

小彤与班主任的关系很好，班主任是一位和蔼可亲的女老师，大学毕业后就来到这个县城教书，今年30多岁，有一个幸福的家庭，平时很照顾学生，课余聊天时经常给孩子们分享生活里美好的点点滴滴，很享受县城宁静、朴实的日子。

有一天，小彤的学校来了几位从未见过的年轻老师，听说是要在这个学校实践教学一年。其中一个女老师分到了小彤的班里教英语。吃午饭的时候，新来的英语老师和小彤坐在一起，她一边吃饭，一边给小彤讲述自己曾经丰富多彩的工作经历，还讲述了自己去二十几个国家旅行时见到的奇闻逸事。女老师讲得非常投入，看得出来，她真心享受到处游历的生活方式。

小彤曾经想过，将来长大了也在县城当一位老师，过着像班主任一样平静美好的生活，而此时她又觉得，新来的英语老师所经历的生活也让她很向往。

小彤陷入了思考……

人物三：小轩，男，小学五年级

小轩生活在一个大家族里，亲人之间关系很亲密，表兄弟、姐妹也经常在一起玩耍。小轩有一个大他3岁的表哥，考试总是拿年级前几名，平时不爱出去玩，放假就去图书馆看书，偶尔也只是在网上下下围棋。

而小轩的性格完全不一样，他喜欢运动，喜欢和人交流，也喜欢帮助别人。一到放学肯定要去操场上踢会儿球，或者跟同伴追逐跑闹一番。平时谁遇到个难事，他都愿意上前帮忙，同学们都很喜欢他。

表哥经常不理解小轩，对小轩说，在图书馆多有意思啊，可以学到很多新鲜有趣的知识。小轩也无法理解表哥，运动多快乐啊，与人交流是一件多么愉快的事啊，在图书馆感觉好沉闷。

有一次表哥说，他希望将来长大了当一名数学家。小轩在想：我一点儿也不想当数学家。他觉得身边有很多朋友、家人陪伴就好，不需要太耀眼的成就。

小轩和表哥感情很好，但在这一点上却如此不同…… | 备注区域 |

教学内容	人物四：小希，女，小学五年级	备注区域

	小希是个活泼漂亮的女生，而且从小很会唱歌，经常有人夸她唱歌好听。小希的父母是城市里普通的工薪阶层，为人朴素老实，也经常教导小希要踏踏实实生活、安安稳稳做人。
	  有一次在学校，有电视台的人看中了小希，邀请她去上节目表演。小希很想去，她享受站在舞台上表演的感觉，也喜欢对着话筒唱歌的感觉。但是小希的父母很不高兴，认为娱乐行业鱼龙混杂，人际关系也复杂，而且行业规则也不明晰，虽然明星很多，但是真正一线的明星并不多，且有时候成名和运气有很大相关。而且他们另有担忧，这些表演艺术类的发展过程通常都需要花很多钱，家里只有普通的收入，还有两个老人要赡养，也许根本负担不起小希这个昂贵的梦想。总而言之，这不是一个好的发展方向。所以他们更希望小希好好学习，选一份安稳的职业。
	  小希被父母阻拦后，找到班主任哭诉了一通，觉得父母古板，而自己想追求的东西不被家人理解和支持。她认为虽然自己家境普通，但也有很多出身底层的明星啊……
	
	剧本一：生活的意义在于做一切想做的事情 vs 生活的意义在于遵守规则，担负责任
	剧本二：生活的意义在于满足已经得到的幸福 vs 生活的意义在于不断追求，才能获得更多幸福
	剧本三：生活的意义在于帮助别人，获得爱和归属感 vs 生活的意义在于探索知识，不断提升内在智慧。
	剧本四：生活的意义在于努力实现自己的梦想，不管它有多疯狂 vs 生活的意义在于接受现实，平静对待生活的每一天。
	
	2.2 准备要点
	根据人物设定，编一个有对话的小场景，体现出人物之间的冲突。
	为该场景设定一个剧情发展下来的小结局。
	鼓励演员私下与老师、父母、朋友交流，让孩子们对剧情编排有更深入的思考，防止浮于表面的冲突争吵。	

第2课　意义思辨情景剧

课程目标

通过情景剧的表演，让学生学会思辨意义。

帮助学生加深对意义的理解。

一般说明

时间：40分钟（含5分钟"沉静训练"）

教学用具：学生根据排演剧本可能涉及的道具

教学实施

授课环节1	情景剧的引入	
目标	引入情景剧	
时间	5分钟	
教学用具	无	
教学内容	小豪 性格内向、是个平时不太爱说话的孩子，唯一爱好是看动漫。 小彤 是个性格独立又爱思考的女孩，父母常年在外地工作，只有逢年过节才回来。 小希 是个活泼漂亮的女生，而且从小很会唱歌，经常有人夸她唱歌好听。 小轩 喜欢运动，喜欢和人交流，也喜欢帮助别人。 **1.1　引入情景剧** 上节课我们认识了几个不同的角色，他们所思所想都各不相同，今天我们班的同学会将演绎这些人物。 让我们一起期待发生在他们身上的故事吧。	备注区域

授课环节2	意义思辨情景剧	
目标	通过情景剧将"意义"具体化	
时间	30分钟	
教学用具	学生根据排演剧本准备可能涉及的道具	
教学内容	2.1 意义思辨情景剧表演 2.2 演完后的讨论 给全班同学3分钟，小组进行，任意挑选一个剧情进行思考和讨论： （1）你喜欢这个剧情的结局吗？为什么？ （2）在剧情里，你更支持哪种选择，为什么？ （3）你怎么看待另一种与你想法不同的选择？ 让演员表达想法，在排演时，他们各自是怎么理解自己角色的，演完之后有哪些感受？ 2.3 教师总结 （1）今天的情景剧都是一些冲突情景，我们不是为了争出对错，而是为了培养同学们的思考方式，即避免钻牛角尖，学会从不同的立场看问题。 （2）有时候，同学与同学之间、孩子与父母之间会出现观念上的冲突，可能没有对错之分，大家都有各自的理由，但是需要更多相互沟通和理解。 （3）人生意义不是静止不变的，随着我们不断成长、不断增加人生阅历，意义也会越变越丰富。	备注区域

第3课　意　义　年　轮

课程目标

发现意义和当下在做的事情之间的链接。

激发学习"投入"的兴趣。

一般说明

时间：40分钟（含5分钟"沉静训练"）

教学用具：意义年轮卡片（空白）

教学实施

授课环节1	年轮的故事	
目标	用年轮的象征，连接意义与现实生活	
时间	10分钟	
教学用具	无	
教学内容	**1.1 引入** 树的一生往往很长，有百年古树，甚至有千年古树，它们会经历许许多多事情。但树的年轮除了表示年龄，还会把一些重大的、有意义的事件记录下来，比如，它可能经历过森林大火、经历过霜冻，它可能和环境污染搏斗过，它也可能在不同的降水量和温度变化中挣扎过。 人的一生也许没有树那么长，但我们也可以记录自己的人生，我们可以制作一份自己的"意义年轮"。 年轮的内圈是实线，表示你人生当中已经过去的时光；外圈是虚线，表示你未来的时光。	备注区域

授课环节2	意义年轮	
目标	将人生意义与学生的现实生活、具体事件连接起来	
时间	20分钟	
教学用具	意义年轮卡片，每人一张	
教学内容	**2.1 思考** 每人拿到各自的年轮卡片之后，静静思考两分钟："我的人生意义是什么？"将自己的人生意义简要填写在卡片左侧，并写上自己的姓名。	备注区域

| 教学内容 | 2.2 制作意义年轮
实线圈：过去一周、过去一个月、过去一年。
虚线圈：未来一周、未来一个月、未来一年。
按时间周期，思考做过哪些与自己的人生意义高度相关的事情，填写在年轮里。
再想一想，在未来的时间周期，还能做哪些具体的事情，进一步实现人生意义（事件要具体、清晰）。
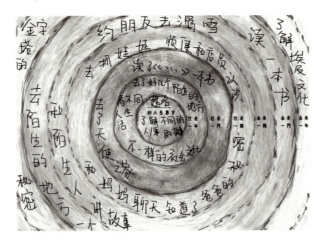
2.3 分享与讨论
6人小组进行，从过去和未来两个方向分享自己的"意义年轮"。
2.4 年轮猜猜看
每组抽出一张年轮卡片，交给老师。老师向全班介绍该年轮的内容。
让全班其他组的同学猜一猜，这可能是谁的意义年轮，为什么（目的在于增进同学之间的了解、增加活动趣味性。有时间可多来几轮）。 | 备注区域 |

授课环节3	总结	
目标	激发同学们对学习"投入"的兴趣	
时间	5分钟	
教学用具	无	
教学内容	3.1 总结与过渡 通过这三节课的学习，我想我们都对"意义"有了或多或少的了解。然而你们有没有想过为什么要谈论意义呢？谈论意义可以让我们加深	备注区域

| 教学内容 | 对自己人生的思考，我们不是为了活着而活着，我们要知道到底为了什么而活着。
每个人的人生意义可能大不相同，没有对错之分，但须认真地思考。
人生意义会随着人的成长、阅历的增加不断丰富起来，会给人带来方向感和目标感。
但是，即使找到了自己人生的意义，也可能在实现过程中遇到困难，难以坚持，甚至想要放弃。
所以，想想是否有什么办法可以帮助到我们？
接下来的课程，我们会学习一种新的能力——"投入"，它能帮助我们更好地学习、更好地生活、更好地实现人生意义。 | 备注区域 |

第4课 "福流"的快乐

课程目标

了解"福流"是一种怎样的状态。

了解"福流"会带来哪些益处。

一般说明

时间：40分钟（含5分钟"沉静训练"）

教学用具：（1）十几条彩色皱纹纸、透明胶

（2）"福流"主题照片

教学实施

授课环节1	拔"孔雀毛"	
目标	热身，引出主题——"福流"是什么样的状态	
时间	15分钟	
教学用具	十几条彩色皱纹纸、透明胶	
教学内容	1.1 活动规则介绍 请6个同学上来，两个当"孔雀"，其他4个当"拔毛者"。用十几条彩色皱纹纸当羽毛，塞在"孔雀"的衣服口袋里，或者系在腰上、绑在脚上、别在背上，等等。 游戏开始前，老师给"孔雀"蒙上眼睛，让他们在屋子中间原地转3圈。老师下令"开始"，其他"拔毛者"就向"孔雀"靠近，趁"孔雀"不注意的时候，拔"孔雀"身上的羽毛，一次只能拔一根。"孔雀"则提高警惕，两手在身体四周挥舞，不让别人拔毛。如果"拔毛者"被"孔雀"的手碰到，就失败了，失去拔毛的资格。 当其中一只"孔雀"的羽毛被拔光时，游戏即可宣告结束。拔的羽毛最多的人是胜利者，坚持住的另一只"孔雀"也是胜利者。 1.2 活动后分享 问拔毛最多的同学："你有什么秘诀和经验？" 问其他同学："你们觉得怎么做可以提高拔毛的成功率？" 1.3 再玩一次 经过大家总结经验后，请另外6个同学上来，再玩一次，看看这一次拔毛成功率是否更高？拔光用的时间是否更少？	备注区域

教学内容	问"拔毛者"：你还记得孔雀的每一根毛分别都绑在哪里、是什么颜色的吗（通常很难记住，因为注意力集中在拔毛活动上）？ 提问大家：你们觉得刚才玩了多长时间（通常开心的时刻总觉得飞快，这是处于"福流"状态的特征之一）？ **1.4 引导和过渡** 为了成功拔走孔雀毛，大家把所有注意力都集中在了"孔雀"身上，暂时忘记了时间，也忘记了周围一些其他东西，而且在活动中越玩越熟练，获得了快乐和成就感。这种体验就叫"福流"。 不仅在游戏中，平常的生活学习中，我们会不会出现"福流"呢？	备注区域

授课环节2	**照片里的回忆**	
目标	将"福流"体验联系到日常的生活、学习中，进一步理解什么是"福流"。	
时间	15分钟	
教学用具	"福流"主题照片	
教学内容	**2.1 提前准备主题照片** 老师在课前收集5~7张照片，照片上是平日里某些时刻拍下的某个学生或某一群学生非常专注、投入地在做某件事的场景，比如，兴趣小组几个人正在合作、某个体育竞赛的时刻、某个同学专注地看书、画画等（照片最好是电子版可在PPT上放映）。 **2.2 忆一忆** （1）如果照片里的同学正好在场，请他们谈一谈当时具体在做什么，回忆一下当时的感受。 （2）如果照片里的人物不在本班，但是其他同学有了解的，让他们讲一讲照片里的故事。 （3）如果大家都对照片不熟悉，请同学们仔细观察照片，推测一下照片人物当时可能在做什么，当时什么状态。 **2.3 扩展分享** 除了照片上展示的几个场景，同学们平时在生活、学习中，什么时候、在什么地方、做什么事也会出现这种专注、投入、忘我的状态？ （鼓励同学们把当时的场景、自己的感受详细描述出来，而不是简单地一句话带过）	备注区域

授课环节3	总结	
目标	了解"福流"会给我们带来哪些益处，我们为何需要主动创造福流	
时间	5分钟	
教学用具	无	
教学内容	3.1 "福流"与身心变化 记住3种神奇的化学物质：多巴胺、血清素、内啡肽 （1）"多巴胺"是大脑分泌的一种化学物质，可以让人感到开心和幸福，"福流"体验可以促进多巴胺的分泌，让一个人更容易快乐。 （2）"五羟色胺"即"血清素"，也是大脑分泌的一种化学物质，可以调节人的情绪、精力、记忆，经常出现"福流"的人会促进"五羟色胺"的分泌，让一个人积极情绪变多、精力更充沛、记忆力更好。 （3）"内啡肽"也是大脑分泌的一种激素，可以镇痛、缓解焦虑，"福流"也会促进"内啡肽"的分泌，让一个人遇到困难时更愿意坚持，更不容易紧张。 提问： 一个经常体验到"福流"的人，往往更开心、更有活力、记忆力更好、不怕困难、从容淡定，这样的人你们喜欢吗？ 3.2 "福流"可以主动创造 就像长跑运动员锻炼自己跑步的技能那样，主动为自己创造"福流"是可以通过学习做到的，而且可以越练越好。运动员的成长需要教练的指导和自己的努力，创造"福流"也是这样，也需要他人的指导和自己的努力。 在接下来的几节课里，老师会给你们当"福流"的"教练"，同时你们也要努力，这样，我们就能把创造"福流"的本领越练越强。	备注区域

第5课 创造"福流":难度与能力相匹配

课程目标

用成长型思维理解什么是"难度"。

学习评估任务的"难度",寻找适合自己的"挑战"。

一般说明

时间:40分钟(含5分钟"沉静训练")

教学用具:同一科目的书本

教学实施

授课环节1	挑战?难度?	
目标	让学生用成长型思维理解什么是"挑战"和"难度"。	
时间	15分钟	
教学用具	无	
教学内容	1.1 如何理解"难度"? 老师给大家呈现几个不同难度的题目,如: (1)语文老师可以给出5个不同的句子,从最容易的白话到最难理解的古文/《易经》等; (2)数学老师可以给出5个不同的题,从最简单的个位数心算到很难的微积分题等; 让学生们用手比画示意难度,越觉得容易,就把手放得越低;越觉得难,就把手比画得越高。老师让大家相互看看,提示: 同样的题,每个人心理感受到的难度可能不一样,有的更高,有的更低。 "难度"就像楼梯,大家小时候可能连最简单的题都回答不了,都在比较低的水平;随着成长,我们的学习就像爬楼梯,一步一步越爬越高。但我们很难"一步登天",比如,现在让我们要看懂《易经》那种古文就太难了。	备注区域

授课环节2	"举重"探索	
目标	通过一个"举重"的游戏,体验如何评估适合自己的挑战和难度	
时间	15分钟	
教学用具	同一科目的书本若干	
教学内容	2.1 探索 我们现在就从一个小活动中来体验什么是合适的"挑战"和"难度"。	备注区域

教学内容	在讲台上放语文书本若干（数学或者其他书本都行，但是保证大家拿的都是同一种课本，这样好估计重量），书包1~2个，可在袋子里加减书本数量，实现不同难度。 （1）选几位同学上台，让他们简单拎一拎，感受一下重量。 （2）让上台的几位同学预估，自己能拎起多重的书（多少本），写在黑板上。 **2.2 挑战** （1）按同学自己的预估，让他们尝试拎起相应数量的书本，拎着袋子坚持5秒就算挑战成功。（老师注意在旁边保护，不要让学生太过勉强） （2）给自己刚才感受到的难度打分（0~10分），0分觉得太轻了，10分觉得太重了无法举起。 **2.3 交流与再评估** 让在台上尝试过挑战的同学与其他同学交流，介绍自己评估的经验。每位同学在台下评估自己能举起的重量，只能用间接经验评估，不能触碰书本。 **2.4 讨论** 活动结束之后，让大家谈谈对刚才活动的感受。 如何才能让自己拎起最合适的重量？既不太轻，又不过重。	备注区域

授课环节3	总结和迁移	
目标	将游戏体验的比喻	
时间	5分钟	
教学用具	无	
教学内容	**3.1 总结** 当"难度与能力相匹配"的时候，就像拎书本游戏，当难度在中等水平时，最容易产生"福流"。太容易了会厌倦，太难了容易放弃。 学会评估自己当前的能力，学会评估任务难度。可以通过自己的尝试和探索，也可以通过与同学、老师交流获取间接经验来评估。 我们对"挑战"和"难度"的感受是动态的、变化的。就像运动员锻炼自己的运动能力一样，我们每个人都有进步和成长的空间。 "难度"是动态的、变化的。同一件事，对A是挑战，但对B可能很简单；同一个人，今天这件事对他是挑战，但一段时间后可能变得很简单。	备注区域

第6课　创造"福流":"好"目标

课程目标

体会有目标和没有目标时的活动的区别。

"好"目标可以帮助产生"福流"。

一般说明

时间:40分钟(含5分钟"沉静训练")

教学用具:(1)名画图片;找茬图片

(2)便利贴若干

教学实施

授课环节1	大家一起来找茬	
目标	比较在行动过程中,有目标和无目标时的状态的差异	
时间	15分钟	
教学用具	名画图片、找茬图片	
教学内容	**1.1　看名画,放松心情** 老师给同学们看一幅名画,告知同学们在这个过程中没有任务也没有目标,只需要同学们欣赏这幅画,放松一下就可以。 **听觉型分心物:**放一首流行曲(小小声);让手机闹铃响几声。 问题1:刚才是否有听到歌声? 问题2:刚才是否听到闹铃声? 老师在这一环节的操作,让同学们体会到没有目标的活动中,人们容易分散注意力,注意到身边分心物的存在,无法聚精会神。	备注区域

教学内容	**1.2 找茬游戏** 分组：让同学们分组，每组4~8人，具体分为几组要根据班级人数。 每组同学分发两张图片，这两张图片相似度非常高，但有一些细微的区别。同学们要找出图片里左右两边的不同之处，找得越快越好。 完成任务的小组可以举手示意老师，老师过来检查是否将不同之处都找出来了。 注意：这个过程中，安排视觉型的分心物。比如，老师自己把围巾戴上了，或者脱掉外套等；或者某同学在完成任务过程中，走出自己的位置等。 问题1：刚才是否有观察到某某同学身上有什么变化？ 问题2：刚才是否注意到老师身上有什么变化？ 问题3：刚才有看画任务和找茬任务，你们在完成哪个任务时更专注、更愉快？	备注区域

授课环节2	**"好目标"的识别**	
目标	了解清晰、具体、可衡量、有时间限制的目标是"好目标"，而且会自己制订"好目标"	
时间	20分钟	
教学用具	每个同学一张便利贴	
教学内容	**2.1 什么是"好目标"** "好目标"需要具备以下几个特征：清晰、具体、可衡量、有时间限制、有能力完成。 **2.2 "好目标"的识别** 老师给出以下5个关于目标的句子，让孩子们识别这些目标是否清晰具体。关于学习/人际关系/家庭生活3个方面。（根据课堂时间来决定是用以下的8个还是，6个） （1）我要提高作文的分数。 （不清晰、不具体、不可衡量、没有时间限制） （2）我希望拥有更多的好朋友。 （这更像是愿望，而不是目标。不清晰、不具体、不可衡量、没有时间限制） （3）我想在我们班级交一个好朋友。 （比较清晰与具体，如果加上时间限制更好） （4）我希望帮助妈妈做一些家务。 （不清晰、不具体、不可衡量、没有时间限制） （5）我希望爸爸经常跟我玩。 （不清晰、不具体、不可衡量、没有时间限制）	备注区域

| 教学内容 | 同学们判断完之后，如果还是觉得这些目标不够具体和清晰，那么该如何修改？同学们先讨论，然后老师点名让学生来分享。

2.3　设置自己的"好目标"
同学们每个人拿一张便利贴，写上自己接下来一周内的目标（比如这一周要看1本课外故事书），以及这一学期的目标（到期末我希望多交一个好朋友），可以是一个也可以是多个。
然后贴在教室的一角，等下一周上课的时候要跟踪完成情况，等期末再跟踪学期目标的完成情况。
老师可以根据具体情况设置一些奖励机制，以激发同学们的积极性。

2.4　总结
这节课学习到创造"福流"的条件之一，即设定清晰、明确、可操作的目标。如果我们是一艘船，那么目标就是我们的灯塔。希望同学们在接下来的学习与生活中去实践这个秘诀，看看是不是可以创造出更多的"福流"。记住我们这节课给自己设置的目标，下周我们要跟全班同学一起分享。 | 备注区域 |

第7课　创造"福流"：有效的反馈

课程目标

理解有效的反馈能增加投入感。

学会设定"自我反馈"。

一般说明

时间：40分钟（含5分钟"沉静训练"）

教学用具：（1）每组两张打印好的图形纸和两张空白纸

（2）《消消乐》视频片段

教学实施

授课环节1	你说我画	
目标	体会任务中有反馈和无反馈的不同感受；学习主动寻求外部反馈	
时间	20分钟	
教学用具	每组两张打印好的图形纸和两张空白纸	
教学内容	1.1　游戏 通过"你说我画"的小游戏开启本堂课。游戏进行两轮，两人一组。 第一轮：两人背靠背坐着，A手拿图形纸，不能让B看到图形，通过语言描述来指挥B，让B画出纸上的图形；B只能听和画，不能说话，不能提问。时间一到，双方停止，A和B依然不交流、不说话，也不让彼此看到图形和画的结果，直接折叠起来塞进抽屉。 第二轮：两人面对面坐着，B拿着另一张图形纸，不让A看到图形，由A来画，但此次两人可以交流。时间一到，双方停止，并且共同比对画的结果。 1.2　活动后分享 （1）两次游戏，大家更喜欢哪一次？为什么？ （2）为了把图形画得更好，负责画画的同学可以怎么做？	备注区域

授课环节2	自我反馈有妙招	
目标	学习在任务活动中自我反馈的方法	
时间	15分钟	
教学用具	《消消乐》视频片段	
教学内容	2.1 引导和过渡 在现实生活中，我们做一项活动、完成一项作业，不一定每次都能及时收到其他人的反馈，因为外部因素总有很多不可控的地方，因此我们要想一想，如何自己给自己反馈？ 2.2 观看《消消乐》视频片段 大家有没有这样的经历，独自玩一个电脑单机游戏或手机游戏，即使没有人给你反馈，你也会玩得津津有味、玩得忘我？大家说说这是为什么？ 现在，我们来看一个小视频，看完之后，让同学们总结视频中出现了哪些给玩家的反馈。 2.3 引申到现实 我们日常的学习任务，或者活动任务，也可以从游戏中学习给自己创造一些有趣的反馈，来帮助我们更好、更投入地完成它们。 常用的自我反馈线索： 设定"时间窗口"，在限定时间内要全神贯注，制造一定的紧迫感。 学习自我言语鼓励，每次完成一个小目标，用言语鼓励、赞扬自己。 准备一些小奖励，每次做完一个阶段，就给自己个小奖励。 设定"进度条"，让自己看到每天的进度和完成的状况，从而看到自己和目标一步步靠近。 ……（由同学们继续创新补充） 2.4 总结 及时有效的反馈，可以帮助我们对学习任务、活动变得更投入，能感受到更多乐趣。外部反馈很重要，但有时候不可控，需要我们主动寻求。在暂时得不到外部反馈时，要学会自我反馈，记住那些对自己最有效的反馈方式。	备注区域

第8课 "福流"大创造

课程目标

通过体验福流的学科游戏,加深对目标和反馈的理解。

通过游戏体验,学会设计"福流"游戏。

一般说明

时间:40分钟

教学用具:(1)A4纸、彩笔、尺子、桌游游戏卡片(若干)、口算题一份

(2)单词卡片(课前制作)

教学实施

授课环节1	福流游戏:口算赛跑	
目标	体验能让人产生"福流"的学科游戏	
时间	15分钟	
教学用具	A4纸、彩笔、尺子、桌游游戏卡片、口算题一份	
教学内容	1.1 福流游戏示范:桌游创编 出示桌游游戏示意图(大卡纸),把桌游示意图贴在黑板上,用磁石将卡片跑道固定在黑板上,让大家可以看到。 全班分为若干组,每组6人。 游戏规则:(如图) 每组选出1名同学做运动员,剩下5位当后援智囊队员。 后援团的作用:后援团是本组运动员的智囊团,可帮助运动员计算,然后把计算结果轻声告诉运动员。 每组一位同学做运动员占据一个跑道,有几组就需要几个跑道。每答对一题,那个同学就在自己组对应的跑道上前进一格。 (1)口算题的难度呈递增趋势; (2)先到达终点者为赢家,然后结束此轮比赛。 1.2 分享游戏后的感受 提问1:大家在刚才的游戏过程中有什么感受? 提问2:如果让你来设计这样的学科游戏,你会怎么设计呢?	备注区域

授课环节2	福流游戏：单词钢琴	
目标	通过游戏产生"福流"体验（单词记忆、反应速度、拼读）	
时间	15分钟	
教学用具	单词卡片（课前制作）	
教学内容	2.1 弹钢琴游戏规则 分组，每组8人：7人参与游戏当"钢琴键"，1人当裁判，负责计分和播报单词，所有组同时进行。 裁判的分配：1组裁判负责2组的单词播报和计分；2组裁判负责3组；3组负责4组，以此类推。（目的是达到公平） 裁判的工作：裁判手里有该组成员所有单词汇总的目录，随机播报其中一个，那么拿着这个单词的同学就要跳起来。 得分规则：答对+1分，答错-1分。 加分的标准：裁判说出Apple，举着Apple牌子的同学立刻跳出来。 减分的标准：裁判说出Apple，举着其他单词的同学跳了出来，或跳出来时玩闹起哄。 轮次： 第一轮：每位成员手持一张单词卡片，比如A手持red，裁判播报red，A同学就立刻跳起来。 时间一到，全班停止。每组裁判报该组总得分，第一名的组得到奖励5分。 第二轮：每位同学再加一张单词卡片，手上总共有2张单词卡片。比如，A同学手上上一轮持red，这一轮再加一张Apple。时长两分钟，时间一到，全班停止。累加计分，通过最后得分排名，第一名的组加5分。 第三轮：每人手持3张单词，在第二轮的基础上再加一张不同的单词。时间一到，全班停止，游戏结束。	备注区域

授课环节3	课后小作业	
目标	设计能产生"福流"的学科游戏给低年级的同学玩	
时间	10分钟	
教学用具	无	
教学内容	3.1 设计游戏 全班分成两大组（A组、B组），6个小组（A_1、A_2、A_3、B_1、B_2、B_3） A组负责设计语文、数学、英语3个学科的游戏各1个，分为3组：A_1、A_2、A_3，每小组负责1个游戏；	备注区域

教学内容	B组也需设计语、数、英3学科游戏各1个，也分为3组：B_1、B_2、B_3，每小组负责1个游戏。 能让低年级的同学们喜欢，产生"福流"体验。 提示同学们在设计游戏时，考虑二年级学生的能力，不要过难也不要过于容易。因为设计完游戏，下节课将亲自带领二年级同学玩游戏。	备注区域

第9课 "福流"手牵手

课程目标

带领低年级的同学玩学科游戏。

体验"福流"。

一般说明

时间：40分钟

教学用具：同学们设计不同游戏所需的材料（合作小组自备）

教学实施

课前准备	分组进班	
目标	维持良好的秩序	
教学用具	高年级同学带过来的游戏道具	
教学内容	分组 五年级带二年级 二（1）班教室　　　五（1）班教室 二（1）A组　　　　二（1）B组 五（1）A组　　　　五（1）B组 二（1）班：分A、B两大组　／　五（1）班：分A、B两大组 上课时：两个A组用二（1）班教室；两个B组用五（1）班教室	备注区域

授课环节1	游戏体验	
目标	低年级的同学跟高年级的同学一起体验"福流"游戏	
时间	30分钟	
教学用具	根据自己设计的游戏准备	
教学内容	第一轮： 二年级A1组　　　二年级A2组　　　二年级A3组 五年级A1组：语文游戏　五年级A2组：数学游戏　五年级A3组：英语游戏	备注区域

教学内容	第二轮： 二年级A1组　　　　　二年级A2组　　　　　二年级A3组 五年级A2组：数学游戏 五年级A3组：英语游戏 五年级A1组：语文游戏 第三轮： 二年级A1组　　　　　二年级A2组　　　　　二年级A3组 五年级A3组：英语游戏 五年级A1组：语文游戏 五年级A2组：数学游戏 按照上面的顺序，二年级的每一组同学固定位置不变，然后让五年级的同学依次去带领二年级的同学，玩语文、数学、英语3个科目的游戏。 五年级的每组同学需要分工：1人讲规则，1人带领游戏，2人做助教帮忙，1人记录游戏过程，1人记录感言，1人负责赞美发言的人。	备注区域

授课环节2	分享与总结	
目标	高年级和低年级的孩子相互分享游戏后的体验与感受	
时间	10分钟	
教学用具	无	
教学内容	**3.1　分享游戏后的感受** 问题1：问二年级的同学们，游戏后有什么感受？ 问题2：问五年级的同学们，在游戏中有没有总结出什么经验可以让二年级的同学更能投入？ 问题3：上完这一学期的心理课，你最大的收获是什么？	备注区域

第五篇 成　就

理论部分

一、成就、幸福与目标

"成就"主要是指达成个人的理想和目标。无论这个理想或目标与他人比起来是怎样的，只要它属于你自己，并且通过努力达成了，就是有所成就。塞利格曼将获得成就的最关键要素简单地概括为一个公式，即：成就=技能×努力。他指出："成就的定义不仅是行动，还必须朝着固定的、特殊的目标前进。"

对于"成就"与"幸福"的关系，也有许多不同的流行看法，比如，"我现在不幸福是因为我还没有成功，等有钱、有权了以后我就会幸福"，又或者"成功的人不幸福，他们压力很大，或者家庭不美满"等。其实，这些看法都还不够客观全面。诚然，"幸福"与"成就"密不可分，个人目标达成与否，是影响幸福感的关键因素之一。譬如，心理学家爱德华·迪纳指出："幸福是在达成自己的目标和理想过程中所获得的满足感、感到的快乐。"华人心理学家陆洛和施建彬通过质性研究发现，中国成人幸福感的主要来源包含自我控制、自我实现和事业成就。但这不足以阐明"成就"与"幸福"的因果关系。

当今的研究更支持的一个结论是：不是成功带来了幸福，而是幸福带来了成功。这些研究发现：幸福的人更会追求梦想和成功。幸福之人对待事情的态度更为乐观，因此也更受他人和社会的欢迎。幸福之人也常常会有更健康的心理素质，对自己生活满意，并且会更加努力地追求梦想。美国一项对青少年的追踪研究也发现，那些在16～18岁时生活满意度和更多积极情绪最高的一部分人在29岁时的平均收入比整体水平高10%，而最不幸福的一部分人在29岁时平均收入比整体水平低30%。在未婚阶段感到自己很幸福的人，将来结婚的比例是幸福度为平均值的人的1.5倍。

塞利格曼提道："生命中有个目标是幸福的，即便是每天阅读一小时，或是努力完成人生目标，都是很重要的。"

目标可以将人类的需求转变为动机，使人们的行为朝着一定的方向努力。需求和动机是目标的前提，出于自主动机，符合自身需要、兴趣或个体发展阶段任务的目标，更能让人们感到愉悦、满足或自我实现。设定目标之后，人们会监控自己的行为，将结果与目标相对照，进行评估和调整，从而实现目标。这个过程被称为目标达成的"自我调控过程"。行动在达成目标的过程中非常重要，不过更重要的是在目标的进行过程中不断地进行自我监控和调整。研究发现，目标的顺利进行比达成目标对人的幸福感影响力更大。

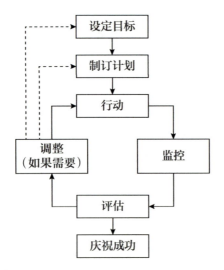

因此，在教学过程中，首先，教师们需要依据学生的个人特点和需求，引导学生设定最适合自己的目标，这样才能激发学生的学习动机，获得最佳的效果。比如，在教学中，布置作业可以根据不同学生的学习进度，结合他们的学业目标设定、布置相应的作业：对希望考重点学校的学生和希望通过文体特长加分的学生布置不同的作业。其次，教师在学生实现目标的过程中需要协助学生进行自我调控，支持学生更好地完成这个环节，并建立学生自己的自我调控系统。

（一）如何达成目标

教师的角色应当是协助而非替代学生完成他的自我调控过程。在教学过程中很多老师会有意无意地替代学生在这个环节中的一个或者多个步骤，比如，替学生设定目标和计划、对他们的监控过于严格、强制他们作出调整等。这样会造成学生无法建立完整的自我调控系统，比如，不会设定目标和计划、忘记监督和评估，或者不能根据具体情况作出调整，进而在未来离开学校后很难达成自己的目标。为了协助学生完成自我调节环节，教师可以参考以下注意事项和引导方法。

1. 设定目标

目标一般要符合"SMART"原则，其中S、M、A、R、T分别代表一条"明智"（SMART）的目标应该满足的条件，它们分别是具体化

（Specific）、可衡量（Measurable）、可实现（Achievable）、相关性（Relevant）和时限性（Time-bound）。如果学生的目标不具备这些性质，教师可以分别针对其中某项不断提问，帮助学生进一步思考出符合"SMART"原则的目标。比如，学生的目标如果是"好好学习"，教师可以问："好好学习具体是指什么""用什么衡量""是否可以实现""为什么想实现这个目标""准备在什么时间内达到"等，帮助学生形成一个"SMART"的目标。

2. 计划和行动

任何成就的实现都离不开行动，但是很多学生又会迟迟不开始行动，得了所谓的"拖延症"。造成这种情况的原因有许多，其中比较典型的有：（1）学生想要有一个完美的计划后才愿意开始行动；（2）目标过于庞大，不知从何下手；（3）动力不足或担心失败。这时老师的应对方式可以是：（1）引导学生理解整个自我调控环节的模型，认识到计划是可以在行动过后不断调整的；（2）帮助学生切分目标，制订更具体的计划，让学生知道"下一步我可以做什么"；（3）激发学生的兴趣，鼓励尝试，容忍尝试过程中的错误，不断给予学生鼓励。

3. 监控评估和调整

监控、评估和调整是自我调控模型的关键环节，也是学生最需要培养和提高的能力。许多时候即使是成年人也不能很好地进行自我调控，更不要说是学生。这时就需要教育者有足够的耐心，不断地提示学生思考："过去一周目标进展得怎么样？""获得了什么成功或失败的经验？""下一步我要作出哪些改变？"等。这样可以促进学生形成自我监控、评估和调整的习惯。

4. 庆祝成功

学生学习不好，老师一般会约谈他们的家长，不过学生有进步的时候，老师并不会为他们庆祝。这样的现象很常见，因为大多数老师担心学生会骄傲，但这却不是最好的方式。及时地为学生所取得的成绩表示祝贺，或者鼓励学生奖励自己，都可以提高学生的兴趣和信心，可促进他们取得更大的进步。只是这种鼓励和奖赏应当针对他们在学习过程中付出的努力以及取得的进步，而非成就本身，这样可以促进学生形成成长性思维。比如，教育者可以说："你的成绩有进步，这跟你最近的努力分不开，老师替你感到高兴！"而尽量不要说："因为这次你考了全班前10，所以老师奖励你一朵小红花！"

二、刻 意 练 习

我们大部分人都会同意，要学会某种专业技能、达成某种成就，少不了需要勤学苦练。许多畅销书会以"练习1万小时成为专家""21天养成好习惯"等来激发读者的行为。但对于究竟有多少人能坚持1万小时、长时间的坚持是否真的能带来成功、勤学苦练的关键节点是什么，这种练习的本质是什么却鲜有人谈。

如今，更新的研究带来了更深刻的揭示：即便是"天赋"，也并非一成不变。训练会改变大脑结构，潜能可以通过练习被构筑。但并非任何不加分辨的勤学苦练都能带来成果，而是一种被称为"刻意练习"（deliberate practice）的方式在起作用。在某一领域的刻意练习，会让与该领域技能高度相关的脑区发生变化：脑灰质增多、脑"神经元"重新布线。

简而言之，刻意练习和盲目苦练不同，其具有以下特点。

（1）"刻意练习"发展的技能，是其他人已经想出怎样提高的技能，也是已经拥有一整套行之有效的训练方法的技能。训练的方案应当由导师或教练来设计和监管，他们既熟悉杰出人物的能力，也熟悉怎样才能最好地提高那种能力。

（2）"刻意练习"发生在人的舒适区之外，而且要求学生持续不断地尝试那些刚好超出他当前能力范围的事物。因此，它需要人们付出近乎最大限度的努力。一般来讲，这并不令人心情愉快。

（3）"刻意"练习包含一个清晰的目标，而且包括目标表现的某些方面，而不是指向某些模糊的总体改进。一旦设定了总体目标，导师或教练就可以制订一个计划，以便实现一系列微小的改变，最后将这些改变累积起来，构成之前期望的更大的变化。

（4）"刻意练习"是有意而为的，专注和投入至关重要，它需要人们完全关注和有意识地行动。简单被动地遵照导师或教练的指示去做还不够，学生必须紧跟他练习的特定目标，以便能作出适当的调整，控制练习。如果在走神，或者练习的时候很放松，并且只为了好玩，这可能意味着并没有走到练习的舒适区之外，可能无法带来进步。

（5）"刻意练习"包含反馈，以及为应对那些反馈而进行调整的努力。在练习早期，大量的反馈来自导师或教练，他们会监测学生的进步，指出存在的问题，并提供解决问题的方法。随着时间的推移，学生必须学会自我监控，自己发现错误，并作出相应调整。

（6）"刻意练习"关注过去已获得的某些基本技能，致力于有针对性地提高某些方面，总是进一步建构或修改那些过去已经获取的技能。随着时间的推移，这种逐步改进最终将造就卓越的表现。导师或教练为初学者提供正确的基本技能，使学生以后能在更高层面上重新学习那些基本技能。

温斯顿·丘吉尔不断地强迫自己练习演讲才成为了20世纪最伟大的演讲家之一。钢琴家弗拉吉米尔·霍洛维茨（Vladimir Horowitz）讲过："一天不练，我能听出来；两天不练，我妻子能听出来；三天不练，全世界都能听出来。"他是一位魔鬼练习者。同样的描述，也可用于作曲家伊格纳斯·帕德鲁斯基（Ignace Paderewski）和歌唱家卢奇亚诺·帕瓦罗蒂（Luciano Pavarotti）。许多杰出的运动员都以日常训练严酷而著称。在篮球方面，迈克尔·乔丹的训练强度超过了他的球队，尽管球队的训练已经十分艰苦。洛杉矶湖人队的科比在记者采访他时反问记者："你知道洛杉矶凌晨4点钟的样子吗？"。在橄榄球方面，有史以来最伟大的接球手杰里·莱斯（Jerry Rice）先后被15支队伍弃用，因为它们觉得他太慢了。但通过极为刻苦的训练，他终于将其他选手甩在身后。泰格·伍兹——他的父亲在他很小的时候（18个月）就教他打高尔夫球，并鼓励他刻苦训练。到他18岁成为美国业余冠军赛最年轻的冠军时，他已经练了至少15年，他坚持每天都长时间训练，从未停止过改进，甚至两次改变他的挥杆动作，因为这样可以提高成绩。这些例子都说明了长时间练习，并"刻意"练习一定会带来最好的结果。

三、成长型思维

（一）成长型思维和固定型思维

成长型思维："一个人的智力、才能、优势可以靠自己的努力去大幅提升。"

固定型思维："一个人的智力、才能、优势主要是天生的，后天的改变余地不大。"

斯坦福大学心理学教授卡罗尔·德韦克（Carol Dweck）经过多年的科学研究提出了成长型思维。下面是其做的一系列实验。

第一轮实验：让五年级的小学生做数学题，不管真正完成的情况如何，都给予他们这样的反馈"哇！这套题目完成得很不错！你做对了×道题目，分数很高"。

不同的是，A组孩子还会听到"你一定是很聪明！"B组孩子听到"你一定是做题目的时候很努力！"

第二轮实验： 让A组和B组继续做题目，但是有两套难度不同的题目，他们可以自由选择，一套题目的难度跟上一次一样，另外一套题目的难度比上一次大。

统计结果： 被表扬聪明组的孩子大部分挑选容易的题目；表扬努力组的孩子90%选择了更难的测试题目。

结果解释： 被表扬聪明的A组选择容易的题目是因为如果选择难题自己做不出来就说明自己是不聪明的了；被表扬努力的B组则大多选择了难度更高的挑战，因为他们被强调努力的重要，最终结果分数不是最重要的。

第三轮实验： A组和B组还要继续做一个测试，老师告知他们这次测试的难度非常难，是比他们高两个年级的学生做的题目。

观察结果： （1）表扬努力的孩子非常集中精力，乐于尝试各种可能的解题办法。（2）表扬聪明的孩子，汗流浃背，相当痛苦。

结果解释： 被表扬聪明的孩子汗流浃背很痛苦，是因为题目很难不会做，他们认为是自己不聪明，他们也会把这次测试的失败归咎于他们不是真的聪明；被表扬努力的孩子则在测试中表现得非常集中注意力，乐于尝试各种可能的解题办法，因为他们认为努力尝试最重要，他们会把失败归咎于自己还不够努力、不够集中精神。

第四轮实验： A组和B组最后做一个测试题（老师没告知题目难度，其实难度跟第一轮实验难度相当）。

统计结果： 被表扬努力的孩子成绩提高30%，而被表扬聪明的孩子，成绩下降了20%。

结果解释： 被表扬努力的孩子们成绩提高了，可能是因为他们被强调努力，从而在这次测试中更加努力、更投入、更集中注意力；而被表扬聪明的孩子成绩下降了20%，可能是因为第三轮实验的失败让他们觉得自己不是真的聪明，从而打击了其自信心，最后连能够做对的题目也做错了。

德韦克教授经过一系列研究，最终区分出人类普遍存在的两种思维模式："成长型思维"和"固定型思维"。

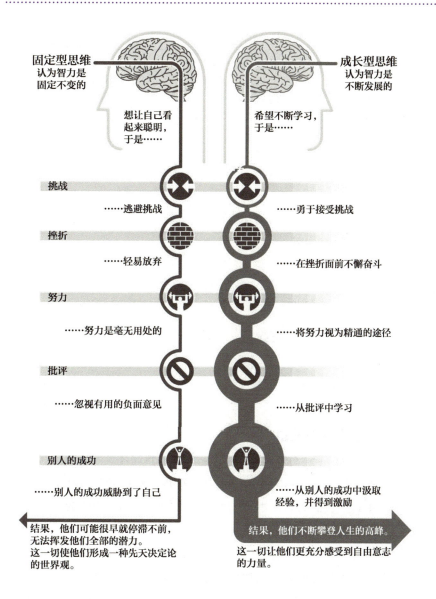

（1）**固定型思维**：一个人相信他的基本特质，比如，智慧、智商和天赋是固定不变的。他们花时间在为自己的天赋自豪或者自怜上而不是去发展自己的天赋。他们相信天赋就能带来成功而不是辛苦地努力。

（2）**成长型思维**：一个人相信他的基本特质是能通过毅力、决心和辛勤努力而不断发展的，聪明和天赋只是一个起点。这种观点能引发对学习的热爱和发展抗逆力。几乎所有伟大的人身上都能找到这种思维。

具备不同思维模式的人面对不同的情况表现也不相同（详见下面表格）。

	固定型思维	成长型思维
挑战	避免挑战	拥抱挑战
当看到别人成功	感到威胁	感到鼓舞、激励，觉得是学习的好机会
遇到困难	容易放弃	坚持、不懈奋斗
把努力当作	毫无用处	学习、提升、精进的途径
面对批评	忽略有用的负面评价、感觉受伤、被否定	从中寻找有用的反馈、觉得是学习的机会
考试成绩	智商的评价标准	有效的反馈

（二）成长型思维的益处

（1）学业成绩更好、工作表现更好；

（2）更加乐观、积极；

（3）意志力、自控力更强；

（4）人际关系更好；

（5）更加成功……

（三）成长型思维测试题

（1）智商高低能基本代表你这个人，而你对智商几乎无法加以改变。

（2）虽然你可以学习新事物，但却无法提高自己的智力水平。

（3）不管你目前的智商水平如何，你都能或多或少地改变它。

（4）你总能使自己的智商水平发生较大的改变。

（5）你天生就是某种类型的人，而且没什么能改变这一状况。

（6）不管你是哪种人，你都能有较大改变。

（7）你的做事方式可以不同，但是决定你个性特点的主要因素却无法改变。

（8）你总能改变那些决定你属于哪种类型的人的特质。

选择1、2、5、7题属于"固定型思维"，选择3、4、6、8题属于"成长型思维"。

上述这8道题是从智力和个性品格方面进行的测试，两种思维模式你可能兼而有之，但大多数人都会倾向于其中一种类型。

（四）成长型思维的神经生理机制

我们的大脑是心情、想法、记忆等的物质基础，也是行为实践行动的指挥中枢，我们刚才传递乒乓球的游戏就需要大脑来指挥。我们知道大脑的基本单位是"神经元"，即"神经细胞"。在一个传递乒乓球的游戏中，如果我们每一个人都是一个神经细胞的话，我们传递的乒乓球就相当于是传递的信号或信息（实际上是"神经递质"，是一种化学物质）。

我们的一个简单动作，比如传球，就需要一系列神经细胞彼此之间通力合作才能够完成；同样是传递一个乒乓球，第二次传递的用时就比第一次要短，这说明大家相互配合得更好了，也即大脑的一系列神经细胞之间的连接更紧密、更快，配合得更娴熟了。这就是练习带来的成长和进步，反映在大脑中，就是神经细胞之间的连接更紧密、彼此之间连接更多、神经递质传递速度更快，神经通道在不断地拓宽，甚至还会产生新的神经细胞。这就是练习的效果，即熟能生巧。

我们看到同时传递两个球要比传递1个球更难一些，但是只要投入时间和有针对性地练习，总会越来越快、用时也会越来越短。同样，不仅仅是动作，其他活动，如学习一门语言、学会一项技能、培养兴趣爱好、读懂一本书、学会编程或是踢足球等一切活动都可以通过练习慢慢学会、习得，练习的同时，相应区域的大脑神经细胞也会产生变化，比如，神经细胞会变多、细胞之间的连接更加流畅、紧密，神经通道会不断拓宽，这就叫作"神经可塑性"或是"大脑可塑性"（Neuroplasticity）。你的大脑就像肌肉一样，越锻炼越发达。这就是成长型思维的神经科学机制。

四、心理韧性

让我们想一想，一个人要克服困难和打击，有哪些要素能帮助他更好地做到这一点？

我们可能想到许多：性格的坚强、情绪的稳定、目标的清晰、亲朋好友的支持，甚至好的运气。总体来说，可以分为"内在要素"和"外在要素"。当然，我们还会很自然地猜想："所以心理韧性这个词，是在概括所有的内在要素吗？是在宣扬一种可以培养的能力品质吗？"

答案是：不尽然。

让我们先来看看起源。"心理韧性"（resilience），这个说法始于20世纪70年代的西方。有一个叫维尔纳（Emmy Werner）的心理学家在一个条件非常贫苦的小岛上开展了一项调查研究，研究的对象是一群儿童,这些儿童都生长在问题家庭,跟着有酒精成瘾或精神疾病的父母长大,其中许多父母都没有工作。这些在非常不利的环境下成长起来的儿童,三分之二在他们随后的青春期呈现出问题行为,比如,长期失业、物质滥用、未婚生子等。然而,还有三分之一的儿童并没有出现这些问题,他们展现出良好的适应能力,维尔纳将他们形容为"有弹性的"(resilient)。随后,这个词引发了研究热点,有更多的研究者开始关注那些在各种逆境之中依然发展良好的人群。研究者们想知道,这种"弹性"到底是指什么,这样的人群到底是如何面对逆境的。

如今,近40年过去了,"心理韧性"的研究遍地开花结果,结论无法简单穷尽,唯有一个观点大部分研究者们达成了共识,值得我们谨记于心。那就是:尽管"心理韧性"涉及"心理"二字,但它不是指一个人的内心特质,而是在描述一种客观的过程。当一个人面对生活逆境、创伤、悲剧、威胁或其他生活重大压力时适应良好,能从困难的经历中恢复过来,我们便把这个过程称之为展现了"心理韧性"。

这样的理解至关重要,因为这意味着,一个客观的过程我们可以从"内在要素"和"外在要素"两方面来影响它,而不仅仅受限于天赋的好运,抑或是一个人在后天环境的磋磨中单打独斗只求让内心特质升级。我们的教育会富有意义,方针政策、社区学校、家庭环境的配合亦能极大促进"心理韧性"这个过程的出现。

换句话说,当一个人遭遇了逆境,他通过自己独特的内心力量克服困难恢复过来,我们当然认为这是"心理韧性"的表现;但与此同时,一个较为脆弱的人,他幸运地拥有支持他的亲朋好友,幸运地生活在一个社会保障机制完善的国家、社区、学校里,让他总是一次次渡过难关,我们也认为他的经历展现了"心理韧性"的过程。事实上,在这样支持性的环境中互动的人们,亦不会永远脆弱,他们会在良性循环中变得更加有弹性、更加坚强,逐渐将"心理韧性"真正内化。这也是"积极教育"与"心理韧性"的关联所在。我们不仅要从个体入手,更应看到积极教育所带来的集体与个体相互促进、相辅相成的力量。

至此,我们对"心理韧性"有了一个初步的理解,但我们还需要走得更远。

先让我们来看以下几个例子。

汶川大地震那年,小莹8岁,她是地震中的幸存者,她的父母、弟弟、爷爷、奶奶都在地震中遇难了。小莹已经没有了别的亲人,她就这样突然成为孤儿……

小文是大城市一个普通的中产阶级家庭里的孩子，今年14岁，一直以来生活平顺，从未遇过大风浪。偶尔在学习上被老师批评，因为身材较胖有时被同学嘲笑几句，偷偷喜欢班上的一个女生，但那个女生对他并不在意……

李叔是一家公司的老员工，因为公司合并重组进行了一轮裁员，李叔不幸失去了这份工作，他正值中年，上有老下有小，妻子还卧病在床，突如其来的失业让他大受打击……

王姐是一家事业单位里在编的老职工，环境稳定，薪水尚可，同事们也尊敬她。只是日复一日的枯燥工作让她提不起兴趣，正巧儿子今年高中毕业，要离家去上大学……

你认为以上4个人谁更需要心理韧性呢？

例子中的小莹和李叔正在遭遇巨大的逆境和困难，我们对此都不会有任何犹疑。但小文和王姐的经历，我们会如何看待呢？他们俩需要心理韧性吗？

研究者们倾向认为，心理韧性并非一项锦上添花的事物，只为预防人生当中的惊涛骇浪，每一个人都需要心理韧性，而不仅仅是那些一眼就能看出遭遇了巨大创伤和苦难的人。所有人在成长过程中都会面临挑战和压力，并且这种"挑战和压力"的感受界定时常具有浓厚的个人色彩。一件看上去似乎很小的消极事件，对于某个人可能不值一提，但对于另一个人可能会引发天翻地覆的心理过程。

为了更好地理解这一点，我们来简单学习一个心理咨询中常用到的理论：情绪的ABC理论，它是由美国心理学家阿尔伯特·艾利斯（Albert Ellis）提出的。艾利斯认为，激发事件A（Activating event）只是引发情绪和行为后果C（Consequence）的间接原因，而引起C的直接原因是个体对事件A的想法和信念B（Belief）。面对同一件事，由于人们不同的分析、不同的信念、不同的看法，最后让人们产生了不同的情绪和行为后果。

A	B	C
刺激	你的预评价或者思维	情绪反应

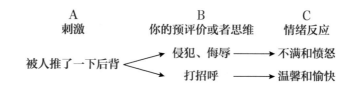

当发生一件事之后,它是否成为当事人的"逆境和困难"、是否让当事人感觉"压力和挑战",或者这个"压力和挑战"的影响程度到底有多深,很多时候取决于当事人的想法和信念B,事件本身往往只是一个诱因。已经发生的事件A虽然无法改变,但想法和信念B仍有变化的余地,一旦B有了变化,我们最后的情绪、行为都会发生相应的变化。从个体可控因素的角度来说,信念B即是我们获取心理韧性的关键奥秘。下文中会更详细地提到。

总而言之,心理韧性可以看作是管理日常生活压力的基础。我们必须意识到:从反面来说,跨越逆境、从挫折中恢复需要心理韧性;从正面来说,拓展和丰富正常的生活,进一步提升幸福感,同样需要心理韧性。

五、习得性无助、解释风格与习得性乐观

"习得性无助"是美国心理学家塞利格曼提出的,他用狗做了一项经典的实验:把狗关在笼子里,只要音器一响,就给以电击,关在笼子里的狗逃避不了电击,多次实验后,音器一响,在给电击前,先把笼门打开,此时狗不会逃走而是不等电击出现就先倒在地上无助地呻吟和颤抖,不主动地逃避,但却绝望地等待痛苦的来临,这就是习得性无助。

后来的实验研究也证实了在人身上也存在这种习得性无助。"习得性无助"是一个放弃的反应,是源自"无论你怎么努力都于事无补"的想法的行为。

"解释风格"是个体对为什么事情会这样发生的习惯性解释方式。塞利格曼把解释风格分为两类:"悲观解释风格"和"乐观解释风格"。悲观的解释风格可以散播习得性无助,乐观的解释风格可以阻止习得性无助。在遇到挫折或暂时的失败时,你的解释风格能决定你会变得无助还是斗志昂扬。

解释风格有三个维度——个人化(Personalization)、普遍性(Pervasiveness)以及持久性(Permanence)。

(1)**个人化:** 事情进展不顺利或是我们面临失败,总要寻找原因。"乐观解释风格"的人不会把原因全部归结于自己,比如,做事失败了,并不是因为我的能力不行,而是还可能存在其他因素影响;"悲观解释风格"则倾向于认为自己整个人都不行。

（2）**普遍性：**我们在一件事情上遇到了障碍或是失败，并不代表我们在其他方面也是如此。比如，一个人的考试成绩不好，乐观的人会觉得我仅仅是在这方面暂时不行，其他方面的能力并不会受影响。而悲观的人则会把一件事情上的失败泛化到自身的方方面面，最后觉得自己在所有方面都很失败。

（3）**持久性：**一件事情进展不顺，仅仅是暂时的。乐观的人会认为这种糟糕的情况只是暂时的，情况会慢慢变好的；而悲观的人则会认为这样的境况会一直持续，甚至会恶化下去。

"普遍性"和"持久性"控制着你的行为、你的无助感的持久性，以及无助感涉及的层面。人格化控制你如何看待自己，对自己的感觉。当不好的事情发生时，悲观的人怪罪自己，乐观的人怪罪旁人或环境。当好事情发生时，悲观的人归功于旁人或环境，而乐观的人则归功于自己。

"乐观"是指人们对已发生的事件进行解释时，对好事作持久的、普遍的和个人的归因，而对坏事情作短暂的、具体的和外在的归因。这种对事件的解释方式是后天习得的，个体可以通过学习，将悲观的解释方式转向乐观的解释方式，这就是"习得性乐观"。

悲观解释风格的人会越来越悲观，他们相信坏事都是因为自己的错，这件事会毁掉他的一切，会持续很久。乐观的人在遇到同样的厄运时，会认为现在的失败是暂时性的，每个失败都有它的原因，不是自己的错，可能是环境、运气或其他人为原因的后果。这种人不会被失败击倒。在面对恶劣环境时，他们会把它看成是一种挑战，会更努力地去克服它。

六、意　志　力

分心、走神的时候，将注意力拉回来，集中于正在做的重要事情上，控制愤怒不伤害他人，控制当众哭泣的冲动因为不想丢脸，为了减肥不吃甜食，为了身体健康不熬夜玩游戏等，做这些事情我们要控制自己的思维、注意力、情绪等，这时我们会用到同一种能力，我们称之为"意志力"。

我们的意志力像我们身上的肌肉一样，经常锻炼就会越来越强，过度使用就会疲劳酸痛，这是为何人们会在一些时候难以抵挡诱惑的原因，因为意志力耗光了。"意志力"就像银行账户里的钱一样，一天之内的总量是有限的，使用就会消耗。无论是控制思维、控制情绪，还是抵制诱惑，不同任务花费的意志力都来自同一个账户。好在意志力的总量是可以想办法提升的，就像我们可以想办法给银行账户增加存款。

研究发现，意志力强的学生的成绩更好，职场上自控能力强的人也更受欢迎，因为他们不仅工作做得好，而且更善于控制自己的情绪，更能站在别人的角度思考问题。

意志力是一种有限的资源，使用就会消耗。统计发现总能按时交作业的学生反而经常穿脏袜子，期末考试之前学生们更容易吸烟、更不注意饮食和个人卫生，因为他们的意志力消耗在学习上了，在生活、卫生、戒烟这样的事上就容易因为意志力不够而没法很好地控制自己。

意志力总量是可以增加的。我们可以通过设置合适的目标、养成好习惯、刻意练习等方法来提高意志力。

合适的目标要是一个不能太容易也不能太难的目标，太容易的目标容易实现，合适难度的目标才能锻炼你的意志力。不过要注意，目标要清晰单一，不能贪多。

我们可以根据意志力消耗的规律，培养一些好的习惯。意志力是有限的，每次使用都会被消耗，在休息了一夜之后，早晨起来应该是一天里意志力最强的时候，你应该把需要耗费意志力的事儿，也就是有些难度的、重要的事情安排在早上。研究发现，上午10：30以前做完最重要的3件事是最简单、最高效的自我管理技巧。

最后一种有效提升意志力的办法是刻意训练。"意志力"是一种通用资源，我们可以通过做一些日常小事来提高意志力，然后把它用在其他事情上。一个有效的练习办法是做自己不习惯做的事。比如，你习惯用右手，你可以有意识地用左手。还有就是有意调整身姿，即当你意识到你应该坐直的时候你就刻意地挺直腰杆。我们还可以强迫说的每一句话都是书面语的完整句子，不要出现俚语、省略语和脏话。

意志力是一种有限的资源，使用就会减少。意志力像肌肉一样，经常锻炼就会增强，过度使用就会疲劳，我们可以通过设置合理目标、养成好习惯、刻意练习等手段增强意志力。

七、养成好习惯

什么是"习惯"？习惯有个简单的定义：稳定的甚至是自动化的行为。用心理学术语来说，"习惯"是刺激和反应之间稳固的联结。举个例子，对于经常使用手机的人来说，一天无数次地看手机，即使不是在接电话或处理要紧的事，每过一会儿就不由自主地看手机，这就是习惯。

美国心理学家威廉·詹姆斯说："播下一个行动，收获一种习惯；播下一种习惯，收获一种性格；播下一种性格，收获一种命运。"可以看出，习惯和命运是紧密联系的。根据美国南加州大学心理学教授温迪伍德的统计，平均人一天当中大约有四成的行为都属于惯性动作链，犹如一个个小模块相互拼接在一起。

习惯是在平时的生活中养成的，是规律地、持续地去做事。一件事养成习惯之后，我们再做的时候常常觉得自然而然，不需要花费很多努力了。养成好习惯会帮助我们把对自己有益的事情坚持下来。

生活当中每一个行为的发生，大脑里都会刺激产生一个电波。当形成一个习惯之后，我们大脑当中的"神经元"之间就会形成一条通道，我们这个习惯坚持得越久，这个通道就越粗、越宽，传递信息的速度就会越快。

关于习惯，我们大脑中的这个过程是一个由三步组成的回路。第一步，存在着一个暗示，能让大脑进入某种自动行为模式，并决定使用哪种习惯；第二步，存在一个惯常行为，这可以是身体、思维或情感方面的；第三步则是奖赏，这让你的大脑辨别出是否应该记下这个回路，以备将来之用。

例如，每天上午最后一节课的下课铃响起后，小明的第一反应是起身冲出教室奔向食堂，因为这样小明就能够第一个到食堂吃到他最喜欢的红烧肉了。对这个例子进行分析：

（1）线索：下课铃

（2）行为：冲出教室奔向食堂

（3）奖赏：可以吃到最喜欢的红烧肉

由于小明每次都这么做，久而久之就成为一种不需要思考就能行动的习惯。

这个简单的习惯回路的发现，其实是在生理学上得到验证的。科学家在我们的大脑中发现，人的习惯的形成，是一个神经回路不断强化的过程。当我们不断地采取相同的行为的时候，在传导这一行为信息的神经链就会速度越来越快，线条越来越粗，你的神经链是在增长的。而发现暗示、采取行动、进行奖励能够帮助我们刺激神经链产生这个行为。

熟悉教育的人会明白，儿童教育最重要的就是培养好习惯。所谓"好习惯"，就是一个对人的现在和可见的未来都有好处的、持续固定的行为。

既然培养好习惯十分重要，为什么人们还是容易在中途失败而放弃呢？我们一起来看看养成好习惯会失败的原因：

（1）设定了目标，但没有设计行为；
（2）高估了自己的精力和体力，目标定得太高；
（3）没有预先想象养成好习惯过程中的困难，所以遇到困难就放弃了；
（4）方法枯燥、单一，完全凭自己的意志力来维持动力；
（5）无法从失败中学习调整。

那么，如何用心理学的方法有效地培养好习惯呢？

◆ **方法1： 设定小而具体的行动**。很多人热衷于给自己设定宏大的目标，但并没有设定具体的行为。比如，加强英语听力（宏大模糊），就不如每天听半小时VOA英语新闻，记住生词（小而具体）；多运动（宏大模糊），就不如每天运动30分钟（小而具体）；增加阅读量（宏大模糊），就不如每天读书15页（小而具体）等，前文中的"SMART"就是可以参考的目标设定法。

◆ **方法2：写下实施意向**。英国《健康心理学》期刊曾发表过一个研究，研究的目的是看用什么方法能让人建立运动的习惯。研究被试分为3组。研究者告诉第一组人："我希望你们在接下来的两周中找时间运动，每人记录你自己运动了多久。"对第二组人说："我希望你们接下来两周中找时间运动。我也要让你们看一些资料，让你们了解运动健康的益处。"第三组人和第二组获得了同样的指令和健康信息，但同时他们被要求多做了一件事——填写一个计划。计划的内容是——接下来的一个月内，将在每周（日期）在（时间）在（地点）进行20分钟的剧烈运动。

两周之后，他们分别追踪这3组人。第一组中只有38%的人在过去一周至少运动了一次；第二组中，35%的人在过去一周中至少运动了一次。显然，让人知道运动的好处，给予鼓励并没有什么效果。但是第三组就不同了，91%的人一周至少运动了一次。第三组人成功的关键，就是他们事先填写了那句话，称为**实施意向**（implementation intention），而很多研究显示，这么做会让我们完成计划的概率大幅度提升。因为如果没有这个行为，人们常常会把"对自己好，但并不急迫"的事留到最后，并常常偷懒不做了。而预先写出了实施意向，计划好在什么时间、地点要做什么事情，就好比跟自己约定了日程，因此，使得计划更容易被执行。

◆ **方法3：移除干扰**。例如，在工作和学习时把手机放到看不见的位置，在一段时间内不看手机；在学生学习时关掉电视、电脑等视听设备；如果准备早起运动，就提前准备好运动服装等，这些准备工作可帮助我们节省精力资源专注于要做的事，从而达到事半功倍的效果。

◆ **方法4：设定视觉化的显示**。例如，为孩子培养习惯时可以在墙上贴上进度小海报，每次完成计划行为之后贴上一面小红旗，如果连续完成可以奖励孩子做感兴趣的事，如看个电影、吃顿美食、玩两小时游戏之类，等等。还可把小红旗换成小盒子和彩色曲别针、手账上的大拇指标记之类，这个方法也同样适用于成年人。

◆ **方法5：写下获益、预想的阻碍和解决方法**。想清楚实现目标后自己的受益，比如，保持好身材、获得好情绪、出国留学沟通无障碍等；然后思考在实现目标过程中自己可能遇到的障碍，并写出应对方法。比如，因为我想锻炼身体，所以每天跑步半小时，如果下雨，就在家练习半小时俯卧撑和仰卧起坐；因为我想保持好身材，所以我每天练习半小时瑜伽。如果身体不适，那我就休息两天（休息也是可以约定的）。

- **方法6：找到支持者**。支持者可以是希望一起调整的朋友，比如组成跑步圈、英语口语圈、读书圈等，大家约定习惯行为，定时打卡互相监督。通常，一种新行为坚持60~90天就会形成稳定的习惯。在这个过程中，如果遇到一些突发情况不得已中断一两天，仍然可以隔天再继续做，短暂的中断后坚持下来仍然是有意义的。

为自己设立一个短周期，如一周为一个单位，做到之后奖励自己，也可以帮助自己更好地坚持下来，养成好习惯。

积极成就模块参考学习书单

《坚毅》《刻意练习》《习惯的力量》《终身成长》《成功、动机与目标》《意志力》《幸福的科学》《活出最乐观的自己》《教出乐观的孩子》《幸福的最小行动》。

```
                    什么是成就 ● 第1课  成就大探寻
取                                 ┌ 第2课  角色扮演：准备  ┐
得        ① 在游戏中锻炼            │ 第3课  角色扮演：反馈  │ 成就体验项目1
成           自律与反思             └ 第4课  角色扮演：收尾  ┘
就
的        ② 目标设定        ● 第5课  成长之旅：开启
重
要        ③ 意志力          ● 第6课  成长之旅：揭秘意志力
条
件                                 ┌ 第7课  成长型思维：变化的大脑 ┐
          ④ 成长型思维              │ 第8课  成长型思维：面对挫折    │ 成就体验项目2
                                   │ 第9课  成长之旅：总结            │
                                   └                                    ┘
```

教 学 设 计

第1课　成就大探寻

课程目标

认识成就的多元性。

寻找属于自己的成就感。

一般说明

时间：40分钟（含5分钟"沉静训练"）

教学用具：（1）视频：27件事

（2）红、绿、黄、白4种颜色的小纸片若干；纸盘若干（按组分）

（3）大开口的透明塑料罐："多元成就罐"

教学实施

授课环:1	多彩的成就	
目标	认识成就可以来自生活的方方面面	
时间	13分钟	
教学用具	视频：《27件事》	
教学内容	1.1　自由谈 引导语：（老师在黑板上板书"成就"两个字。）同学们，这个词你们一定都认识，大家思考30秒，之后举手谈谈： （1）你们认为什么是成就？ （2）到目前为止，你认为自己做过哪些事给你带来了成就感？	备注区域

教学内容	成就的定义： （1）通过努力，已经做成的事；（2）朝向某个目标行动，达成这个目标的状态；（3）通过学习和训练获得的某种特殊技能。 1.2　拓展对成就的认知 **看视频** **引导语**：也许有的同学想到了很多，也许有的同学暂时想不出来太多。为了帮助大家思考，我们来看一个视频，在这个视频里，记录了其他人心中带来成就感的事。 回忆刚才的视频，结合PPT上展示的选项，有哪些是你也做过的？哪些是你没想到的？哪些是你也期待在未来尝试的？ 我们会发现，并不一定是大家都认为特别重大的事才算成就，关键在于这件事对于个人的意义，这个人是否有目标、并朝向这个目标前进，把目标完成。 大家重新思考2分钟，这一次，你想把过去生命里的哪些事情或经历确认为你的成就？	备注区域

授课环节2	成就"四喜丸子"	
目标	寻找属于自己的成就感	
时间	20分钟	
教学用具	4种颜色的小纸片若干；每组一个纸盘；大开口的透明塑料罐	
	2.1　制作"四喜丸子" （1）准备 形成4~6人小组，给每组分发红、绿、黄、白4种颜色的小纸片若干，每组4种颜色都要有。 （2）定义丸子 现在，每个小组都有一个任务，就是合作制作出一盘"成就四喜丸子"，这盘丸子必须由小组成员们的成就组成。 红：尝试了某种新挑战； 绿：克服了某种困难； 黄：坚持完成了某个目标； 白：完成了某个承诺，没辜负信任。	

教学内容	（3）制作丸子 每个组员现在扩展自己的思路，将能想起来的所有成就写在相应颜色的纸片上。然后，将彩纸轻轻揉成"团子"，放在中间的纸盘上。制作过程中，鼓励相互讨论。 2.2 "四喜丸子"展示 （1）每组丸子的颜色分布：红色丸子（绿/黄/白）最多的组举手； （2）所有丸子加一起，丸子数量最多的组举手。 老师挑选几个组，在全班分享盘中"四喜丸子"的成就小故事。 讲述步骤：什么时间、在哪里、做了什么、怎么做到的，感觉如何？ 2.3 成就接龙 准备一个开口较大的透明塑料罐，让每组依次把盘中的"四喜丸子"投入罐中，形成属于全班的"多元成就罐"。由同学自愿上来从中抽取一个"四喜丸子"，被抽中的丸子主人在全班分享他的成就小故事。之后，由这位分享故事的同学继续抽取下一个人。	备注区域

授课环节3	总结	
目标	总结	
时间	2分钟	
教学用具	无	
教学内容	3.1 总结 （1）并不一定是特别重大的成功才算成就，关键在于这件事对于个人的意义，这个人是否有目标并朝向这个目标前进，把目标完成。努力尝试、努力争取的行动过程会激发成就感。 （2）在日常生活中，回顾、记录、累积属于自己的各种成就，能帮助一个人变得更自信，在未来更进取。 课后作业 在接下来的一周内，采访任意两个家人，分别问他们两个问题，并记录下来。 （1）到目前为止，你觉得最有成就感的一件事是什么？ （2）有没有你曾经认为不可能的某些事，最后却做到了？	备注区域

第2课　角色扮演：准备

课程目标

引入游戏项目，为开展游戏做前期准备工作。

一般说明

时间：40分钟（含5分钟"沉静训练"）

教学用具：（1）每人一份相应的"角色成长日志"

（2）全班一张大的"进度卡"

教学实施

授课环节1	作业分享	
目标	通过成年人的成就回忆，进一步丰富对成就的认识	
时间	10分钟	
教学用具	无	
教学内容	1.1　课后采访分享 根据上周留下的两个采访问题，每组先在组内分享带过来的采访结果。之后，每组选出大人们最有趣的3个成就，依次派代表上台向全班分享。 1.2　过渡，游戏引入 同学们，听了刚才一连串的采访分享，你们认为大人们心中的成就和你们的成就相比，有什么相同的地方？有什么不同的地方？他们的成就之中有没有你们未来想做的事？ 成年人的世界对于我们来说仍有许多未知和好奇，也有某些人会成为我们的目标和榜样，而我们最终都会朝着某个方向长大成人。 在接下来的两周里，我们将进行一个有趣的游戏项目，你们所有人都将在未来两周里扮演某个角色的"成年人"。	备注区域

授课环节2	游戏演示	
目标	通过参与一次游戏流程，了解该游戏如何开展、游戏重点是什么	
时间	20分钟	
教学用具	参考PPT	
教学内容	2.1　静默分组 让大家静坐30秒，捂住嘴不出声想一想，然后下座位，相互找到想成为一组的6个人，过程中不能出声，并指定一个组长。 2.2　展示游戏，主题A 老师向大家展示PPT，并介绍4个不同的游戏主题场景：海上寻宝、蓝天使命、人民医院、餐厅故事。	备注区域

教学内容	给大家1分钟时间,让每组协商选择一个想参与的主题场景(主题选择可重复)。	备注区域

2.3 演示游戏流程

老师告诉大家,在课堂上会选择其中一个主题来现场演示一遍缩略的游戏流程,请各组认真思考、参与一遍示范,再计划本组所选的主题。

以"人民医院"为例:

(1)角色选择。老师向大家介绍"人民医院"中会出现的6个人物。给组员两分钟时间,协商决定每个人将扮演哪个角色,每个角色都必须有人扮演,选定后不可更改。

(2)情节讨论。老师向大家介绍"人民医院"的背景线索。给组员5分钟时间讨论创作:在这个背景故事中,每个角色将如何出场、做哪些事、剧情将朝哪个方向发展。

(3)小组扮演。老师选其中一组上来做5分钟的展示。展示前,每位同学介绍自己的角色身份。

(4)观众反馈。让其他观众给一些反馈:"你们认为这6个角色,谁演得最像?为什么?""谁的角色需要改善?怎么改可能会更像?"之后,老师引出思考的重点:

角色的社会身份所带来的行为动作、态度语气、说话方式……

(5)修改调整。老师再给大家5分钟时间讨论,让大家进一步改善自己角色的表演;提示大家可以使用一些简单的道具来帮助角色扮演。

(6)再次扮演。经过修改调整之后,再次请原来的小组上台,看看这一次的扮演有何不同。

(7)角色成长。老师提问刚才剧情中的某个角色,比如,问医生:"经过两次表演和大家的讨论,你觉得医生有哪些说话和行动的特点?怎么演会更像?"之后,老师展示"角色成长日志",指导大家如何把自己所扮演的角色的变化和改进记录下来。

授课环节3	游戏项目的布置	
目标	澄清游戏的进度安排	
时间	5分钟	
教学用具	角色成长日志、全班进度卡	
教学内容	3.1 进度安排 老师将其他几个主题的背景线索卡发给每组组长,介绍这个游戏将持续两周。	备注区域

教学内容	在接下来的两周里,每天每个小组都要抽至少15分钟聚在一起,商量剧情会如何发展变化,每个角色可以如何进行表演。剧情里必须同时包含6个角色,每个人选定自己的角色后,不可更换。 ### 3.2 大组打卡 老师将打卡记录纸张贴在教室某处,卡上一共有10个格子,每个组完成了每天的角色扮演游戏之后,组长就在格子里打卡,以便相互督促和激励。 **第一次日志** -第一次扮演厨师,我的道具使用情况 -这次扮演,作为一名负责的厨师,我做了 -第一次扮演厨师,我有以下心得与认识 姓名: 昵称: **第二次日志** 　　**第三次日志** -第二次扮演厨师,我的道具使用情况　　-第三次扮演厨师,我的道具使用情况 -这次扮演,作为一名称职的厨师,我做了　　-这次扮演,作为一名优秀的厨师,我做了 -第二次扮演厨师,我多了以下心得与认识　　-第三次扮演厨师,我又多了以下心得与认识 **第四次日志**　　**第五次日志** -第四次扮演厨师,我的道具使用情况　　-最后一次扮演厨师,我的道具使用情况 -这次扮演,作为一名老练的厨师,我做了　　-这次扮演,作为一名专业的厨师,我做了 -第四次扮演厨师,我还多了以下心得与认识　　-我认为自己扮演厨师,做的最棒的部分是	备注区域

教学内容

备注区域

3.3 领取角色成长日志
每个角色都有一张属于自己的"成长日志",在两周时间内,每隔一天,记录一次属于自己的"角色成长"轨迹。不用写太多,简单记录即可。

3.4 资源支持
老师提示大家,为了使大家越演越好,可以使用以下方法来帮助了解自己的角色。
(1)阅读跟该社会角色有关的书籍;
(2)观看相关的电影/电视剧/纪录片等;
(3)上网查相关角色的资料;
(4)询问成年人、询问现实中该职业的人;
(5)有条件的同学,可去考察真实场景。

第3课　角色扮演：反馈

课程目标

通过课堂反馈，推进游戏继续进行。
引导并激发学生对角色的反思能力。

一般说明

时间：40分钟（含5分钟"沉静训练"）
教学用具：根据小组游戏主题，学生自备一些简单的辅助道具

教学实施

授课环节1	游戏反馈	
目标	通过课堂演练，推动大家进一步探索"角色如何成长"	
时间	20分钟	
教学用具	无	
教学内容	1.1　游戏进度反馈 老师根据打卡表上的各组游戏进度进行点评和鼓励。 1.2　阶段展示：主题B 让小组自愿举手，选其中一组上台，展示人物故事的剧情发展。 小组先不要介绍各自的角色，通过表演看大家是否能猜出他们的角色。 老师定好闹钟，大概表演10分钟。 1.3　角色成长探索 在小组表演完之后，老师可做几个推进工作： （1）提问："大家认为谁的角色最真实、最生动？为什么？" （2）让台上每个演员展示自己的"角色成长日志"，简单介绍通过查资料或采访，自己对所扮演的角色有哪些新的了解。 （3）挑1~2个组内表现相对较弱的角色，老师让全班其他组扮演了相同角色的学生站起来，谈谈对这个角色的认识和发现，推动该角色的扮演进展。	备注区域

授课环节2	游戏推进	
目标	通过提问引导,加强学生对自己角色的反思能力	
时间	15分钟	
教学用具	无	
教学内容	2.1　提问引导 老师提出3个问题让全班进行思考,点一些同学回答。 (1)谁演的角色和自己的本性差异最大(性格、行为举止、说话方式等方面)? (2)角色扮演的过程中,你遇到过哪些困难? (3)经过一周的资料调查和扮演,你对自己的角色有哪些以前没想到的新发现? 2.2　角色聚焦 (1)老师在各种角色中,挑1个最"常见"的角色,如护士、餐馆服务员等,然后让全班同学中所有扮演该角色的人站起来,交换分享对这个角色的理解。 (2)老师再挑1个相对"不常见"的角色,如空中警察、和尚等,然后让全班同学中所有扮演该角色的人站起来,交换分享对这个角色的理解。 2.3　总结&推进 老师鼓励大家对自己的角色进一步反思,将角色变得更加生动、丰满。然后预告大家,下一次课将继续随机抽小组表演。	备注区域

第4课　角色扮演：收尾

课程目标
对两周的游戏进行反馈和总结。
揭示游戏目的：练习自律和反思。

一般说明
时间：40分钟（含5分钟"沉静训练"）
教学用具：根据小组游戏需要，学生自备一些简单的扮演道具

教学实施

授课环节1	游戏反馈	
目标	通过课堂演练，对该游戏进行总结与反馈	
时间	25分钟	
教学用具	无	
教学内容	1.1　最终展示：主题C 鼓励小组自愿举手，老师选一个与上节课不同游戏主题的小组上台，展示该组人物的剧情故事。小组先不要介绍各自的角色，通过表演，看大家是否能猜出他们的角色。 老师定好闹钟，大概表演10分钟。 （1）提问全班："大家认为，哪一个（或哪几个）角色最真实、最生动？为什么？" （2）让台上每个演员展示自己的"角色成长日志"，简单介绍通过两周的积累，对扮演自己的角色有哪些心得体会？ 1.2　最终展示：主题D 如果时间够，再选一组不同的主题上台来展示，重复以上过程。	

授课环节2	角色扮演总结	
目标	揭示游戏目的：练习自律和反思	
时间	10分钟	
教学用具	无	
教学内容	2.1　奖励&反馈 老师点评打卡表上两周以来各组的游戏进度，给满足以下条件的小组设置小奖励。	备注区域

| 教学内容 | （1）坚持完成所有打卡的小组；
（2）每个组员都完成了"角色成长日志"的小组。

2.2　总结
引导语：在这两周的游戏里，大家遇到过哪些困难？要把这个游戏玩好，其中有两件事是很考验大家的：
一是去扮演一个自己不熟悉的、未曾经历过的、成熟的人，要有意识地控制自己的言行举止；
二是要不断搜集新信息、不断思考自己和角色的差距，修改自己扮演的过程。
在这个过程中，同学们都在持续地锻炼自己的两种能力：自律能力和反思能力。

同学们，我们在第一节课曾经了解到，成就有三层含义：
（1）通过努力，已经做成的事；
（2）朝向某个目标行动，达成这个目标的状态；
（3）通过学习和训练，获得的某种特殊技能。
每一个想获得成就的人，都需要培养自律和反思能力，只有这样，才有可能去完成自己的目标、完成自己想做的事。 | 备注区域 |

第5课　成长之旅：开启

课程目标

介绍个人项目：了解28天成长之旅。

带领学生设定一个"好目标"。

一般说明

时间：40分钟（含5分钟"沉静训练"）

教学用具：（1）视频：《健身故事视频》

（2）28天进度卡

教学实施

授课环节1	设定成长之旅小目标	
目标	通过健身事例的启发，引导学生写下自己的成长之旅小目标	
时间	15分钟	
教学用具	《健身故事视频》	
教学内容	1.1 观看《健身故事视频》 视频内容简介：一对以减肥为目标的父子，通过每天循序渐进的锻炼，经过6个月的时间完成了最初设定的目标——减肥成功，练出肌肉。 1.2 引导学生设置自己的成长之旅小目标 我们自己定的小目标需要满足3个条件：有一定的挑战性、需要你每天坚持、会给你带来成长。这个小目标可以是培养你的兴趣爱好，提	备注区域

教学内容	升一项技能或是养成一个好习惯等，只要是你想做的，能满足上面3个条件的就可以。然后不间断的坚持28天。 （1）学生们思考1分钟写下自己的小目标。 （2）老师选几名学生分享自己的小目标。 提问1：你写的小目标是什么？ 提问2：为什么你会选择这个小目标？	备注区域

授课环节2	完善自己的小目标	
目标	通过对健身故事的剖析，帮助学生设置一个"好目标"	
时间	15分钟	
教学用具	无	
教学内容	2.1　健身故事的目标剖析 1）寻找有意义的目标 视频故事里，爸爸的身体越来越不好，长期不锻炼影响到了身体健康和生活质量。他们意识到锻炼健身很重要，可以让身体越来越健康，还能保持心情愉快，提升生活质量。所以，他们选择了锻炼健身的目标。 2）目标拆解 视频里的父子设定了目标——减轻体重，练出八块腹肌，然后他们会把这个大目标拆解成小目标，比如每个月的每天我要做哪些运动和锻炼。 目标拆解让大目标更容易完成，也更容易坚持。 3）难度和能力相匹配 视频里可以看到，父亲好长时间没有锻炼了，所以一开始他们是先快走，再慢跑，最后再去健身房。难度是一点点增加的，这样的难度与能力相匹配，可以让他们在锻炼过程中更容易获得"福流"，更能够坚持下来，更不容易放弃。 2.2　完善自己的小目标 上学期我们学过的**好目标**：（1）清晰；（2）具体；（3）有时间限制；（4）难度和能力匹配。 例子：小军打算在每天晚上9点钟前后开始锻炼，俯卧撑每组5个，做2组；仰卧起坐10个，做2组，坚持一个月。结合健身故事的启发和好目标的标准思考3分钟，再次完善自己的目标。	备注区域

授课环节3	行动要点提示	
目标	强调小目标实施过程中的要点	
时间	5分钟	
教学用具	28天进度卡	
教学内容	3.1　寻求反馈：自我反馈和他人反馈 视频里，我们看到父子俩经常一起锻炼，这样他们两个人相互之间就可以给予反馈，告诉对方哪里做得好，哪里需要改进。他们还相互鼓励，加油打气，每10天他们还记录一次自己身材的变化，帮助自己了解目标进展和需要改进的地方。 3.2　28天进度卡 可以领取使用默认的样式，也可以自己亲自设计。 再给大家3分钟时间思考，接下来的四周，根据自己的小目标，确定每天要在什么具体时间、做哪些事情、做多长时间。 28天计划 姓名：　　　　姓名： 我的计划：　　我的计划： | 1	2	3	4	5	6	7
8	9	10	11	12	13	14
15	16	17	18	19	20	21
22	23	24	25	26	27	28 | 时间：　　　　时间： 课后作业 回家之后，选择一位家人（不限男女老少），将父子健身故事讲给他/她听，并邀请他/她一起设定一个小目标加入28天的成长之旅，两人每天一起打卡。 保存好进度卡，下节课带过来。	备注区域

第6课　成长之旅：揭秘意志力

课程目标
掌握增加意志力的几种方法。
认识意志力的特点和作用。

一般说明
时间：40分钟（含5分钟"沉静训练"）
教学用具：（1）28天进度卡
　　　　　（2）动画《意志力简介》
　　　　　（3）每位同学自备10个1元硬币

教学实施

授课环节1	"成长之旅"第一次反馈	
目标	促进"成长之旅"项目的进行	
时间	10分钟	
教学用具	28天进度卡	
教学内容	1.1　分享家人的目标 小组讨论两分钟，选出1~2个本组认为"最有挑战性"的某个家人的目标，稍后每组代表向全班分享。 1.2　提问 （1）哪些同学和家人确实每天都认真完成了目标任务？已经坚持了7天的，请举手。 （2）哪些同学和家人在一周内也认真做了几天，但因为各种原因，没能坚持到7天的，请举手。 老师让他们说说自己设定的目标是什么，每天的分解任务是什么？ 他们认为是什么原因导致了自己或家人无法坚持？ 1.3　过渡 （1）那些已经在进度卡上前进了7天的同学，你们取得了阶段性的成就，请为自己鼓掌。 （2）那些遇到了阻碍的同学，其实这很正常。甚至包括已经取得阶段性成就的人，随着时间的推移，任务变难，在未来也有可能发现难以坚持。 （3）为了克服各种阻碍，我们需要认识一种能力：意志力。	备注区域

授课环节2	意志力的秘密	
目标	了解意志力的3个特点	
时间	10分钟	
教学用具	视频《意志力简介》	
教学内容	2.1　提问 （1）"意志力"这个词听起来并不陌生，大家认为什么是意志力？ （2）大家觉得，哪些情况下，会需要用到意志力？ 老师可将同学们回答的关键词，板书在黑板上，并将它们归纳为以下3点。 ①控制思维； ②控制情绪； ③控制行为。 2.2　《意志力》视频播放 意志力特点总结： （1）意志力就像银行账户里的钱一样，一天之内的总量是有限的，使用就会消耗。 （2）无论是控制思维、控制情绪，还是抵制诱惑，不同任务花费的意志力都来自同一个账户。 （3）意志力的总量是可以想办法提升的，就像我们可以想办法给银行账户增加存款。	备注区域

授课环节3	意志力的精打细算	
目标	学习两个有效使用意志力的方法	
时间	15分钟	
教学用具	每位同学自备10个1元硬币	
教学内容	3.1　意志力账户 每位同学拿出自己的10枚硬币，它们就像是你当前意志力账户里的存款。以下6件日常事件，大家来评估一下，每件事可能会花费自己几个意志力币？ ①早上起床； ②认真听自己不喜欢的某门课； ③锻炼身体40分钟； ④写作业的时候不走神；	备注区域

教学内容	⑤一整天不玩手机、电脑和iPad； ⑥一整天都不吃任何零食。 （1）每个活动轮流问："你认为它需要占据你最多的意志力的请举手。" （2）有没有同学觉得10枚意志力币不够花？怎么办？ （3）意志力币当天没用完，意味着什么，怎么办？ 学习有效使用意志力就像理财一样，可以朝两个方向思考：节流&开源 3.2　节流 （1）提前分配，要事优先。 （2）习以为常。当某件事坚持到一定程度的时候，它会让大脑适应，变成一个习惯，习惯可以大大降低意志力的消耗。比如刷牙、洗脸。用故事《拖延的小函》来举例说明。 3.3　开源 （1）坚持做一件事，每次突破一点点，最后意志力账户的总量会提升。我们的28天"成长之旅"计划可以很好地锻炼意志力的肌肉。 （2）日常意志力小练习能帮助提升意志力容量。 ①像军人一样，有意识地调整身姿； ②换左手刷牙、梳头、抄写一首诗； ③改变某种说话习惯，比如，改掉一个口头禅。 （可以自己在家准备一个储蓄罐，每天做了意志力的小练习，就往里存1块钱） 	备注区域

第7课　成长型思维：变化的大脑

课程目标

认识什么是成长型思维。

通过了解神经可塑性，深化对成长型思维的理解。

一般说明

时间：40分钟

教学用具：（1）文本附件《练字故事》

（2）视频《大脑神经元的可塑性》

（3）28天进度卡

（4）脑区涂色卡

教学实施

授课环节1	"成长之旅"第二次反馈	
目标	促进"成长之旅"项目的进行	
时间	5分钟	
教学用具	"28天进度卡"	
教学内容	1.1　提问 （1）哪些同学和家人确实每天都认真完成了目标任务？已经坚持了14天的请举手。 （2）哪些同学和家人没能坚持14天的请举手？ （3）与第一周相比，第二周有什么感受和行动上的变化吗？	备注区域

授课环节2	认识成长型思维	
目标	通过特定主题的故事引入激发学生们的思考，初步认识成长型思维	
时间	15分钟	
教学用具	文本附件《练字故事》	
教学内容	2.1　讲故事 下面这个故事的主人翁萍萍跟你们一样也想坚持把钢笔字练好，但中途遇到了困难，我们一起听听萍萍练字的故事吧。 2.2　提问与分享 （1）萍萍最后钢笔字有了明显的进步，她是怎么做到的？	备注区域

教学内容	（2）萍萍中途遇到了哪些困难？她做了哪些事情去应对遇到的困难？ 2.3　要点总结 （1）努力和练习可以给一个人的才能、天赋带来改变和提升。 （2）需要坚持一段时间，坚持到一定的周期，才能看到效果。 （3）失败和挫折是有价值的，我们可以从中学习，汲取经验。	备注区域

授课环节3	变化的大脑	
目标	通过视频与活动，引导学生深入了解成长型思维	
时间	15分钟	
教学用具	视频《大脑神经元的可塑性》	
教学内容	3.1　介绍脑科学知识 我们的大脑是由这样的一个个脑细胞组成的，大脑里有数以亿计的脑细胞。它们彼此手拉手，沿着彼此之间的通道相互传递信息。 3.2　观看视频 总结：从视频中我们了解到，学习任何新东西都需要多次的练习。在不断地练习中，脑细胞和脑细胞之间越来越默契，传递速度越来越快，能传递的信息越来越多。 即使进入成年期，大脑也是不断地变化的。 3.3　体验活动：成长手牵手 学习一句新的绕口令，体验一下我们从"不会"到"学会"再到"熟练"的进步过程，并了解我们的大脑里会发生什么。 游戏流程： （1）展示绕口令，让学生先试着体验一下（瘸玻璃棍比鼓玻璃棍瘸，鼓玻璃棍比瘸玻璃棍鼓）； （2）选择6名同学上台当志愿者，扮演大脑里因记忆绕口令被激活的"神经元"； （3）从左边第一个同学开始，拿着绕口令纸条读一遍，读对了就与右边同学挽起胳膊，接着由下一个同学继续读，读对就依次挽起胳膊，但凡过程中有一个同学读错了，就要从第一个同学重新开始； （4）最后台上所有同学都读对了，挽起了胳膊，就挑战成功了，代表我们记住了这句绕口令。这时就可以换下一组同学上台，依据时间可以进行2~3轮；	备注区域

教学内容	（5）一直展示绕口令，台下的同学可以边看边练习。 **总结**：不管是练习绕口令还是学习新知识、培养新技能、新习惯，我们大脑里对应的神经细胞都会建立新的连接。在不断地练习中，脑细胞和脑细胞之间连接越来越紧密，信息传递速度越来越快，能传递的信息越来越多，我们学到的知识也就记得越牢固，动作也越熟练。我们的大脑可以不断成长，技能也能不断提高。 3.4 介绍成长型思维 相信自己的大脑是不断变化的，相信自己的才能、智慧、天赋是能通过有目标的练习、努力、坚持而不断发展的；在遇到挫折和困难时不逃避，而是想办法从中汲取价值、总结经验，我们称之为成长型思维。	备注区域

授课环节4	课后作业：彩笔涂大脑	
目标	通过画图填色，对成长的大脑形成"图像化"的感受	
时间	5分钟	
教学用具	脑区涂色卡	
教学内容	**脑区涂色** 姓名：　　　班级： 伙伴： A.情绪管理　B.创造力　C.自律　D.吹拉弹唱　E.运算 F.绘画鉴赏　G.阅读　H.听力　I.运动	备注区域

教学内容	4.1　发放脑区图 每人发一张脑区涂色卡，上面会分为四个区，分别是不同的区域。 4.2　选择填色的脑区 根据28天成长之旅，判断自己和家人练习的小技能或培养的习惯属于哪个区，并写在那个脑区。 回家后，和这位家人一起在选择的脑区连线、加粗、涂色（可能不在一个脑区），表示你们的这个脑区因为练习而在不断强化。坚持的天数越多、做得越投入，连线也就涂得越粗，表示脑神经元的联系越强。	备注区域

第8课　成长型思维：面对挫折

课程目标
学习运用成长型思维应对挫折。

一般说明
时间：40分钟（含5分钟"沉静训练"）
教学用具：（1）视频《闯关游戏1》《闯关游戏2》（备选）
　　　　　（2）"28天进度卡"

教学实施

授课环节1	认识挫折	
目标	通过书写个人挫折小活动，认识各种挫折以及遇到挫折时的感受和想法	
时间	5分钟	
教学用具	小纸箱	
教学内容	1.1　书写挫折经历 每人想一个自己曾经遇到的挫折/困难的经历，写在小纸条上（不用写名字）。 1.2　收集、提问与分享 （1）将小纸条收集在盒子或小箱子里，选3~5条分享给全班。 （2）提问与分享：如果是你遇到了这样的挫折或困难，你会有什么样的感受和想法？ 老师可以把学生回答出来的一些要点写在黑板上。	备注区域

授课环节2	游戏视频解读	
目标	通过游戏视频的解读，让学生们了解挫折、困难和失败的价值	
时间	15分钟	
教学用具	任选一个视频《闯关游戏》	
教学内容	2.1　看《闯关游戏》视频 2.2　提问与分享 （1）视频里他遇到了哪些挫折、困难，闯过了哪些难关？ （2）玩游戏的人每次都从挫折中学到了什么经验？ （3）没看这个视频之前，你能玩一次就过关吗？为什么？	备注区域

教学内容	总结参考： （1）如果一个人能够敢于面对挑战，不断努力，主动从挫折和困难中寻找价值、学习经验，那么他就具有"成长型思维"。 （2）当我们使用成长型思维去做某件事时，大脑的这部分功能会变得更活跃、更高效，久而久之，我们的努力将使我们真的变得越来越聪明。而总是逃避挑战、逃避努力，只想看起来显得很轻松的样子的人，大脑经常处于偷懒的状态，反而会浪费了天赋。	备注区域

授课环节3	如何应对挫折	
目标	练习用成长型思维来应对挫折，寻找挫折、困难里的价值	
时间	10分钟	
教学用具	无	
教学内容	3.1 小组讨论与分享 （1）3~4人分成一组，每组从纸箱中随机领取3~4张挫折纸条，小组内部就拿到的困难挫折进行讨论，看看可以发现什么新的价值及可学习的经验，未来可以有什么新的、具体的行动。 （2）老师随机找两三组同学一起来分享。	备注区域

授课环节4	"成长之旅"第三次反馈	
目标	促进"成长之旅"项目的进行	
时间	5分钟	
教学用具	"28天进度卡"	
教学内容	4.1 提问 （1）哪些同学和家人确实每天都认真完成了目标任务？已经坚持了21天的，请举手。 （2）在第三周的行动中，自己和搭档是否遇到了什么新的困难？请举手。 （3）与上周相比，本周有什么新的感受和行动上的变化吗？	备注区域

教学内容	4.2 下节课准备 老师提前留意和准备，邀请两位参与度高的家长下节课进班分享和孩子一起完成"28天成长之旅"的过程和感受：建议邀请一位完整做完28天目标的家长和一位没有完成28天目标、但态度积极的家长。 请老师提前阅读第9课课案，可以提前告知两位家长从哪几方面来分享。	备注区域

第9课　成长之旅：总结

课程目标

为"28天成长之旅"项目总结收尾。
分享和展示项目成果，激发成就感。

一般说明

时间：40分钟
教学用具：（1）28天进度卡
　　　　　（2）每人自备两支彩笔（红、绿）
　　　　　（3）每人自己的"角色成长日志"
　　　　　（4）每人自己的脑区涂色卡

教学实施

授课环节1	成长之旅：家人的课堂小分享	
目标	通过家人的参与分享，扩大人际支持，积累成就感	
时间	30分钟	
教学用具	无	
教学内容	1.1　家长的事先准备（参考方向备选） （1）和孩子完整做完28天成长之旅的家长 ①在完成"28天成长之旅"的过程中，孩子对自己带来了哪些积极影响？自己有什么感受？ ②在完成"28天成长之旅"的过程中，是否有遇到困难、阻碍？ ③自己和孩子分别作出了哪些投入、调整、努力？ ④其他没参与、但同住的家人，在此过程中有什么反应？ （2）没有做完成长之旅，但态度积极的家长 ①完成了多少天，中间漏了几天没做完，主要的阻碍是什么？ ②对于没有完成小目标的自己和孩子，有什么感受？ ③未来一段时间，准备为这个没完成的小目标继续做些什么？ ④其他没参与、但同住的家人，在此过程中有什么反应？ 1.2　上台分享 请两位家长依次上台分享，每人12分钟左右（也可以同时让孩子陪同上台一起分享）	备注区域

授课环节2	"成长之旅"第四次反馈（结束）	
目标	分享和展示项目成果	
时间	5分钟	
教学用具	28天进度卡；红、绿彩笔	
教学内容	2.1　旅程标记 刚才同学们听了两位家长的分享，现在让我们静静回忆1分钟，你和你的家人在这"28天成长之旅"的小目标中发生了哪些印象深刻的事？ 在回忆的过程中，同学们可以： （1）用红笔圈出和你搭档的家人，他/她遇到过困难、阻碍，或觉得无法坚持的日子，他/她最后克服了吗？ 再圈出自己遇到过困难、阻碍，或觉得无法坚持的日子，自己最后克服了吗？ （2）用绿笔圈出自己和家人都进行得非常顺利的日子，此时回顾有什么感受？ 2.2　小组分享 在小组内，和你周围的同学相互分享。	备注区域

授课环节3	学期总结	
目标	回顾本学期成果，收尾	
时间	5分钟	
教学用具	整理本学期所得成果	
教学内容	3.1　回顾和整理 本学期一共取得5份成果： （1）全班共有的"多元成就罐"； （2）每人一份的"角色成长日志"； （3）全班共有的角色扮演小组进度图； （4）每人一份的"成长的大脑填色图"； （5）每人一份的"28天进度卡"。 3.2　根据时间分享、传阅，有条件可持续到课后继续找时间进行。	备注区域

第六篇 意 义

理 论 部 分

一、积极教育视角下的意义

一个深秋的夜晚,路边有个醉汉,他正在路灯的照射下,四肢着地地在一堆厚厚的落叶中搜寻着什么。过了一会儿,有位好心的女士经过。

她看了这个醉汉片刻,问醉汉:"你是丢失了什么东西吗?"

"钥匙,"醉汉头也不抬含含糊糊地说道,"我弄丢了我的钥匙。"

女士看他找得辛苦,不禁想帮帮他,于是她试着跟醉汉确认:"所以,你是把钥匙弄丢在路灯照着的这块地方吗?"

这时,醉汉停下了搜寻的动作,抬起头来,用充满血丝的眼睛飘忽地看着女士:"虽然这不关你的事,也没什么可跟你说的,不过我的钥匙是在那边弄丢的!"说着,醉汉伸出晃晃悠悠的手指,指向街的另一边,那边一片漆黑。

女士很困惑,想不通地问道:"如果你钥匙是在那边弄丢的,为什么要在这里找呢?"

醉汉不耐烦地抬高了音调:"我在这里找,当然是因为这里光线更好!没人能在那边找到任何东西,因为那边太黑了!我不想再回答你这些幼稚的问题了,不能浪费时间了,我还得找我的钥匙呢!"

接着,醉汉再次扎进灯光明亮的落叶堆中,一边翻找一边嘟囔着:"等我找到了钥匙,还要接着找我那该死的汽车……"

堪培拉大学一位研究生命意义的教授(T.W.Nielsen)时常给他的学生讲这个笑话,有些讽刺,却多少折射出人类某些真实的面向。一方面,我们当然同意女士的逻辑,钥匙在哪弄丢了就该在哪寻找;另一方面,我们也确实做出了许多类似醉汉的行为:重要的东西弄丢了,但只在最方便、最触手可及的地方盲目寻找,只因有可能找到的地方一片黑暗,充满未知与不确定。在这里"钥匙"所隐喻的,便是积极教育课程模块中最后一个主题:人生意义。

刚刚踏入积极心理学或积极教育领域的人们,时常会听到介绍:"积极心理学"是一门帮助人们通向幸福与快乐的学科。有些时候,人们会简单、粗暴地将积极心理学与幸福快乐画上等号。但走到今天,我们更应记住来自两位"积极心理学"奠基人的话:

"积极心理学是一门研究生命从开始到结束的各个阶段的学科，它着重研究那些使生命更有价值和更有意义的东西。它旨在回答一个问题，即如果我们不想挥霍生命，我们该做些什么？"（Christopher Peterson）

"最深沉、最稳定的幸福，源自我们拥有人生的意义。"（Martin Seligman）

当有人问道："你的人生意义是什么？什么样的生活对你来说是有意义的？"有时我们会陷入良久的沉思，有时我们会不知所措，有时我们随意抛出几个"高尚"的词汇但内心没有丝毫波动，有时我们期待外面有人送来"正确答案"。意义是个庞大的话题，几千年来引发了众多领域、众多人群不间断的思考，著书立说的成果不胜枚举。学者们在探讨和研究意义时，通常将这些林林总总的研究划分成四个维度：

（1）**意义的认知功能**。比如我们怎样通过意义获得内心世界的内在一致性，我们如何让内心变得连贯有序。

（2）**意义的动机功能**。比如意义怎样驱动我们的行为，怎样形成生活的目标。

（3）**意义的种类**。比如是研究微观的、日常生活里的意义，或研究宏观的、生命的终极意义。

（4）**意义的起源**。比如意义是靠我们发现，还是靠我们创造的？意义的源头在哪里？

所以，当我们在积极教育领域谈论意义时，我们是在谈论什么？

在积极心理学领域，研究者们更多地从认知和动机维度对意义进行研究。意义，被视为**一种重要的心理资源**，这种资源在人们发挥正常机能、努力奋斗、繁荣成长中都起着至关重要的作用。可以这样比喻：意义就像一个灯塔，它照耀着所有生活事件，使人们能从自己的积极或消极经历中汲取力量、获得洞察，使人们获得另一种视角来超越当下的情境，指向一个更有价值的未来。在积极教育的视角下，人生意义意味着：**用你的全部力量和才能去和一个超越自身的东西产生连接，设定目标去服务于它，并用恰当的方式实现这些目标。**（Martin Seligman）

二、意义从何而来

将该领域几位学者所发现的、对意义有贡献的重要因素作一个归类和对比，呈现如下。

Ebersole （1998）	Emmons （1999）	Wong （1998&2009）	Frankl （1960s）
关系	亲密关系	关系	人际关系
事业	成就	成就	创造性的工作
对待生命经历的态度	奋斗的过程	自我接纳	对待苦难的态度
宗教信仰	宗教/灵性	宗教	
为他人服务	养育后代	自我超越	

"意义"不是我们能够直接寻找并获得的东西，我们越是理性地去寻找它，越可能错失它。意义和幸福一样，如果我们刻意去追求一个叫作"意义"的东西，结果往往可能不遂人愿。对比以上表格里的因素，我们会发现一些共同点：人际关系、工作事业、某种思维方式（通常是积极取向的），是大部分人感受到意义的来源。

心理学家鲍迈斯特（Roy F. Baumeister）认为，要获得有意义的生活可以从四个途径进行努力：目标、价值感、效能感和自我价值感。

（一）目标

目标的本质是把当下从事的活动与未来建立联系，从而从联系中获得意义。设立的目标可以指引个体当下活动前进的方向，慢慢趋近目标所要达成的结果。

（二）价值感

个体的价值感能让个体进行判断和抉择。个体依据自己的价值感做事就会体验到一种安全感，觉得是在做（对自己而言）正确的、有价值的事情。相反，如果个体违反自己的价值感去做事，就会体验到一种负罪感、内疚、后悔和焦虑等负性情感。所以，当一个人所做的事情是符合其价值感的时候，他会认为这件事情就有意义；反之他就会认为这件事没有意义。举一个价值感影响人对意义的感知的例子。比如：在尊崇"女子无才便是德"的文化中，人们的价值感受到深刻的影响，那么女性单纯追求学识和事业可能就会被视作是无意义的。

（三）效能感

也即能力感，对自己能力大小的感知和认可。个体的生活如果只有目标和价值感而没有效能感,那么这样的个体可能知道事情的对错,也知道自己想要什么,但是无法投入任何努力去达成自己渴望的目标。人类一直以来都在寻求对环境的控制,寻求控制感,而效能感的缺失会严重影响个体的控制感。这个要素和行动紧密相连。因为意义的产生终究要求人们付出行动。然而,如果人们都不相信自己有能力,就不会付出努力。

(四)自我价值感

大多数人都会不断地寻找各种各样的理由来相信自己是一个很棒的有价值的人。自我价值可表现为个体层面的,如个体认识到自己比其他人要优秀;自我价值也可以表现在集体层面,如个体会加入一个他认可的集体,并从集体中获得尊重。应该怎么来理解自我价值感这一要素呢?任何一个发挥主观意志的行动都离不开支持系统,自我价值感就是作为支持系统存在的一个要素。比如说,一个人认为自己是一个很优秀的人,这种价值感会让他受到鼓舞,使他努力承担起责任。

简单来说,人们对生命的意义有一种天然的需求,它意味着:

一种动机,一种想给生活事件寻找答案和解释的动机;(有序性)

一种渴望,一种想把事情弄明白并且拥有一个生活目标的渴望。(可控性)

三、追寻有意义的人生

(一)青少年视角:"迈上目标之路"

关于如何引导青少年成为有意义感的人,戴蒙把相关的研究成果总结为十二个步骤。我们把这十二个步骤归纳为三个阶段。

1. 酝酿阶段

(1)和直系亲属之外的人进行有启发性的沟通。如老师、朋友等讨论感兴趣的主题。

(2)观察有目标感的人是如何工作的。

(3)第一个启示性时刻:世界上有一些重要的东西是可以被修正或改进的。比如,"我以前一直认为雾霾天气是纯粹的自然现象,是改变不了的,直到看了纪录片才知道英国在20世纪早期雾霾也是很严重的,才知道通过治理工业污染可以改善大气环境。于是对于改善环境产生了兴趣。"

（4）第二个启示性时刻：我可以为此作出一些贡献，让世界有所改变。例如，美国的一个9岁女孩得知蚊帐可以有效预防非洲疟疾之后，从节省自己的零用钱捐助了一个蚊帐开始，直到在全国范围募捐了大量资金购买蚊帐，支援了非洲贫困地区，使得当地很多贫民免于疟疾的折磨。

2. 尝试阶段

（1）对目标的认同，同时初步尝试去完成一些事情。

（2）获得家人的支持。（如果有条件）

（3）以独创性和具有影响力的方式，进一步加大对所追求目标的付出。例如，美国波士顿学院（Boston College）前棒球选手发起的冰桶挑战，目的是让人们了解"渐冻症"和为渐冻症患者提供治疗资金。

3. 深化阶段

（1）获取追求目标所需要的技能。

（2）不断从实践中获取真知。

（3）乐观和自信不断提升。

（4）对目标的长期承诺。

（5）把在目标追寻中所获取的技能和品格优势迁移到人生其他领域。

（二）教育者视角：学校和老师的教育方针

学校和老师需要重点关注两方面的工作。一方面，是学校的教育理念应当超越当今社会上的"短视"思维。学校教育理念应在培养学生建构人生意义的过程中引导他们关注他人、社区和社会的需要，而不仅仅是财务自由、获得名誉这一类世俗的成功。另一方面，在所有学科的课程设置中，应加入所学知识与现实生活的联系：或者解决某类问题，或者回答某种疑问。此外，一些学校安排老师担任学生"梦想辅导师"，根据每位学生的兴趣引导其结合课程作知识储备计划，也极大地激发了学生的学习热情。当学生在校学习知识的过程中可以预知学习的目的，将会明显促进他们的学习动机，同时，有利于他们把学到的知识应用于自己感兴趣领域的社会实践。

提问题和讲故事是两种行之有效的方法，可用于老师指导学生探询他们的人生意义。

1. 讲故事

帮助学生们发现"意义"与学生们讲述自己发现意义的故事的能力直接相关。无论课程的内容是什么，教师都不应惧怕引出学生自己的故事。教师也可以分享自己的故事，以吸引学生的注意力。因为故事具有主题，所以学生在故事中很容易发掘"意义"。而当学生讲述自己的故事的时候，作为主人公的自己一定会有目的。不同的学生讲述的人生故事一定是不同的。对有些人而言，生活是一场只有输赢的比赛；而对有些人而言，生活则是一场冒险。这些不一样的对生活的理解和解释会影响他人的观点，正如他人的故事会影响我们一样。

另一个方法是让学生在课堂上讲述自己的故事，即给他人上一堂具有鲜明的个人风格的课。这种课程需要学生有一定坦露自己隐私的勇气，同时也需要学生有足够的自信。

可以按照主题划分来写你的故事，比如你可以按照坚韧、勇敢、不放弃等主题来记述你的故事，要注意的是这些记述的故事不是随意编造的，而是在你的生活中真实发生的。你也可以写下你人生当中对你有影响的一件具体的事情或是一段时期，比如，曾经发生过的一些创伤经历或是在生活不如意时你努力做出的改变尝试，不管是成功的还是失败的。写自己的人生传记也是一个不错的方法，就像名人传记写的那样，有章有节有具体的剧情简介。

2. 让学生回答问题

提问可以引发学生的思考，可以给学生准备一些与人生意义有关的问题。尽管不同的学生对这些问题会给出各不相同的答案，并且这些答案与他们对生命的理解和他们当下身处的情境相关，但回答这些问题仍然是重要的。因为对人生意义的寻找和对这些问题的回答并不是一蹴而就的。以下是部分问题。

（1）我如何实现自己的梦想？我此生究竟想做什么？我的天赋和激情的交集在哪里？成就和满足感的平衡点在哪里？

（2）我想做一个怎样的人？考虑到理想和现实生活的矛盾之处后，我还能实现目标吗？理想的生活是什么样的？

（3）谁才是我可以信任的、真正的朋友呢？我该怎样才能成为他人的这样的朋友呢？

（4）我和其他人的身份如何帮助我定义自己呢？比如，肤色、性别、宗教信仰、社会阶层等。为什么有的时候人们容易有偏见呢？

（5）我怎么知道现在学习的东西对以后有用呢？上学真的有用吗？为什么要上这么多我不感兴趣又不知道有什么用的课呢？

（6）我怎样才能尽到公民的责任，为地区、国家乃至世界带来改变呢？志愿活动为什么重要呢？

（7）怎么样才能达到并保持生活的平衡并收获幸福？完成多个任务是度过人生的最健康的方式吗？真的有人可以同时达到身体健康、心理健康、精神健康、情感健康、社会交往健康的状态吗？

（三）家长视角：支持性做法

由于青少年对社会现状和需求经验不足，家庭教育应该在引导孩子建构人生意义方面提供支持。例如，家长可以把孩子引向前景看好的一些选择上，帮助孩子做筛选，思考孩子的天赋潜能以及兴趣是如何与周围世界所提供的机会和需求相匹配的。父母可以支持孩子，依靠自己的努力去探索有目标感的人生方向，并开放更多潜在的可供发展和探索有关目标的可能性的资源。这里更多是扮演支持者的角色，而非领导者的角色，因为孩子需要追寻让自己感到有意义的人生目标。在这个过程中，父母所能提供的最有效的帮助都是间接而非直接的，但同时也是非常有价值的。

具体的做法列举如下，供参考。

- 观察孩子的兴趣点，激发孩子更大的兴趣；
- 保持开放，不作结果设定；
- 传递家长自己从工作中获得的目标感和意义；
- 传授实践性的生活智慧，鼓励孩子尝试各种可能性；
- 介绍孩子认识潜在的导师、专业人士；
- 鼓励孩子的独创精神；
- 培养孩子的心理韧性，鼓励他从失败中学习；
- 注意培养孩子关爱他人、服务社会的价值观；
- 父母以身作则，培养孩子为自己的选择和行为结果负责。

四、课 程 理 念

我们无法将"意义"本身直接教给学生，意义感只能从学生自己真实的体验中、带有情感触动的思考中逐渐生成。在积极教育的意义课程设计中，基于对前人研究结论的参考，我们包含了与不同年龄段学生相关的多领域心理探索活动——学习领域、身体领域、情感与关系领域、生命领域等，并且遵循"由关照自我到联结他人、由小我体验到自我超越"的方向引导。该模块既立足于对前5个模块的回顾与总结，也致力于提升学生的生命视野、给学生创造线索与火花：**面对过去，能形成积极的、资源取向的心理叙事；面对现在，能珍惜当下、拥抱真实体验；面对未来，能提升希望、找到与过去、现在的连接感**，以探索属于自己的人生意义。

维多克·弗兰克尔（Viktor E. Frankl）曾在其著作中留下一段精彩的话：

生命中每一种情况对人来说都是一种挑战，都会提出需要你去解决的问题，所以生命之意义的问题实际上被颠倒了。人们不应该问生命之意义是什么，而必须承认是生命向他提出了问题。简单地说，生命对每个人都提出了问题，他必须通过对自己生命的理解来回答生命的提问。生命的意义在每个人、每一天、每一刻都是不同的，所以重要的不是生命之意义的普遍性，而是在特定时刻每个人特殊的生命意义。

让我们与之共勉。

学习意义探索 { 第1课　沙漠求生
　　　　　　　 第2课　我是课程小顾问

健康意义探索 { 第3课　饮食助我好精力
　　　　　　　 第4课　运动助我更健康

生命意义探索 { 第5课　有生之年
　　　　　　　 第6课　生命卷轴

情感联系与告别 { 第7课　如何说再见
　　　　　　　　 第8课　我从何处来

总结 • 第9课　重阳节的心愿

教 学 设 计

第1课　沙 漠 求 生

课程目标

认识学习知识有助于解决生活中的需要。

体会带着好奇心学习的乐趣。

一般说明

时间：40分钟（含5分钟"沉静训练"）

教学用具：（1）每组一张物品清单

　　　　　（2）专家参考答案

教学实施

授课环节1	小组竞赛：沙漠求生	
目标	让学生认识到各学科知识在生活中的作用	
时间	35分钟	
教学用具	每组一张物品清单；专家参考答案	
教学内容	1.1　活动导入 （1）背景： 在炎热的八月，你们乘坐的小型飞机在撒哈拉沙漠失事，机身严重撞毁，将会起火焚烧。飞机燃烧前，各组只有15分钟时间从飞机中取物品（每组都可以自由选择）。	备注区域

教学内容	（2）沙漠情况：	备注区域

①飞机的位置不能确定，只知道最近的城镇是附近70公里的煤矿小城。
②沙漠日间温度是40℃，夜间温度随时降至5℃。

（3）假设：
①飞机上生还人数与你的小组人数相同。你们装束轻便，只穿着短袖、T恤、牛仔裤、运动裤和运动鞋，每人都有一条手帕。
②全组人都希望一起共同进退。
③机上所有物品性能良好。

（4）问题：在失事的飞机中，你只能从15种物品中挑选5种。在考虑沙漠的情况后，按物品的重要性，你们会怎样选择？每个小组讨论决定，15分钟后公布你们的选择，并解释原因。能在规定时间讨论完成，而且结果贴近野外生存专家给出的标准答案的组，就是智慧生存组。

（物品清单请见附件）

1.2 小组讨论15分钟（结束时统一收回各组选择的物品清单，各组派一名代表到讲台解释原因）

1.3 公布正确答案。（选项越接近下表中的前5项，越具有生存智慧）

一位专家在沙漠研究求生问题，搜集了无数事件和生还者资料，得出了以下结论。

	重要物资（前5位）	原因
1.	化妆镜	在各物品中，镜子是获救的关键。镜子在太阳下可产生相当于7万支烛光的亮度，如反射太阳光线，地平线另一端也可看见。只要有一面镜子，获救的机会就有80%。
2	外套1件	人体内有40%是水分。流汗和呼吸会使水分消失，保持镇定可减低脱水速度。如果没有外套，维持生命的时间便减少一日，穿外套能减低皮肤表面的水分蒸发。
3	4公升水	水有助减低脱水速度。口渴时，饮水可使头脑清晰。但身体开始脱水时，饮水也没有多大作用了。
4	手电筒	电筒是在晚上最快、最可靠的工具。有了化妆镜和手电筒，24小时都可发出讯号；而且可用电筒做反光镜和用玻璃做信号，也可做引火点燃之用。
5	降落伞	可用作遮阴和发出信号，用仙人掌做营杆，降落伞做营顶，可降低20℃。

教学内容	重要物资 （前5位）	原　因	备注区域
	6　军刀	可切碎仙人掌或切割营杆，也有其他用途，可排于较前位置。	
	7　胶雨衣	可做集水器。在地上挖一个洞，用雨衣盖在上面，再在中间放一个小石块，使之成漏斗形。日夜温度差距可使空气的水分附着在雨衣上，将雨衣上的水滴在电筒中储存。这样做，一天可提取500毫升的水，但也可消耗两倍可收集的水分。	
	8　手枪	第二天之后，说话和行动已很困难。弹药有时可作起火之用。向国际求救信号是连续三个短的符号。无数事件是因为求生者不能作声，而没有被发现。还有，枪柄可作槌子用。	
	9　太阳眼镜	在猛烈阳光下会有光盲症，用太阳眼镜可以让眼睛避免受损。	
	10　纱布一箱	可以止血。沙漠湿度低，是最少传染病的地方，但身体脱水会使血液凝结。有事例记录，有个男子身体失去水分，而身上的衣服已破，倒在仙人掌和石上，满身伤口但无流血，后来获救，饮水后伤口再度流血。纱布还可当绳子或包扎保护之用。	
	11　指南针	除用其表面反射光线发信号外，并无他用。	
	12　航空图	可用作起火纸或厕纸，也有可能引诱人试图走出沙漠，但希望渺茫。	
	13　动物书一本	最大的问题是脱水，而非饥饿。打猎所得相当于失去水分，沙漠中也没什么动物可见，进食亦需要大量的水以助消化。	
	14　伏特加酒	浓烈的酒精会吸去人体水分，更可致命，它只能用作暂时降低体温。	
	15　食用盐	人们过高估计盐的用途。如果血液内盐分增加，还需要大量饮水来降低体内含盐量。	

1.4　提问

（1）（提问几个选项正确且解释合理的学生）你从哪里学到的这个知识？

（2）（问全班）活动过程中你的感受怎样？

（3）（问全班）这次竞赛活动给你什么启发？

教学内容	1.5　总结 （1）同学们可能会发现，因为有些知识我们在小学还没有接触过，大家作选择的时候只能是凭自己的兴趣，而缺乏科学根据，难怪我们和专家的答案是有差距的。 （2）从这次活动中我们感受到，我们在学校学习的知识有时会在意想不到的地方发挥作用。 （3）活动过程中感受到大家的好奇和开心，这也启发我们，学习本身就会给我们带来很多乐趣。	备注区域

第2课　我是课程小顾问

课程目标

初步了解初中各门课程的知识体系。

体会把学科知识与兴趣点相结合的乐趣。

一般说明

时间：40分钟（含5分钟"沉静训练"）

教学用具：（1）每组一份学科大纲目录

　　　　　（2）各学科名称纸条（抽签用）

　　　　　（3）每组一张大海报纸、一桶水彩笔

教学实施

授课环节1	活动：我是课程小顾问	
目标	让学生对初中课程的体系和内容有初步了解；体会把学科知识与兴趣点相结合的乐趣	
时间	35分钟	
教学用具	每组一份学科大纲目录、各学科名称纸条（抽签用）、每组一张大海报纸、一桶水彩笔	
教学内容	1.1　导入：任务介绍 提问：你参加过兴趣班吗？你为什么会选择参加这个兴趣班？这节课我们一起做个有趣的体验——角色反转。你们开了一所兴趣学校，每人都成了课程顾问，<u>需要设计培训班的课程广告，引起其他组同学的兴趣，让他们决定购买这门课</u>。 这里有大家未来会开始学习的初中课程知识，你们以小组为单位，每组抽取一门课程，先读一读这门课程的目录，然后一起商量设计一个课程宣传海报。每组有15分	备注区域

教学内容	钟时间讨论和设计，之后每组用3分钟展示给我和全班同学。你们可以介绍这门课整体的内容，也可以展示一些很有趣的知识点。总之，哪个组的设计越能激发其他人的好奇心，就会得到越多的投票，也就说明这个小组的课程顾问们能力越强。 1.2　各组抽签后领取物品，开始商量和制作海报 1.3　分组展示和介绍 1.4　提问 （1）刚才展示中哪个学科是你本身就喜欢，所以投票的？哪个学科你不了解或没那么喜欢，但因为听到顾问的展示产生了兴趣而给他们投票的？ （2）谈谈你对这次活动的感受。 1.5　总结 （1）类似于上节课沙漠求生活动的体验，当我们带着好奇去学一门知识的时候效果是最好的。而带着好奇不断地追问，将会对学好各门学科非常有帮助。 （2）有的同学一开始对某门课不那么感兴趣，但后来变得感兴趣了，主要原因是很成功地找到了自己的好奇。 （3）这堂课也为大家打开了初中各科知识的大门，期待大家带着好奇学好初中的各门知识。	备注区域

第3课 饮食助我好精力

课程目标
了解饮食与身心健康的关系。
通过合理的饮食来维护自己的健康。

一般说明
时间：40分钟（含5分钟"沉静训练"）
教学用具：（1）多彩食谱
　　　　　（2）纸盘每人一个

教学实施

授课环节1	我是小厨师	
目标	引导学生了解人身体需要的6大营养	
时间	15分钟	
教学用具	纸盘、多彩食谱	
教学内容	1.1　拼出你的美食 每个同学发一个纸盘、一套食物彩纸，请同学们用食物彩纸在纸盘上拼出一道你最喜欢吃的美食。 拼完之后，请几位同学上台分享自己的美食。 1.2　介绍人体所需的六大营养 老师提问：我们对所吃的食物有多了解呢？首先我们来了解一下我们的身体健康需要哪些营养。 由老师给同学们介绍人体所需要的6大营养：碳水化合物、蛋白质、油脂、维生素、矿物质、水。 （1）碳水化合物：是我们生命活动能量的主要来源。 老师提问：大家知道哪些食物中含的碳水化合物比较丰富吗？ 碳水化合物的食物来源：除了主食（大米、面食），还有块茎类，比如，山药、芋头、土豆、藕等。 （2）蛋白质：如果把人体当作一座建筑物，那么蛋白质就是构成这座大厦的建筑材料。人体的重要组成成分——血液、肌肉、神经、皮肤、毛发等都是由蛋白质构成的。蛋白质还参与组织的更新和修复，调节人体的生理活动，增强抵抗力。蛋白质还能，为儿童生长发育提供能源，故又是"产能营养素"。	备注区域

教学内容	老师提问：大家知道哪些食物中含的蛋白质比较丰富吗？	备注区域
	蛋白质的食物来源非常广泛。含蛋白质的食物有畜肉、禽、鱼肉、乳制品、蛋类、小麦、黑麦、玉米、燕麦、大麦、小米、食用菌、豆类和坚果等。	

（3）油脂：是油和脂肪的统称。脂肪还是人体内能量供应的重要的贮备形式，能促进部分维生素的吸收。

老师提问：大家知道哪些食物中含的脂肪比较丰富吗？

脂肪的来源：牛肉、猪肉、鸡肉、鱼肉、乳制品、蛋类、植物油、花生和鳄梨等。

（4）维生素：是维持人体正常生理功能必需的一类化合物，它们不提供能量，也不是机体的构造成分，但膳食中绝对不可缺少，如某种维生素长期缺乏或不足，容易生病。

老师提问：大家知道哪些食物中含的维生素比较丰富吗？

维生素的来源：几乎所有的食品都含有一定的维生素，但水果和蔬菜的含量最高。如胡萝卜、菠菜、蘑菇、柠檬、橙子、菠萝、甜瓜、番石榴等。

（5）无机盐（矿物质）：无机盐在细胞、人体中的含量很低，但是作用非常大，如果注意饮食多样化，少吃动物脂肪，多吃糙米、玉米等粗粮，不要过多食用精制面粉，就能使体内的无机盐维持正常应有的水平。在运动期间，由于大量排汗，导致盐分随汗液丢失，必须及时补充，才能预防肌肉痉挛，并帮助缓解身体的疲劳。也可以通过运动饮料补充无机盐。

老师提问：大家知道哪些食物中含的无机盐比较丰富吗？

无机盐的来源：无机盐主要存在于奶、乳酪、奶油、鱼肉、西红柿、菠菜和黄油等中。

（6）水是人类和动物（包括所有生物）赖以生存的重要条件。水可以转运生命必需的各种物质及排除体内不需要的代谢产物，能促进体内的一切化学反应。

教学内容	1.3 健康饮食指南 老师提问：同学们，除了吃得要营养，大家还知道有哪些健康饮食的好方法？ （1）食物多样，主食多吃五谷杂粮； （2）每天多吃多种蔬菜、水果，尤其是绿色蔬菜； （3）适量地吃些鱼、禽、蛋和瘦肉； （4）每天吃奶类、大豆或其制品； （5）每天足量饮水。 老师提问：同学们，根据我们刚才对身体所需要的营养介绍，大家再来看一看自己拼出的这盘菜是否健康、营养？	备注区域

授课环节2	拼出美味营养的一日三餐	
目标	引导学生体验搭配一日三餐的营养饮食	
时间	20分钟	
教学用具	纸盘、食物彩纸	
教学内容	2.1 拼一拼 （1）将全班分成6个组，每个组发3个盘子，以及一套食物彩纸，根据人体健康的营养需求和健康饮食指南，每个组拼出健康美味的一日三餐。 （2）拼完之后，每一组（时间不够则抽部分小组）上去展示自己的作品，并对三餐的搭配进行简要地讲解。 2.2 规律饮食 提问： （1）我们都拼出了健康美味的一日三餐，那大家平时能按一日三餐的正常时间吃饭吗？ （2）你有没有出现过暴饮暴食的情况？ （3）有没有同学偏食呢？	备注区域

第4课　运动助我更健康

课程目标

引导学生认识到运动对身心健康的意义。

促进学生热爱运动，关注健康。

一般说明

时间：40分钟（含5分钟"沉静训练"）

教学用具：白纸、彩笔、3张运动词汇纸条

教学实施

授课环节1	你来运动我来猜	
目标	引导学生探索运动对身心健康的意义	
时间	15分钟	
教学用具	3张运动词汇纸条	
教学内容	1.1　你来运动我来猜 请3个小组（每个小组4人）的同学来根据拿到的写有10个运动词汇的纸条进行展示。3个同学按照纸条上的运动项目逐一进行表演（词条只有表演的3个同学可以看到，其他同学均看不到），另一个同学来猜，每组时间不超过3分钟，看哪个小组猜对的词汇最多，小组成员猜不对的，可要求助班上的其他同学来猜。最后每组猜完后在PPT上展示10个运动词汇，看大家猜对了多少。 3张运动词汇纸条的内容如下（运动词汇，老师可根据学生的实际接触种类进行更替）。 1组：体操、蹦床、赛龙舟、橄榄球、铁人三项、冰壶、网球、滑雪、登山、健美操。 2组：冲浪、潜水、高尔夫、空手道、马术、跳皮筋、棒球、羽毛球、足球、钓鱼。 3组：保龄球、扭秧歌、击剑、围棋、链球、标枪、篮球、举重、游泳、滑板。 1.2　提问分享 老师提问： （1）你参与过的运动有哪些？ （2）你喜欢的运动有哪些？为什么？ （3）你擅长的运动有哪些？这些运动给你带来什么益处？	备注区域

授课环节2	招募运动小组	
目标	引导学生制订自己的运动计划,并号召身边的同伴一块来加入自己的运动项目	
时间	20分钟	
教学用具	白纸、彩笔	
教学内容	2.1 招募运动小组 发给每个学生两张白纸,一张用来制作自己的一项运动计划,另外一张用来设计一个运动小组招募海报,招募班上的其他同学加入自己的运动项目,组成一个运动小组。 设计完之后,请同学上台介绍自己的运动计划,并号召其他同学加入自己的运动项目。 分享完之后把自己的运动计划和招募卡贴在班上的运动墙上,同学们下课后在自己愿意参加的招募海报上写下自己的名字,第二天发出招募的同学取回自己的招募海报,组织参与运动项目的同学开启运动计划。 同学既可组织自己的运动项目,又可参与到其他同学的运动计划中去。	备注区域

第5课　有生之年

课程目标

了解不同种类生命的发展规律。

激发学生对探索生命的好奇心以及对生命的热爱之情。

一般说明

时间：40分钟（含5分钟"沉静训练"）

教学用具：（1）绘本PPT《有生之年》

（2）轻音乐《Sea & Silence》

（3）8套生物图卡

教学实施

授课环节1	导入：绘本故事	
目标	通过绘本启发学生对生命及其规律的思考	
时间	10分钟	
教学用具	绘本PPT《有生之年》、轻音乐《Sea & Silence》	
教学内容	1.1　绘本讲述 （1）老师讲绘本的时候可以配上音乐《Sea & Silence》。 （2）绘本欣赏分为两个部分，第一部分在读到鱼群的那一页先暂停。 1.2　提问与分享 提问：绘本欣赏到这里，你有哪些想法和感受？	备注区域

授课环节2	表演：精彩的一生	
目标	通过了解和表演，让学生体验不同生命一生的主要历程	
时间	25分钟	
教学用具	绘本PPT《有生之年》；8套生物图片	
教学内容	2.1　引入 引导语：生命总有开始和结束，这是大自然的规律，在开始和结束之间便是每个生命的一生，它有长有短，每个特定的生命的一生都有自己独特的特点，构成了丰富多彩的生命世界。我们来玩一个游戏，看一看不同生命的一生都有哪些精彩、丰富的经历。	备注区域

教学内容	2.2 游戏规则介绍	备注区域
	（1）一共有8套图卡，按4~6人一组，全班分为8组，每组选一名组长；	

（2）每组组长上讲台，以抓阄的方式领取自己组的图卡；

（3）每套图卡展示了一种具体的生物及其特有的生命场景，每组想办法模拟表演所选的生物，尽量表演得生动逼真，准备时间5分钟。

（4）组内自行商量，选1~2名组员表演或是集体表演都可以，可使用旁白、道具等配合表演。

2.3 "非人类组"表演与分享

先让所有组在组内自行演练一次。老师根据时间选择2~3组上台表演。表演时先不说是什么生物，表演后让台下的学生猜。

每组表演后提问：

（1）针对台下学生：你们猜他们表演的是什么？为什么你会这么猜，依据是什么？

（2）针对表演学生：你们为什么这么演？这个生物有什么特点，一生之中会有哪些特殊的生命历程？

2.4 "人类组"表演与分享

表演后提问：

（1）针对台下学生：你们猜他们表演的是什么？为什么你会这么猜，依据是什么？

（2）针对表演学生：你们为什么这么演？这个生物有什么特点，一生之中会有哪些特殊的生命历程？

2.5 延伸问题提问与分享

提问1：你们觉得人类和其他的生物的生命有什么共同点？

将绘本的第二部分带领大家读完，给学生看《有生之年》关于人类那部分，阐释共同点。

提问2：人类和其他的生物的生命有什么不同点？

教学内容	2.6 总结 （1）每个生命都有开始，也有结束，这是大自然的规律，任何生物都是一样的。 （2）开始和结束之间便是每个生命的有生之年，每种生命都有自己独特的一生，都有自己存在的意义，包括人类在内的所有生物构成了丰富多彩的生命世界。 （3）我们要珍爱生命，珍惜每一天，运用我们的能力和智慧过好自己的一生。	备注区域

第6课 生命卷轴

课程目标

了解每种生命体验都有价值,理解生命的宝贵和独特。

激发学生对生命的热爱和珍惜,引导学生品味生命。

一般说明

时间:40分钟(含5分钟"沉静训练")

教学用具:(1)彩色纸胶带(生命卷轴)

(2)每人一套彩笔;每组一盒曲别针

教学实施

授课环节1	我们的生命卷轴	
目标	启发学生对时间和生命的感知与感触	
时间	5分钟	
教学用具	生命卷轴,每人一个	
教学内容	1.1 引导语引入 引导语:我们今天的课是关于时间和生命。我们就从"生命卷轴"这4个字开始吧! 当一个人正值童年的时候总觉得时间过得很慢,希望快些长大。为什么新年还不到来?什么时候我能当个中学生?和爸爸妈妈在一起总是被管教,什么时候才能离开家,离开爸爸妈妈去闯世界?日子啊,怎么过得这么慢…… 可是,当你真的长大了,从童年长成少年,从少年长到青年、从青年变成中年,慢慢地,你不再生龙活虎,你做了父亲、母亲,你有了儿女。这时,回过头看逝去的时间,你会感叹岁月流逝得多么快啊!所以,常常有人说:弹指一挥间,岁月如梭;也有人说:恍如昨日。长大了,才知道时间一去不复返。今天,老师带给你们每人一张"生命卷轴"。现在,请你回顾和畅想自己的人生,如实填写。 1.2 活动指导 (1)每位同学一张生命卷轴(长100cm,宽10cm),这个生命卷轴就代表你的一生; (2)从左往右画一条带箭头的生命时间线,在起点写上出生,在终点写上去世; (3)让学生把生命卷轴按长度分为五部分,分为童年(0~6岁)、少年(7~17岁)、青年(18~40岁)、中年(41~65岁)和老年(66岁以后)。	备注区域

授课环节2	填写生命卷轴	
目标	通过思考和书写梳理自己的人生	
时间	15分钟	
教学用具		
教学内容	2.1　填写生命卷轴 引导语：把每一个人生阶段再分成三份，一份填写愉快的日子，一份填写烦恼的日子，一份填写不想度过的日子。把它们都写下来吧，在时间的长河中，真实地面对自己！ 2.2　提问与分享 （1）童年时光里，你最愉快的日子是什么？烦恼的日子是什么？最不想度过的日子是什么？这段时光，最珍贵的回忆是什么？ （2）少年时光里，你最愉快的日子是什么？烦恼的日子是什么？最不想度过的日子是什么？这段时光，最珍贵的回忆是什么？ （3）设想一下，你的青年时光里，最愉快的日子是什么？烦恼的日子是什么？最不想度过的日子是什么？ （4）设想一下，你的中年时光里，最愉快的日子是什么？烦恼的日子是什么？最不想度过的日子是什么？ （5）设想一下，你的老年时光里，最愉快的日子是什么？烦恼的日子是什么？最不想度过的日子是什么？	备注区域

授课环节3	丰富多彩的生命卷轴	
目标	通过图画、补充、"别上"卷轴体验自己的一生，认识每一段生命经历都是有价值的、值得珍惜的	
时间	15分钟	
教学用具	每人一套彩笔、每组一盒曲别针	
教学内容	3.1　图画与补充 （1）在每段岁月里用太阳表示"愉快的日子"，用月亮表示"烦恼的日子"，"不想度过的日子"用×表示，在事情旁边分别画上相对应的图标。 愉快的日子　　烦恼的日子　　不想度过的日子	备注区域

教学内容	（2）每个人生阶段，如果想补充愉快的、烦恼的和不想度过的日子都可以进行补充并画上相应图标。 3.2　"别上"不想度过的日子 你现在可以选择自己的时间，请把每个人生阶段那些你不想度过的日子给"别上"（把不想度过的日子向下折叠，并用曲别针别上）。这样它们就消失不见了，别上后，就再也打不开了。 3.3　提问与分享 （1）你用曲别针别上的是什么日子？为什么别上？ （2）你没有别上的是什么日子？为什么没别上？ （3）当你别上那些"不想度过的日子"时心里有什么感觉？你怎样想的？ （4）请把你的"生命卷轴"再拿起来，好好审视一遍你的"人生"。 （5）请你说说此刻的感受和收获。 3.4　总结 每一段人生经历都是独特而宝贵的。人生中有些东西我们无法回避，既然回避不了，就鼓足勇气去面对、去战胜，这样才有希望，才能获得幸福和快乐。所以，我们要珍惜人生的每一天。	备注区域

第7课　如何说再见

课程目标

理解离别的意义，学会如何告别。

帮助学生接纳变化与离别带来的情绪，怀抱希望、迎接未来。

一般说明

时间：40分钟（含5分钟"沉静训练"）

教学用具：（1）4张场景小纸条

（2）每个小组一张A4白纸

（3）每人一张空白的家族图谱

教学实施

授课环节1	觉察：离别的场景	
目标	引导学生梳理、觉察人生当中有哪些不同的离别经历	
时间	15分钟	
教学用具	4张场景小纸条	
教学内容	1.1　暖场活动 一共有4张纸条，每张纸条上写着一个不同的离别小场景。 随机将纸条分给4个不同的小组，给大家3分钟时间准备，随后每组派代表上台演一演。 其他同学猜猜看：这个场景可能发生在哪里，场景中的人物可能是谁，场景中发生的事情是什么？ 1.2　导入主题 以上4个场景的地点和人物虽然有所不同，但都演绎了一个共同的主题：离别。这也是我们今天这节课的主题。 1.3　引导分享 （1）除了刚才台上同学演的场景，大家还知道哪些其他的告别或离别的场景吗？可以是你亲身经历过的，也可以是你看到过关于别人的。 （2）当处在那个场景中的时候，你心情如何？你觉得对方心情如何？ （3）当你处在那样的场景当中，你通常会做哪些事让自己和对方舒服一些、好受一些？	备注区域

教学内容	**1.4 梳理和分类** 人生当中各种各样的离别大致可以分为三类： **短暂的分开** ・离开家，去上课； ・离开同学，回家； ・离开学校春游，明天回学校； ・离开父母去朋友家玩，晚上回家。 …… **阶段性告别** ・放暑假了，两个月后再见到老师和同学； ・爸爸出差了，20天后才回来； ・去老家看望爷爷、奶奶，下次再见要到明年了。 …… **长久的离别** ・小学毕业，要离开原来的老师和同学了； ・搬家，要离开原来的城市了； ・好朋友要出国留学了，不知何时回来。 …… **提问：** 同学们刚才谈到的许许多多不同的场景，可以放在哪一类里呢？	备注区域

授课环节2	思考：离别的意义	
目标	扩展学生对告别意义的思考，找到告别当中的积极含义。	
时间	10分钟	
教学用具	无	
教学内容	**2.1 引入** **引导语：** 现代诗人杨牧曾写过一首关于告别的诗，叫作《赠别》。 大家想一想，这位诗人在诗中描述的告别，可能是哪一类告别？他对于人生的离别有哪些看法？ **2.2 小组讨论** 大家以小组的形式进行讨论，这种人生经历，对我们有哪些意义、哪些启发？之后，让每个小组的代表谈一谈本组思考和讨论的结果。	备注区域

授课环节3	行动：如何作一个好的告别	
目标	让学生从行动上学会如何在不同场景中作一个好的告别	
时间	10分钟	
教学用具	每个小组一张A4白纸	
教学内容	**3.1 集思广益** 大家想一想，在遇到需要分开、离别的场景时，怎样作告别、做哪些事情会让彼此的内心更加没有遗憾呢？ 小组讨论。之后将每组讨论的结果分享。后面的组可以略过重复类似的内容，只说前面没提到的方式。	备注区域

教学内容	一些常见的、有意义的告别方式： （1）主动告知离开的时间、地点，让对方安心； （2）肢体接触：握手、拥抱； （3）留下联系方式、祝福语； （4）交换礼物和纪念物，等等； （5）办一个小的仪式，共同度过最后的时光。 补充： "短暂地分开"有时候会被忽略，老师可以适当进行补充：即使是短暂的分开，我们仍然可以做得更好，记得常常告诉你要暂时离开的重要的人： "我去上学啦""我回来啦""再见""我去朋友家啦，晚上回来"…… 3.2 总结 （1）分开与离别，是每个人必定会有的一种经历。 （2）这种经历是有意义的，让我们得到成长。 （3）让我们把今天学到的这些告别方式记在心里、用在生活里，让人生少一点遗憾、多一点温暖。	备注区域

授课环节4	课后作业	
目标	为下节课做准备	
时间	无	
教学用具	每人一张空白家族图谱	
教学内容	4.1 课后作业 （1）根据空白家族图谱上的内容，和家人一起填完这张图谱，下节课带来。	备注区域

第8课　我从何处来

课程目标

了解自己家族成员之间的联系、变化与传承。

从自我与重要他人联结的角度，提升学生的归属感及生命意义感。

一般说明

时间：40分钟（含5分钟"沉静训练"）

教学用具：（1）动画片段《寻梦环游记》

（2）每个人已完成的家族图谱

教学实施

授课环节1	我们的家族	
目标	导入本节课主题，营造安全、信任的课堂氛围。	
时间	10分钟	
教学用具	《寻梦环游记》动画片段、家族图谱	
教学内容	1.1　开场 引导语：2017年的时候，有一部动画电影叫《寻梦环游记》，有谁看过吗？ 1.2　观看《寻梦环游记》动画片段（约5分钟） 1.3　引入家族图谱进行分享 （1）太奶奶拿出的照片，上面年轻的一家三口是谁？ （2）算一算，小男孩米格是照片上那对年轻夫妇的第几代子孙？ 引导语：能了解家族里发生的事情，了解重要的亲人、祖先有过怎样的经历，是非常有意义的一件事。回忆与纪念能让逝去的人得到安息，更能让活着的人得到祝福与希望。现在，让我们把上节课的课后小作业拿出来：我们的家族图谱小调查。	备注区域

授课环节2	家族图谱的分享	
目标	引导同学们充分分享自己对家族图谱的发现和感受	
时间	20分钟	
教学用具	家族图谱	
教学内容	2.1　个人回顾 引导语：给大家两分钟的时间，各自静静地看一看自己的家族图谱，回顾一下每位家族成员的信息。两分钟之后老师要带大家玩个小游戏，考一考大家对自己家族成员的了解程度如何。	备注区域

| 教学内容 | 2.2 小游戏：家谱大风吹
（1）老师会依次给出一些描述，请同学们仔细听。
（2）同学们迅速回忆所有家人的信息，如果在你的家族图谱中，有任何一位符合描述的家族成员，就立刻站起来，并且喊出是谁，比如："我爸爸""我姑姑""我太奶奶"，等等。

第一部分：
(1) 这位家人籍贯属于中国的北方；
(2) 这位家人喜欢吃的东西偏辣；
(3) 这位家人喜欢的歌是男明星原唱的；
(4) 这位家人有3个或3个以上的孩子；
(5) 这位家人的姓名有4个字；
(6) 这位家人最好的朋友有两个以上；
(7) 这位家人和你从未见过面。

第二部分：
(1) 这位家人的兴趣爱好和你有相同点；
(2) 这位家人的情绪外露，什么事都写在脸上；
(3) 这位家人认为自己已经实现了理想；
(4) 这位家人最有成就感的事与工作事业无关；
(5) 这位家人最好的朋友和他/她生活在同一个城市；
(6) 这位家人曾经在3个或3个以上的不同城市生活过；
(7) 这位家人唱过歌给你听。

2.3 小组分享
现在给5分钟时间在小组内继续分享，可以从两方面说：
（1）在调查填写家族图谱时，你有哪些有趣的发现？
（2）你知道了哪些以前不知道的事？心情和感受是什么？

2.4 全班展示
请几位同学到讲台前给大家讲一讲自己的家族图谱大发现。 | 备注区域 |

授课环节3	总结	
目标	总结本课要点	
时间	5分钟	
教学用具	无	
教学内容	3.1 总结 （1）通过家族图谱的小调查，我们对自己的家人有了更多了解，也可以看到我们在如何延续、传承自己家族的生命。 （2）了解家族的变化，也就是在了解自我的一部分。即使是逝去的家人，也与我们有千丝万缕的联系，值得我们纪念与回忆。 （3）珍惜与身边每一个人在一起的时光，了解我们身边的人会让我们的生活会变得更温暖，面对未来也变得更有力量。	备注区域

第9课　重阳节的心愿

课程目标

引导学生整合本学期的内容要点。

激发学生探索人生的意义。

一般说明

时间：40分钟（含5分钟"沉静训练"）

教学用具：每人一张便利贴

教学实施

授课环节1	有趣的重阳节	
目标	通过帮助老人完成心愿，发现不同的人生意义	
时间	25分钟	
教学用具	无	
教学内容	1.1　有趣的重阳节 今年的重阳节，小组的伙伴们决定去一家老年疗养院探望老人。来到疗养院之后，孩子们和老人们聊了起来，其中有4位老人和大家特别投缘，聊着聊着，孩子们发现几位老人各自有一个心愿，于是孩子们打算帮助老人实现他们的愿望。以下是4位老师的愿望。 老人1：失明了十几年，想知道现在生活的城市变成了什么样…… 老人2：退休多年的小学教师，想知道以前毕业的学生如今生活得怎么样了…… 老人3：心情不好，记忆力也变得很差，想找到一个长久没联系过，但在小时候关系特别好的朋友来相见…… 老人4：已病重，他一生有过许多丰富、精彩的回忆，想让人帮他记录下来…… 将全班分成6人一组(分组人数可自由安排)，将4位老人的心愿写在纸条上，让每个小组的同学抽一张愿望纸条，并在小组内商量如何完成小组任务。最后，每个小组需要展示完成任务的方案以及预估的完成结果。时间约10分钟。 1.2　小组完成任务情况展示汇报 （1）每个小组上台展示本小组的成果。 （2）小组展示完之后，老师带给每个小组老人想对孩子们说的一句话。	备注区域

教学内容	老人1："其实，我以前是一名建筑设计师，这个城市里有一座大厦是我曾经设计的，直到现在我仍然热爱这个职业。" 老人2："我后来成为小学校长，一直希望孩子们从我的学校毕业之后，能过上丰富多彩、有意义的生活。" 老人3："我们曾经是'三剑客'，一起做过许许多多有趣的事，一起分享过许多内心的烦恼。后来大家各奔东西，不再经常联系了。去年，我得知其中一个朋友已经去世了。现在，我思念另一个朋友，思念我们一起度过的时光。" 老人4："谢谢你们，我这一生，已经没有任何遗憾了。" **老师提问**：通过帮助老人完成心愿，大家发现了老人的人生中的哪些意义？	备注区域

授课环节2	**人生意义探索**	
目标	通过完成老人们的心愿，启发学生对人生意义的思考	
时间	10分钟	
教学用具	每人一张便利贴	
教学内容	**2.1　人生意义探索** 老师提问：你认为什么样的人生是有意义的？ **2.2　人生设想** （1）老师提问：你想如何度过自己的一生？给每个同学发一张便利贴，让同学们写下。 （2）找几个同学一起来分享，之后每个人将自己的便利贴贴在"人生意义"墙上。 （3）在PPT上展示关系、情感、健康、快乐、成就、自我实现、梦想等关键词。	备注区域